Aldous Huxley · Streifzüge

Serie Piper
Band 1451

Zu diesem Buch

Diese Streifzüge durch die Natur (einschließlich des Eros) und viele europäische wie außereuropäische Kulturlandschaften stellen einen hierzulande noch unbekannten, doch essentiellen Aldous Huxley vor: den brillant gedankenreichen Essayisten als Reiseschriftsteller und Beobachter einer spezifisch modernen Naturferne des Menschen. Sie spannen einen weiten Bogen vom Vitalismus der zwanziger Jahre zum ökologischen Appell der zweiten Nachkriegszeit, von den frühen ironischen Reiseskizzen zu Huxleys späteren Expeditionen in Schicksalszonen der Welt.

Die vorliegende dreibändige Ausgabe erscheint aus Anlaß des 100. Geburtstags von Aldous Huxley. Ein Großteil dieser Essays wird hiermit dem deutschen Lesepublikum erstmals vorgestellt.

Aldous Huxley, geboren 1894 in Godalming, Surrey, gestorben 1963 in Hollywood. Wurde in Eton erzogen; Studium in Oxford. Journalist und Kritiker. Schrieb Romane, Erzählungen, Essays, Reisebeschreibungen und Gedichte. Mit seinem 1932 erschienenen Roman »Schöne neue Welt« erlangte er Weltruhm.

Aldous Huxley

Streifzüge

Ansichten der Natur und Reisebilder

Essays I

Aus dem Englischen von Hans-Horst Henschen,
Sabine Hübner und Werner v. Koppenfels

Herausgegeben von Werner v. Koppenfels

Piper
München Zürich

Von Aldous Huxley liegen
in der Serie Piper außerdem vor:

Die Pforten der Wahrnehmung/Himmel und Hölle (6)
Die Kunst des Sehens (216)
Narrenreigen (310)
Affe und Wesen (337)
Eiland (358)
Glücklich bis ans Ende ihrer Tage (423)
Der kleine Mexikaner (456)
Die ewige Philosophie (563)
Wiedersehen mit der Schönen neuen Welt (670)
Kontrapunkt des Lebens (946)
Zeit muß enden (1046)
Das Genie und die Göttin (1142)
Eine Gesellschaft auf dem Lande (1297)
Die Teufel von Loudun (1510)
Parallelen der Liebe (1682)

Sämtliche Essaybände Aldous Huxleys, denen die hier versammelten Beiträge entnommen sind, wurden im Verlag Chatto & Windus in London veröffentlicht. Die einzelnen Buchtitel sind jeweils am Ende eines Textes genannt.

ISBN 3-492-11451-2
Originalausgabe
April 1994

Umschlag: Federico Luci
Umschlagfoto: The Huxley Family
Gesamtherstellung: Clausen & Bosse, Leck
Printed in Germany

Inhalt

Leidenschaft des Verstehens – Aldous Huxley als Essayist

my primary occupation is the achievement of some kind of over-all understanding of the world
(aus einem Brief vom 3. Sept. 1946)

I

Als Essayist ist Aldous Huxley ein Meister der anekdotischen Eröffnung. Der Einsatz erfolgt nicht selten in demonstrativer Distanz zum Thema, das so durch die exzentrische Art seiner Einführung von Anfang an eine persönliche und intellektuell spielerische Tönung annimmt. Nach der unmethodischen Methodik des Gattungsbegründers Montaigne führt auch Huxley nicht selten seinen Leser durch die Fülle seiner Assoziationen scheinbar ins Beliebige und in die Irre. Sobald wir uns freilich dem assoziativen Rhythmus dieses witzigen und wissenden Geistes hingeben, geraten wir in den Bann einer gedanklichen Grundströmung, die all die lebhaften, oft kuriosen, einander gegenläufigen, gelegentlich übermütigen Einzelbewegungen trägt und steuert. In der Essayistik wie beim Reisen – Huxley verstand sich auf beides – ist der Weg mindestens ebenso wichtig wie das Ankommen; und für den, der mehr sehen möchte, als was im Baedeker steht, sind Umwege die eigentliche Form des Fortschreitens.

So beginnt beispielsweise ein charakteristischer früher Essay über Faraday und das Glück naturwissenschaftlichen Forschens, der sein Thema hinter dem Titel »Eine Nacht in Pietramala« verbirgt, mit einer rauhen Frühlingsfahrt über den Apennin und der eiskalten Nacht in einer üblen Herberge; eine eindringliche Meditation über Piranesis »Kerker« wird durch die groteske Begegnung mit der Mumie von Jeremy Bentham im Treppenhaus des University College zu London eingeleitet; und eine kleine Geschichte des urbanen Schmutzes und der Abwässersanierung setzt mit einem kalifornischen Strandbummel in Begleitung von (ausgerechnet!) Thomas Mann ein. Am Anfang steht gern das paradoxe Bild, die selbstironisch konkrete subjektive Situation. Im Vorausschicken inkongruenter Aspekte des

Themas, wie sie für Huxleys Sicht der menschlichen Dinge bezeichnend sind, kündigt sich der persönliche *touch* an und weckt im brillanten Versteckspiel unsere Neugier auf das, was sich an die überraschende Eröffnung anschließt – die Phase des Hinführens. Beim ersten der Beispiele sind es die von den Reisenden in der weiteren Umgebung ihrer Eishöhle sehnsüchtig anvisierten Erdgasflammen, die den Bogen zu Faradays Forschungen schlagen; der Utilitarist Bentham lenkt als Planer eines perfekt konzentrischen Gefängniskomplexes den Blick zurück auf die so ganz anders gearteten *Carceri* Piranesis; und das Gespräch mit Thomas Mann kurz vor Ausbruch des zweiten Weltkriegs wird durch die groteske Wahrnehmung unterbrochen, daß die pazifischen Wogen aus den damals noch ungeklärten Abwässern von Los Angeles Myriaden gebrauchter Kondome an die Küste spülten. Die zufällige und unscheinbare Alltagsaktualität wird im Essay zu Anstoß und Quelle weitreichender gesellschaftlicher Erkenntnis, und der moderne Essayist wiederum teilt sich seiner Zeit, wenn er sie nicht nur interesselos betrachten, sondern auf sie einwirken will, journalistisch mit. Frivolität und moralischen Ernst, Höhe und Strenge des Denkens und elegante Gemeinverständlichkeit (ein Essayist schreibt nicht für Spezialisten) weiß Huxley auf eine besondere Art zu vereinbaren, die sein Markenzeichen als wirkungsbedachter Autor dieses Jahrhunderts ist.

Auch in eigener Sache verschmäht Huxley die anekdotisch-ironische Eröffnung nicht. Als 1961 eine stattliche Bibliographie seiner weitgestreuten Publikationen erschien, schrieb er bereitwillig ein kleines Vorwort dazu, das er mit einer seiner Lieblingsanekdoten einleitete:

> Edward Gibbon war auf ganz rührende Weise versnobt, und als der zweite Band seines *Decline and Fall* herauskam, ließ er ein Exemplar in rotes Saffianleder binden und überreichte es einem der Söhne Georgs III. (war es der Herzog von Kent?). »Wie, Mr. Gibbon«, sagte die Königliche Hoheit, während sie die Gabe des Historikers huldvoll entgegennahm, »wie, Mr. Gibbon, schon wieder so ein dicker, verdammter, vierschrötiger Schmöker? Nichts als kritzeln, kritzeln, kritzeln?«

Die bewußte, keineswegs vollständige Huxley-Bibliographie umfaßt 959 Titel, und in der Sparte »Essays und journalistische Arbeiten« – die Grenzen sind, wie gesagt, fließend – beläuft sich die Bilanz auf an die vierhundert Einträge. In seiner Glosse »Das Wörterbad« bekennt der Autor schon 1934, daß der jährliche Ausstoß des Buch- und Zeitungsmarktes an geschwärztem Papier etwas Erschreckendes habe, zumal für ihn selbst: »Denn ich bin einer von denen, die von Berufs wegen das große Meer des Gedruckten, in dem unser Geist unablässig badet, anschwellen lassen.« Im selben Atem nennt er jedoch seinen Beitrag ein bloßes Rinnsal im Vergleich zu den Mississippis und Amazonas der wahrhaft produktiven Autoren – eine Selbsteinschätzung, die schon für sein erstes Laufbahndrittel als ironisches *understatement* angesehen werden darf.

Doch Huxley hat viel geschrieben. Und ›Überproduktion‹ lautet denn auch ein Standardvorwurf seiner Kritiker (neben: Cleverness, Ungeschick, Hedonismus, Lebensfeindlichkeit, Prinzipienlosigkeit, Prinzipienreiterei etc. – aber er las keine Kritiken). Er schrieb viel, weil er vom Schreiben leben mußte. Sein erster Verlagsvertrag, der ihm aus Tantiemenvorschüssen ein regelmäßiges Gehalt aussetzte, verpflichtete ihn zu zwei *books of fiction* pro Jahr; später wurden die Bedingungen für den erfolgreichen Hausautor von Chatto and Windus merklich gelockert: man senkte die Zahl und nahm auch Gedicht- und Essaybände ›in Zahlung‹. Immerhin sah Huxley in seinen ersten Jahren als freier Schriftsteller manchmal das Balzacsche Menetekel der Verlagsknechtschaft am Horizont. Doch die Feder wurde ihm nie zum Galeerenruder. Er schrieb viel, weil er viel zu sagen hatte.

II

Als einer, der im Schatten des Weltkriegs zum Schreiben berufen wurde, fand Huxley es aufregend, Zeuge einer wiederauflebenden, aber todesgezeichneten Welt zu sein, sie mit scharfem Verstand und künstlerischer Empfindung, mit seinem Witz und seinen fünf Sinnen zu durchdringen und im Spiegelkabinett seines Bewußtseins in ihrer disparaten Vielfalt zu reflektieren. Sein Mut, auch den späteren Schrecken des Jahrhunderts mit diagnostischer Kühle ins Auge zu sehen, seine große Interessenvielfalt und Lernfähigkeit – Goyas Motto für das Alter: *aún aprendo*, ›ich lerne weiter‹, ist auch das seine –, die Gabe, sich an den Absurditäten der Gattung Mensch zu delektieren, ohne den Aberglauben, selbst nicht dazuzugehören: all dies macht ihn, zwischen Distanz und Teilnahme, Vogel- und Froschperspektive wechselnd, zum unvergleichlichen essayistischen Zeugen des Jahrhunderts; seine Exzentrik trifft ins Zentrum. Er lebte in einer Zeit, deren verheerende Massenbewegungen seinen Individualismus aufs äußerste herausforderten, und seine Leidenschaft des Verstehens wuchs an dieser Herausforderung durch das Ganz-Andere; in der eigenen Herausforderung spürt er der allgemeinen Bedrohung des Menschlichen durch die Mächte der Zeit nach. So weit er auch, in der Zeit lebend, über manche früheren Positionen hinauswuchs, in der Verteidigung der Vielgestalt des Lebens gegen die großen weltanschaulichen Vereinfacher und die kleinen sturen Dogmatiker blieb er sich treu. Unermüdlich erinnert uns der als Intellektualist verschriene Huxley daran, daß das wahre Potential des Menschen in seinem leib-seelischen Amphibiencharakter begründet liegt.

Hier erweist sich die Essayistik als ihren Ursprüngen in Antike und Renaissance eng verbundene Kunst der weisen Lebensführung, als durch eigene Anschauung in schwierigen Zeiten entwickelte *ars bene vivendi*. Die Einsichten ihrer schonungslosen, aber lebensbejahenden Betrachtung von Ich und Gesellschaft sind humane Prophylaxe gegen die Krankheiten der einzelnen und kollektiven Seele. Einige Mittel dieser essayistischen Aufklärung heißen: Pointe, Paradox und die Rolle des *advocatus diaboli*, um verhärtete Denkgewohnheiten spielerisch aufzusprengen; Hingabe an die eigene Assoziations- und Kombinationsgabe als Rhythmus geistiger Entdeckung; Inkongruenz und offene Form als dialogisches Prinzip und Genuß intellektueller Stimmenvielfalt – nicht im Sinne eines resignierenden Relativismus, sondern als Fähigkeit, ›kontrapunktisch‹ in unaufgelösten Spannungen zu denken. So besehen ist Montaignes drittes Buch für Huxley das Pendant zur ganzen *Comédie Humaine*:

> Unmöglichkeiten, zusammengesetzt aus Unvereinbarem, aber von innen nach außen zusammengesetzt... Wie es gerade kommt, eins nach dem anderen – doch in einer Abfolge, die auf wunderbare Weise das jeweilige Zentralthema entwickelt und mit dem Gesamtbereich menschlicher Erfahrung verbindet.

Der Name Autolycus, mit dem Huxley seine ersten journalistisch-essayistischen Glossen zeichnete, war Programm: er stammt von dem unreputierlichen Hausierer, der in der sizilischen Schäferidylle des

Wintermärchens seinen Krimskrams feilbietet und einen illusionsfeindlichen Blick auf die goldene Pastoralwelt wirft. Der Lumpensack ist eine alte, Montaignesche Ironiemetapher des Essayisten für das eigene Metier. Hier wie an anderen Stellen (etwa in »Vulgarität und Literatur« oder »Paphos und Famagusta«) bekennt sich Huxley zu einer ›unreinen‹, wirklichkeitsgesättigten, ideell-materiellen Kunst. Als ihm einmal in einer Pariser Abendgesellschaft von einem Literaturprofessor eröffnet wird, er sei ein führendes Mitglied der »neoklassischen Schule«, quittiert er dieses Etikett mit komischem Entsetzen:

> ... denn zum einen finde ich Geschmack am Lebendigen, Gemischten und Unvollkommenen in der Kunst; ich ziehe es dem Allgemeingültigen und chemisch Reinen vor. Und zweitens betrachte ich die klassische Disziplin mit ihrer Insistenz auf Vereinfachung, Elimination, Konzentration wesentlich als eine Form der Furcht und Flucht vor der allergrößten Schwierigkeit: mit den Mitteln der Literatur jenes unendlich komplizierte und geheimnisvolle Ding angemessen wiederzugeben – die tatsächliche Realität.

In dieser ›essayistischen‹ Einstellung liegt der Schlüssel zur besonderen Qualität der Huxleyschen Romane, einer Qualität, die den Nerv der Zeit treffen mochte, aber gern von der strengeren ästhetischen Richtung als Krudität verworfen wurde. So Virginia Woolf: »Alles roh, ungekocht, zu laut ... Mir graust es vor Aldous' Roman [*Point Counter Point*]: so etwas ist unbedingt zu vermeiden. Aber Ideen sind klebriges Zeug – widerstehen der Verschmelzung, hemmen die schöpferische, unbewußte Fähigkeit.« Oder Hemingway: »Wenn ein Autor sein intellektuelles Gegrübel, statt es in preiswerten Essays abzusetzen, künstlich konstruierten Charakteren, die sich als Romanfiguren besser verkaufen, in den Mund legt, dann ist das vielleicht wirtschaftlich sinnvoll, aber noch lange keine Literatur.« Huxley, der nie den geringsten Ehrgeiz zeigte, wie Virginia Woolf oder Hemingway zu schreiben – auch über den Stierkampf hatte er schließlich ganz andere Ansichten als letzterer –, nimmt sich bewußt ebendas als künstlerisches Programm vor, was man ihm hier als Verirrung ankreidet. Schon 1926 äußert er in einem Interview: »Mein eigenes Ziel ist es, auf technischem Wege zu einer vollkommenen Verschmelzung von Roman und Essay zu kommen: ich brauche einen Roman, in den man all seine Ideen stecken kann, einen Roman wie eine Reisetasche (*like a hold-all*). « Bis zuletzt bleiben seine Romane dieser Form, die so unverkennbar seine eigene war, treu. Ihre ironische Kühle und Härte ist weder nihilistisch noch zynisch – sie ist Mittel essayistischer Exploration.

III

Der Essayist macht sein subjektives Ich zur entscheidenden Prüfungs- und Vermittlungsinstanz von Welterfahrung. Um die widersprüchliche Vielfalt der Welt zu reflektieren, bedarf es eines optimal vielfältigen Geistes, der die eigenen Spannungen produktiv macht. In dieser Hinsicht erfreute sich Aldous Huxley einer besonders guten Erbausstattung. Sein Vater war ein Sohn des großen viktorianischen Biologen Thomas Henry Huxley; mütterlicherseits war Aldous ein Urenkel des Reformpädagogen Dr. Arnold (of Rugby), Großneffe des Dichters und Kulturkritikers Matthew Arnold, und Neffe der zu ihrer Zeit viel gelesenen Romanautorin Mrs. Humphry Ward.

Naturwissenschaftliche Interessen – wie sie auch der Aldous zeitlebens eng verbundene Bruder Julian vertrat – bildeten zusammen mit dem poetisch-pädagogischen Erbteil der illustren Familientradition den geistigen Nährboden seiner Kindheit in Surrey, seiner Schulzeit in Eton (die abgebrochen wurde, als Erblindung drohte; eine Operation brachte Besserung) und seiner Studentenzeit in Oxford; Literaturstudium und erste Schreibversuche zeigen die gewählte Richtung an. Die folgende Tätigkeit als Lehrer in Eton (wo Orwell zu seinen Schülern zählte) blieb eine kurze, aber keineswegs milieufremde Episode. Die Spannung zwischen dem naturwissenschaftlichen und dem literarisch-pädagogischen Interessenpol ist jedenfalls eine Triebfeder seines Werkes geblieben. Noch sein letzter Großessay plädiert – angeregt durch die Debatte um die ›Zwei Kulturen‹ – eindringlich für die Vereinbarkeit und Unverzichtbarkeit beider Erkenntnisweisen (denn die Künste sind ihm eine zentrale Form der Erkenntnis). Erkenntnis aber bedeutet zugleich Entdeckerglück und schmerzliche Desillusion. Als Moralist teilt Aldous Huxley die unbedingte Überzeugung seines Großvaters, der als Vorkämpfer Darwins gegen die viktorianischen Pietäten zu Felde zog, »daß es keine andere Linderung für die Leiden der Menschheit gibt als Wahrhaftigkeit des Denkens und Handelns und den entschlossenen Blick auf die Welt, wie sie ist, wenn man die Hülle schöner Täuschung, mit der fromme Hände ihre häßlicheren Züge verhüllt haben, von ihr abstreift«.

Bildungshintergrund der äußerlich abgeschirmten Oxforder Jahre war der erste Weltkrieg mit seinem unermeßlichen Verlust an Menschen und Gewißheiten. Wegen seiner schlechten Sicht war Huxley kriegsuntauglich. (Die Augen blieben prekär – vielleicht war er deshalb so sehbegierig und auf Malerei versessen; später gelang es ihm mit Hilfe einer Naturmethode, seine Sehkraft erstaunlich zu verbessern.) Das eigentliche geistige Leben vollzog sich, wie so oft, außerhalb der Universität: die Begegnung mit Bloomsbury, mit T. S. Eliot, mit D. H. Lawrence, dem späteren Freund und Antipoden, und natürlich mit Garsington.

Garsington, der Landsitz von Philip und Ottoline Morell vor den Toren Oxfords, war in jenen Tagen des Chauvinismus ein Erprobungsraum künftiger Zivilisation, Treffpunkt der künstlerischen Intelligenz und Hort gegen die Vorurteile der Zeit. Es wurde für Huxley eine zweite Heimat und der finktional verbrämte Schauplatz seines ersten brillanten Konversationsromans *Crome Yellow* von 1921 (dt. *Eine Gesellschaft auf dem Lande*). Lady Ottoline und andere, die sich in dem Roman wiederzuerkennen meinten, waren »not amused«, das Nachkriegspublikum dafür um so mehr. Wie sehr Garsington durch geistige Geselligkeit Kulturgeschichte gemacht hat, verrät etwa die folgende beiläufige Passage aus einem Brief Huxleys von 1916: »Eine amüsante Christmas Party hier: Murry, Katherine Mansfield, Lytton Strachey . . . Bertrand Russell und Maria Nys.« Der letzte Name erinnert daran, daß Garsington nicht nur ein Ort des geistigen Eros war. In Maria Nys, eine junge Belgierin, die in England Zuflucht gefunden hatte, verliebte sich Aldous nachhaltig – und nach Kriegsende wurde geheiratet. Maria, deren warme Ausstrahlung von vielen Freunden der Familie bezeugt wird – auch Lawrence empfand sie stark –, war der Mensch, durch den und an dem Aldous erfüllen konnte, was seine Mutter ihm vor ihrem Tod auf die Seele gebunden hatte: »love much«. Darüber hinaus war sie für ihn jenes romanische Kontinentaleuropa, zu dem er sich kulturell und bald auch geographisch hingezogen fühlte, und eine diskret allgegenwärtige Präsenz in seinem Werk wie im Leben. Wer etwa, der die rhapsodischen Schilderungen seiner ersten italienischen und französischen Autoreisen liest, würde ahnen, daß Huxley nicht selbst am Steuer saß? Immer hat ihn Maria chauffiert – eine durchaus symbolische Konstellation.

IV

Nach der Todesorgie und Klaustrophobie des Krieges bedeuten die zwanziger Jahre eine belebende und befreiende Öffnung. Ihre respektlose Kritik an den Hohlformen der alten, diskreditierten Zivilisation, ihre Sehnsucht nach neuer Vitalität, ihre Experimentierfreude, ihre – nicht selten zynische – Genußsucht und ihre Reiselust hat Huxley in seinen frühen Romanen, Essays und Reisebildern protokolliert – die Gedichtbändchen nicht zu vergessen, deren moderne Tönung einigen Anklang bei der fortschrittlichen Leserschaft fand. Viele der späteren Zentralthemen tauchen im geschliffenen Konversationsstil dieser Texte erstmals auf: Literatur und Kunst aus ungewohnt und reizvoll subjektiver Sicht, die Faszination der Fremde, der amüsierte und entlarvende Blick auf die Nachkriegsgesellschaft, die kontrapunktischen Spannungsmuster, die Sorge um die zivilisatorische Zukunft. Die neue Welt war kein Garsington.

Der geographische Abstand zum »buchtenverwinkelten Albion« – erst lange Sommermonate in Italien, später ein jahrelanger Aufenthalt in Südfrankreich (in Sanary bei Toulon, wo Huxley in den dreißiger Jahren Nachbar der deutschen Exilkolonie war) – wird zu einem kritischen Beobachtungsposten. Eine Weltreise führt nach Indien, Japan und in die USA, die den Autor damals kaum weniger fremd anmuten als der Ferne Osten. *Point Counter Point* (dt. *Kontrapunkt des Lebens*) bezeichnet 1928 den Höhepunkt der frühen, ironisch vielstimmigen Romane. Der nächste Erfolg, die Antiutopie *Brave New World* von 1932 zeigt eine deutliche thematische Verschiebung, wie sie auch in den Essays zutage tritt: Die Schatten auf der gesellschaftlichen Zukunft vertiefen sich. Während die totalitäre Drohung wächst, vertritt Huxley in beredter Argumentation eine pazifistische Abkehr von aller Gewalt; zusammen mit seiner Suche nach metaphysischer Erleuchtung (der Roman *Eyeless in Gaza,* dt. *Geblendet in Gaza,* von 1936 bezeichnet den Übergang zu diesem Thema) und seiner 1937 erfolgten Übersiedlung in die USA war diese Wendung eines prominenten Intellektuellen heftigen Mißverständnissen und bitterer Kritik ausgesetzt. Das Klischee vom geistigen Führer, der seine Verantwortung angesichts der europäischen Katastrophe im Stich läßt, um bei kalifornischen Millionären und Gurus Zuflucht zu suchen, erwies sich als zählebig.

Doch die Wendung nach außen und nach innen gehört zusammen, ebenso wie Huxleys Leben in der kalifornischen Wüste und in Hollywood, seine Mystik (einschließlich der Drogenexperimente) und seine Vorlesungen zur politischen und ökologischen Krise der Erde. Sie alle waren Teil einer außerordentlichen und höchst humanen Verständnisanstrengung, zu der er all seine reichen Fähigkeiten aufbot. Nie ging es ihm um egoistische Salvierung aus dem großen Weltschlamassel. Was Julien Benda die *trahison des clercs* nannte, den Verrat der Intellektuellen an ihrer Verantwortung für die Zivilisation, hat er nie praktiziert; gegen die Götzen der Zeit war er – sieht man von ein paar jugendlich-chauvinistischen Briefstellen ab – im ersten wie im zweiten Weltkrieg und dem darauffolgenden kalten Krieg immun. Sein Bekennertum war nicht das der jeweiligen Konjunktur.

Noch deutlicher, weil direkter, als die Romane belegen die Essaysammlungen (für die er seine Zeitschriften-Essays häufig überarbeitete) Huxleys geistige Fortentwicklung, aber auch eine grundsätzliche Konstanz seines Denkens. Dies zeigt ein Vergleich zweier Werke, die zu seinen charakteristischsten und wichtigsten gehören, *Do What You Will* (1929) und *Themes and Variations* (1950). Das erste ist gleichsam in Dur, das zweite in Moll komponiert. Beide reihen nicht einfach zeitlich zusammengehörige Arbeiten aneinander, sondern gruppieren sie im magnetischen Feld eines Zentralthemas. Am Ende der zwanziger Jahre ist es das Thema der Befreiung des historisch beschädigten Menschen als Individuum und Gattung zum vollen Menschentum. Huxley verneint, um zu bejahen: Er macht der Leibfeindlichkeit des Christentums und mit ihr zugleich den Ideologen und Mechanikern der modernen Welt den Prozeß. Franziskus, Pascal, Swift und Baudelaire sind einige seiner *bêtes noires*, Künstler und Heilige, die ihn bei aller Bewunderung zum Widerspruch herausfordern, weil er sie in Antithese zu seinem eigenen Künstler-Credo das volle Leben verstümmeln und damit dem Todestrieb der Zivilisation dienen sieht.

Der fröhliche Ikonoklasmus im Namen des Lebensprinzips weicht in den dreißiger Jahren und während des Krieges einer anderen Tonart. In dem Essayband von 1950 scheint das Todesthema zu triumphieren: Barocke Todesdarstellung, Piranesis metaphysische Kerker, El Grecos klaustrophobische und ›eingeweidliche‹ Ekstasen, Goyas Reise ans Ende der Nacht – die Kunstessays dominieren auffällig, und die Kunst ist Erkenntnis und Ausdruck des Schrecklichen. Doch das Lebensthema erklingt als mächtiger Kontrapunkt im Preis der Künstler, die den Schrecken ausgelotet haben, im buchlangen Porträt des Philosophen Maine de Biran, des introvertierten, lächerlich ungeschickten und doch bewundernswerten Denkers in einer schwierigen Welt, und im abschließenden Plädoyer für eine »kosmische Ethik« zur Erhaltung der Erde. Eine ähnliche Unterschiedlichkeit der Tonlagen bei unbedingtem Einsatz für das volle Potential des Menschseins zeigen die wunderbaren Anthologien (die zur Hälfte Essays sind) *Texts and Pretexts* von 1933 und *The Perennial Philosophy* von 1946. Ein luzider Geist sichtet die poetische und metaphysische Tradition für den modernen Leser und führt ihn auf persönliche Weise an die Texte heran. Auch hier die verborgene Gemeinschaft der Themen: Dichterische Imagination und meditative Vision erscheinen gleichermaßen als Erfahrungsweisen spiritueller Grenzüberschreitung.

Die letzte Dekade seines Lebens sieht Huxley so rastlos schreibend wie eh und je, ungeachtet der kühlen Aufnahme seiner späten Romane. Bücher, Vorträge, psychische Experimente bestimmen seinen Lebensrhythmus, und wie immer die intensive Pflege von Freundschaft und geistiger Geselligkeit. Seine Schriften *The Doors of Perception* und *Heaven and Hell* (1954/56) erregen Aufsehen, werden später von der Drogenkultur der 60er Jahre vereinnahmt. 1955 stirbt Maria, von Aldous liebevoll an die Schwelle geleitet; beide haben gelernt, den Tod als letzte Grenzüberschreitung zu begreifen. Am 22. November 1963, dem Tag der Kennedy-Ermordung, nach einem bis zuletzt tätigen und erfüllten Leben, stirbt Huxley in seinem Haus in Los Angeles. Seine zweite Frau, Laura, ist bei ihm, geleitet ihn, so wie er zuvor Maria. Als er das Ende näher kommen spürt, kritzelt er auf seine Schreibtafel die Worte: »LSD – Try it.« Sie gibt ihm, mit Einverständnis des befreundeten Arztes, die Injektion. Er wird ruhiger und entschläft nach einigen Stunden friedlich. Eine intellektuelle Ungeheuerlichkeit? Flucht in die Euphorie in extremis? Eher wohl das Verlangen nach höchster Bewußtheit menschlicher Erfahrung bis zuletzt, das so charakteristisch für Aldous Huxley ist.

V

Am 26. Juli 1994 ›feiert‹ Aldous Huxley seinen hundertsten Geburtstag. Ein guter Anlaß, um einen zentralen Teil seines vielfältigen Werkes, der bisher auch im angelsächsischen Bereich im Schatten der Romane stand und in Deutschland nahezu unbekannt geblieben ist, neu zu entdecken und zugänglich zu machen. (Ja: die dezimalen Gedenkrituale des Kulturbetriebs erzeugen auf mechanisch sachfremde Weise Scheinaktualitäten – doch damit bieten sie immerhin die Chance für gewisse Bilanzen, gelegentlich sogar für Horizonterweiterungen.) Der amüsante Feuilletonist, der Reiseschriftsteller, der unaufdringliche Besserwisser, unbestechliche Zeitzeuge, skeptische Wahrheitssucher, der Philosophie- und Utopiekritiker, der Ästhet, der Ökologe der ersten Stunde – sprechen all diese Huxleys noch oder wieder zu uns? Die vorliegende Ausgabe entstand aus dem Vertrauen darauf, daß Huxley der Essayist nicht nur außergewöhnlich lesbar, sondern auch erstaunlich aktuell geblieben ist: Wo er zu zeitgebundenen Fragen Stellung nimmt, macht sein weiter Blickwinkel, der immer die Vergangenheit und Zukunft des Augenblicklichen zu erfassen sucht, das Gesagte bedenkenswert; sein Geist und Witz gibt ihm Denkwürdigkeit.

Im englischen Sprachbereich sind nicht nur die sieben (in sich jeweils durchkomponierten) Essaybände von *On the Margin* (1923) bis *Adonis and the Alphabet* (1956) und die beiden Reisebücher *Jesting Pilate* (1926) und *Beyond the Mexique Bay* (1934) im Rahmen der Werkausgabe zugänglich geblieben, Huxley selbst hat 1959 eine umfangreiche, thematisch geordnete Auswahl mit dem Titel *Collected Essays* vorgelegt, die einige Verbreitung fand. Dazu kamen die als selbständige Bücher veröffentlichten Essays zur Zivilisationskritik und zum Drogenthema, die beiden kommentierten Anthologien und die eigens gesammelten Kunstessays (*Of Art and Artists*, 1960).

In Deutschland dagegen ist Huxleys Präsenz als Romanautor seinem essayistischen Werk noch kaum zugute gekommen. Die Zeitläufe lenkten das Interesse zunächst auf die Schriften zur Friedensfrage. Als erster Essay erschien 1939 bei Bermann-Fischer in Stockholm – unter dem Titel *Unser Glaube* und von unbekannter Hand übersetzt – das Zentralkapitel »Beliefs« aus *Ends and Means* (1937); der ganze Band wurde 1949 übertragen. Schon 1947 war die Schrift *Science, Liberty and Peace*, in der Huxley über das Kriegsende hinausdachte, auf deutsch herausgekommen, vom Übersetzer des Erzählwerks, Herbert Herlitschka, übertragen, der 1952 auch den Band *Themes and Variations* (1950) – fast – vollständig übersetzte; dazu die Drogenbücher *The Doors of Perception* und *Heaven and Hell* (1954/56; dt. 1954/57), den großen Pascal-Essay (1929; dt. 1960) und den letzten als Buch publizierten Essay *Literature and Science* (1963; dt. 1964). Schließlich gibt es noch deutsche Fassungen der Erfahrung Huxleys mit einer Naturmethode der Augenheilung, *The Art of Seeing* (1943; dt. 1982), zweier pazifistischer Schriften aus den dreißiger Jahren (dt. 1984), der Essay-Anthologie *The Perennial Philosophy* (1945; dt. 1949) und des posthum veröffentlichten Sammelbandes *Moksha*, der – fast – alle Beiträge zur Drogenfrage enthält (1977; dt. 1983).

Die Situation ist demnach einigermaßen paradox. Mit Ausnahme des einen Bandes *Themes and Variations* ist der Essayist par excellence als solcher auf deutsch noch kaum zu Wort gekommen, sondern nur der Fachmann für spezielle Zivilisationsprobleme. Die Pazifisten, die Meditativen, die Wissenschaftsskeptiker, die Drogeninteressenten, die Augenkranken – sie alle haben *ihren* Huxley. Der Versuch einer panoramatischen Ansicht, die der Spannweite dieses Lebens und dem Horizont dieses reflektierenden Geistes angemessen wäre, wurde nicht unternommen. Diesem Desiderat gilt es abzuhelfen. (Die bereits übersetzten Texte machen etwa ein Achtel der vorliegenden Ausgabe aus.)

Die *Collected Essays* geben ein willkommenes Modell dafür ab, wie Huxley seine essayistische Lebensernte eingebracht sehen wollte.*

* Aus den Verlagsdokumenten, die mir Bernfried Nugel freundlicherweise zur Verfügung stellte, geht hervor, daß Auswahl und Gliederung des Bandes ursprünglich auf Vorschläge des sehr kompetenten Lektors von Bantam Books, Don Reis, zurückgehen. Huxley zeigte sich von dem Plan angetan, übernahm ihn mit einigen Modifikationen und schrieb dazu ein Vorwort, das auch die vorliegende deutsche Auswahl einführt.

Ihrem thematischen Gliederungsprinzip – wobei der systematische Standort bei der Gedankenfülle der Texte oft alles andere als eindeutig ist – und ihren Textvorschlägen – von denen sie etwa drei Viertel übernimmt – folgt die deutsche Ausgabe auf weite Strecken. Doch sie enthält auch anderes. Aus der ethischen und metaphysischen Perspektive von 1959 ist die späte Huxley-Editorik etwas zu streng mit seinen früheren Ichs umgegangen, deren zuweilen frivoler Brillanz sie mißtraute. So fehlen in dieser reichen Huxley-Kollektion immerhin einige Kabinettstücke der frühen Essayistik wie »A Night at Pietramala«, »The Best Picture« und »Conxolus«, die zugleich aufschlußreiche Standortbestimmungen dieser Phase enthalten. Sie alle, und vieles mehr aus den Bänden vor der ›Wende‹, die wie gesagt keinen wirklichen Bruch der Kontinuität bedeutet, sind hier aufgenommen. Und darüber hinaus Dinge, die sich in keiner englischen Huxley-Ausgabe finden: journalistische Beiträge, die nie nachgedruckt wurden, wie eine frühe Proust-Rezension aus dem *Athenaeum* oder ein Aufsatz mit dem unheimlich prophetischen Titel »If my Library Burnt Down Tonight« (den 1961 ein kalifornisches Buschfeuer wahr machen sollte); schließlich eine Reihe von Kurzessays, die Anfang der dreißiger Jahre im *Chicago Herald* erschienen und sich zum Teil, aus gegebenem Anlaß, mit deutschen Themen befassen; und dazu einige Gedichte, die Themenkreise der Essayistik berühren.

Es wird kein puristischer Huxley geboten: Gelegentliche Wiederholungen und Widersprüche, einige zweifelhafte Enthusiasmen und Sottisen wurden nicht weggekürzt; sie sind Teile jener indirekten Autobiographie, die ein essayistisches Werk darstellt, Provokationen eines hellwachen Geistes, der als Dialogpartner nicht nur unsere Zustimmung, sondern auch unseren Widerspruch fordert; und der, wenn er gelegentlich hoch zu Roß auf seinem elitären Pegasus am kulturellen Fußvolk vorbeigaloppiert, oft überraschend kehrtmacht, absteigt und sich unter die Menge mischt – wie in dieser selbstironischen Charakteristik der eigenen schriftstellerischen ›Vulgarität‹ aus *Vulgarity and Literature*:

> Ein Bild, glitzernd, irisierend, bietet sich an: fang es ein, spieß es auf, und wenn es auch noch so unpassend überbrillant für den Kontext ist! Eine Wendung, eine Situation suggeriert eine ganze Folge überraschender oder amüsanter Vorstellungen, die gleichsam tangential von der runden Welt, die der Schöpfer gerade in Arbeit hat, fort-

schießen; welch gute Gelegenheit, etwas Witziges oder Tiefschürfendes loszuwerden... Nur herein mit der Tangente, oder besser heraus, in die künstlerische Irrelevanz!

Witz, Provokation und Paradox (etymologisch verstanden als Widerspruch gegen die gängige Meinung) – Merkmal keineswegs nur des frühen Huxley – sind Dialogangebote des Essayisten an den Leser. Auf diese Stilqualitäten sowie generell auf den Konversationston, der den Leser zum Gesprächspartner macht, haben die Neuübertragungen besonders zu achten versucht; vor allem in diesem Sinne wurden auch die übernommenen älteren Übersetzungen stilistisch bearbeitet. Leider erwies es sich als unmöglich, auf Textkürzungen ganz zu verzichten, besonders in den buchlangen Essays über Pascal und Maine de Biran; sie sind auf wenige Werke beschränkt und jeweils im Text vermerkt. Die relativ lose, bewußt digressive Struktur, nach dem ›tangentialen‹ Prinzip oder dem eines ›Themas mit Variationen‹, rechtfertigt solche Eingriffe, wie sie mit Huxleys Einverständnis bereits für einige Stücke seiner *Collected Essays* vorgenommen wurden, um der größeren Vielfalt willen.

Für die Textfolge innerhalb der einzelnen Themenbereiche ist in der Regel die Chronologie der Essays maßgebend, bei den Kunstessays jedoch diejenige der Kunstgeschichte; gelegentlich auch das Prinzip ›vom Allgemeinen zum Besonderen‹. Die Anlage soll aber auch die Weite der Themenkreise illustrieren, etwa von den frühen Reiseskizzen hin zu einigen späten Essays, in denen das Reiseerlebnis nur mehr Vorwand und Ausgangspunkt für eine weitausgreifende Gedankenbewegung ist, oder von einem vitalistischen Naturgedicht zum leidenschaftlichen Appell an das ökologische Gewissen der Menschheit. In einem Fall wurden zwei Essays zum selben Thema (El Grecos Malerei) aufgenommen, weil sie zwei Huxleysche Stile illustrieren und weil der frühere die ›Quelle‹ des späteren ist: so läßt sich die Entfaltung und Reifung eines Essays beispielhaft verfolgen.

Bei einem Autor, der so unablässig und beiläufig aus einer Fülle verschiedenster Quellen zitiert (schon seine Titel sind meist Zitate), natürlich ohne Quellenangaben – ein Essayist ist kein Pedant: er nimmt die geistige Beweglichkeit seiner Leser als gegeben an –, und der sich so sehr an englisch-romanischer Kultur orientiert und so wenig an deutscher (›deutsch‹ ist bei ihm oft negativ konnotiert: als pedantisch gelehrt, kunstlos, geistig unmäßig), scheint ein Minimum an Sacherklärung für den deutschen Leser ein Gebot der Höflichkeit; Vollständigkeit ist hier weder erreichbar noch wünschenswert. Das Register will die Einladung zum Kreuz- und Querlesen, die jede Essaysammlung (und diese besonders eindringlich) ausspricht, hilfreich unterstreichen.

Mein Dank am Ende dieses erfreulichen Unternehmens gilt Bernfried Nugel, der die Idee einer derartigen ›Festschrift‹ zu Huxleys Hundertstem erstmals in den (Verlags-)Raum gestellt hat, ferner Peter Firchow für Rat und Tat und dem Piper Verlag sowie meinen Mitübersetzern für die gute Zusammenarbeit. Vor allem aber dem Jubilar selbst, für Lese- und Entdeckerfreuden, wie ich sie nun seinen deutschen Lesern wünsche.

München 1994 — Werner von Koppenfels

Vorrede

»Ich bin ein lebendiger Mensch«, sagte D. H. Lawrence. »Aus diesem Grund bin ich Romanschreiber. Und als Romanschreiber finde ich mich dem Heiligen, dem Wissenschaftler, dem Philosophen und dem Dichter überlegen, die zwar allesamt große Experten für bestimmte Einzelbezirke des lebendigen Menschen sind, aber nie aufs Ganze gehen... Einzig und allein im Roman kommt *alles* voll ins Spiel.«

Was für den Roman gilt, darf fast in gleichem Umfang für den Essay gelten. Denn wie der Roman ist auch der Essay ein literarischer Kunstgriff, um fast über jedes Erdenkliche alles Erdenkliche zu sagen. Ein Essay ist traditionell, und beinahe per definitionem, ein kurzes Prosastück, weshalb es unmöglich ist, in den Grenzen eines einzelnen Essays alles voll ins Spiel zu bringen. Aber eine Essaysammlung kann ein fast ebenso großes Gebiet beackern – und es fast ebenso gründlich beackern – wie ein langer Roman. Montaignes drittes Buch ist in gewisser Hinsicht das Pendant zu einem guten Teil der *Comédie Humaine*.

Essays gehören einer literarischen Spezies an, deren außerordentliche Wechselhaftigkeit sich am besten im Rahmen eines dreipoligen Bezugssystems studieren läßt. Da ist einmal der Pol des Persönlich-Autobiographischen; dann der Pol des Objektiven, Tatsächlichen, Konkret-Besonderen; und schließlich der Pol des Abstrakt-Universellen. Die meisten Essayisten sind nur in der Nähe eines dieser drei essayistischen Pole wirklich zu Hause und in bester Form. So gibt es die vorwiegend persönlichen Essayisten, die Bruchstücke autobiographischer Selbstbetrachtung verfassen und die Welt durch das Schlüsselloch anekdotischer Beschreibung anschauen. Dann sind da die vorwiegend objektiven Essayisten, die nie direkt von sich selbst reden, sondern ihre Aufmerksamkeit ganz nach außen richten, auf irgendein literarisches, wissenschaftliches oder politisches Thema. Ihre Kunst besteht darin, die relevanten Gegebenheiten darzustellen, zu bewerten und als Ausgangspunkt für allgemeine Schlußfolgerungen zu benützen. Und in der dritten Kategorie finden wir jene Essayisten, die ihre Arbeit in einer Welt hochgradiger Abstraktion verrichten, sich nie zu einer persönlichen Bemerkung herablassen und kaum geruhen, von den besonderen Tatsachen Notiz zu nehmen, aus denen ihre Verallgemeinerungen ursprünglich abgeleitet waren.

Jede dieser Essayarten hat ihre eigenen Mängel und Meriten. Der persönliche Essayist kann so gut sein wie Charles Lamb in seiner Bestform oder so schlecht wie Herr XY in seiner flottesten oder schrulligsten Manier. Der objektive Essay kann so lebhaft, so auftrumpfend streitsüchtig daherkommen wie ein Stück Macaulayscher Prosa; aber er kann auch, mit fataler Leichtigkeit, ins bloß Informative abgleiten oder – falls es sich um einen kritischen Text handelt – ins bloß Gelehrte und Akademische. Und wie glanzvoll, wie offenbarungstief klingen die Aussagen der großen Verallgemeiner! »Wer Weib und Kind besitzt, hat dem Schicksal Geiseln in die Hand gegeben; denn sie behindern große Unternehmungen, solche der Rechtschaffenheit ebenso wie der Bosheit.« Von Bacon zu Emerson: »Die Menschheit brüstet sich mit der gesellschaftlichen Besserung, aber kein Mensch bessert sich selbst. Die Gesellschaft an sich macht nie Fortschritte. Sie verliert auf der einen Seite ebenso rasch das an Terrain, was sie auf der anderen gewinnt. Für jedes Geschenk wird ihr etwas fortgenommen.« Selbst ein Balthasar Gracián, jener knappste unter den Essayisten, der so schreibt, als würde er seine Weisheit für zwei Dollar das Wort auf die andere Erdhälfte kabeln, bringt es manchmal zu einer gewissen Großartigkeit: »Die Dinge haben ihre Frist; auch Vortrefflichkeit ist der Mode unterworfen. Der Weise besitzt einen Vorzug: Er ist unsterblich. Wenn das jetzige Jahrhundert das seine noch nicht ist, so werden es dafür viele andere sein.«

Doch die Medaille der feierlichen und lapidaren Verallgemeinerung hat auch ihre Kehrseite. Als Beispiel einer solchen ›algebraischen‹ Schreibweise will ich eine kurze Passage aus Paul Valérys *Dialogues* anführen. Es lohnt sich bei dieser Gelegenheit, darauf hinzuweisen, daß die französische Literatur eine Tradition hoher und anhaltender Abstraktion aufweist, die englische dagegen nicht. Werke, die im Französischen keineswegs ungewöhnlich wirken, erscheinen in Übersetzung beinahe bis zur Absurdität seltsam. Doch selbst dann, wenn er durch Überlieferung und große Begabung genießbar wird, erscheint uns der algebraische Stil der lebenden Wirklichkeit unmittelbarer Erfahrung weit entrückt. Hier also, in den Worten eines imaginären Sokrates, beschreibt Valéry jenen Stil, in dem er (leider, wie ich meine) zu schreiben liebte: »Was gibt es Geheimnisvolleres als die Klarheit?

Was ist launischer als die Verteilung der Lichter und Schatten über die Stunden und Menschen? Gewisse Völker verlieren sich in ihren Gedanken, aber für uns Griechen sind alle Dinge Gestalt. Wir behalten nur ihre Verhältnisse; und wie eingeschlossen in das klare Licht erbauen wir ähnlich dem Orpheus mit den Mitteln des Wortes Tempel der Weisheit und der Wissenschaft, die allen vernünftigen Wesen genügen können. Diese große Kunst verlangt von uns eine wunderbar genaue Redeweise. Der Name selbst, der sie bezeichnet, ist bei uns zugleich der Name der Vernunft und der Rechenkunst. Dasselbe Wort bezeichnet diese drei Dinge.« Diese elegante Algebra macht sich gut in der Stratosphäre abstrakter Begriffe; doch eine vollkommen entkörperte Sprache kann nie den Gegebenheiten der unmittelbaren Erfahrung gerecht werden, und ebensowenig kann sie etwas zu unserem Verständnis jener »launenhaften Lichter und Schatten« beitragen, inmitten derer wir, ob wir wollen oder nicht, nun einmal unser Leben leben müssen.

Am vollständigsten stellen jene Essays ihre Leser zufrieden, die das Beste nicht nur aus einer oder zwei, sondern aus allen drei Welten machen, in denen ein Essay leben kann. Frei und mühelos bewegen sich Denken und Fühlen in diesen vollkommenen Kunstwerken, hierhin und dorthin, zwischen den drei essayistischen Polen – vom Persönlichen zum Universellen, vom Abstrakten zurück zum Konkreten, von der objektiven Gegebenheit zum inneren Erlebnis.

Der Gipfel der Vollkommenheit einer Kunstform wird selten schon durch ihren ersten Erfinder erreicht. Zu dieser Regel ist Montaigne die große und großartige Ausnahme. Zu jenem Zeitpunkt, als er sich in sein drittes Buch vorangeschrieben hatte, erreichte er die Grenzen seiner neuentdeckten Kunst. »Was ist dies hier anderes«, so hatte er zu Beginn seiner Essayistenlaufbahn gesagt, »als Grotesken und Zerrgebilde, aus verschiedenen Gliedern zusammengestückt, ohne bestimmte Gestalt, ohne andere als zufällige Ordnung, Folge und Verhältnis?« Doch wenige Jahre vergingen, und die Flickwerk-Grotesken waren zu lebendigen Organismen geworden, in der Form vielgestaltiger Hybriden wie jene schönen Ungeheuer alter Mythologien, die Meerjungfrauen, die vielköpfigen geflügelten Stiere, die Kentauren, Anubise und Seraphim: Unmöglichkeiten zusammengesetzt aus Unvereinbarem, aber von innen nach außen zusammengesetzt, in einem wachstumsähnlichen Prozeß, so daß der Menschenrumpf wie selbstverständlich zwischen den Pferdeschultern zu entspringen scheint und der Fischleib so mühelos und unvermeidlich zur vollbrüstigen Sirene hinüberwechselt, wie ein musikalisches Thema von einer Tonart zur anderen wechselt. Freiheit der Assoziation unter künstlerischer Kontrolle – das ist das paradoxe Geheimnis von Montaignes besten Essays. Wie es gerade kommt, eins nach dem anderen – doch in einer Abfolge, die auf wunderbare Weise ein Zentralthema entwickelt und es mit dem Gesamtbereich menschlicher Erfahrung verbindet. Und wie schön Montaigne die Verallgemeinerung mit der Anekdote verknüpft, die Predigt mit der autobiographischen Erinnerung! Wie geschickt er das Konkret-Besondere, die *chose vue*, einsetzt, um eine umfassende Wahrheit auszudrücken, und sie auf diese Weise so viel eindringlicher und kraftvoller auszudrücken, als es selbst der hochfliegendste unter den Grossisten der Verallgemeinerung vermöchte.

So zum Beispiel das große Orakel, Dr. Johnson, wenn es sich zur *conditio humana* und zum Nutzen der Heimsuchung äußert: »Das Leiden ist untrennbar von unserem irdischen Stand; es heftet sich an alle Einwohner dieser Welt, gewiß in unterschiedlichem Maße, aber in einer Portionierung, die durch unser eigenes Verhalten nur wenig regulierbar erscheint. Es war der Stolz irgendeines großtönenden Moralisten, daß jedes Menschen Geschick in seiner eigenen Macht stehe, daß die Klugheit alle übrigen Gottheiten ersetze und daß Glückseligkeit die unfehlbare Konsequenz der Tugend sei. Doch ganz gewiß ist der Köcher des Allmächtigen mit Pfeilen versehen, gegen die der Schild menschlicher Tugend, wie sehr man auch seine diamantene Härte gerühmt haben mag, vergeblich erhoben wird. Wir büßen nicht immer für unsere Vergehen, und nicht immer sind wir durch unsere Unschuld geschützt... Nichts verleiht uns so sehr die Fähigkeit, den Versuchungen, von denen wir tagtäglich umstellt sind, zu widerstehen, wie eine gewohnheitsmäßige Betrachtung der Kürze des Lebens und der Unsicherheit jener Genüsse, die um uns buhlen; und solche Betrachtung kann uns nur das Leiden einimpfen.«

Das ist durchaus bewundernswert, aber es gibt noch andere (und ich würde sagen, bessere) Arten, sich diesem Thema zuzuwenden. »*J'ay veu en mon temps cent artisans, cent laboureurs, plus sages et plus heureux que des Recteurs de l'Université.*« (Ich habe in meinen Tagen hundert Handwerker, hundert Bauern gesehen, die weiser und glücklicher waren als Hochschulrektoren.) Und weiter: »Werfen wir unseren Blick zur Erde auf die armen Leute, die wir da kommen und gehen sehen, den Kopf über ihre Arbeit gebeugt, die weder von Aristoteles noch von Cato noch von Beispielen und Leitsätzen wissen: in ihnen bringt die Natur Tag für Tag Werke der Beständigkeit und der Geduld hervor, reiner und aufrechter als jene, die wir in den Schulen so andächtig studieren.« Ein Schuß Natur und ein Schuß Ironie – das gibt zusammen eine Kritik des Lebens, die – so beiläufig und leichtfertig sie sich geben mag – tiefer dringt als der rhetorische Donner der Orakel. »Es sind nicht unsere Torheiten, die mich zum Lachen bringen«, sagt Montaigne, »sondern unsere Weisheiten.« Und warum reizen wohl einen Weisen die Weisheiten zum Lachen? Nicht zuletzt deshalb, weil unsere Berufsweisen dazu neigen, sich in einer Sprache höchster Abstraktion und weitester Verallgemeinerung auszudrükken, in einer Sprache, die sich bei all ihrer sibyllinischen Salbung dann, wenn es wirklich mulmig wird, gewöhnlich als hoffnungslos unpassend für die Dinge des Lebens in ihrer wahrhaft und tragisch gelebten Natur erweist.

Im Laufe der letzten vierzig Jahre habe ich Essays jeglicher Größe, Form und Farbe verfaßt. Essays von beinahe Graciánischer Knappheit, andere, gelegentlich, von mehr als Macaulayscher Länge. Autobiographische Essays; Essays über die Dinge, die ich gesehen, und die Orte, die ich besucht habe; kritische Essays über Kunstwerke aller Art, aus dem Bereich von Literatur, bildender Kunst, Musik; Essays über Philosophie und Religion, einige in der Form abstrakter Argumentation, andere in Gestalt einer kommentierten Anthologie, wieder andere, in denen allgemeine Ideen auf dem Weg über konkrete Tatsachen der Geschichte und Biographie erschlossen werden. Essays schließlich, in denen ich in der Nachfolge Montaignes versucht habe, das Beste aus allen drei essayistischen Welten zu machen und alles auf einmal zu sagen – aus dem Bemühen, mich der kontrapunktischen Gleichzeitigkeit der Musik so sehr anzunähern, wie es die Natur sprachlicher Kunst nur irgend erlaubt.

Manchmal, so will mir scheinen, ist es mir einigermaßen gelungen, das zu tun, was ich mir im einen oder anderen Bereich vorgenommen hatte. Manchmal, dessen bin ich mir schmerzlich bewußt, ist es mißlungen. Aber: »Bitte nicht auf den Pianisten schießen; er tut sein Bestes.« Sein Bestes *selon ses quelques doigts perclus*, um mit seinem kleinen Klavier soviel auszudrücken wie das Symphonieorchester eines Romans, sein Bestes, um »alles voll ins Spiel zu bringen«. Zumindest für den Autor, und vielleicht auch für den Leser, ist es besser, bei dem Versuch solcher Vollständigkeit zu scheitern, als sich nie auf den Versuch einzulassen.

Aldous Huxley

(*Collected Essays*, 1959; Ü.: Werner von Koppenfels)

DIE NATUR

The Cicadas

Sightless, I breathe and touch; this night of pines
Is needly, resinous and rough with bark.
Through every crevice in the tangible dark
The moonlessness above it all but shines.

Limp hangs the leafy sky; never a breeze
Stirs, nor a foot in all this sleeping ground;
And there is silence underneath the trees –
The living silence of continuous sound.

For like inveterate remorse, like shrill
Delirium throbbing in the fevered brain,
An unseen people of cicadas fill
Night with their one harsh note, again, again.

Again, again, with what insensate zest!
What fury of persistence, hour by hour!
Filled with what devil that denies them rest,
Drunk with what source of pleasure and of power!

Life is their madness, life that all night long
Bids them to sing and sing, they know not why;
Mad cause and senseless burden of their song;
For life commands, and Life! is all their cry.

I hear them sing, who in the double night
Of clouds and branches fancied that I went
Through my own spirit's dark discouragement,
Deprived of inward as of outward sight:

Who, seeking, even as here in the wild wood,
A lamp to beckon through my tangled fate,
Found only darkness and, disconsolate,
Mourned the lost purpose and the vanished good.

Now in my empty heart the crickets' shout
Re-echoing denies and still denies

Die Zikaden

Sichtlos atme, befühl ich Piniennacht,
So nadlig, harzig, rauh von Rindenrunzeln.
Durch alle Ritzen im greifbaren Dunkeln
Rinnt die Mondlosigkeit, wie licht gemacht.

Schlaff hängt das Himmelsblattwerk; nicht ein Hauch
Regt sich, kein Fuß schlafenden Grund entlang;
Dicht liegt die Stille unter Baum und Strauch,
Stille, die lebt, aus unablässigem Klang.

Wie eingefleischte Pein, rasend und schrill,
Wie Wahnsinn, der in Fieberhirnen pocht –
Ein unsichtbares Heer Zikaden füllt
Die Nacht mit grellem Mißton, noch und noch.

Und noch und noch, mit unstillbarer Gier!
Welch ein Dämon hat ihre Ruh geraubt?
Stunde um Stunde rast es, stur und irr,
Aus welchem Quell der Lust und Macht berauscht?

Ihr Wahn ist Leben, Leben: all die Nächte lang
Heißt es sie singen, singen, wissen nicht, warum;
Irrwitz der Grund und Kehrreim für den Sang;
Das Leben will's, und Leben! schrillt ihr Ruf.

Ich hör sie singen, zweifach nächtig blind
Durch Wolken und Gezweig, als irrte ich
In meines Geistes ödem Labyrinth,
Beraubt der inneren und der äußeren Sicht;

Der suchend (so wie hier im dunklen Wald)
Nach Licht, das mich durch Schicksalswirren leitet,
Nur Finsternisse fand und oft, verzweifelt,
Mein Heil verloren gab, und meinen Halt.

Jetzt widerhallt mir das Zikadenschreien
Im leeren Herzen, und verneint, verneint

With stubborn folly all my learned doubt,
In madness more than I in reason wise.

Life, life! The word is magical. They sing,
And in my darkened soul the great sun shines;
My fancy blossoms with remembered spring,
And all my autumns ripen on the vines.

Life! and each knuckle of the fig-tree's pale
Dead skeleton breaks out with emerald fire.
Life! and the tulips blow, the nightingale
Calls back the rose, calls back the old desire:

And old desire that is for ever new,
Desire, life's earliest and latest birth,
Life's instrument to suffer and to do,
Springs with the roses from the teeming earth;

Desire that from the world's bright body strips
Deforming time and makes each kiss the first;
That gives to hearts, to satiated lips
The endless bounty of to-morrow's thirst.

Time passes, and the watery moonrise peers
Between the tree-trunks. But no outer light
Tempers the chances of our groping years,
No moon beyond our labyrinthine night.

Clueless we go; but I have heard thy voice,
Divine Unreason! harping in the leaves,
And grieve no more; for wisdom never grieves,
And thou hast taught me wisdom; I rejoice.

In starrer Narrheit meine klugen Zweifel:
Weiser ist, was ihr Wahn, als meine Weisheit, meint.

Leben, Leben! das Zauberwort. Sie singen.
In Seelennacht erhebt sich Sonnenschein;
Frühlings-Erinnerung läßt die Triebe springen,
All meine Herbste keltern sich zu Wein.

Leben! Aus dem Skelett des farbenleeren
Feigenbaums bricht ein Feuer von Smaragd.
Leben! Die Tulpen blühn; es ruft die Nachtigall
Die Rosen, ruft zurück altes Begehren:

Sieh das Begehren, alt und ewig jung,
Begier, die Erst- und Letztgeburt des Lebens,
Werkzeug des Seins zum Leiden und zum Tun,
Sich mit den Rosen aus dem Erdschoß heben!

Begehren streift vom hellen Leib der Welt
Auswuchs der Zeit; Erstling wird jeder Kuß;
Ins dürre Herz, auf satte Lippen fällt
Unendliche Verheißung: künftiger Durst.

Die Zeit verstrich. Wäßrig späht jetzt ein Mond
Zwischen den Stämmen. Doch kein äußeres Licht
Erhellt der tastend blinden Jahre Schwund –
Mondloses Labyrinth aus Finsternis.

Spurlos gehn wir. Doch hört ich deine Stimme,
Göttliche Unvernunft!, die aus den Ästen stieg,
Und werf den Kummer ab: Weisheit ist nie bekümmert.
Du lehrst mich weise sein – und sieh, ich freue mich.

(*Arabia Infelix*, 1929; Ü.: Werner von Koppenfels)

Das Land

Es ist eine merkwürdige Tatsache, die ich mir nicht so recht erklären kann, daß die Begeisterung für das Landleben und die Liebe zur Natur gerade in jenen europäischen Ländern am stärksten ausgeprägt und am weitesten verbreitet sind, in denen das ungünstigste Klima herrscht und die Suche nach Pittoreskem mit den größten Unannehmlichkeiten verbunden ist. Die Verehrung der Natur wächst proportional zur Entfernung vom Mittelmeer. Die Italiener und Spanier interessiert die Natur an sich so gut wie gar nicht. Die Franzosen fühlen sich zwar irgendwie zum Land hingezogen, aber doch nicht so stark, daß sie dort leben wollten, solange sie irgendeine Möglichkeit haben, in der Stadt zu wohnen.

Die Süddeutschen und Schweizer bilden scheinbar eine Ausnahme von der Regel. Obwohl sie näher am Mittelmeer leben als die Pariser, lieben sie das Land mehr. Aber wie gesagt, dies ist nur scheinbar eine Ausnahme; denn durch die Gebirgslandschaft und die große Entfernung zum Meer kommen diese Menschen fast das ganze Jahr über in den Genuß eines in jeder Hinsicht arktischen Klimas. Wir Engländer, mit unserem scheußlichen Klima, lieben das Land so sehr, daß wir für das Privileg, auf dem Land zu leben, bereit sind, Sommer und Winter um sieben Uhr aufzustehen, bei Regen und Sonne zu einem weit entfernten Bahnhof zu radeln und eine einstündige Fahrt zu unserem Arbeitsplatz zu unternehmen. Wir nützen jeden freien Augenblick zum Wandern und betrachten Reisen im Wohnwagen als Vergnügen. Da in Holland ein viel rauheres Klima herrscht als in England, sollte man erwarten, daß die Holländer noch leidenschaftlicher fürs Land schwärmen als wir. Aber das allgegenwärtige Wasser macht es holländischen Zeitkartenbesitzern schwer, sich einfach so auf dem Land niederzulassen. Wenn sich die sumpfigen Wiesen der Niederlande jedoch schon nicht als Bauland eignen, ist der Boden doch fest genug, um Zelte zu tragen. Da sie nicht ständig auf dem Land leben können, sind die Holländer die eifrigsten Camper der Welt. Als der arme Onkel Toby dort einst im Feld stand, zwang ihn die durchdringende Feuchtigkeit, in seinem Zelt guten Brandy zu verbrennen, damit die Luft trocken wurde. Aber unser Onkel Toby war schließlich bloß Engländer und in einem Klima aufgewachsen, das im Vergleich zum holländischen balsamisch ist. Die robusteren Holländer zelten zum Vergnügen. Was Norddeutschland betrifft, so genügt der Hinweis, daß dort die Wandervögel beheimatet sind. Und Skandinavien – jedermann weiß, daß sich in keinem Teil der Welt, außer den Tropen, Menschen so unbefangen ihrer Kleidung entledigen. Die Schweden empfinden eine derart heftige Naturleidenschaft, daß sie ihr nur so, wie die Natur sie schuf, angemessen Ausdruck verleihen können. »*As souls unbodied*«, sagt Donne, »*bodies unclothed must be to taste whole joys.*« (Wie Seelen entleibt, so müssen Leiber entkleidet werden, um höchste Wonnen zu genießen.) Nobel, nackt und weit moderner als alle übrigen Europäer tummeln sie sich im eisigen Wasser der Ostsee, nackt wandern sie durch den wilden Wald. Der vorsichtige Italiener dagegen badet nur in zwei von zwölf Monaten in seinem lauwarmen Meer, trägt andauernd Unterhemden und verläßt nach Möglichkeit die Stadt erst, wenn der Sommer wirklich zur Hölle wird, und dann wieder für kurze Zeit im Herbst, um die Produktion seines Weins zu beaufsichtigen.

Seltsamer und unerklärlicher Sachverhalt! Versuchen die Menschen, die in rauhen Gegenden leben, sich vorzuspiegeln, sie bewohnten das Paradies? Lieben sie die Natur ganz bewußt in der Hoffnung, sie könnten sich einreden, daß sie bei Nässe und Dunkelheit genauso schön ist wie bei Sonnenschein? Bieten sie den Unannehmlichkeiten des nördlichen Landlebens trotzig die Stirn, um denen, die in bevorzugteren Breiten leben, sagen zu können: Seht her, unsere Landschaft ist genauso reizvoll wie eure; und der beste Beweis dafür ist, daß wir hier leben?

Was immer auch der Grund sein mag, es bleibt die Tatsache, daß die Naturverehrung mit der Entfernung von der Sonne wächst. Zwar ist es aussichtslos, nach Ursachen zu suchen; aber es ist einfach und zudem nicht uninteressant, die Auswirkungen aufzulisten; so hat zum Beispiel unsere angelsächsische Begeisterung für das Land dazu geführt, daß es in eine einzige riesige Stadt verwandelt wurde; allerdings ohne die urbanen Annehmlichkeiten, die das Leben in der Großstadt erträglich machen. Denn wir alle lieben das Land so sehr, daß wir unbedingt dort leben möchten, und sei es nur nachts, wenn wir nicht arbeiten. Wir bauen Landhäuser, kaufen uns Fahrräder, die uns zum Bahnhof bringen, und Zeitkarten. Und währenddessen geht das Land zugrunde. Das Surrey meiner Kindheit war die reinste Wildnis. Heute kann man Hindhead kaum noch von Elephant & Castle unterscheiden. Mr. Lloyd George hat (was mir irgendwie angemessen erscheint) am Fuß der Devil's Jumps ein Wochenendhaus gebaut; und Tausende folgen eifrig seinem Beispiel. Aus jeder Gasse ist jetzt eine Straße geworden. Harrod's und Selfridge liefern täglich. Das Land gibt es nicht mehr, zumindest nicht im Umkreis von fünfzig Meilen um London. Unsere Liebe hat es zerstört.

Außer im Sommer, wenn es in der Stadt zu heiß wird, meiden die Franzosen, und erst recht die Italiener, das Land. Die Folge ist, daß sie immerhin noch Land haben, das sie meiden können. Einsame Landschaft erstreckt sich fast bis vor die Tore von Paris. (Und Paris, wohlgemerkt, hat noch Tore; man erreicht sie über Landstraßen, fährt hindurch und ist nur noch ein paar Minuten vom Stadtzentrum entfernt.) Es herrscht Stille, die durch nichts gestört wird, außer durch die zarten Geisterklänge kaum eine Meile entfernt vom Victor-Emmanuel-Monument in Rom.

In Frankreich und Italien leben auf dem Land nur Bauern. Hier nimmt man die Landwirtschaft noch ernst; Bauernhöfe sind noch Bauernhöfe und nicht Wochenendhäuser; und auf Feldern, die in England nur begehrter Baugrund wären, läßt man hier noch Korn wachsen.

In Italien existieren, trotz der Tatsache, daß die gebildeten Italiener noch weniger gern auf dem Land leben als die Franzosen, weniger völlig einsame Landstriche als in Frankreich, weil es mehr Bauern gibt. Aber wie viele sind es in Frankreich! Eine Fahrt von der belgischen Grenze ans Mittelmeer füllt jene Statistik mit Leben, die rein theoretisch besagt, daß Frankreich unterbevölkert ist. Lange Strecken offenen Landes dehnen sich zwischen den einzelnen Städten:

Like stones of worth they thinly placèd are
Or captain jewels in the carcanet.

Gleich edlen Steinen sind sie dünn gesät,
Wie Kronjuwelen auf dem Diadem.

Sogar Dörfer sind selten und liegen weit auseinander. Und jene zahllosen Gehöfte, die an italienischen Berghängen zwischen den Olivenbäumen hervorleuchten – nach ihren französischen Pendants sucht man vergeblich. Wenn man durch die fruchtbaren Ebenen Mittelfrankreichs fährt, kann man den Blick über die Felder schweifen lassen, ohne ein einziges Haus zu entdecken. Und was für Wälder wachsen noch auf französischem Boden! Riesige unbewohnte Waldgebiete, in deren Schatten man keinem einzigen Wochenendausflügler oder Wanderer begegnet.

Mich persönlich entzückt dieser Tatbestand; denn ich mag das Land, genieße die Einsamkeit und interessiere mich nicht für die politische Zukunft Frankreichs. Ich kann mir aber durchaus vorstellen, daß einem französischen Patrioten eine Fahrt durch sein Heimatland deprimierend vorkommen muß. Jenseits fast sämtlicher Grenzen wuchern ungeheure Populationen, auf deren Schädeln man aus zweihundert Metern Entfernung den Höcker der Fortpflanzungsfreudigkeit entdecken kann. Ohne Hast, ohne Rast, wie durch ein unaufhörliches Wunder vermehren sich die Deutschen und Italiener wie Fische und Brot. Alle drei Jahre spähen eine Million frischgebackener Teutonen über den Rhein, fragen sich eine Million Italiener, wo sie in ihrem engen Land Raum zum Leben finden werden. Doch mehr Franzosen gibt es nicht. Noch zwanzig Jahre, und dann? Die französische Regierung stellt kinderreichen Familien Prämien in Aussicht. Vergeblich: Alle kennen sich bestens mit Geburtenkontrolle aus, und selbst in den ungebildetsten Schichten existieren keinerlei Vorurteile, dafür aber ein ausgeprägter Hang zur Sparsamkeit. In hellen Scharen werden Mauren gedrillt und bewaffnet; doch Mauren sind auf lange Sicht nur ein dürftiger Schutz gegen die Fortpflanzungsfreudigkeit der Europäer. Früher oder später wird dieses halbleere Land kolonisiert werden; vielleicht friedlich, vielleicht mit Gewalt; hoffentlich friedlich, mit Zustimmung und auf Einladung der Franzosen selbst. Vorübergehend importieren die Franzosen ja schon jetzt wer weiß wie viele ausländische Arbeiter pro Jahr. Im Lauf der Zeit werden sich die Ausländer niederlassen: die Italiener im Süden, die Deutschen im Osten, die Belgier im Norden und vielleicht sogar ein paar Engländer im Westen. Dieser Plan mag den Franzosen vielleicht nicht gefallen. Aber bis sich alle Nationen bereit erklären, in genau demselben Umfang Geburtenkontrolle zu praktizieren, ist das die denkbar beste Lösung.

Die Portugiesen, die Ende des sechzehnten, Anfang des siebzehnten Jahrhunderts an akuter Unterbevölkerung litten (die Hälfte der körperlich leistungsfähigen Männer waren in die Kolonien ausgewandert, wo sie im Krieg oder an Tropenkrankheiten starben, während die Daheimgebliebenen in regelmäßigen Abständen durch Hungersnöte dezimiert wurden – denn die Kolonien lieferten nur Gold, kein Brot), lösten ihre Probleme durch den Import von Negersklaven, die die verlassenen Felder bestellten. Die Neger wurden seßhaft. Sie gingen Mischehen mit der Bevölkerung ein. Binnen zwei oder drei Generationen war das Volk, das die halbe Welt erobert hatte, ausgestorben, und Portugal wurde, mit Ausnahme eines kleinen Gebiets im Norden, von einer hybriden euroafrikanischen Rasse bewohnt. Die Franzosen werden sich vielleicht glücklich schätzen, wenn sie, ohne Krieg zu führen, ihr leer gewordenes Land mit zivilisierten Weißen auffüllen können.

Einstweilen jedenfalls freut sich jeder, der die Natur und die Einsamkeit liebt, über die Leere Frankreichs. Aber selbst in Italien, wo es auf dem Land von Bauernhöfen, Bauern und Bauerskindern nur so wimmelt, fühlt sich jemand, der das Land liebt, viel glücklicher als in möglicherweise tatsächlich spärlicher bewohnten Gebieten der Home Counties. Denn Bauernhöfe und Bauern sind Landprodukte, ebenso urwüchsig und harmlos wie Bäume oder das sprießende Korn. Es ist der städtische Eindringling, der die englischen Landgegenden zerstört. Weder er noch sein Haus gehören dorthin. In Italien hingegen findet der städtische Eindringling, der sich vereinzelt aufs Land wagt, dieses auch wirklich ländlich vor. Trotz dichter Besiedelung ist es doch immer noch das Land. Die tödliche Zuneigung derer, die so wie ich die Städter der Natur sind, hat ihm noch nicht den Garaus gemacht.

Ich fürchte, die Zeit ist nicht mehr fern, bis in ganz Europa, selbst in Spanien, das Land von Naturfreunden aus der Stadt überschwemmt sein wird. Schließlich ist es nicht allzu lang her, daß Evelyn der Anblick der Felsen von Clifton mit Abscheu und Entsetzen erfüllte. Bis zum Ende des achtzehnten Jahrhunderts fürchtete und verabscheute jeder vernünftige Mensch die Berge, selbst in England, selbst in Schweden. Die moderne Begeisterung für die wilde Natur ist eine neuere Entwicklung und ging – ebenso wie die Tierliebe, der Industrialismus und das Reisen mit der Eisenbahn – von den Engländern aus. (Es ist vielleicht nicht überraschend, daß die Leute, die als erste ihre Städte durch Schmutz, Lärm und Abgase unbewohnbar machten, auch die ersten waren, die die Natur liebten.) Von dieser Insel aus haben sich Maschinen und Landinnigkeit verbreitet. Die Maschinen haben in aller Welt begeisterte Aufnahme gefunden; die Landinnigkeit floriert bis jetzt nur im Norden.

Und doch gibt es eindeutige Anzeichen, daß allmählich sogar die Romanen davon angesteckt werden. In Frankreich und Italien ist die wilde Natur – wenn auch in weit geringerem Maß als in England – Gegenstand des Snobismus geworden. Es gilt in jenen Ländern als ausgesprochen schick, die Natur zu lieben. In einigen Jahren, ich wiederhole es, wird das jedermann als selbstverständlich betrachten. Denn selbst im Norden wird den Leuten, die für das Land absolut nichts übrig haben, von den Profitmachern der Landliebe unaufhörlich auf raffinierteste Weise eingeredet, daß sie es doch lieben. Kein moderner Mensch, selbst wenn er das Land verabscheute, könnte dem Appell der unzähligen Anzeigen widerstehen, die von Bahn, Automobilindustrie, Thermosflaschenfirmen, Sportbekleidungsherstellern, Immobilienmaklern und allen übrigen Branchen veröffentlicht werden, deren Lebensunterhalt davon abhängt, daß er oft aufs Land fährt. Noch ist die Kunst der Werbung in den romanischen Ländern nicht sehr weit entwickelt. Aber selbst dort verbessert sie sich. Der Fortschritt ist nicht mehr aufzuhalten. Fiat und die Staatsbahn brauchen bloß amerikanische Werbemanager zu engagieren, und die Italiener verwandeln sich in ein Volk von Wochenendausflüglern und Zeitkartenbesitzern. Schon gibt es am Rande Roms eine *Città Giardino;* Ostia wird zu einer am Meer gelegenen Vorortwohnsiedlung ausgebaut; die kürzlich eröffnete Autostraße hat die Seen Mailands Gnade ausgeliefert. Ich sehe es schon kommen, meine Enkel werden ihren Urlaub einmal in Zentralasien verbringen müssen.

(*Along the Road,* 1925; Ü.: Sabine Hübner)

Ländliche Ekstasen

(Whitman hatte zwei Studierstuben zum Lesen: die eine war das Oberdeck eines Omnibusses, und die andere eine kleine, gänzlich unbewohnte Sandbank namens Coney Island weit draußen im Ozean. – M. D. Conway, 1866)

The Revelation

An idle poet, here and there,
Looks round him, but, for all the rest,
The world, unfathomably fair,
Is duller than a witling's jest.

Love wakes men, once a lifetime each;
They lift their heavy lids and look;
And lo, what one sweet page can teach
They read with joy, then shut the book.

And some give thanks, and some blaspheme,
And most forget; but either way,
That, and the child's unheeded dream,
Is all the light of all their day.

Coventry Patmore

Die Offenbarung

Ein müßiger Dichter, hie und da,
Blickt um sich, doch den andern scheint
Die unermeßlich schöne Welt
So schal wie eines Witzlings Scherz.

Liebe weckt jeden, einmal nur:
Er hebt die schweren Lider, schaut;

Was eine süße Seite lehrt,
Liest er entzückt, und schließt das Buch.

Und der sagt Dank, und jener flucht,
Der Rest vergißt; doch einerlei –
Dies, und der flüchtige Kindertraum,
Ist alles Licht all ihres Seins.

Der Aufschrei gegen die Impressionisten hat gezeigt, daß die große Mehrzahl der Menschheit die äußere Welt nicht nur »so schal wie eines Witzlings Scherz« findet, sondern normalerweise unfähig ist, sie überhaupt wahrzunehmen. Mit unvergleichlicher Präzision malten die Impressionisten, was sie tatsächlich sahen. Sie übertrugen ihre visuellen Eindrücke unmittelbar auf die Leinwand, um sie dort – gleichsam im Rohzustand und geistig unverdaut – stehenzulassen. Die Leute regten sich auf, und das war eine ganz natürliche Reaktion. Sie waren es einfach nicht gewohnt, die Offenbarung ihrer Empfindungen in Form und Farbe festgehalten zu sehen. Ihr Verstand verallgemeinerte und interpretierte die Rohzustände der Natur; sie waren geübt, nur das zu sehen, was wir fast alle üblicherweise sehen – visualisierte Worte, die platonischen Ideen von Baum, Wolke et cetera. Die tatsächliche, einmalige Erscheinung von Baum oder Wolke schien ihnen unmöglich verquer, als die Impressionisten sie ihnen enthüllten: sie waren empört.

Die Gewohnheit ihrerseits hat uns die Impressionisten normalisiert. Wir betrachten ihre Bilder ohne das Gefühl, verhöhnt und hinters Licht geführt zu werden. Gelegentlich, wenn wir Glück haben oder (durch sie geschult) uns ein wenig Mühe geben, gelingt es uns, die Außenwelt durch ihre unschuldigen und unvoreingenommenen Augen zu sehen... sie einen Augenblick lang *sub specie momenti* zu sehen. Doch seltsamer- und geheimnisvollerweise bedeutet *sub specie momenti* zugleich *sub specie eternitatis*. Unsere unvermittelten Eindrücke der Wirklichkeit, bei jenen seltenen Gelegenheiten, wo es uns glückt, sie mit den Augen von Kindern oder Genesenden, von Künstlern und Liebenden zu erblicken, besitzen so etwas wie eine Qualität des Übernatürlichen. Was wir sonst ›Natur‹ nennen und so schal wie eines Witzlings Scherz finden, ist eigentlich nur ein System von Verallgemeinerungen und utilitären Zeichen, die wir aus unseren Empfindungen konstruieren. Manchmal jedoch werden wir zum direkten und unmittelbaren Bewußtsein unserer Empfindungen gebracht; dann ereignet sich eine Offenbarung: auf einmal erscheinen sie uns übernatürlich. Doch nur auf dem Weg der Empfindung kommen wir mit der äußeren Welt in Berührung, mit der Welt der großen Natur. So entsteht ein scheinbares Paradox: die äußere Natur ist übernatürlich; und die übernatürliche, da geistige Welt, in der unser Alltagsleben verläuft, ist uns nur allzunatürlich, so natürlich, daß sie uns langweilt. [. . .]

All jenen, die die übernatürliche Eigenschaft der Natur wirklich erfühlt haben, muß der dogmatische Atheismus widersinnig erscheinen. Doch Marvell hat recht: Wer im »mystischen Buch der Natur« liest, verliest sich leicht. Es ist so leicht, an sich undeutliche und unbeschreibliche Empfindungen in die Begrifflichkeit irgendeiner vorfabrizierten Philosophie hinüberzurationalisieren. [. . .]

Lo! the sun upsprings behind,
Broad, red, radiant, half-reclined
On the level quivering line
Of the waters crystalline;
And before that chasm of light,
As within a furnace bright,
Columns, tower, and dome, and spire,
Shine like obelisks of fire,
Pointing with inconstant motion
From the altar of dark ocean
To the sapphire-tinted skies [. . .]

Percy Bysshe Shelley

Sieh! dort steigt die Sonne auf,
Groß, rotstrahlend, halb noch ruhend
Auf der bebend ebenen Linie
Der kristallnen Wasserflut;
Und vor dieser Kluft von Licht,
Wie in einem Feuerofen,

Leuchten Säulen, Kuppeln, Türme,
Lauter Flammen-Obelisken,
Weisen mit unstetem Aufschwung
Vom Altar des dunklen Meeres
Nach den saphirfarbenen Himmeln...

Far-distant images draw nigh
Called forth by wondrous potency
Of beamy radiance, that imbues
Whate'er it strikes with gem-like hues...
Thine is the tranquil hour, purpureal eve!
But long as god-like wish, or hope divine,
Informs my spirit, ne'er can I believe
That this magnificence is wholly thine.
From worlds not quickened by the sun
A portion of the gift is won...

William Wordsworth

Bilder aus weiter Ferne nahen sich,
Heraufgerufen durch die Wundermacht
Des Strahlenkranzes, der, was er auch trifft,
In Farbenspiel von Edelsteinen taucht...
Dein ist die stille Stunde, Purpurabend!
Solang jedoch göttlicher Wunsch, selige Hoffnung
Den Geist mir lenkt, vermag ich nicht zu glauben,
Daß diese Pracht dir ganz allein gehört.
Von Welten, die die Sonne nie belebte,
Stammt ein Teil deiner Gabe...

Ein Sonnenaufgang und ein Sonnenuntergang: beide übernatürlich. Das waagrechte Licht des Abends läßt die Welt in so ungewöhnlichem, so unwahrscheinlich goldenem Glanz aufleuchten, daß wir beim Hinsehen aus unserer normalen, kurzsichtigen Gleichgültigkeit aufgeschreckt werden; wir sind beinahe gezwungen, die Dinge so zu sehen, wie sie wirklich sind, und nicht so, wie wir sie uns vorstellen. Oder vielmehr: da wir die Dinge nicht sehen können, wie sie sind, müssen wir uns in solchen Augenblicken unserer unmittelbaren

Wahrnehmung bewußt werden und lernen, die geisterhaften Verallgemeinerungen und Zeichen zu vergessen, die unsere Alltagswelt ausmachen. [...]

In einem Brief an Hawthorne hat Herman Melville treffend über solche ländlichen Ekstasen geschrieben. Seine Bemerkungen beziehen sich auf eine Erörterung der Goetheschen Philosophie. »Ein Mensch wird von wütendem Zahnschmerz gepeinigt. ›Mein lieber junger Freund‹, sagt Goethe zu ihm, ›dieser Zahn setzt dir schlimm zu; doch du brauchst nur im All zu leben, und du wirst glücklich sein.‹ Wie bei allen großen Geistern, gibt es auch bei Goethe eine Riesenmenge Gewäsch... P.S.: Dieses ›All‹-Gefühl – es ist doch etwas dran. Oft spürt man es, im Gras liegend, an einem warmen Sommertag. Die Beine scheinen Ableger in die Erde auszutreiben. Das Haar auf dem Kopf fühlt sich an wie Laub. Das ist das Allgefühl. Doch es heißt mit der Wahrheit Possen treiben, wenn die Leute partout eine zeitweilige Empfindung und Meinung ins Universale ausweiten müssen.«

Der Haken dabei ist, daß wir nach der Natur der Dinge gar nicht anders können. Alle Empfindungen und Meinungen sind zeitweilig; sie dauern einen Augenblick und werden von anderen Gefühlen und Meinungen abgelöst. So können wir nur bei seltenen Anlässen ein Phänomen wie die Brownsche Bewegung beobachten. Ja, weitaus die meisten Menschen finden dazu nie Gelegenheit. Und doch glauben die Wissenschaftler sich dazu berechtigt, das ›zeitweilige Gefühl‹ bei ihrer gelegentlichen Beobachtung zu universalisieren und eine ganze Theorie des Molekularverhaltens darauf zu gründen; und zwar ungeachtet der Tatsache, daß sie, ganz wie der Rest der Menschheit, ihr tagtägliches Leben in der festen Überzeugung verbringen, daß sich Moleküle nicht nur nicht bewegen, sondern zudem gar nicht existieren. Das Allgefühl kommt nur gelegentlich und geht rasch vorbei; doch das heißt nicht, daß ein metaphysisches System auf seiner Basis unbedingt irrig sein müßte. Ebensowenig widerlegt das Vorherrschen von Nicht-Allgefühlen in unserem Leben zwangsläufig jede Alltheorie – auch eine Theorie der Molekularbewegung wird ja nicht durch unser fast permanentes Bewußtsein widerlegt, daß die Materie fest und stabil ist. Nur unter ganz bestimmten Umständen bemerken wir die Brownsche Bewegung; zu anderen Zeiten nehmen wir nur den Ruhezustand wahr. Entsprechend wird uns nur unter ganz besonderen Bedingungen das Allgefühl zuteil; zu anderen Zeiten haben wir unmittelbar das Gefühl der Absonderung. Es ist nicht unsere Schuld – wir sind eben so gemacht.

Melville hat natürlich ganz recht damit, daß dieses unmittelbare Gefühl der Absonderung nicht zu leugnen ist. Eine Allphilosophie wird keinen Zahnschmerz kurieren, ebensowenig wie die Molekulartheorie etwas an unserer angeborenen Unfähigkeit ändert, Moleküle wahrzunehmen. Auf ihre Weise und auf ihrer Seinsebene sind Zahnweh (Melvilles beredtes Sinnbild der Absonderung) und nichtmolekulares Leben unleugbare Realitäten. Unsere Erfahrung teilt sich auf in Inselwelten. Wir springen von einer zur anderen: Brükken gibt es nicht. Aufgrund ihrer besonderen Beschaffenheit nennen wir einige dieser Erfahrungen realer oder wenigstens bedeutsamer als andere. Desungeachtet existieren die anderen weiter. Wir können uns »die Fülle dieses Friedens nicht dauernd bewahren« und »das Beste hat Gedächtnis nicht und Zunge«. Nur von einem Gott konnte Patmore (in seinem beunruhigend nachdrücklichen Stil) sagen:

The whole of life is womanhood to thee,
Momently wedded with enormous bliss.

Das ganze Sein ist Frauentum für dich,
Im Augenblick vermählt der höchsten Wonne.

Die Sterblichen müssen den Großteil ihres Seins mit Manntum, wilden Tieren und im Schmutz zubringen. [...]

Vielleicht ist die Absonderung in Wirklichkeit eine Illusion, vielleicht gibt es letztlich irgendein geheimnisvoll ganzheitliches Sein. Ontologisch und absolut betrachtet, mag die Allphilosophie die Wahrheit sein. Wie bei allen ontologischen Problemen kann man auch hier nie wirklich wissen. Doch eines ist sicher: Ungeachtet aller Zahnschmerzen ist Goethes Rat vernünftig. Der beste Weg zum Glück ist der

Versuch, jenseits der eigenen Absonderung im Allsein zu leben; in Byrons Worten, das »unsterbliche Los« des Weltgeistes zu teilen, mit Keats »Gemeinschaft mit dem Wesen« zu pflegen.

(*Texts and Pretexts*, 1932; Ü.: Werner von Koppenfels)

Wordsworth in den Tropen

Um den fünfzigsten nördlichen Breitengrad herum gilt es seit ungefähr hundert Jahren als Axiom, daß die Natur göttlich und moralisch erhebend sei. Guten Wordsworthianern – und wer heute etwas auf sich hält, ist Wordsworthianer, sei es durch unmittelbare Inspiration oder aus zweiter Hand – gilt ein Spaziergang auf dem Land soviel wie ein Gottesdienstbesuch, eine Tour durch Westmorland soviel wie eine Pilgerfahrt nach Jerusalem. Mit Feldern und Gewässern, Wäldern und Bergen zu kommunizieren, heißt nach unseren modernen, in der nördlichen Hemisphäre herrschenden Vorstellungen, mit den sichtbaren Manifestationen von »Weisheit und Geist des Universums« zu kommunizieren.

Der Wordsworthianer, der diese pantheistische Naturverehrung in die Tropen exportiert, wird wahrscheinlich die Erfahrung machen, daß seine religiösen Überzeugungen recht unsanft durcheinandergerüttelt werden. Genährt von äquatorialen Regenfällen, unter einer senkrecht stehenden Sonne, ist die Natur keineswegs jene keusche, milde Gottheit, die über die *Gemütlichkeit*, die Anmut, die traulichen Erhabenheiten des Lake District herrscht. Das Schlimmste, was Wordsworths Göttin ihm je antat, war, daß sie ihn

Low breathings coming after me
Of undistinguishable motion, steps
Almost as silent as the turf they trod;

Ein leises Atmen nur, das mich verfolgte,
Das fast unmerklich kam und ging, und Schritte
So lautlos wie das Gras, auf das sie fielen –

vernehmen ließ und ihm, in Gestalt »eines gewaltigen Gipfels, schwarz und gewaltig« die Existenz »unbekannter Seinsweisen« zu Bewußtsein brachte. Anscheinend war er der Meinung, dies sei das Schlimmste, was einem die Natur *überhaupt* zufügen kann. Ein paar Wochen in Malaya oder Borneo hätten ihn eines Besseren belehrt. Im Treibhausdunkel des Dschungels wäre er sich jener »Presences of Nature«, jener »Souls of Lonely Places«, die er an den Ufern von Windermere und Rydal zu verehren pflegte, nicht mehr so frohgemut sicher gewesen. Die raren Bewohner des äquatorialen Waldes glauben alle an Teufel. Hat man, und sei es auch noch so flüchtig, einmal die Gebiete besucht, in denen sie leben, dann fällt es einem schwer, sich diesem Glauben nicht anzuschließen. Der Dschungel ist großartig, phantastisch, schön; aber er steckt auch voller Schrecken und ist zutiefst bedrohlich. Es gibt da etwas, das wir mangels eines besseren Wortes als das Wesen großer Wälder bezeichnen müssen – selbst derer in gemäßigten Klimazonen –, etwas Fremdes, Erschreckendes, das dem menschlichen Eindringling grundsätzlich und entschieden feindlich gesinnt ist. Das Leben jener überbordenden Vegetation steht dem menschlichen Geist fremd und abweisend gegenüber. In »Woods of Westermain« wollte uns Meredith mit der Behauptung beruhigen, unsere Ängste seien überflüssig, die feindselige Haltung dieser Pflanzengewalten existiere mehr scheinbar als wirklich, und unsere Furcht werde sich, wenn wir nur der Natur vertrauten, in heitere Gelassenheit, Freude und Entzücken verwandeln. Dies mag eine probate Philosophie sein, wenn man in der Gegend von Dorking lebt; aber bereits angesichts des deutschen Waldes beginnt sie fragwürdig zu wirken – es gibt einfach zuviel davon, als daß sich ein menschliches Wesen in seiner enormen Düsternis wohl fühlen könnte; und wenn man die Wälder von Westermaine durch die Wälder Borneos ersetzt, wird Merediths Trostdoktrin, offen gesagt, lächerlich.

Es ist nicht so sehr das Gefühl der Einsamkeit, das den peinigt, der durch den äquatorialen Dschungel wandert. Einsamkeit läßt sich durchaus ertragen – eine Weile zumindest. Es kann sogar eine ziemlich stimulierende, erregende Wirkung haben, sich als einziges menschliches Wesen an einem völlig verlassenen Ort zu befinden. In vernünftig kleinen Dosen genossen, macht die Sahara euphorisch wie Alkohol. Zuviel davon jedoch (ich spreche dabei immer von mir selbst) wirkt so deprimierend wie die zweite Flasche Burgunder. Jedenfalls ist es nicht die Einsamkeit, die den Äquatorialreisenden niederdrückt: sondern ein Zuviel an Gesellschaft; das unbehagliche Gefühl, als Fremder von einer Unzahl feindlich gesinnter Wesen umgeben zu sein. Uns, die wir in einem gemäßigten Klima und im Zeitalter Henry Fords leben, ist die Anbetung der Natur fast ein natürliches

Bedürfnis. Einen schwachen, schon besiegten Feind zu lieben, ist nicht schwer. Aber einen Feind, mit dem man sich immer noch im Krieg befindet, einen unbesiegten, unbesiegbaren, ständig kampfbereiten Feind – nein; den liebt man nicht, den sollte man nicht lieben. Man respektiert ihn, vielleicht; man empfindet eine gesunde Portion Angst vor ihm; und man kämpft weiter. In unseren Breiten sind die Heerscharen der Natur größtenteils überwältigt und versklavt worden. Freilich, einige wenige versprengte Abteilungen behaupten noch das Feld gegen uns. Es gibt auch heute noch wilde Wälder und Berge, Sümpfe und Heiden, selbst in England. Aber sie sind nur gelitten, weil es uns beliebt hat, ihnen ihre Freiheit zu lassen. Es hat sich für uns einfach nicht gelohnt, sie zu unterjochen. Wir lieben sie, weil wir die Herren sind und weil wir wissen, daß wir sie jederzeit ebenso besiegen können, wie wir ihre Gefährten besiegt haben. Die Tropenbewohner haben keine so tröstlichen Gründe für ihre Anbetung der bedrohlichen Mächte, von denen sie umzingelt sind. Für uns impliziert der Begriff ›Fluß‹ (mit welcher Zwangsläufigkeit!) den Begriff ›Brücke‹. Denken wir an eine Ebene, so denken wir auch an Landwirtschaft, Städte und gute Straßen. Die logische Folgerung von Berg ist Tunnel; von Sumpf ein Damm; von Entfernung eine Eisenbahnverbindung. Am nullten Breitengrad gelten andere Bezüge als bei uns. Flüsse implizieren Waten, Schwimmen, Alligatoren. Ebenen bedeuten Sümpfe, Wälder, Fieberkrankheiten. Berge sind entweder gefährlich oder unpassierbar. Reisen heißt dort, sich mühsam seinen Weg durch eine chaotische, dornige, gehässige Finsternis zu bahnen. »Gott schuf das Land«, sagte Cowper in seinem doch zu ungereimten Vers. In Neuguinea hätte er so seine Zweifel gehabt; dort hätte er sich nach der vom Menschen erschaffenen Stadt gesehnt.

Die Wordsworthianische Naturverehrung hat zwei Hauptschwächen. Zum einen funktioniert sie, wie wir gesehen haben, nur in einem Land, in dem der Mensch die Natur beinahe oder vollständig unterjocht hat. Zum andern ist sie nur dem möglich, der gewillt ist, seine unmittelbare Intuition der Natur zu verfälschen. Denn die Natur ist, selbst in gemäßigten Breiten, stets feindselig, unmenschlich und manchmal geradezu teuflisch. Meredith ermutigt uns ausdrücklich dazu, für alle unerfreulichen Erfahrungen irgendwelche plausiblen Erklärungen zu finden. Wir sollen sie, à la Pangloss, von der Warte einer vorgefaßten Philosophie aus interpretieren; wonach gewiß alles zum Besten stehen wird, im besten aller möglichen Westermaines. Weniger direkt fordert uns Wordsworth zur gleichen Verfälschung der unmittelbaren Erfahrung auf. Nur ganz selten räumt er in der Welt, die ihn umgibt, die Existenz jener »unbekannten Seinsweisen« ein, die uns unsere unmittelbare Intuition der Dinge so beunruhigend bewußtmacht. Normalerweise tut er folgendes: Er pumpt das gefährliche Unbekannte aus der Natur heraus und füllt die entleerten Formen der Berge und Wälder, Blumen und Gewässer mit etwas Beruhigenderem, Vertrautem – nämlich mit Humanität, mit Anglikanismus. Er wird nie zugeben, daß eine gelbe Primel einfach nur eine gelbe Primel ist – schön zwar, aber im wesentlichen fremd, mit einer eigenen, fremdartigen Existenzform, die nichts mit uns zu tun hat. Er will, daß sie eine Art Seele besitzt, daß sie menschlich und nicht bloß blümlich existiert. Er will, daß die Erde nicht nur irdisch, sondern göttlich sei. Aber das Leben der Pflanzen unterscheidet sich radikal vom Leben des Menschen: Die Erde hat eine Seinsweise, die ganz gewiß nicht der Seinsweise des Menschen entspricht. »Laß die Natur dein Lehrmeister sein«, sagt Wordsworth. Ein ausgezeichneter Rat. Den er aber selbst auf höchst sonderbare Weise in die Tat umsetzt! Statt demütig zu lauschen, was der Lehrmeister sagt, hält er sich die Ohren zu und diktiert sich die Lektion, die er hören will, selbst.

Der Schüler weiß besser Bescheid als sein Lehrer; der Anbetende ersetzt das Orakel der Gottheit durch sein eigenes. Statt die Lektion so aufzunehmen, wie sie ihm durch seine unmittelbare Intuition zuteil wird, verzerrt er sie rationalistisch zu einer Art Predigt oder Vorlesung. Unsere unmittelbare Intuition der Natur sagt uns, daß die Fremdartigkeit der Welt keine Grenzen kennt: Sie ist selbst dort noch fremd, wo sie freundlich und schön ist; sie besitzt unzählige Seinsweisen, die nicht unsere sind; sie ist stets auf rätselhafte Weise unpersönlich, unbewußt, unmoralisch; oft feindlich und bedrohlich; manchmal sogar unvorstellbar, weil unmenschlich, böse. In seiner Jugend, so scheint es, hat Wordsworth seine unmittelbare Intuition der Welt noch nicht verzerrt.

The sounding cataract
Haunted me like a passion: the tall rock,
The mountain, and the deep and gloomy wood,
Their colours and their forms, were then to me

An appetite; a feeling and a love,
That had no need of a remoter charm,
By thought supplied, nor any interest
Unborrowed from the eye.

Des Kataraktes Tosen
verfolgte mich wie eine Leidenschaft: der Fels
In seiner Steile, das Gebirg, der düstre Wald
Ihr Farbton, ihre Form warn damals mir
Eine Begierde – Liebe und Gefühl,
Die keines fernern Zaubers durch Gedanken
Bedurften, oder einer Anteilnahme,
Die nicht vom Auge kam.

Im Lauf der Jahre jedoch begann er sie im Sinne einer vorgefertigten Philosophie zu interpretieren. Wie ein Prokrustes marterte er seine Gefühle und Erkenntnisse so lange, bis sie in sein System paßten. Als er dreißig war, waren

the immeasurable height
Of woods decaying, never to be decayed,
The stationary blasts of waterfalls –
The torrents shooting from the clear blue sky,
The rocks that muttered close upon our ears,
Black drizzling crags that spake by the wayside
As if a voice were in them, the sick sight
And giddy prospect of the raving stream,
The unfettered clouds and regions of the heavens,
Tumult and peace, the darkness and the light –
Were all like workings of one mind, the features
Of the same face, blossoms upon one tree,
Characters of the great Apocalypse,
The types and symbols of eternity,
Of first, and last, and midst, and without end.

die Höhe, unermeßlich,
Modriger Wälder, die nie ganz vermodern,
Die Wasserfälle, unverrückbar tosend,
Wildbäche, die aus blauem Himmel stürzten,

Felsmassen, die vor unsren Ohren raunten;
Schwarztriefend dicht am Wege steile Zacken,
Mit Zungen redend, und im grausen Schwindel
Der Blick hinab zum rasend wilden Strom,
Jagende Wolken, himmlische Regionen,
Tumult und Frieden, Finsternis und Licht –
Sie warn wie *eines* Geistes Wirken, Züge
Eines Gesichts, Blüten von *einem* Baum,
Lettern der *einen* großen Offenbarung,
Sinnbilder, Ahnungen der Ewigkeit,
Dessen was ist, und war, und wird, und endet nie.

Something far more deeply interfused (etwas viel tiefer Untermischtes) war auf der Wordsworthschen Bühne in Erscheinung getreten. Der Gott des Anglikanismus war den Dingen unter die Haut gekrochen, und all die erregend unmenschliche Fremdheit der Natur war so platt-vertraut geworden wie eine Seite aus einem Standardwerk der Metaphysik oder Theologie. So wohlvertraut und auch so beruhigend schlicht. Pantheistisch gedeutet, verliert unsere unmittelbare Intuition der zahllosen Spielarten, in denen die unpersönliche Rätselhaftigkeit der Natur zum Ausdruck kommt, das, was sie spannend und beunruhigend gemacht hatte. Die Welt wirkt wunderbar gemütlich, wenn man so tun kann, als seien die vielen fremden Dinge, die einen umgeben, nur Manifestationen einer einzigen Person. Es ist die Angst vor der labyrinthischen Bewegung und Komplexität der Naturphänomene, die die Menschen zu Philosophie, Wissenschaft und Theologie getrieben hat – und es ist die Angst vor der vielschichtigen Wirklichkeit, die sie dazu treibt, eine einfachere, leichter zu handhabende und somit tröstliche Fiktion zu erfinden. Denn im Vergleich zur sichtbaren Wirklichkeit, die wir unmittelbar wahrnehmen können, ist selbst das komplizierteste und raffinierteste der vom Menschen ersonnenen Systeme einfach, kindisch einfach. Die meisten der bislang populären philosophischen Systeme waren ja nicht einmal an menschlichen Maßstäben gemessen kompliziert und raffiniert. Selbst nach menschlichen Maßen waren sie unausgereift, dürftig, lächerlich primitiv. Daher auch ihre Popularität. Ihre Schlichtheit machte sie jedem sofort verständlich. Erschöpft vom vielen Herumirren durchs Labyrinth der Phänomene, erschreckt durch die unwirtliche Fremdheit der Welt, suchten die Menschen bei den Systemen Zuflucht, die Philosophen und Religionsgründer für sie entworfen hatten, so wie sie sich aus einem dunklen Dschungel in ein hell erleuchtetes, geräumiges Haus flüchten würden. Mit einem Seufzer der Erleichterung und dem dankbaren Gefühl ›Endlich daheim!‹ richten sie sich in ihrer komfortablen metaphysischen Villa ein und legen sich schlafen. Und wie bitterböse sie werden, wenn jemand rüde an die Tür klopft und ihnen mitteilt, ihre Villa sei eine Bruchbude – halb verfallen, unbewohnbar, ja gar nicht existent! Weil sie es wagten, auch nur die Farbe der Eingangstür oder die Form der Fenster im dritten Stock zu kritisieren, sind Menschen auf dem Scheiterhaufen verbrannt worden.

Daß sich der Mensch eine Art metaphysischen Zufluchtsort mitten im Dschungel unmittelbar wahrgenommener Wirklichkeit suchen muß, liegt auf der Hand. Praktisches Handeln, wissenschaftliche Forschung und Spekulation sind nur auf der Basis irgendeiner vorgefaßten Hypothese in bezug auf Natur und Sinn der Dinge möglich. Der menschliche Geist kann sich nicht direkt mit dem Universum auseinandersetzen, nicht einmal mit seiner eigenen unmittelbaren Intuition des Universums. Wann immer es um die Frage geht, ob man sich über die Welt Gedanken machen oder sie praktisch verändern soll, kann der Mensch nur mit einem symbolischen Plan des Universums arbeiten, nur mit einer vereinfachten, zweidimensionalen Landkarte von Dingen, die der Verstand aus der komplexen, mannigfaltigen Wirklichkeit der unmittelbaren Intuition herausgelöst hat. Die Geschichte zeigt, daß derlei Hypothesen in bezug auf die Natur der Dinge selbst dann etwas nützen, wenn sich später herausstellt, daß sie falsch sind. Der Mensch nähert sich der unerreichbaren Wahrheit durch eine Folge von Irrtümern. Angesichts der unbegreiflichen Komplexität der Dinge erfindet er, völlig willkürlich, eine simple Hypothese, um die Welt zu erklären und zu rechtfertigen. Einmal erfunden, beginnt er auf der Basis dieser Hypothese zu handeln und zu denken, als träfe sie zu. Die Erfahrung zeigt ihm nach und nach, an welchen Punkten seine Hypothese unzulänglich ist und wie man sie modifizieren sollte. Auf diese Weise wurden große wissenschaftliche Entdeckungen gemacht, von Menschen, die völlig irrige Theorien über die Natur der Dinge verifizieren wollten. Aufgrund der Entdeckungen mußten die ursprünglichen Hypothesen abgeändert werden, und bei dem Versuch, die Änderungen zu überprüfen, wurden weitere Entdeckungen gemacht – die ihrerseits wiederum zu noch mehr Änderungen führten. Und so weiter und so fort.

Philosophische und religiöse Hypothesen mußten sich, da sie der experimentellen Überprüfung weniger zugänglich sind als naturwissenschaftliche Hypothesen, weit weniger Modifikationen gefallen lassen. Zum Beispiel ist die pantheistische Hypothese Wordsworths eine uralte Lehre, die im Lauf der gesamten Geschichte kaum je durch menschliche Erfahrung modifiziert wurde. Und zweifellos zu Recht. Denn es leuchtet ein, daß den mannigfaltigen Phänomenen irgendeine Art von Einheit zugrunde liegen muß; denn wäre dies nicht der Fall, dann läge die Welt jenseits aller menschlichen Erkenntnis. Tatsächlich besteht die fundamentale Einheit aller Dinge gerade in ihrer Erkennbarkeit, gerade darin, daß sie bekannt sind. Die Welt, die wir kennen und die unser Geist aus Gott weiß welchen an sich geheimnisvollen Dingen fabriziert hat, besitzt jene Einheit, die unser Geist ihr aufgedrängt hat. Sie ist Teil unseres Denkens und folglich im wesentlichen homogen. Ja, die Welt ist eindeutig eins. Und doch ist sie ebenso eindeutig mannigfaltig. Denn wenn die Welt vollkommen eins wäre, könnten wir sie nicht mehr erkennen und sie würde nicht mehr existieren. Das Denken muß mit sich uneins sein, wenn es Erkenntnisse über sich selbst gewinnen will. Absolute Einheit ist absolutes Nichts: Ein Zustand homogener Vollkommenheit, wie die Hindus erkannt und mutig bekannt haben, bedeutet Nichtsein, Nirwana. Die christliche Vorstellung eines vollkommenen Himmels, der etwas anderes ist als ein Nichtsein, bedeutet einen Widerspruch in sich.

Die Welt, in der wir leben, mag im wesentlichen eins sein, aber sie ist eine Einheit, die in unzählige Teile zerfällt. Ein Baum, ein Tisch, eine Zeitung, ein Stück Kunstseide bestehen alle aus Holz. Aber es handelt sich trotzdem um einzelne, verschiedenartige Objekte. Und ebenso verhält es sich mit der Welt als Ganzem. Unsere unmittelbare Intuition ist die der Verschiedenartigkeit. Wir brauchen nur die Augen zu öffnen, um eine Vielzahl unterschiedlichster Phänomene zu erkennen. Diese Intuition der Verschiedenartigkeit ist genauso zutreffend, genauso berechtigt wie unsere intellektuelle Überzeugung, daß die verschiedenen Teile der Welt miteinander und mit uns im wesentlichen ein homogenes Ganzes bilden. Die Umstände haben die Menschheit dazu geführt, einen immer höheren Bonus auf das bewußte und intellektuelle Verständnis der Dinge auszusetzen. Der moderne Mensch ist ständig in Versuchung, konkrete Intuitionen und spontane Gefühle seinen logischen Reflexionen zu opfern; und unter allen Umständen mehr auf das Urteil seines Intellekts als auf das Urteil seiner unmittelbaren Intuition zu geben. »*L'homme est visiblement fait pour penser*«, sagt Pascal; »*c'est toute sa dignité et tout son mérite; et tout son devoir est de penser comme il faut.*« (Der Mensch ist sichtlich zum Denken geschaffen: darin liegt all seine Würde und all sein Verdienst; und seine ganze Pflicht besteht darin, ordentlich zu denken.) Noble Worte – aber treffen sie wirklich zu? Pascal scheint zu vergessen, daß der Mensch auch noch etwas anderes tun muß als denken: Er muß leben. Leben mag vielleicht nicht so würde- und verdienstvoll sein wie Denken (vor allem, wenn man, wie Pascal, zufällig chronisch krank ist); aber es ist, vielleicht bedauerlicherweise, ein notwendiger Vorgang. Gut zu leben heißt, total zu leben, mit seinem ganzen Wesen – sowohl mit dem Körper und den Instinkten als auch mit dem Bewußtsein. Wird ein Leben, soweit das möglich ist, ganz aus dem Bewußtsein und den wohlabgewogenen Urteilen des Intellekts gelebt, ist es ein verkümmertes, ein halbtotes Leben. Das findet man täglich durch Beobachtungen bestätigt. Indessen werden Denken, Intellekt, Geist jedoch maßlos überbewertet und der snobistische Respekt der Menschen vor der Autorität, ihr pedantisches Verlangen, widerspruchsfrei zu sein, läßt sie weiterhin nach besten Kräften jenes ausschließlich von Bewußtsein, Geist und Intellekt bestimmte Leben führen, trotz seiner offenkundigen Nachteile.

Wissen ist angenehm; Bewußtsein ist etwas Spannendes, der Intellekt ist ein kostbares Instrument, und die von ihm konstruierten Hypothesen sind für bestimmte Zwecke von großem praktischem Wert. Völlig richtig. Aus diesem Grund jedoch, sagen die Moralisten und Wissenschaftler – und ziehen damit Schlüsse, die einzig und allein durch ihr Verlangen nach Widerspruchsfreiheit gerechtfertigt sind –, aus diesem Grund sollte man *immer* bewußt vom Kopf her leben, sollten *jederzeit alle* Phänomene gemäß der vom Intellekt aufgestellten Hypothesen interpretiert werden. Die religiösen Lehrer sind da etwas anderer Meinung. Alles Leben, so sagen sie, sollte stets spirituell statt intellektuell gelebt werden. Und weshalb? Mit der Begründung, wie wir entdecken, wenn wir unsere Analyse nur weit genug vorantreiben, daß gewisse, ab und zu auftretende psychologische Zustände, im allgemeinen spirituell genannt, äußerst angenehm sind und unschätzbare Folgen für das soziale Verhalten haben. Dem unvoreingenommenen Beobachter ist es jedoch schwer verständlich, warum diese Leute dabei solchen Wert auf widerspruchsfreies Denken und Handeln legen. Daß man hin und wieder gerne Austern verzehrt, heißt doch noch lange nicht, daß man sich nur noch von Austern ernähren sollte. Auch sollte man nicht jeden Tag Rizinusöl einnehmen, nur weil einem Rizinusöl gelegentlich guttut. Zuviel Widerspruchsfreiheit schadet dem Verstand ebenso wie dem Körper. Widerspruchsfreiheit ist wider die Natur, wider das Leben. Völlig widerspruchsfrei sind nur die Toten. Widerspruchsfreier Intellektualismus, widerspruchsfreie Spiritualität mögen bis zu einem gewissen Grad von gesellschaftlichem Nutzen sein; aber sie wirken sich im Lauf der Zeit für das Individuum tödlich aus. Und der Tod des Individuums, wenn der Mord in Raten vollbracht ist, bedeutet letztlich auch den Tod der Gesellschaft. Und so ist der gesellschaftliche Nutzen des reinen Intellektualismus und der reinen Spiritualität nur scheinbarer und vorübergehender Art. Es bedarf, wie üblich, eines Kompromisses. Man muß zu verschiedenen Zeiten auf unterschiedliche Weise leben. Die einzig zufriedenstellende Existenzform in der modernen, hoch spezialisierten Welt besteht darin, daß man zwei Persönlichkeiten entwickelt. Einen Dr. Jekyll, der das metaphysische und wissenschaftliche Denken übernimmt, in der Stadt Geschäfte abwickelt, Zahlen addiert, Maschinen konstruiert und so weiter. Und einen natürlichen, impulsiven Mr. Hyde, der in den Arbeitspausen für das physische, instinktgesteuerte Leben zuständig ist. Jede dieser beiden Persönlichkeiten sollte ihr Leben für sich führen, ohne der anderen ins Gehege zu kommen oder die Aktivitäten der anderen einer zu eingehenden Prüfung zu unterziehen. Nur dadurch, daß wir separat und inkonsequent leben, können wir den Menschen *und* den Bürger, das geistige *und* das impulsiv-animalische Wesen in uns bewahren. Diese Lösung mag nicht sehr befriedigend sein; aber inzwischen halte ich sie (im Gegensatz zu früher) für die beste Lösung, die sich in unseren heutigen Verhältnissen finden läßt.

Der Platz des Dichters, will mir scheinen, ist bei den Mr. Hydes der menschlichen Natur. Er sollte, wie Blake über Milton sagte, »unbewußt auf der Seite des Teufels stehen« – oder noch besser mit vollem Bewußtsein. Es gibt so viele intellektuelle und moralische Engel, die für Vernünftigkeit, gute Staatsbürgerschaft und reine Spiritualität kämpfen; sie sind so zahlreich und erhaben, so stimmgewaltig und dominant! Der arme Teufel im Menschen braucht wirklich alle Unterstützung und Fürsprache, die er bekommen kann. Der Künstler ist sein natürlicher Fürsprecher. Wenn ein Künstler zu den Engeln überläuft, ist das der allerabscheulichste Verrat, der sich denken läßt. Wie unverzeihlich ist etwa das Beispiel Tolstois! Tolstoi, der perfekte Mr. Hyde, die vollkommene Verkörperung – wenn es je eine gegeben hat – des nichtintellektuellen, amoralischen, instinktgesteuerten Lebens – Tolstoi, der seine eigene Natur verriet, der seine Kunst verriet, der das Leben selbst verriet, um unter dem Banner von Dr. Jesus-Jekyll gegen die Teufelspartei seiner früheren Verbündeten zu kämpfen! Wordsworths Verrat war weniger spektakulär: Er hatte sich der Partei des Teufels nie so mit Haut und Haar verschrieben wie Tolstoi. Aber immer noch schlimm genug. Es fällt schwer, ihm zu verzeihen, daß er seine jugendlichen Leidenschaften und Schwärmereien so tief bereute und persönlich wie politisch zum anglikanischen Tory wurde. Man erinnert sich daran, wie B. R. Haydon die Reaktion des Dichters auf jene bezaubernde klassische Skulptur von Amor und Psyche schildert. »Die Teufel!« sagte er gehässig, nachdem er ewig lang ihre marmorne Umarmung betrachtet hatte. »Die Teufel!« Und er benutzte das Wort nicht in der schmeichelhaften Bedeutung, in der ich es hier gebraucht habe: Er brachte seinen Haß auf Leidenschaft und Leben zum Ausdruck, er verdammte den jungen Mann, der er selbst einmal gewesen war – den jungen Mann, der jubelnd die Französische Revolution begrüßt und ein uneheliches Kind gezeugt hatte. Aus einem glühenden Liebhaber der Nymphen wurde er zu einem der allzu zahlreichen

woodmen who expel
Love's gentle Dryads from the haunts of life,
And vex the nightingale in every dell;

Jäger, die aus des Lebens grünem Dickicht
Die sanften Dryaden der Liebe hetzen,
Aus jedem Tal die Nachtigall verjagen. –

Ja, selbst die Nachtigallen schikanierte er. Selbst die Nachtigallen, obwohl ihn die armen Vögel, im Gegensatz etwa zu jenen allzu menschlichen Dryaden, gewiß nie in sexuelle Versuchung geführt haben. Selbst die harmlosen Nachtigallen wurden moralisiert, spiritualisiert, zu Staatsbürgern und Anglikanern gemacht – und mit den Nachtigallen die ganze belebte und unbelebte Natur.

Wie sich Wordsworths Haltung zur Natur änderte, ist symptomatisch für seine Abtrünnigkeit insgesamt. Aus einem, wie man es vielleicht nennen könnte, natürlichen Ästheten wurde im Lauf der Jahre ein Moralist, ein Denker. Er benutzte den Intellekt dazu, seine Intuitionen von wunderbarer Scharfsicht und Feinheit zu verzerren, ihre oft beunruhigende Fremdheit wegzuerklären und sie zu einer bequemen metaphysischen Unwirklichkeit zu vereinfachen. Die Natur hatte ihn mit der Gabe des Dichters ausgestattet, mehr als üblich die Ziegelmauer der sichtbaren Wirklichkeit zu durchdringen, das Wesen der Ziegel intuitiv zu erfassen, das Wesen ihres Seins zu erspüren und die richtige Beziehung zu ihnen herzustellen. Er jedoch zog es vor, seine Gaben durch den Verstand hinwegzudenken. Er zog es vor, im Interesse einer vorgefertigten Religionstheorie, die beunruhigende Fremdheit der Dinge zu ignorieren, und die unpersönliche Verschiedenartigkeit der Natur im Sinne einer göttlichen, anglikanischen Einheit zu interpretieren. Mit einem Wort, er entschied sich dafür, eher ein Philosoph zu werden, der es sich mit einem von Menschen geschaffenen und darum ganz und gar verständlichen System bequem macht, als ein Dichter, der sich um des Wagnisses willen durch die geheimnisvolle Welt wagt, die sich seiner direkten, unverzerrten Intuition enthüllt.

Es ist bedauerlich, daß er bei seinen Reisen die Grenzen Europas nie überschritten hat. Eine Reise durch die Tropen hätte ihn von seinem allzu leichten und bequemen Pantheismus kuriert. Einige Monate im Dschungel hätten ihn überzeugt, daß die Verschiedenartigkeit und das zutiefst Fremdartige der Natur mindestens ebenso real und bedeutsam sind wie ihre vom Intellekt entdeckte Einheit. Auch wäre er sich im feuchten, stickigen Dunkel, umgeben von Blutegeln und dem feindseligen Gewirr der Schilfpalmen, des göttlich-anglikanischen Charakters jener fundamentalen Einheit nicht mehr ganz sicher gewesen. Er hätte wieder gelernt, mit der Natur natürlich umzugehen, so wie in seiner Jugend: Impulsiv auf sie zu reagieren, liebevoll, wo

Liebe angebracht ist, furchtsam, haßerfüllt, kämpferisch, wo immer die Natur sich seiner Intuition nicht nur fremd, sondern sogar feindlich und unmenschlich böse präsentiert. Dies hätte ihn eine Reise gelehrt. Aber Wordsworth hat seinen Heimatkontinent ja nie verlassen. Europa ist ein so wohlbestellter Garten, daß es einem Kunstwerk, einer wissenschaftlichen Theorie, einem ordentlichen metaphysischen System gleicht. Der Mensch hat es nach seinem Bilde neu erschaffen. Europas gezähmte, gemäßigte Natur hat Wordsworth in seiner Philosophiererei bestärkt. Der Dichter, der Parteigänger des Teufels wurde verdammt; die Engel triumphierten. Leider Gottes!

(*Do What You Will,* 1929; Ü.: Sabine Hübner)

Der Ölbaum

Der Baum des Lebens; der Bodhi-Baum; Yggdrasil und der brennende Dornbusch:

> *Populus Alcidae gratissima, vitis Iaccho,*
> *formosae myrtus Veneri, sua laurea Phoebo . . .*

> Pappel, dem Herkules teuerst, so wie der Weinstock dem Bacchus,
> Der lieblichen Venus die Myrte, sein Lorbeer dem Phoebus Apoll.

Bäume wurden überall und, bevor die Welt endgültig säkularisiert war, zu allen Zeiten verehrt. Das ist nicht weiter verwunderlich. Der Baum ist seinem Wesen nach etwas ›Numinoses‹. Zur Säule verfestigt, steigt in seinem Stamm ein herrlicher Brunnen des Lebens empor, breitet sich in den Ästen aus und versprüht sich in einer Gischt von Blättern, Blüten und Früchten. Mit geduldiger, stummer Wildheit wühlen sich die Wurzeln immer tiefer in die Erde. Zart, doch unwiderstehlich, kämpft das Leben mit den leblosen Steinen und gewinnt die Oberhand. Halb im Dunkeln verborgen, halb in den himmlischen Äther ragend, steht der Baum da, erhaben, ein manifester Gott. Selbst heute noch empfinden wir seine Majestät und Schönheit – empfinden wir unter gewissen Umständen sein recht beängstigendes Anderssein, seine Fremdheit und Feindseligkeit. Bäume in großer Zahl können eine fast furchtbare Wirkung haben. In den riesigen Kiefernwäldern des Nordens, im Gewirr des äquatorialen Dschungels stecken Teufel. Manchmal, wenn man allein im Wald ist, wird einem die Stille bewußt – die dichte, geballte, lebendige Stille der Bäume; man erkennt, wie einsam man ist, inmitten einer unermeßlichen Menge fremder Mächte. Herne der Jäger war mehr als der Geist eines Wildhüters aus Windsor. Wahrscheinlich lebte in ihm Jupiter Cernunnus fort; sicher war er ein direkter Nachkomme des kretischen Zeus; ein Waldgott, der in manchen seiner Erscheinungsformen erschreckend, ja sogar bösartig wirkt:

He blasts the tree, and takes the cattle,
And makes milch-kine yield blood, and shakes a chain
In a most hideous and dreadful manner.

Den Baum verdirbt er dann, verhext das Vieh,
Verwandelt melker Kühe Milch in Blut,
Und rasselt mit der Kette wild und greulich.

Selbst in einem königlichen Forst, und nur zwanzig Meilen von London entfernt, können einem die dicht beisammenstehenden Bäume Angst einjagen. Allein oder in kleinen Gruppen dagegen sind Bäume auf eine zuträgliche Art numinos. Die Fremdheit des Waldes ist im Park oder im Obstgarten dermaßen gemildert, daß sie ihr emotionales Vorzeichen ändert und einen nicht mehr ängstigt und bedrückt, sondern entzückt. Veredelt und vereinzelt bieten jene Springbrunnen nichtmenschlichen Lebens den vom staubigen Umgang der Welt ausgetrockneten Seelen die reine Erquickung. Die Dichtung ist voll von Hainen und Gesträuch. Man denkt an Milton, der in Eden Landschaftsgärtnerei betrieb, oder an Pope in Twickenham. Man erinnert sich an Coleridges Sykamore und Marvells grünen Gedanken in einem grünen Schatten. Chaucers Liebe zu den Bäumen war so groß, daß er einen ganzen Katalog auflisten mußte, um ihr Ausdruck zu verleihen.

But, Lord, so was I glad and wel begoon!
For overal where that I myne eyen caste
Were treës clad with leves that ay shal laste.
Ech in his kynde, of colour fresh and greene
As emeraude, that joye was to seene.
The byldere ok, and ek the hardy asshe;
The piler elm, the cofre unto carayne;
The boxtre pipere, holm to whippe lashe;
The saylynge fyr; the cipresse, deth to playne;
The shetere ew; the asp for shaftes pleyne;
The olyve of pes, and eke the dronke vyne;
The victor palm, the laurer to devyne.

Mein Gott, wie war mir froh und wohl zumute!
Denn überall, wohin mein Auge blickte,

Sah Bäume ich in ewigem Blätterkleid,
Jedes von seiner Art, frischfarben, wie Smaragd
So grün, und herrlich anzuschauen:
Zimmermannseiche, und die starke Esche,
Die Ulmensäule, Holz für Totentruhen,
Buchsbaum zum Pfeifenschnitzen, und für Peitschenruten
Steineichen, Mastbaum-Tannen, trauernde Zypressen,
Die Armbrust-Eibe, für den raschen Pfeil die Espe,
Des Friedens Ölbaum und den trunkenen Wein,
Die Siegespalme auch und den erhabenen Lorbeer.

Ich mag sie alle, aber ganz besonders den Ölbaum. Und zwar vor allem um dessentwillen, was er symbolisiert: mit seinen Blättern Frieden und Freude mit seinem goldenen Öl. Freilich, den Olivenkranz trugen ursprünglich römische Eroberer, wenn sie ihre Triumphe feierten; der Friede, den er verkündete, war der Friede des Sieges, jener Friede, der allzuoft nur die Ruhe der Erschöpfung oder der totalen Vernichtung ist. Rom und seine Sitten gehören der Vergangenheit an, und wir erinnern uns nur noch, daß der Ölbaum einmal für Frieden stand, und nicht mehr an die Umstände, unter denen das geschah.

Incertainties now crown themselves assur'd,
And peace proclaims olives of endless age.

Jetzt krönt sich aller Zweifel mit Gewißheit,
Und Frieden schenkt den Ölzweig, der nie welkt.

Wie fern ist uns heute der Imperator, der im Triumph durch die Straßen Roms reitet!

Die Verbindung von Ölbaumblättern mit Frieden ist wie die Verbindung der Zahl Sieben mit Glück oder der Farbe Grün mit Hoffnung. Es ist eine willkürliche und sozusagen metaphysische Verbindung. Und genau deshalb hat sie auch bis zum heutigen Tag in der Phantasie des Volkes überdauert. Selbst in Ländern, in denen keine Ölbäume wachsen, weiß man, was der »Ölzweig« bedeutet und erkennt in einer politischen Karikatur seine spitz zulaufenden Blätter. Die Verbindung des Olivenöls mit Freude hat einen pragmatischen

Grund. Äußerlich angewandt, sprach man dem Öl eine heilkräftige Wirkung zu. Bei denen, die es sich leisten konnten, herrschte in der Antike die Gewohnheit, sich bei jeder Gelegenheit einzuölen. Ein glänzendes, gut eingeöltes Gesicht wurde als schön empfunden; außerdem galt es als Zeichen des Reichtums. Den antiken Mittelmeervölkern schien die Verbindung von Öl und Freude auf der Hand zu liegen. Wir haben andere Gewohnheiten als die Römer, Griechen und Hebräer. Was für sie ›natürlich‹ war, ist uns heute kaum mehr vorstellbar. Verhaltensmuster ändern sich, und Gedankenverbindungen, die kraft eines Musters hergestellt wurden, das zu einem bestimmten historischen Zeitpunkt galt, werden nicht mehr hergestellt, sobald das betreffende Muster seine Gültigkeit verliert. Vorstellungen aber, die willkürlich assoziiert werden, kraft eines Prinzips oder der Absenz eines Prinzips, die unabhängig von aktuellen Verhaltensmustern wirken, werden eine Änderung der äußeren Umstände überdauern. Man muß schon fast Archäologe sein, um sich an die alte und einst völlig plausible Verbindung von Olivenöl und Freude zu erinnern; im Gegensatz dazu hat die ebenso alte, jedoch ziemlich unsinnige und willkürliche Verbindung von Ölbaumblättern und Frieden unbeschadet bis ins Maschinenzeitalter überlebt.

Es überrascht mich immer wieder, daß unsere Anhänger protestantischer Bibliolatrie dem Öl, das im täglichen Leben der alten Hebräer eine so wichtige Rolle spielte, so wenig Beachtung schenkten. Alles, was mit Öl zusammenhing, besaß für die Juden eine große religiöse, gesellschaftliche und sinnliche Bedeutung. Öl wurde verwendet, um Könige, Priester und Sakralbauten zu weihen. An Festtagen hatten die Menschen glänzende Wangen und Nasen; ein Gesicht, das nicht glänzte, war ein Zeichen der Trauer. Dann gab es noch die tierischen Fette. Fettes Fleisch war stets ein besonders willkommenes Opfer. Anders als das ernährungsbewußte moderne Kind schwelgte Jehova geradezu in Hammelfett. Und seine Anbeter teilten diese Vorliebe. »Esset das Gute«, riet ihnen Jesaja, »so wird eure Seele am Fetten ihre Lust haben.« Was die gottlosen Reichen angeht, so »haben sie mehr, als ihr Herz begehrt«, und der Beweis dafür ist, daß »ihnen die Augen übergehen vor Fett«. In der Welt des Alten Testaments war Fett offensichtlich rar und wurde entsprechend geschätzt. Eine unserer Hauptquellen des Speisefetts, das Schwein, war für die Israeliten tabu. Damit Butter und Schmalz gewonnen werden, muß das Gras lang genug sein, daß die Kühe es mit ihren Zungen umfassen können. Aber die Weideflächen Palästinas sind mager, kurzhalmig und prekär. Kühe hatten dort keine Milch übrig, und Ochsen waren zu kostbare Zugtiere, als daß man sie zur Talggewinnung benutzt hätte. Als Quelle jenes physiologisch notwendigen und folglich wohlschmekkenden Fetts, an dem sich die Seele der Hebräer so ergötzte, kamen nur noch die Schafe und die Olive in Betracht. Wie groß dieses Ergötzen war, sieht man daran, wie der Psalmist seine religiöse Erfahrung schildert. »Denn deine Güte ist besser als das Leben; meine Lippen preisen dich... Meine Seele wird gesättigt sein wie mit Mark und Fettigkeit; und mein Mund wird dich preisen mit frohen Lippen.« In unserem Zeitalter dänischen Specks und unbegrenzter Margarinemengen käme es einem religiösen Autor nie in den Sinn, die mystische Ekstase mit einem opulenten Freßgelage im Savoy zu vergleichen. Wenn er sie in Form einer sinnlichen Erfahrung schildern wollte, dann würde er wahrscheinlich eine sexuelle Metapher wählen. Opulente Mahlzeiten sind jetzt einfach etwas zu Alltägliches, um in den Rang epochemachender Genüsse erhoben zu werden.

Also ist die *olyve of pes* ein Symbol, und ich liebe sie um dessentwillen, wofür sie steht. Ich liebe sie auch um dessentwillen, was sie, ästhetisch betrachtet, ist; was sie in bezug auf die mediterrane Landschaft ist, in der sie ihre wunderbare Rolle spielt.

Engländer sind Germanen, die sich teilweise ›romanisiert‹ haben. Ohne Wilhelm den Eroberer und die Plantagenets müßten wir einfach noch ein weiteres teutonisches Volk sein, das irgendeinen uninteressanten holländischen oder dänischen Dialekt spräche. Die Normannen schenkten uns die englische Sprache, jene herrliche Mischung aus Französisch und Germanisch; und die englische Sprache formte den englischen Geist. Von den Germanen über die Romanen: Das ist unsere Herkunft. Wir sind im wesentlichen Bastarde: Das ist der Witz an uns. Bastarde zu sein ist unsere Mission. Wollen wir diese Mission in angemessener Weise erfüllen, dann müssen wir uns alle erdenkliche Mühe geben, unser Bastardtum zu kultivieren. Unser angelsächsisches und keltisches Fleisch muß stets aufs neue dem romanischen Geist vermählt werden. Größtenteils haben die Engländer diese Wahrheit immer erkannt und dementsprechend gehandelt. Seit Chaucers Zeiten haben sich fast all unsere Autoren durch eine Art unfehlbaren Instinkt wie die Schwalben in Richtung Süden gewendet – in Richtung der Phantome Griechenland und Rom, in Richtung der lebendigen Realitäten Frankreich und Italien. Die wenigen Male, wo sie aus mangelnder Orientierung nach Osten und Norden zogen, waren die Folgen beklagenswert. Die Werke Carlyles sollen uns, als furchtbare Warnung, daran erinnern, was geschieht, wenn die Engländer ihre Pflicht vergessen, Bastarde zu sein, um in den Grenzen der Blutsverwandtschaft mit germanischen Göttern zu huren.

Der Ölbaum ist ein Symbol des Romanischen, in dessen Richtung wir uns auf Geheiß unseres Zugvogelinstinkts unablässig wenden sollen. Ebenso wie für Frieden und Freude steht es auch für alles, was uns eher typisch englisch als teutonisch macht; für jene mediterranen Einflüsse, ohne die Chaucer und Shakespeare nie zu dem geworden wären, was zu sein sie von Frankreich und Italien, von Rom und Griechenland lernten – nämlich unsere allereinheimischsten Dichter. Der Ölbaum ist sozusagen die Ergänzung der Eiche; und die hellen, scharfkantigen Landschaften, in denen er vorkommt, bilden die notwendigen Kontraste zu den verhangenen unbestimmten Schönheiten der englischen Szenerie. Unter einem blanken Himmel äußern die Ölbäume ihr ästhetisches Anliegen, ohne jene Abschattung durch Nebel, wechselnde Beleuchtung und atmosphärische Perspektive, die englischen Landschaften ihre subtile, melancholische Schönheit verleihen. Eine auf ihre Art vollkommene Schönheit; aber man kann, wie von allem Guten, zuviel davon bekommen. Die britische Verfassung ist eine höchst bewundernswerte Erfindung; aber es ist trotzdem gut, gelegentlich auf fest definierte Grundprinzipien und die klaren Umrisse der syllogistischen Beweisführung zurückzukommen.

Mit Klarheit und Präzision ist eine gewisse materielle Kargheit verknüpft. Die meisten der mächtigen englischen Laubbäume wirken, jedenfalls im Sommer, ziemlich rundlich. In der skandinavischen Mythologie war Embla, die Ulme, die erste Frau. Wer viel mit alten Ulmen zusammen gelebt hat – und ich habe einen Großteil meiner Kindheit in ihrem massigen Schatten verbracht –, wird mir zustimmen, daß die Skandinavier Scharfblick besaßen. Jene riesigen Bäume, die mit ihren ausladenden Laubmassen die Wiesen der Home Counties beherrschen, haben in der Tat etwas weiblich Dralles. Im Winter sind es gigantische Skelette; und zu Beginn des Frühlings schwebt einen Augenblick lang eine Wolke durchsichtig smaragdgrünen Nebels in der Luft; doch wenn der Juni kommt, haben sie ein wohlbeleibtes mittleres Alter erreicht.

Im Vergleich dazu wirkt der Ölbaum wie ein Athlet im Training. Er sitzt leicht auf der Erde auf, und durch sein Laub sieht man immer ein wenig hindurch. Zwischen den schmalen grausilbernen Blättern des Ölbaums ist immer Luft, in seinem Schatten blitzt immer Licht. Am Ende des Sommers gleicht das Laubwerk unserer nördlichen Bäume einem riesigen dunkelgrünen Klumpen. Beim Olivenbaum erkennt man stets einzelne Blätter.

Die Landschaft des Äquators hat, wie der Reisende ziemlich überrascht entdeckt, eine merkwürdige Ähnlichkeit mit den fruchtbaren Gegenden Südenglands. Er findet hier die gleichen dichten Wälder und, wo sie von Menschenhand gerodet wurden, die gleichen parkartig weiten üppigen Grünflächen. Und über all dem leuchtet der gleiche bewölkte, bald helle, bald dunkle Himmel, auf all das rauschen genau die gleichen, mehr als warmen Schauer herab, die schwüle Julitage im Themsetal oder in Devonshire noch drückender machen. Der Äquator ist wie England im Sommer, nur sozusagen in potenzierter Form. Falmouth hoch drei ist gleich Singapur. Zwischen der äquatorialen und der gemäßigten Zone liegt ein Dürregebiet; selbst die Provence ist eine halbe Wüste. Der Äquator ist feucht, die Tropen und Subtropen sind vorwiegend trocken. Die Sahara und Arabien, die Wüsten Indiens, Zentralasiens und Nordamerikas bilden um die Erde einen Gürtel aus Sand und nacktem Fels. Am Rande dieses Wüstengürtels liegt das Mittelmeer, und die Olive ist sein Baum – der Baum einer Region sonnenbeschienener Klarheit, die das feuchte Klima des Äquators vom feuchten Klima des Nordens trennt. Es ist das Symbol eines von zwei Romantiken umschlossenen Klassizismus.

»Und wo«, wollte Sir Beaumont von Constable wissen, »setzen Sie endlich mal einen braunen Baum hin?« Die Antwort war beunruhigend: Der komische Kauz setzte ihn nirgends hin. In Constables Landschaften gibt es keine braunen Bäume. Er brach mit der über ein Jahrhundert alten Tradition, indem er dreist darauf bestand, seine Bäume hellgrün zu malen. Sir George, der mit der Vorstellung aufgewachsen war, daß englische Landschaften in unverdünntem Sienarot und Ocker gehalten sein müßten, war verwirrt. Chantrey gleichfalls. Seine Kritik an Constables Stil nahm praktische Formen an. Als der

Akademie »Hadleigh Castle« zugesandt wurde, nahm er einen Topf Bitumen und lasierte den ganzen Vordergrund mit einer sattbraunen Schicht. Constable mußte sie in stundenlanger geduldiger Arbeit wieder abkratzen. Einen hellgrünen Baum zu malen, und daraus ein gelungenes Gemälde zu machen, erfordert an sich kein ungewöhnliches Genie. Doch der leuchtende Abwechslungsreichtum der Natur bringt einen Maler in Verlegenheit; nur die größten Farbkünstler wissen mit einem derart strahlenden Überfluß umzugehen. Voll Zweifel an ihren Kräften entscheiden sich die Vorsichtigeren lieber dafür, die Realität in eine andere, leichtere Tonart zu transponieren. Die braune Tonart zum Beispiel. Das England der Maler des achtzehnten Jahrhunderts ist permanent herbstlich.

Der Olivenbaum bietet zu allen Jahreszeiten jenen gedeckt-neutralen Ton, den die Laubbäume des Nordens nur im Herbst und Winter annehmen. »Wo setzen Sie endlich mal einen grauen Baum hin?« Wenn man in der Provence oder der Toskana malt, setzt man ihn überall hin. Die Landschaft ist das ganze Jahr über voller grauer Bäume. Der Olivenbaum ist im wesentlichen ein Baum für Maler. Man braucht ihn nicht in eine andere Tonart zu transponieren und kann ihn mit Farben wiedergeben, die so alt sind wie die Kunst der Malerei selbst.

Weite Flächen der mediterranen Landschaft sind von der Natur selbst in Erdfarben entworfen und ausgeführt. Eine äußerst asketische Palette umfaßt besagten grauen Baum und den aus kahlen, knochenartigen Bergen, rotbrauner Erde und den fast schwarzen Zypressen und Pinien bestehenden Hintergrund. Derain kann mit einem halben Dutzend Farbtuben die Provence wiedergeben. Wie aufschlußreich ist es, seine Ölbäume mit denen Renoirs zu vergleichen! Weiß, schwarz, *terra verde* – Derains Wiedergabe des grauen Baums ist vollkommen. Aber es gibt noch andere vollkommene Wiedergaben. Renoir war ein Mann mit einer Leidenschaft für leuchtend heitere Farben. Zu seiner Leidenschaft gesellte sich noch eine außergewöhnliche Virtuosität in der Kombination dieser Farben. Es lag nicht in seiner Natur, sich mit einem schwarzen, weißen und erdgrünen Olivenbaum zufriedenzugeben. Seine grauen Bäume werfen kadmiumgrüne Schatten, und wo sie sich der Sonne zuwenden, sind sie von einem rosaroten Leuchten durchglüht. Nun hat man aber noch bei keinem Olivenbaum eine wärmere Farbschattierung wahrgenommen als das matte Ocker der verblassenden Blätter und des Sommerstaubs. Trotzdem ähneln diese rosaroten Bäume, die in Renoirs Bildern an die üppigen Mädchen seines spätesten, rosigsten Stils erinnern, auf irgendeine ziemlich verblüffende Weise den kalten grauen Olivenbäumen, die sie doch offensichtlich nur ungenau darstellen. Die Wiedergabe, die sich so sehr von der Derains unterscheidet, ist ebenso vollendet wie befriedigend.

Wenn ich malen könnte und die nötige Zeit hätte, würde ich mich einige Jahre lang ausschließlich der Darstellung von Olivenbäumen widmen. Welch eine Fülle von Variationen über ein einziges Thema! Oberhalb von Pietrasanta zum Beispiel erheben sich die ersten Hänge der Apuanischen Alpen in Terrassen steil aus der Ebene empor, Stufe um Stufe, dank der Arbeit von Generationen geduldiger Bauern. Die Steilstufen dieser großartigen Treppe sind Stützmauern aus ungemörteltem Kalkstein; die Auftritte aus Gras. Und auf allen Terrassen wachsen die Oliven. Es sind alte Bäume; ihre Stämme sind knorrig, ihre Äste merkwürdig gekrümmt. Zwischen den spitzen schmalen Blättern sieht man den Himmel; und unter ihnen, in dem feinen, sanfttemperierten Licht, weiden Schafe. Weit weg, in Augenhöhe, liegt das Meer. Ein mögliches Bild, oder eine Folge von Bildern.

Oliven wachsen jedoch nicht nur an Hängen, sondern auch in der Ebene. Das leichtgewellte Land zwischen Sevilla und Córdoba ist schon beinahe mit einem Olivenhain bedeckt: die reine Waldszenerie. Anderswo wachsen sie spärlicher. Ich denke zum Beispiel an jene Ebene am Fuß der Maures in der Provence. Im Frühling ist die gepflügte Erde, entlang der Straße von Toulon nach Fréjus, von einem satten Pozzuoli-Rot. Darüber hängen die Oliven, grau, mit weichen schwarzen Schatten, und die höchsten Blätter leuchten weiß gegen den Himmel an; und zwischen den Olivenbäumen blühende Pfirsichbäume – muschelrosa flammende Büsche in leidenschaftlichem, unversöhnlichem Streit mit der roten Erde. Ein Problem auch für den vollendetsten Maler.

Im Sonnenlicht sah Renoir ein krapprotes Leuchten aus dem grauen Laubwerk brechen. Unter einem Wolkenhimmel, bei drohendem Regen, glänzen die Oliven ebenso stark, aber auf völlig andere Art. Jetzt fehlt ihnen jegliche Wärme; die Blätter leuchten weiß, als würden sie von innen durch eine Art Mondschein erhellt. Das weiche

Schwarz der Schatten hat sich nun zu tiefem Nachtschwarz verdunkelt. In allen Bäumen ist gleichzeitig Mondlicht und Finsternis. Angesichts des nahenden Unwetters nehmen die Oliven eine andere Wesensart an; sie fallen in der Landschaft mehr auf, weisen deutlicher auf etwas hin. Worauf? Worauf weisen sie hin? Aber wenn wir diese Frage stellen, verweigert uns die Natur stets hartnäckig eine klare Antwort. Beim Anblick jener geheimnisvollen Mondbäume, gleichzeitig so dunkel und so leuchtend unter den Wolken, fragen wir, wie Zacharias den Engel fragte: »Was sind die zwei Ölbäume zur Rechten und zur Linken des Leuchters? Was sind die beiden Zweige der Ölbäume, welche stehen bei den zwei goldenen Rinnen, daraus das goldene Öl herabfließt? Und er sprach zu mir: Weißt du nicht, was sie sind? Ich aber sprach: Nein, mein Herr. Und er sprach: Es sind die zwei Gesalbten, welche stehen bei dem Herrscher aller Lande.« Und ich glaube, das ist noch die klarste und allgemeinverständlichste Antwort, die unseren wordsworthianischen Fragen wahrscheinlich je zuteil werden wird.

Die Provence ist Malerparadies, und ihr Baum, die Olive, ist der Baum des Malers. Aber es kündigt sich eine beunruhigende Änderung an. Während der letzten Jahre wurden immer mehr Olivenhaine zerstört. Man fällt herrliche alte Bäume, verkauft ihr Holz als Brennholz und pflanzt statt dessen Weinreben. Vielleicht wird der Ölbaum in fünfzig Jahren fast aus Südfrankreich verschwunden sein, und die Provence ganz anders aussehen. Ich sage noch einmal, vielleicht; es ist nicht sicher. Heutzutage ist nichts mehr sicher, außer daß sich alles verändert. Selbst die majestätische Beständigkeit der Landwirtschaft geriet durch den technologischen Fortschritt ins Wanken. Vor dreißig Jahren gelangten zum Beispiel die Bauern des Rhônetals durch Seidenraupen zu Reichtum. Dann wurde die Viskose erfunden. Die Raupen versuchten im Wettlauf mit den Maschinen zu bestehen und scheiterten. Jetzt umhüllt Zellstoff die weiblichen Formen, und zwischen Lyon und Avignon ist der Maulbeerbaum samt dem dazugehörigen Wurm so gut wie ausgestorben.

Als nächstes baute man Wein an. Aber in Nordafrika wurde ebenfalls Wein angebaut. In einem guten Ertragsjahr bringt der Liter *vin ordinaire* ungefähr einen Penny. Also wurden die Weinreben wieder ausgerissen, und heute hängt der Wohlstand des Rhônetals von Pfirsichbäumen ab. In einigen Jahren werden die Deutschen zweifellos soweit sein, aus Sägemehl oder Steinkohlenteer synthetische Pfirsiche herzustellen. Und was dann?

Der Feind des Ölbaums ist die Erdnuß. *Arachis hypogaea* gedeiht wie ein Unkraut überall in den Tropen, und ihre Samen bestehen zu fünfzig Prozent aus reinem Öl. Die Olive wächst langsam, bringt unzuverlässige Erträge, erfordert häufiges Beschneiden, und die Früchte müssen von Hand gepflückt werden. Erdnußöl kostet halb soviel wie Olivenöl. Die Italiener, die ihre Olivenbäume behalten möchten, haben den Gebrauch von Erdnußöl so gut wie verboten. Andererseits sind die Franzosen der größte Erdnußimporteur Europas. Der größte Teil des Öls, das sie herstellen, wird wieder exportiert; aber es bleibt noch genug in Frankreich zurück, um die Olivenbäume der Provence zu gefährden. Wird ihnen das gleiche widerfahren wie den Maulbeerbäumen? Oder wird im letzten Moment eine neue Erfindung aus dem Boden schießen und ihnen eine Gnadenfrist gewähren? Anscheinend läßt sich aus Olivenöl, bei entsprechender Behandlung, ein ausgezeichnetes Schmiermittel gewinnen, das hohe Temperaturen verträgt. In dreißig Jahren werden wir eine allmähliche Verknappung der mineralischen Schmiermittel erleben. Gemeinsam mit der Rizinuspflanze könnte der Ölbaum wieder glorreich zu seinem Recht kommen. Vielleicht. Aber vielleicht auch nicht. Die Zukunft der provençalischen Landschaft liegt in den Händen der Chemiker. Es liegt in ihrer Macht, sie im jetzigen Zustand zu erhalten oder sie so zu verändern, daß man sie nicht wiedererkennt.

Es wäre nicht das erste Mal, daß die Provence ihr Gesicht verändert. Die Provence, die wir kennen – terrassierte Weinhänge und Olivenhaine im Wechsel mit Pinienwäldern und jenen Wüsten aus Kalkstein und dornigem Gesträuch, die die Einheimischen Garrigues nennen –, hat nichts mehr mit der Provence der Römerzeit oder des Mittelalters gemeinsam. Damals handelte es sich um ein Land mit riesigen Wäldern. Die Berge waren dicht mit Steineichen und Aleppopinien bewachsen. Der Forêt du Dom, der überlebt hat, erlaubt uns einen Rückschluß darauf, wie diese Wälder – die letzten südlichen Außenposten der Wälder der gemäßigten Zone – ausgesehen haben. Heute nehmen ihre Stelle die Garrigues ein, jene Endprodukte einer langen Degeneration. Die Geschichte der provençalischen Vegetation ist eine Geschichte des Aufstiegs und Niedergangs, die mit dem Stechpalmenwald beginnt und mit der Garrigue endet.

Der Prozeß der Zerstörung ist bekannt. Die Bäume wurden für Brennholz und Schiffsbau gefällt. (Das Marinearsenal in Toulon verschlang im Umkreis von vielen Meilen sämtliche Waldbestände.) Die Glasindustrie fraß sich von der Ebene in die Berge hinauf und richtete irreparable Zerstörungen an. Inzwischen waren die Bauern und Schäfer nicht müßig, hieben auf der Suche nach mehr Ackerland Schneisen in die Wälder und brannten sie nieder, um mehr Weideland zu gewinnen. Die jungen Bäume schossen zwar wieder aus dem Boden – aber nur, um sofort von Schafen und Ziegen gefressen zu werden. Schließlich gaben sie auf, und aus dem ehemaligen Waldgebiet wurde eine dem Wind preisgegebene Heide. Der lange Prozeß der Degradierung endet mit der Garrigue. Und selbst diese verdorrte Heide ist noch nicht ganz das Ende. Außer der echten Garrigue, mit ihren Zistrosen, ihrem Ginster, ihren knorrigen Zwergeichen, gibt es eine ganze Reihe falscher Garrigues, von der Vegetation her schlimmer als die echten. Absichtlich oder versehentlich setzt irgend jemand das Gestrüpp in Brand. Im nächsten Frühling werden die neuen Triebe bis zum Boden abgefressen. Nur einer besonders derben Grassorte – provençalisch *baouco* – gelingt es aufzuschießen. Die Schäfer sind glücklich; hier können ihre Tiere weiden, was auf der Garrigue nicht möglich war. Aber Schafe und Ziegen sind gefräßig. Die neue Weide ist schon bald abgegrast. Der mit den Wurzeln ausgerissene baouco weicht wilden Blaudisteln und dem giftigen Affodill. Mit dem Affodill ist der Prozeß beendet. Weiter kann die Degradierung nicht gehen. Der Affodill ist schaf- und (dank seiner tief verwurzelten Knollen) sogar feuerbeständig. Und er duldet nur ganz wenige andere Pflanzen in seiner Nähe. Lang genug vor Feuer und Vieh geschützt, würde sich die Garrigue allmählich wieder selbst zu einem Wald ausdehnen. Eine Affodill-Wüste jedoch bleibt unweigerlich das, was sie ist.

Es gibt neuerdings Bemühungen, die verdorrten Strauchheiden der Provence wieder aufzuforsten. Im Zeitalter zigarettenrauchender Touristen ist das allerdings eine schwierige Aufgabe, die entmutigenderweise immer wieder von Bränden unterbrochen wird. Am grundlegenden Erfolg des Unternehmens läßt sich jedoch kaum zweifeln. Mag sein, daß die Chemiker die Olivenbäume verschonen; trotzdem könnte es sein, daß sich das Gesicht der Provence entscheidend verändert. Denn der eigentliche Hintergrund für die Olivenbäume ist der dünnbefiederte Kalkstein der Berge – rötlich-weiß und hellblau aus der Ferne, wie Cézannes Mont Sainte Victoire. Nach der Aufforstung werden diese Berge fast schwarz sein vor lauter Steineichen und Pinien. Die eine Hälfte des Malerparadieses wird verschwinden, wenn man die Wüste wieder zum Leben erweckt. Mit dem Fällen der Olivenbäume wird die andere Hälfte folgen.

(*The Olive Tree*, 1936; Ü.: Sabine Hübner)

Die Wüste

Grenzenlosigkeit und Leere – dies sind die beiden ausdrucksvollsten Symbole jenes eigenschaftslosen Gottes, über den man nicht mehr sagen kann als St. Bernhards *Nescio nescio* oder das »nicht dies, nicht das« des Vedantisten. Das Göttliche, sagt Meister Eckehart, muß man lieben »als nicht-Gott, nicht-Geist, nicht-Mensch, nicht-Bild, als das, was es IST, ein reines, absolutes Eins, von aller Zweiheit gesondert, in dem wir ewig versinken müssen, von Nichts zu Nichts«. In den heiligen Schriften des nördlichen und fernöstlichen Buddhismus kehren die räumlichen Metaphern immer wieder. Im Augenblick des Todes, schreibt der Autor des *Bardo Thodol*, »sind alle Dinge wie der wolkenlose Himmel; und es ist, als sei der nackte, lautere Geist eine durchscheinende Leere ohne Begrenzung und Mittelpunkt«. »Der große Weg«, in Sosans Worten, »ist vollkommen, gleich dem weiten Raum, ohne Mangel und ohne Überfluß.« »Der Geist«, sagt Hui-neng (und spricht dabei von jenem allumfassenden Bewußtseinsgrund, in dem alle Wesen, die unerleuchteten nicht weniger als die erleuchteten, ihren Ursprung haben), »der Geist ist wie die Leere des Alls ... das All enthält Sonne, Mond, Sterne, die herrliche Erde mit ihren Bergen und Flüssen ... Gute und schlechte Menschen, gute und schlechte Dinge, Himmel und Hölle – sie alle sind im leeren All. Und ebenso ist die Leere der Eigennatur in allen Menschen.« Die Theologen disputieren, die Dogmatiker deklamieren ihre Credos; aber ihre Behauptungen »stehen in keiner wirklichen Beziehung zu meinem inneren Licht. Dieses innere Licht« (ich zitierte aus Yoka Dashis *Lied der Erleuchtung*) »läßt sich mit dem All vergleichen; es kennt keine Grenzen; und doch ist es immer da, immer bei uns, bewahrt stets seine Klarheit und Fülle ... du bekommst es nicht zu fassen und wirst es nicht los; es geht seinen eigenen Weg. Du sprichst, und es schweigt. Du schweigst, und es spricht.«

Die Stille ist der wolkenlose Himmel, den man mit einem anderen Sinn wahrnimmt. Wie das All und die Leere ist es ein natürliches Symbol für das Göttliche. Bei den Mithras-Mysterien mußte der Initiationswillige den Finger auf die Lippen legen und flüstern: »Schweigen! Schweigen! Schweigen – Symbol des lebendigen, ewigen Gottes!« Und lange Zeit, bevor das Christentum in die Gegend von Theben kam, hatte es ägyptische Mysterienreligionen gegeben, deren Anhänger Gott als Urquell des Lebens betrachteten, »dem Redenden verschlossen, aber dem Schweigenden offen«. Die hebräischen Schriften sind beinahe maßlos beredt; aber selbst hier, unter dem großartigen Dröhnen prophetischer Lobpreisungen, Flüche und Bestürmungen, wird hin und wieder auf die spirituelle Bedeutung und die therapeutischen Eigenschaften des Schweigens verwiesen. »Sei stille und wisse, daß ich Gott bin.« »Der Herr ist in seinem heiligen Tempel; laßt alle Welt stille vor ihm sein.« »Schweig stille in der Gegenwart Gottes.« Schließlich begann die Wüste schon einige Meilen vor den Toren Jerusalems.

Schweigen und Leere sind seit jeher die Symbole göttlicher Immanenz – aber natürlich nicht für jeden und nicht unter allen Umständen. »Solange man nicht eine öde Wüste durchquert hat, ohne Nahrung und Wasser, unter einer glühenden tropischen Sonne, mit einem Tempo von drei Meilen pro Stunde, kann man sich keinen Begriff davon machen, was Not heißt.« Dies sind die Worte eines Goldsuchers, der im Jahr 1849 die Südroute nach Kalifornien nahm. Aber selbst wenn man die Wüste mit siebzig Stundenkilometern auf einer vierspurigen Autobahn durchquert, kann sie einem immer noch genügend Furcht einflößen. Für die Forty-Niners war sie die reinste Hölle. Männern und Frauen, die der Natur auf Gedeih und Verderb ausgeliefert sind, fällt es schwer, in ihr und ihren Werken andere Symbole zu sehen als bestenfalls die brutaler Gewalt und schlimmstenfalls die einer finsteren, seelenlosen Tücke. Die Leere und die Stille der Wüste offenbaren das, was wir als ihre spirituelle Bedeutung bezeichnen könnten, nur jenen, die eine gewisse physiologische Sicherheit besitzen. Diese Sicherheit mag in nichts weiter bestehen als der Hütte des heiligen Antonius mit seiner täglichen Ration Brot und Gemüse, in nichts weiter als Milarepas Höhle, seinen Gerstenmahlzeiten und Nesselsuppen – alles zwar weniger als das, was jeder vernünftige Volkswirtschaftler als lebensnotwendiges Minimum betrachten würde, aber eben doch eine Sicherheit, doch eine Garantie organischen Lebens und damit der Möglichkeit spiritueller Freiheit und transzendentalen Glücks.

Aber selbst denjenigen, die gegen die Bedrohungen der natürlichen Umgebung abgesichert sind, offenbart die Wüste nicht immer oder zwangsläufig ihre spirituelle Bedeutung. Die frühchristlichen Einsiedler zogen sich in die Thebais zurück, weil dort die Luft reiner war, weil es dort weniger Ablenkung gab, weil Gott dort näher schien als in der Welt der Menschen. Aber leider sind dürre Gegenden auch notorisch gern Aufenthaltsorte unreiner Geister, die Ruhe suchen, ohne sie zu finden. Wenn sich die Gegenwart Gottes manchmal leichter in der Wüste entdecken ließ, so galt das gleiche auch, und nur allzuoft, für die Gegenwart des Teufels. Die Versuchungen des heiligen Antonius sind Legende geworden, und Cassian spricht von »den Stürmen der Phantasie«, die jeder, der Einsiedler wurde, durchstehen mußte. Einsamkeit, schreibt er, läßt die Menschen »die vielflüglige Tollheit ihrer Seele« spüren; »sie finden die ständige Stille unerträglich, und jene, die keine Landarbeit ermüden konnte, werden vom Nichtstun überwältigt und von der lang andauernden inneren Ruhe völlig zermürbt«. *Sei stille und wisse, daß ich Gott bin*; sei stille und wisse, daß *du* der Verbrecher und Irre bist, der im Kellergeschoß jeder menschlichen Seele faselnd und zähnefletschend lauert. Die Wüste kann Menschen zum Wahnsinn treiben, aber sie kann ihnen auch zu größter geistiger Gesundheit verhelfen.

Die ungeheuren Mengen der von den Einsiedlern verordneten Leere und Stille stellen nur für wenige außergewöhnliche Seelen eine zuverlässige Medizin dar. Die Mehrheit sollte die Wüste entweder verdünnt oder, falls doch in konzentrierter Form, zumindest in kleinen Dosen einnehmen. So angewandt, wirkt sie als spirituelles Stärkungsmittel, als Anti-Halluzinogen, als Entspannungsmittel und Alternativ.

In seinem Buch *The Next Million Years* sieht Sir Charles Darwin dreißigtausend Generationen immer zahlreicher werdender Menschen voraus, die den immer spärlicher werdenden Ressourcen immer heftiger zusetzen und in immer größerer Zahl durch Hunger, Seuchen und Kriege vernichtet werden. Er könnte recht haben. Andererseits wäre es möglich, daß der menschliche Erfindungsgeist Darwins Prophezeiung irgendwie widerlegt. Doch selbst dem menschlichen Erfindungsgeist dürfte es schwerfallen, die Arithmetik zu überlisten. Auf einem räumlich begrenzten Planeten wird zwangsläufig immer weniger Platz sein, je mehr Menschen es gibt. Über die materiellen und soziologischen Probleme des Bevölkerungszuwachses hinaus existiert auch noch ein ernstes psychologisches Problem. In einer ganz und gar selbstkonstruierten künstlichen Umwelt, wie jede Großstadt sie bietet, ist es ebenso schwer, geistig normal zu bleiben, wie in einer völlig natürlichen Umgebung wie Wüste oder Wald. O Einsamkeit, wo ist dein Reiz? Jedoch, o Menschenmassen, wo ist der eure? Das Wundervollste an Amerika ist, daß es selbst in diesen mittleren Jahren des 20. Jahrhunderts so wenig Amerikaner gibt. Wenn man sich ein bißchen bemüht, kann man im Staat New York immer noch von einem Bären gefressen werden. Und ohne die geringste Mühe kann man in den Bergen von Hollywood von einer Klapperschlange gebissen werden oder bei der Wanderung durch eine menschenleere Wüste, hundertfünfzig Meilen vor Los Angeles, verdursten. Kaum eine Generation früher konnte man vielleicht noch *hundert* Meilen vor Los Angeles beim Wandern verdursten. Heutzutage ist die wachsende Menschheitsflut in die vor der Stadt liegenden Cañons eingesickert und in die weite Mojave-Wüste übergeschwappt. Die Einsamkeit befindet sich zur Zeit mit einer Geschwindigkeit von viereinhalb Kilometer pro Jahr auf dem Rückzug.

Und doch besteht die Stille trotz allem weiter. Denn diese Wüstenstille ist so beschaffen, daß gelegentliche Geräusche und selbst der systematische Zivilisationslärm sie nicht völlig zerstören können. Sie koexistieren mit ihr – wie kleine Belanglosigkeiten im rechten Winkel zu einem gewaltigen Sinn, wie Adern aus einer Art von Dunkelheit mit einer dauerhaften Transparenz. Vom künstlich bewässerten Land kommt das dunkle, derbe Muhen des Weideviehs, und darüber ziehen die Regenpfeifer ihre verfließenden Linien aus schrillem Klang. Plötzlich, schockartig, bricht aus dem schlafenden Salbei das Geheul von Kojoten – Trio für einen Ghul und zwei verdammte Seelen. Auf Pappelbaumstümpfen, an den Holzwänden von Scheunen und Häusern rattern die Spechte wie Preßluftbohrer in einem fort. Sucht man sich seinen Weg an Kakteen und Kreosotbüschen entlang, dann hört man, wie ein winziges surrendes Uhrwerk, die Selbstgespräche unsichtbarer Zaunkönige, hört in der Abenddämmerung die Rufe der Nachteichelhäher und ab und zu sogar die Stimme des Homo sapiens – sechs von der Spezies in einem geparkten Chevrolet, die im Radio die Übertragung eines Preisboxkampfs hören, und ansonsten Paare, die zur ergötzlichen musikalischen Begleitung Bing Crosbys herumknutschen. Aber Licht verzeiht, Entfernung läßt vergessen, und dieser herrliche Kristall der Stille, dessen Sockel so groß wie Europa und dessen Höhe praktisch unendlich ist, vermag mit noch wesentlich diskrepanteren Dingen zu koexistieren als Empfindungen aus der Konservendose und Sport aus zweiter Hand. Düsenjets zum Beispiel – die Stille ist so gewaltig, daß sie sogar Düsenjets absorbieren kann. Der kreischende Lärm steigert sich bis zu seinem unerträglichen Höhepunkt und verebbt, schwillt erneut an, als noch eins dieser Monster die Luft zerreißt, schwindet wieder und ist vorbei. Aber selbst auf dem Gipfel des Greuels kann sich die Seele immer noch dessen bewußt sein, was diesen Greuel umgibt, was ihm vorausging und was ihn überdauern wird.

Doch der Fortschritt ist auf dem Vormarsch. Düsenjets gehören bereits ebenso zur Wüste wie Josuabäume oder Höhleneulen; bald werden sie ebenso zahlreich sein. Die Wildnis ist in den Rüstungswettlauf eingetreten und wird dabeisein bis zum Schluß. In ihrer Millionen von Acres umfassenden Leere ist genug Raum, um Atombomben zu zünden und mit ferngelenkten Raketen zu experimentieren. Was das Fliegen betrifft, so herrscht permanent ausgezeichnete Wetterlage, und die Ebenen durchziehen zahlreiche flache Flußbetten, die seit der letzten Eiszeit ausgetrocknet und von der Vorsehung ganz offenkundig für Düsenjets und Rennen mit frisierten Flitzern bestimmt sind. Riesige Flugplätze wurden bereits gebaut. Fabriken entstehen. Oasen verwandeln sich in Industriestädte. In nagelneuen Reservaten, Stacheldraht- und FBI-geschützt, arbeiten ganze Stämme – nicht etwa von Indianern, sondern von Physikern, Chemikern, Metallurgisten, Kommunikationsingenieuren und Mechanikern, mit der koordinierten Hektik von Termiten. Aus ihren klimatisierten Laboratorien und Maschinenhallen ergießt sich ein endloser Strom von Wundern, von denen jedes noch teurer und noch teuflischer ist als das vorangegangene. Die Wüstenstille gibt es immer noch; aber eben auch, immer geräuschvoller, die wissenschaftlichen Nichtigkeiten. Gebt den Jungs in den Reservaten noch ein paar Jahre und noch hundert Milliarden Dollar mehr, und es wird ihnen gelingen (denn mit Hilfe der Technologie ist alles möglich), die Stille völlig abzuschaffen und das, was jetzt Nichtigkeiten sind, in den Hauptsinn der Wüste zu verwandeln. Einstweilen jedoch ist es zum Glück immer noch der Lärm, der die Ausnahme bildet; die Regel ist immer noch dieses kristallene Symbol des universalen Geistes.

Die Bulldozer dröhnen, Beton wird gemischt und hingegossen, die Düsenjets donnern durch die Luft, die Raketen steigen mit weißen

Mäusen und elektronischen Instrumenten befrachtet in die Höhe. Und trotz all dem »*nature is never spent; there lives the dearest freshness deep down things*« (Natur bleibt immer unerschöpft; köstlichste Frische lebt tiefinnerst allen Dingen).

Und nicht nur die köstlichste, sondern auch die merkwürdigste, die auf wunderbarste Weise unwahrscheinliche. Ich erinnere mich zum Beispiel an einen Besuch, den ich kürzlich einem der neuen Reservate abstattete. Es war im Frühling 1952, und es hatte, nach sieben Jahren Dürre, im Winter zuvor reichlich geregnet. Die Mojave war von einem Ende zum anderen mit einem Blumenteppich bedeckt – Sonnenblumen und Zwergphlox, Wegwarte und Mädchenauge, wilde Stockrosen und sämtliche Knoblauch- und Liliensorten. Und dann, als wir uns dem Reservat näherten, geriet der Blumenteppich in Bewegung. Wir hielten den Wagen an und betraten die Wüste, um uns das aus der Nähe anzusehen. Auf dem nackten Boden, auf jeder Pflanze, jedem Busch wimmelte es von unzähligen Raupen. Es handelte sich um zwei Arten – die eine war glatt, hatte eine grünweiße Zeichnung, und an ihrem hinteren Ende wuchs wie bei einem Miniaturrhinozeros ein Horn. Offensichtlich die Raupe eines Schwärmers. Ebenfalls millionenfach damit vermischt waren die braunen, pelzigen Nachkommen des Distelfalters. Man sah sie überall – über Hunderte von Quadratmeilen Wüste hinweg. Und doch war Kalifornien ein Jahr zuvor trocken wie Zunder gewesen, als die Eier gelegt wurden, aus denen diese Larven schlüpften. Wovon hatten die Elterninsekten also gelebt? Und wovon hatten sich ihre zahllosen Nachkommen ernährt? Damals, als ich noch Schmetterlinge sammelte und ihre Brut in Glasbehältern auf dem Fensterbrett meines Schlafraums aufbewahrte, hätte kein Schmetterling, der etwas auf sich hielt, etwas anderes gefressen als die Blätter, für die seine Spezies bestimmt war. Junge Motten legten ihre Eier auf Pappeln, Wolfsmilchfalken auf Wolfsmilch; Königskerzen wurden von strahlend bunten Raupen einer ziemlich seltenen und sehr wählerischen Motte frequentiert. Bot ich ihnen Ersatznahrung, wandten sich meine Raupen angewidert ab. Sie benahmen sich wie orthodoxe Juden, denen man Schweinefleisch oder Hummer vorsetzt; wie Brahmanen bei einem Festmahl mit Rindfleisch, das von Unberührbaren zubereitet wurde. Das sollen wir essen? Nie! Lieber wären sie gestorben. Und wenn das richtige Futter nicht zur Verfügung stand, starben sie tatsächlich.

Doch bei diesen Raupen in der Wüste war es offenbar anders. Während sie auf künstlich bewässerte Gebiete zukrochen, hatten sie die jungen Blätter ganzer Weinhänge und Gemüsegärten vertilgt. Sie hatten mit der Tradition gebrochen, sie hatten die uralten Tabus mißachtet. Hier, in der Nähe des Reservats, gab es kein kultiviertes Land. Diese Raupen der Falkenmotte und des Distelfalters, die alle ganz ausgewachsen waren, mußten sich von einheimischen Gewächsen ernährt haben – aber ich bekam nie heraus, von welchen; denn als ich sie sah, krochen die Tiere gerade blindlings durcheinander, entweder auf der Suche nach saftigerer Nahrung oder auf der Suche nach einem Ort, wo sie sich verpuppen konnten. Als wir das Reservat betraten, sahen wir sie überall auf dem Parkplatz und sogar auf den Stufen des riesigen Gebäudes, in dem die Labors und die Verwaltungsräume untergebracht waren. Die Wachposten lachten oder fluchten bloß. Aber wie konnten sie nur ihrer Sache gar so sicher sein? Die stärkste Seite der Russen war schon immer Biologie gewesen. Diese zahllosen Kriechtiere – vielleicht waren es sowjetische Agenten? Aus der Stratosphäre am Fallschirm herabgeschwebt, undurchschaubar getarnt und so perfekt indoktriniert, mittels posthypnotischer Suggestionen so vollständig konditioniert, daß ihnen ein Geständnis nicht einmal unter Folter möglich gewesen wäre, nicht einmal unter DDT...

Unsere Gruppe zeigte ihren Ausweis und trat ein. Die Fremdheit, der man hier begegnete, war nicht mehr die der Natur; sie war ausgesprochen menschlich. Neuneinhalb Acres Bodenfläche, neuneinhalb Acres der ausschweifendsten Unwahrscheinlichkeiten. Draußen vor den Fenstern Salbei und Wildblumen; aber hier drinnen Werkzeugmaschinen, die vom Panzer bis zum Elektronenmikroskop alles herstellen können; Millionen Volt starke Röntgenkameras; elektrische Schmelzöfen; Windkanäle; tiefgekühlte Vakuumbehälter; und zu beiden Seiten endloser Korridore geschlossene Türen mit Aufschriften, die man offensichtlich den letztjährigen Science-fiction-Heften entlehnt hatte. (Bei den Raumschiffen der diesjährigen Saison hatte man sich natürlich die Konjunktur von Gravitation und Magnetismus zunutze gemacht.)

RAKETENABTEILUNG lasen wir an einer Tür nach der anderen. ABTEILUNG FÜR RAKETEN UND SPRENGSTOFFE, ABTEILUNG FÜR RAKETENBESATZUNG. Und was lag hinter den unbezeichneten Türen? Raketen und konservative Hasenpesterreger?

Raketen und Kernspaltung? Raketen und Raumkadetten? Raketen und Einführungskurse in Sprache und Literatur der Marsmenschen?

Es war eine Erleichterung, wieder zu den Raupen zurückzukehren. Neunundneunzig Komma neun Prozent der armen Dinger würden sterben – aber nicht um einer Ideologie willen, nicht während sie ihr Bestes taten, um anderen Raupen den Tod zu bringen, nicht zur Begleitung von *Te Deums, Dulce et decorums* oder »Wir werden das Schwert, das wir nicht leichtfertig zogen, nicht eher in die Scheide stecken, bis...« Bis was? Die einzige absolut bedingungslose Kapitulation wird dann erfolgen, wenn alle – aber wirklich *alle* – tot sind.

Der wahre Segen der Natur liegt für den modernen Menschen in ihrer Andersartigkeit. In ihrem Verlangen, eine kosmische Basis für menschliche Werte zu finden, ersannen unsere Vorfahren eine symbolische Botanik, eine aus Allegorien und Fabeln zusammengesetzte Naturgeschichte, eine Astronomie, die wahrsagte und die Dogmen der offenbarten Religion illustrierte. »Im Mittelalter«, schreibt Émile Male, »war die Vorstellung, die sich ein Mensch von einer Sache schuf, stets wirklicher als die Sache selbst... Das Studium der Dinge um ihrer selbst willen ergab für den nachdenklichen Menschen keinen Sinn... Der Student der Naturwissenschaften hatte die Aufgabe, die ewige Wahrheit zu entdecken, die Gott durch alle Dinge offenbarte.« Und diese durch die Dinge offenbarten ewigen Wahrheiten waren nicht etwa die Gesetze der physikalischen und organischen Natur – Gesetze, die man nur dadurch entdeckt, daß man geduldig beobachtet sowie vorgefaßte Meinungen und autistische Antriebe opfert; es handelte sich vielmehr um bestimmte Vorstellungen und Phantasien, den Köpfen von Logikern entsprungen, deren Hauptprämissen meistens wiederum andere, von früheren Autoren überlieferte Phantasien und Vorstellungen waren. Gegen den Glauben, daß derlei rein verbale Konstruktionen ewige Wahrheiten darstellen sollten, protestierten nur die Mystiker; und die Mystiker befaßten sich nur mit jenem ›verborgenen Wissen‹, wie man es nannte, das ein Mensch empfängt, wenn er ›alles in allem sieht‹. Doch zwischen dem wirklichen, aber verborgenen Wissen der Mystik und dem klaren, aber unwirklichen Wissen des Verbalisten liegt das beinahe klare und beinahe wirkliche Wissen des Naturforschers und Wissenschaftlers. Es war eine Art von Wissen, das die meisten unserer Vorfahren völlig uninteressant fanden.

Liest man die älteren Schilderungen von Gottes Geschöpfen, die älteren Spekulationen über die Beschaffenheit und das Wirken der Natur, ist man erst einmal amüsiert. Aber bald schon verwandelt sich das Amüsement in tödliche Langeweile und eine Art Atemnot des Geistes. Wir schnappen plötzlich nach Luft, in einer Welt, in der alle Fenster geschlossen sind und alles *»wears man's smudge and shares man's smell«* (trägt Menschenschmutz, teilt Menschendunst). Die Wörter sind die größte, die folgenschwerste all unserer Erfindungen, und der spezifisch menschliche Bereich ist der Bereich der Sprache. Im stickigen Universum des mittelalterlichen Denkens betrachtete man die gegebenen Tatsachen der Natur als Symbole vertrauter Vorstellungen. Nicht Wörter standen für Dinge; Dinge standen vielmehr für bereits vorher dagewesene Wörter. Dies ist eine Fallgrube, die wir in den Naturwissenschaften inzwischen zu meiden gelernt haben. Aber in anderen als wissenschaftlichen Zusammenhängen – zum Beispiel im politischen Kontext – nehmen wir unsere verbalen Symbole weiterhin so schrecklich ernst wie unsere Ahnen, die Kreuzzüge unternahmen und Andersgläubige verfolgten. Für sie ebenso wie für uns sind die Leute jenseits des ›Eisernen Vorhangs‹ keine menschlichen Wesen, sondern bloß die Verkörperung der pejorativen, von Propagandisten geprägten Schlagwörter.

Die Natur ist Gott sei Dank etwas Nicht-Menschliches. Und auch wir sind, insofern wir zur natürlichen Ordnung gehören, Gott sei Dank ebenfalls nicht-menschlich. Das Anderssein der Raupen, wie auch das unserer eigenen Körper, ist ein Anderssein, dem eine prinzipielle Identität zugrunde liegt. Die Nicht-Menschlichkeit von Wildblumen existiert ebenso wie die der tiefsten Schichten unseres eigenen Bewußtseins innerhalb eines Systems, das das Menschliche einschließt und transzendiert. Im von der Natur gegebenen Bereich des inneren und äußeren Nicht-Selbst sind wir alle eins. Im selbstgemachten Bereich der Symbole sind wir getrennte und einander feindselig begegnende Partisanen. Dank der Wörter waren wir imstande, uns über die Tiere zu erheben; und dank der Wörter sind wir auch oft auf die Stufe von Dämonen gesunken. Unsere Politiker haben versucht, ein internationales Abkommen zur Nutzung der Atomenergie abzuschließen. Sie hatten keinen Erfolg. Und selbst wenn sie ihn gehabt hätten, was dann? Kein Atomenergieabkommen kann irgendeinen dauernden Nutzen bringen, wenn ihm nicht ein Sprachabkommen vorausgeht. Wenn wir von der Kernspaltung falschen Gebrauch machen, dann deshalb, weil wir falschen Gebrauch von den Symbolen gemacht haben, in deren Begriffen wir über uns und andere Menschen denken. Individuell und kollektiv gesehen waren die Menschen immer Opfer ihrer eigenen Worte; aber außer auf dem emotional neutralen Gebiet der Wissenschaft sind sie nie bereit gewesen, ihre linguistische Unfähigkeit einzugestehen, und ihre Fehler zu korrigieren. Weil man sie zu ernst nahm, haben die Symbole alle Schrecken der überlieferten Geschichte verursacht und gerechtfertigt. Der Buchstabe tötet auf jeder Ebene, von der persönlichen bis hin zur internationalen. Theoretisch wissen wir das sehr genau. Praktisch jedoch machen wir unsere selbstmörderischen Fehler aus lieber Gewohnheit weiter.

Die Raupen waren immer noch auf dem Vormarsch, als wir das Reservat verließen, und erst nach etwa einer halben Stunde Fahrt im Tempo von einer Meile pro Minute hatten wir sie hinter uns gelassen. Zwischen Phlox und Sonnenblumen, Millionen und Abermillionen an der Zahl, kündeten sie (außer von den Gefahren der Überbevölkerung) von der Kraft, der Fruchtbarkeit, dem endlosen Einfallsreichtum des Lebens. Wir waren in der Wüste, und die Wüste blühte, die Wüste wimmelte. Etwas Derartiges hatte ich nicht mehr gesehen seit jenem Frühlingstag 1948, als wir am anderen Ende der Mojave spazierengegangen waren, in der Nähe der riesigen Erdbebenverwerfung, über die der Highway hinunterführt nach San Bernardino und den Orangenhainen. Man befindet sich hier in 1300 Meter Höhe, und die Wüste ist mit dunklen Wacholderbuschgrüppchen durchsetzt. Plötzlich, während wir durch die gewaltige Leere wanderten, wurden wir uns einer vollkommen ungewohnten Unterbrechung der Stille bewußt. Vor uns, hinter uns, links und rechts – das Geräusch schien aus allen Richtungen zu kommen. Es war ein leises scharfes Prasseln, als würde überall gleichzeitig Speck gebraten oder als seien gerade unzählige Feuer entzündet worden. Es schien keine Erklärung dafür zu geben. Und dann, als wir uns genauer umsahen, gab das Rätsel seine Antwort preis. An einem Salbeistengel hing die hornige Puppe einer Zikade. Die Hülle war schon etwas aufgeplatzt, und das ausgewachsene Insekt schob sich gerade heraus. Jedesmal, wenn es sich angestrengt bewegte, öffnete sich seine bernsteinfarbene Chitinhülle ein Stückchen weiter.

Das dauernde Geprassel, das wir hörten, rührte vom gleichzeitigen Ausschlüpfen Tausender und Abertausender einzelner Zikaden. Wie lange sie im Untergrund verbracht hatten, habe ich nie herausgefunden. Dr. Edmund Jaeger, der mehr als jeder andere Zeitgenosse über die Fauna und Flora der westlichen Wüsten weiß, sagt mir, daß die Lebensweise dieser bestimmten Zikadenart bisher noch nicht erforscht sei. Er selbst war nie Zeuge jener Massenauferstehung geworden, auf die wir durch einen glücklichen Zufall gestoßen waren. Fest steht nur, daß diese Tiere zwischen zwei und siebzehn Jahren in der Erde verbrachten und daß sie sich speziell diesen Maimorgen ausgesucht hatten, um aus dem Grab zu klettern, ihre Särge zu sprengen, ihre feuchten Flügel zu trocknen und ihr aus Paarung und Gesang bestehendes Leben anzutreten.

Drei Wochen später hörten und sahen wir, wie eine weitere Abteilung des begrabenen Heers unter den Pinien und den blühenden Fremontias der San Gabriel Mountains ans Sonnenlicht kam. Die Kühle von zusätzlichen 600 Metern über dem Meeresspiegel hatte die Auferstehung verzögert; als es aber soweit war, glich alles exakt dem Verhaltensmuster der Insekten in der Wüste: die ans Tageslicht gelangte Puppe, das Prasseln des splitternden Horns, die Imago, die hilflos wartete, bis die Sonne sie ganz getrocknet hatte, und dann der Flug, der unermüdliche Gesang, so unablässig, daß er zu einem Teil der Stille wird.

Die Jungs in den Reservaten tun ihr menschenmöglichstes: Wenn man ihnen genug Zeit und Geld zur Verfügung stellt, gelingt es ihnen vielleicht tatsächlich, den Planeten unbewohnbar zu machen. Die angewandte Wissenschaft ist ein Zauberer, dessen bodenloser Hut völlig unbefangen die kuscheligsten Angorahasen und die versteinerndsten Medusen hervorbringt. Aber ich bin immer noch Optimist genug, um dem Leben zuzutrauen, daß es sich nicht besiegen läßt. Ich bin immer noch zu der Wette bereit, daß die nicht-menschliche Andersheit am Grund des menschlichen Seins schließlich doch noch den Triumph über die allzumenschlichen Ichs erringen wird, die Ideologien zimmern und den kollektiven Selbstmord organisieren. Unser Überleben, falls wir überleben sollten, werden wir weniger unserem gesunden Menschenverstand verdanken (so nennen wir das, was bei dem Versuch geschieht, üer die Welt mit Hilfe jener unaufgelösten Symbole nachzudenken, die die Sprache und die jeweiligen lokalen Sitten zur Verfügung stellen) als vielmehr unserem Raupen- und Zikadenbewußtsein, mit anderen Worten der Intelligenz, die auf der organischen Stufe arbeitet. Diese Intelligenz ist sowohl der Wille zu überdauern als auch ein ererbtes Wissen um die physiologischen und psychologischen Mittel, die, ungeachtet all der Torheiten des geschwätzigen Ich, das Überdauern möglich machen. Und jenseits des Überlebens liegt Verklärung; in der animalischen Gabe und jenseits ihrer Grenzen wirkt die Gnade jenes anderen Nicht-Ich, dessen ausdrucksvollste Sinnbilder die Wüstenstille und die Wüstenleere sind.

(*Adonis and the Alphabet*, 1956; Ü.: Sabine Hübner)

Die zweifache Krise

Die Menschheit durchlebt gegenwärtig eine Zeit der Krise, und diese Krise spielt sich gleichsam auf zwei Etagen ab: auf einer höheren Ebene, als Staats- und Wirtschaftskrise, und auf einer tieferen Ebene, als Krise des Bevölkerungswachstums und der Ökologie. Was auf den internationalen Konferenzen und in den Zeitungen diskutiert wird, ist die Krise in der oberen Etage – jene Krise, die unmittelbar durch den kriegsbedingten Zusammenbruch der Wirtschaft und den Machtkampf zwischen nationalen Gruppierungen verursacht wurde, die Mittel zur Massenvernichtung besitzen oder in Kürze besitzen werden. Von der Krise im Erdgeschoß, auf dem Gebiet der Weltbevölkerung und der natürlichen Ressourcen der Erde, hört man so gut wie nichts in der Presse, im Radio und auf den gewichtigeren internationalen Konferenzen. Die Großen Drei oder Vier geruhen nicht, sie zu erörtern; und während sie die Sache an untergeordnete und nicht entscheidungsbefugte Delegationen für Konferenzen über Gesundheit und Ernährung verweisen, widmen sie ihre ganze Energie der Frage, wer jeweils wen zu tyrannisieren habe.

Und doch ist die Krise der unteren Ebene mindestens so besorgniserregend wie die auf politischem und wirtschaftlichem Gebiet. Mehr noch, die Probleme der oberen Etage sind ganz unlösbar, wenn man sie nicht im Zusammenhang mit den Problemen sieht, die sich im kosmischen und biologischen Erdgeschoß zusammenballen. Wenn man sie weiterhin ignoriert, muß die Krise an der Basis unweigerlich die der politischen und ökonomischen Ebene weiter anheizen. Zugleich wird eine Konzentration aller Aufmerksamkeit und Energie auf Machtpolitik und Machtökonomie eine Lösung der Basisprobleme nicht nur erschweren, sondern unmöglich machen. [...]

Auf internationaler Ebene ist die Einigung auf einem Gebiet immer das Ergebnis der Zwietracht auf anderen; es gibt keine uneingeschränkte gegenseitige Hilfe, außer im Bund gegen Dritte. Daher der alte desperate Witz, wer sich Friede auf Erden wünscht, möge am besten um eine baldige Invasion vom Mars beten. Doch Gott sei Dank, oder leider Gottes, sind wir nicht auf einen Angriff aus dem interplanetarischen Raum angewiesen. Der Mensch ist sein eigener

Marsmensch und zieht gegen sich selbst zu Felde. Exzessive Fortpflanzung und ausbeuterische Landwirtschaft sind seine Waffen, und seine Kriegsziele (die er freilich nicht bewußt als solche sehen mag) heißen Verheerung seines eigenen Planeten, Zerstörung seiner eigenen Zivilisation, und Degradierung seiner eigenen Spezies.

Daß die Völker sich noch nicht gegen diesen gemeinsamen Feind in den eigenen Reihen zusammengetan haben, liegt zum Teil an der Ablenkungskraft nationalistischer Idolatrie, zum Teil an Unwissenheit, und nicht zuletzt auch an der menschlichen Angewohnheit, das Problem in völlig unangemessenen Begriffen zu betrachten. Zeit, Geld und Energie, die man auf Besseres verwenden könnte, werden überall in den Dienst von Machtpolitik und Kriegsvorbereitung gestellt. Und währenddessen sind sich in den bessergestellten Regionen der Erde die meisten Menschen noch keineswegs der Tatsache bewußt, daß die Grundverfassung der Menschheit eine der Armut inmitten wachsender Armut ist; und in den schlechter gestellten Regionen, wo man an den harten Tatsachen nicht vorbeikommen kann, besteht zunehmend die Neigung, das Allheilmittel solcher Armut in einem gewaltsamen und radikalen Regierungswechsel zu sehen. Die Einwohner von Ländern mit einer ungünstigen Relation zwischen Bevölkerungszahl und Ressourcen lassen sich nur zu gerne davon überzeugen, daß die Ursachen ihrer Misere politischer Natur sind, und daß alles in bester Ordnung sein wird, sobald ihre gegenwärtigen Herrscher gegen solche, die in Moskau geschult wurden, ausgetauscht worden sind. Doch das Ein-Parteiensystem ist keine Heilkur für Überbevölkerung, und die Kollektivierung der Landwirtschaft wird die Gesamtfläche an produktivem Land nicht wesentlich vergrößern. [...]

In den meisten Ländern ist das Verhältnis zwischen Bevölkerung und Ressourcen ein ungünstiges. Die Natur hat ihre eigenen Methoden, um ein günstiges Gleichgewicht wiederherzustellen; doch wenn sie auf Menschenexistenzen unter den Bedingungen des 20. Jahrhunderts angewendet werden, dann bedeuten diese Methoden nicht nur intensives Leid an allen Enden, sondern auch die schwerste Bedrohung für die gesamte Zivilisation. Auf den allgemeinsten Nenner gebracht, besteht das Problem darin, biologische Fakten und menschliche Werte miteinander in Einklang zu bringen.

Unsere erste Aufgabe ist es, ein generelles Bewußtsein der Gefahr zu schaffen. Bei jeder Gelegenheit müssen wir laut und deutlich aussprechen, daß der Mensch sein eigener Marsmensch ist, daß die Invasion des Planeten schon in vollem Gange ist, daß ständig Nachschub an Truppen eintrifft, um die Kohorten des Feindes und seiner Opfer zu verstärken. Gleichzeitig müssen wir nicht weniger nachdrücklich erklären, daß diese Martianische Invasion durch keine noch so radikale Revolution abgewendet werden kann. Übervölkerung und Erosion üben ihre zerstörerische Wirkung auf einer Ebene aus, die nicht die der Politik ist. Eine gemeinsame Anstrengung, die Dinge auf demographischer und wirtschaftlicher Ebene in den Griff zu bekommen, mag indirekt eine heilsame Wirkung auf die internationale Politik ausüben. Doch der Versuch, allen Völkern der Welt ein bestimmtes politisches System aufzuoktroyieren, wird überhaupt nichts zur Lösung der Krise auf der unteren Ebene beitragen; er wird im Gegenteil die Menschheit von jeglicher Gegenmaßnahme abhalten, und damit Ausmaß und Intensität des verhütbaren Elends steigern. Die Krise der unteren Ebene läßt sich nur auf zwei Arten lösen: durch Beschränkung der globalen Bevölkerungszahl, und durch vermehrte Nahrungsmittelproduktion, bei gleichzeitiger Wiederherstellung und Bewahrung der Fruchtbarkeit dieser Welt.

Der Mensch lebt nicht vom Brot allein; doch noch viel weniger kann er vom Idealismus allein leben. Über die Menschenrechte und die vier Grundfreiheiten beispielsweise im Zusammenhang mit Indien zu reden, ist nichts anderes als ein grausamer Witz. In einem Land, wo zwei Drittel der Bevölkerung an Unterernährung sterben, ehe sie das dreißigste Lebensjahr erreicht haben, und wo trotzdem alle zehn Jahre die Einwohnerzahl um fünfzig Millionen zunimmt, besitzen die meisten Menschen weder Rechte noch irgendwelche Freiheiten. Das ›gigantische Elend dieser Welt‹ wird durch massenhafte Gewalt nur verschlimmert und ist durch inspiriertes Geschwätz nicht zu lindern. Das Elend läßt sich nur durch einen intelligenten Angriff auf seine Ursachen überwinden.

Es ist natürlich viel leichter, über eine Weltbevölkerungspolitik zu reden, als für eine solche Politik die Zustimmung der verschiedenen Nationalregierungen zu gewinnen; und diese Zustimmung wird noch leichter zu haben sein als ihre Umsetzung in tatsächliche Maßnahmen. Und selbst wenn durch ein Wunder ihre sofortige Annahme und Durchführung gesichert wäre, so würden sich, nach der Natur der Dinge, wohltätige Wirkungen dieser Politik erst nach mehreren Generationen zeigen. [. . .]

Hier ist eine kleine Parenthese angebracht. In der Frage der Bevölkerungspolitik sind wir auf den Hörnern eines Dilemmas. Denn was für uns in einer Hinsicht gut ist, ist in anderer Hinsicht schlecht für uns, und umgekehrt. Biologisch und historisch gesprochen, ist die große Familie normaler als die kleine. Eine Frau, die fünf oder sechs Kinder geboren hat, ist ›der Natur näher‹ als eine, die die Kinderzahl auf künstlichem Wege auf eins oder zwei beschränkt hat. In Ländern mit stark sinkender Geburtenrate ist es in den letzten vierzig Jahren zu einem bemerkenswerten Anstieg von Neurosen und sogar von Geisteskrankheiten gekommen. Zum Teil läßt sich dieser Anstieg auf die Industrialisierung und Urbanisierung zurückführen, mit denen man in der Neuzeit das Sinken der Geburtenrate immer in Zusammenhang gebracht hat; zum anderen Teil darauf, daß die Geburtenkontrolle Muster des Geschlechts- und Familienlebens etabliert hat, die in mancher Hinsicht zutiefst unbefriedigend für Erwachsene und Kinder gleichermaßen sind.

Wenn immer biologisch normales Verhalten den Erfordernissen der modernen Zivilisation geopfert wird, neigen wir dazu, uns unangepaßt und unausgeglichen zu fühlen. Doch wo immer biologisch normale Verhaltensweisen den Erfordernissen moderner Zivilisation nicht geopfert werden, finden wir uns ständig hungriger, unfreier und akuter durch Krieg und Revolution bedroht. Auf welchem der beiden Hörner wollen wir lieber aufgespießt werden?

Nach meiner Meinung ist das erste das geringere Übel. Überbevölkerung, mit ihren Begleiterscheinungen von Raub-Ackerbau, Tyrannei und Massenmord, verursacht irreparables Unheil. Von den Negativfolgen der Geburtenkontrolle dürften einige durch angemessene ärztliche Behandlung kurierbar sein, andere könnten durch angemessene gesellschaftliche Präventivmaßnahmen überhaupt verhindert werden. Eine Abweichung vom biologischen Normalverhalten ist immer gefährlich; doch die Gefahren, die sich aus der Geburtenkontrolle ergeben, sind nicht so groß wie diejenigen, die sich unweigerlich einstellen, wenn Individuen ihre natürlichen Fortpflanzungsgewohnheiten in einer Welt beibehalten wollen, wo Hygiene, Insektizide, Antibiotika und falsche Zähne ihre natürlichen Sterbegewohnheiten radikal verändert haben. Wenn wir die Wirkung der todbringenden

Mächte beschneiden, müssen wir das gleiche mit den Mächten tun, die das Leben bringen. Die Alternativen heißen Überbevölkerung, gestörte Beziehung des Menschen zu seiner Umwelt, massenhafte Vernichtung der Ressourcen des Planeten, Hunger, Revolution, Krieg und Massenausrottung. Angesichts von Abwassersystemen, Aureomycin und Kunststoffgebissen wird die Empfängnisverhütung zur Notwendigkeit und die Entwicklung einer Weltbevölkerungspolitik zu einer Angelegenheit allerhöchster Dringlichkeit. Leider kann eine solche Politik, wie wir sahen, erst nach vielen Jahren Ergebnisse zeitigen. Doch während wir auf diesen Zeitpunkt der Ergebnisse warten, können wir sofort die Aufgabe anpacken, die Erosion aufzuhalten, die Fruchtbarkeit des Bodens zu bewahren und die Nahrungserzeugung zu steigern.

Im Augenblick sind die meisten Nationen gar nicht in der Lage, diese Aufgabe auf eigene Faust in Angriff zu nehmen. Sie leben buchstäblich von der Hand in den Mund; und da der Mund immer größer wird, wird die Hand bei ihrem verzweifelten Versuch, aus einer begrenzten Fläche erschöpften Bodens noch mehr Nahrung zu holen, zunehmend destruktiver. Für diese Völker gibt es keinen Spielraum an Zeit, Land oder Ressourcen. Alles, und mehr als alles, was ihr Territorium produzieren kann, muß hier und jetzt verzehrt werden. Zukünftige Fruchtbarkeit muß dem augenblicklichen Hunger geopfert werden. In einem Land, wo die Bevölkerungszahl überstarken Druck auf die Ressourcen ausübt, führt die Selbsterhaltung zur Selbstzerstörung.

Wenn die Westmächte eine positive statt einer wesentlich negativen internationalen Politik verfolgten, würden sie einen Plan entwikkeln, um diesem Verschwenderwettlauf zum planetarischen Bankrott Einhalt zu gebieten. Oder vielmehr, sie würden gleich mehrere Pläne entwickeln. Zuerst einen Plan, um den Schaden wiedergutzumachen, der bisher an den Kulturböden der Erde angerichtet worden ist; zweitens einen Plan, um die zerstörerischen Methoden der Land- und Forstwirtschaft durch andere, mehr im Einklang mit den Naturgesetzen stehende zu ersetzen; und drittens einen Plan, um neue natürliche Hilfsquellen zu entdecken und zu erschließen.

Die Kosten für die Ausführung der ersten beiden Pläne wären hoch – wenn auch mit Sicherheit nicht höher als die Kosten, um den dritten Weltkrieg zu gewinnen und die erste Weltrevolution niederzuwerfen. Sie wären hoch, weil man, um dem ausgelaugten Land die Chance einer Erholung zur Fruchtbarkeit zu geben, es für mehrere Jahre vom Druck der Überbevölkerung entlasten müßte. Mit anderen Worten, man müßte die überbevölkerten Länder mit der Menge an Nahrungsmitteln versorgen, die die Differenz zwischen dem Ertrag, den sie durch ruinöse Ausbeutung erwirtschaften könnten, und dem tatsächlichen Ertrag, den sie zur Aufhaltung der Erosion und zur Vorbereitung auf bessere landwirtschaftliche Methoden erwirtschaften dürften, ausmacht. Darüber hinaus müßte man die Umsiedlung der Bewohner besonders verwundbarer Einzugsgebiete in sicherere Regionen subventionieren. Zusätzliche Gelder wären dafür aufzuwenden, die technologisch unterentwickelten Länder mit Experten zu versorgen, um Angehörige dieser Länder in verantwortlicher Landwirtschaft sowie in der Theorie und Praxis des Naturschutzes zu unterweisen, und um weltweit den Bestand an Böden, klimatischen Bedingungen und Bodenschätzen zu erfassen. Der dritte Plan hätte den Charakter eines weitausgreifenden internationalen Forschungs- und Experimentalprojekts. Wissenschaftler aus allen Teilen der Welt fänden sich mit der Aufgabe betraut, neue Mittel und Wege zu finden – nicht, wie bisher, um ihre Mitmenschen zu morden, sondern um sie zu nähren und zu kleiden. [...]

In einer Welt, wo der Nationalismus das Grundaxiom ist und die Streitigkeiten zwischen politisch-religiösen Ideologien so unversöhnlich sind wie zu den Zeiten der Kreuzfahrer, scheint ein internationales Projekt zur Bekämpfung des Hungers und zur Erhaltung der Ressourcen unseres Planeten die beste und vielleicht einzige Hoffnung für Frieden und Zusammenarbeit der Völker zu bieten. An dieser Stelle werden die Verfechter eines Weltstaates einwenden, daß sich unser Plan gar nicht verwirklichen läßt, solange es keine Weltregierung gibt. Die politische Vereinigung, so werden sie sagen, muß zuerst kommen; wirtschaftliche und technologische Zusammenarbeit wird zwangsläufig daraus folgen. Doch zum gegenwärtigen Zeitpunkt wollen leider Gottes die meisten Nationalregierungen eine solche Vereinigung nicht; oder genauer gesagt, sie wollen die Einheit, aber nicht die Wege, die zu dieser Einheit führen. Denn die Wege zur politischen Einheit verlangen einige Opfer, die zu bringen nicht angenehm wäre. So müßten sich etwa in einem politisch geeinten Europa viele örtliche Industrien, die durch Binnenzölle und Subventionen geschützt und am Leben erhalten wurden, als redundant erweisen, und entweder durch Regierungsbeschluß aufgelöst oder durch den Konkurrenzdruck effizienter geführter oder markt- und rohstoffgünstiger gelegener Industrien ruiniert werden. Die Auflassung redundanter Industrien würde erhebliche Härten für Besitzer, Verwalter und Arbeiter mit sich bringen. Und das wäre nur ein Kostenfaktor der politischen Einigung unter vielen. Enorme Vorteile auf Dauer lassen sich nur durch eine Anzahl kurzfristig ziemlich schmerzhafter Opfer erlangen.

Politische Einheit kann zwangsweise verordnet werden, unter einer Militärdiktatur – oder unter dem Druck der äußeren Umstände. In Zeiten der ›Normalität‹ ist die politische Vereinigung souveräner demokratischer Staaten viel schwerer zu erreichen. Männer und Frauen werden wenig Bereitschaft zeigen, für eine Politik zu stimmen, die den Verlust ihres Berufes und beunruhigende Änderungen ihrer Gewohnheiten nach sich zieht. Im allgemeinen sind nur in Zeiten der Krise die Menschen bereit, einem künftigen Gut zuliebe momentane Opfer zu bringen. Alle höheren Religionen sind unter anderem Einrichtungen, um die Menschen davon zu überzeugen, daß jeder einzelne Augenblick ihrer Existenz ein Augenblick der Krise ist, der spirituelle Entscheidungen auf Leben und Tod einschließt, und daß es daher sinnvoll und recht ist, gewisse Opfer zu bringen. Auf ganz anderer Ebene ist jeder Augenblick in der menschlichen Existenz auf einem übervölkerten und ausgelaugten Planeten ebenfalls ein Augenblick der Krise. Die Natur der Martianischen Aggression des Menschen gegen sich selbst zu erklären und die Massen von der Notwendigkeit gemeinschaftlicher Aktion gegen den verheerenden Einfall zu überzeugen, sollte nicht allzu schwer sein; um so mehr, da die unmittelbar nötigen Opfer nicht übermäßig hoch sein werden, während die auf mittlere und lange Sicht zu erwartenden Vorteile so konkret, offensichtlich und überzeugend sind. Sobald sie einmal geschlossen ist, kann diese vorwiegend technologische Allianz gegen die Martianischen Streitkräfte der Übervölkerung und Erosion sich als Vorläufer eines echten Weltstaates unter einer einzigen Amtsgewalt erweisen. Wenn vorher schon die Föderation mit rein politischen Mitteln erreichbar ist, um so besser. Es spielt keine Rolle, was zuerst kommt, das politische Küken oder das technologische Ei. Es kommt nur darauf an, daß wir sie auf die eine oder andere Weise alle beide bekommen, und zwar auf schnellstmöglichem Wege.

Und bis dahin, so wollen wir hoffen, wird die Zusammenarbeit an einem so offensichtlich das Wohl der ganzen Menschheit betreffenden Unternehmen dazu beitragen, bei Herrschern wie Beherrschten jene nationalistische Ideologie zu untergraben, die der politische Hauptgrund all unserer Krisen auf der oberen Ebene ist. Der Nationalismus ist ein künstliches Ding, aber seine Künstlichkeit wurzelt in der quasi-instinktiven Verbundenheit des Einzelmenschen mit der Umgebung seiner Kindheit – mit einem Ort, einer Ernährungsweise, einer Reihe von Gewohnheiten, Sitten und Konventionen, mit einer Sprache und ihren Benutzern. Solche Formen von Lokalpatriotismus finden sich auch unterhalb der menschlichen Ebene. Die Vögel etwa kämpfen um ihr Territorium; die Wachen am Eingang eines Bienenstocks attackieren und töten jede Biene, die einem fremden Schwarm angehört. Die erste Verhaltensweise ist ein Beispiel für krassen Individualismus (»eines Engländers Heim ist seine Burg«), die zweite für kollektive Xenophobie (»jeder westliche Besucher ist ein Klassenfeind der UdSSR«).

Unter Menschen ist das Stammesgefühl die nächste Annäherung an den natürlichen und ursprünglichen Ausdruck eines gleichsam instinktiven Lokalpatriotismus. Die Stämme sind nun durch die Nationen abgelöst worden; und dies nur deshalb, weil es durch entsprechende Erziehung und Propaganda gelungen ist, das quasi-instinktive Stammesbewußtsein von seinem natürlichen Objekt auf ein neues und künstliches zu übertragen: die Nation. Der Heimatort und die Heimatgemeinschaft lassen sich anschauen, anfassen, direkt erleben. Man kann sie daher auf fast physiologische Weise lieben. Die Nation eignet sich bei ihrer Größe wenig als Gegenstand unmittelbarer Bekanntschaft; für jedes beliebige Individuum innerhalb der Nation kann sie kaum mehr als eine Abstraktion sein. Doch eine Abstraktion läßt sich symbolisch durch ein Objekt darstellen (die Fahne), durch eine Person (den König, den Führer), durch eine Melodie und eine Wortfolge (das »Starspangled Banner«, die Internationale). Diese symbolischen Darstellungen kann man unmittelbar erleben und lieben, und dies nicht nur mit dem Kopf, sondern auch mit dem Herzen, mit eingeweidlicher Inbrunst. Mit Hilfe solcher Symbole hat man Männern und Frauen den Stammespatriotismus ab- und die nationalistische Idolatrie anerzogen. Und Symbole werden zweifellos nötig sein, wenn die Zeit kommt, um ihnen die nationalistische Idolatrie ab-

und den Weltpatriotismus anzuerziehen. In Westeuropa hat es einige Jahrhunderte gedauert, bis kapitalistische Denkmuster die Denkmuster der alten Feudalgesellschaft ersetzten. Wie lange wird es dauern, bis die Menschheit als Ganzes dazu gebracht wird, die nationalistischen Axiome, auf denen ein Großteil ihres gegenwärtigen Denkens und Fühlens basiert, zu vergessen und statt dessen die Axiome eines nicht-nationalistischen Systems anzunehmen? Wer immer sich auf eine Schätzung einläßt, muß zwei Fakten in Betracht ziehen: erstens, daß wir weit wirksamere Mittel der Erziehung und Propaganda besitzen als unsere Vorfahren; und zweitens, daß das Leben des Menschen siebzig Jahre währt, daß es uns schwerfällt, die in unserer Kindheit ausgebildeten Denkmuster zu wechseln, und daß es im Augenblick alle Regierungen darauf anlegen, den Hirnen ihrer Untertanen, der jungen wie der alten, nationalistische Denkmuster einzupflanzen. Sobald wir und unsere Herrscher dies wirklich wollen, können moderne Propagandamethoden dazu benützt werden, einen Wechsel der Denkmuster innerhalb einer einzigen Lebensspanne herbeizuführen. Bis dahin wird wohl der nationalistische Götzendienst die Religion bleiben, für die die Menschen ihr Leben in Kriegen zum Opfer bringen, die ohne diese Religion nie ausgebrochen wären.

Auf ideologischer Ebene ist das beste Gegengift gegen den nationalen Götzendienst ein Monotheismus mit seiner logischen Folge des Mono-Anthropismus (da die Vaterschaft Gottes die Bruderschaft der Menschen einschließt). Gegenwärtig haben wir einen Pentakosiotheismus, und die vielfältigen Spielformen einer wechselweise verfeindeten Menschheit gleichen einem ganzen Sortiment von ›Heinz‹-Suppen und Salatsoßen. Daß irgendein monotheistisches System in der nahen Zukunft allgemeine Annahme findet, scheint mehr als unwahrscheinlich. Doch es sollte nicht unmöglich sein, die weite und sofortige Annahme einer Art von, sagen wir, kosmischer Ethik zu erwirken; und sie wieder könnte als Grundlage für einen künftigen Monotheismus dienen.

Derzeit denken und handeln die Menschen so, als hätten sie keinerlei Pflichten der Natur gegenüber. Die katholische Kirche beispielsweise lehrt ganz offiziell, daß lebende Wesen unterhalb der menschlichen Ebene zu behandeln seien wie bloße Dinge. Dagegen muß es ohne Zweifel für einen realistischen Betrachter völlig klar sein, daß wir nicht nur kein Recht haben, lebende Wesen wie Dinge zu behandeln – wir haben ebensowenig das Recht, die Dinge als bloße Dinge zu behandeln. Die Dinge sind so zu behandeln, als seien sie Teile eines komplexen und wunderbar abgestimmten lebenden Organismus. Wir beginnen allmählich, die Entdeckung zu machen, daß jede Art, sie anders zu behandeln, der Weg sein mag, das ganze menschliche Experiment zum Scheitern zu verdammen. Die goldene Regel muß auf die belebte und unbelebte Natur ebenso angewendet werden wie auf unsere Mitmenschen: Behandle die Natur mit Liebe und Verständnis, und sie wird es dir mit nie versagten Gaben lohnen; behandle die Natur aggressiv, gierig, gewalttätig und verständnislos, und die verwundete Natur wird sich gegen dich kehren und dich vernichten.

In der Theorie zumindest begriffen die Alten diese Wahrheiten besser, als wir es tun. Die Griechen etwa wußten sehr wohl, daß die Hybris gegen eine ihrem Wesen nach göttliche Naturordnung die angemessene Nemesis nach sich ziehen mußte. Die Chinesen lehrten, daß das Tao, als der Welt innewohnender Logos, auf jeder Existenzebene präsent ist, von der physisch-biologischen bis hinauf zur spirituellen. Und sie wußten, daß Übergriffe gegen das Tao, in der Natur nicht weniger als im Menschen, unweigerlich zu verhängnisvollen Ergebnissen führten. Wir müssen wieder Zugang zu dieser alten, verlorenen Weisheit finden. Wenn uns dies nicht gelingt – wenn wir in unserer anmaßenden Rolle als ›Eroberer‹ der Natur auf unserem Planeten weiterhin hausen wie ein Schwarm zerstörerischer Schmarotzer –, verdammen wir uns und unsere Kinder zu Elend und zunehmender Verwahrlosung, und zu einer Verzweiflung, die ihren Ausdruck in den Rasereien kollektiver Gewalttätigkeit findet.

(*Themes and Variations*, 1950; Ü.: Werner von Koppenfels)

REISEBILDER

Warum nicht gleich zu Hause bleiben?

Manche Leute reisen aus geschäftlichen Gründen, manche ihrer Gesundheit wegen. Aber es sind weder die Kranken noch die Geschäftsmänner, die die Grandhotels und die Taschen ihrer Besitzer füllen, sondern diejenigen, die ›zum Vergnügen‹ reisen, wie man so schön sagt. Was Epikur, der nur reiste, wenn er verbannt wurde, in seinem eigenen Garten suchte, das suchen unsere Touristen im Ausland. Und finden sie ihr Glück? Dem, der die Orte besucht, wo sie ihren Urlaub verbringen, drängt sich diese Frage förmlich auf, und er wird eher dazu neigen, sie mit Nein zu beantworten. Denn Touristen sind größtenteils ein recht trübseliger Verein. Ich habe bei Beerdigungen schon wesentlich fröhlichere Gesichter erlebt als auf dem Markusplatz. Nur wenn sie sich zusammenrotten und eine kurze, fragwürdige Stunde lang so tun können, als seien sie daheim, machen die meisten Touristen einen wirklich glücklichen Eindruck. Da fragt man sich schon, warum sie überhaupt ins Ausland fahren.

Die Sache ist die, daß nur ganz wenige Reisende auch wirklich gern reisen. Wenn sie weder Mühe noch Kosten scheuen, die das Reisen mit sich bringt, dann weniger aus Neugier, aus Spaß oder weil sie gern schöne, fremde Dinge sehen, sondern eher aus einer Art Snobismus heraus. Man reist aus demselben Grund, aus dem man auch Kunstwerke sammelt: weil es die feinen Leute tun. Es gehört sich einfach, an gewissen Punkten der Erdoberfläche gewesen zu sein; und wer dort war, hat denen, die noch nicht dort waren, etwas voraus. Außerdem weiß man, worüber man nach der Rückkehr reden kann. Soviel Gesprächsstoff gibt es nun auch wieder nicht, daß man sich eine Gelegenheit entgehen lassen dürfte, seinen Vorrat daran etwas aufzustokken.

Um diesen Snobismus zu rechtfertigen, hat man im Lauf der Zeit eine Reihe von Legenden gebildet. Die Orte, die man einfach besucht haben *muß*, werden so lange mit einem Glamourglorienschein umrahmt, bis sie den Leuten, die noch nicht dort waren, wie lauter sagenumwobene Babylons oder Bagdads vorkommen. Wer gereist ist, hat ein persönliches Interesse daran, diese Märchen zu kultivieren und weiter zu verbreiten. Denn wenn Paris und Monte Carlo wirklich so phantastisch sind, wie man in Bradford ober Milwaukee, in Tomsk oder Bergen allgemein annimmt – dann haben sich die Reisenden, die jene Orte wirklich besucht haben, ja ein um so größeres Verdienst erworben und sind den Stubenhockern um so gewaltiger überlegen. Aus diesem Grund (und weil sie den Hotelbesitzern und Dampfschiffgesellschaften Geld einbringen) werden die Märchen geflissentlich am Leben erhalten.

Es gibt kaum etwas Rührenderes als den Anblick unerfahrener Reisender, die mit diesen Märchen groß geworden sind und sich nun verzweifelt bemühen, die Realität mit der Legende in Einklang zu bringen. Sie haben ihr Zuhause wegen der Märchen, und weniger bewußt, im Namen des Snobismus verlassen; zuzugeben, daß man von der Wirklichkeit enttäuscht ist, hieße auch zuzugeben, daß man so dumm war, an die Märchen zu glauben, und das würde das Verdienst schmälern, die lange Reise unternommen zu haben.

Unter den Hunderttausenden von Angelsachsen, die die Pariser Nightclubs und Tanzsalons frequentieren, sind zweifellos ziemlich viele, denen so etwas wirklich gefällt. Aber eben auch sehr viele, bei denen das nicht der Fall ist. Im Grunde ihres Herzens finden sie es langweilig und ein bißchen abstoßend. Aber man hat sie ja dazu erzogen, an ein sagenhaftes *Gay Paree* zu glauben, wo alles rasend aufregend ist und man, wie sonst nirgends, das sehen kann, was gemeinhin Leben heißt. Und deshalb geben sie sich, wenn sie nach Paris kommen, alle erdenkliche Mühe, sich zu amüsieren. Nacht für Nacht wimmelt es in den Tanzsälen und Bordellen von ernsten jungen Landsleuten Emersons und Matthew Arnolds, die sich gewissenhaft bemühen, durch die immer dichter werdenden Nebelschwaden von Heidsieck und Roederer das Leben zu sehen, allerdings aus einer Perspektive, die weder besonders stetig noch ganzheitlich ist.

Noch tapferer entschlossen sind ihre weiblichen Pendants; denn meistens (es sei denn, sie sind extrem ›modern‹) hilft ihnen kein Roederer, Paris amüsant zu finden. Der traurigste Anblick meines Lebens bot sich mir einmal in einer *boîte* auf dem Montmartre, an einem Herbstmorgen gegen fünf Uhr. An einem Ecktisch saßen drei junge Amerikanerinnen ohne Begleiter, die sich auf eigene Faust und voller Abenteuerlust das wahre Leben anschauten. Vor ihnen auf dem Tisch standen die obligaten Champagnerflaschen; sie jedoch bevorzugten – vielleicht aus Prinzip – Zitronenlimonade. Die Jazzband spielte monoton vor sich hin; der müde Schlagzeuger döste über seinen Trommeln, der Saxophonist gähnte in sein Saxophon. Zu zweit oder in schwankenden Grüppchen brachen die anderen Gäste auf. Doch die drei jungen Mädchen ließen sich nicht unterkriegen und blieben verbissen sitzen, trotz ihrer Müdigkeit, trotz der Langeweile, die ihnen allzu deutlich in den reizenden, kindlichen Gesichtern geschrieben stand. Als ich bei Sonnenaufgang das Lokal verließ, saßen sie immer noch da. Was für Geschichten, ging es mir durch den Kopf, würden sie später zu Hause erzählen! Und wie neidisch würden sie ihre daheimgebliebenen Freundinnen machen! »Paris ist einfach phantastisch...«

Den Parisern bringt die Legende Milliarden in klingender Münze ein. Deshalb wird sie auch eifrig in Umlauf gehalten. Geschäft ist Geschäft. Aber wenn ich der Geschäftsführer eines Tanzsalons am Montmartre wäre, würde ich meinen Kellnern einschärfen, die Pariser Lebenslust etwas überzeugender zu mimen. »Herrschaften«, würde ich zu ihnen sagen, »ihr müßt aussehen, als ob ihr selbst an die Legende glaubt, von der wir leben. Lächelt gefälligst, und seid lustig! Die Miene, die ihr da zur Schau tragt, diese Mischung aus Überdruß, angewiderter Verachtung der Gäste und zynischer Habgier wirkt nicht gerade appetitanregend. Es könnte der Tag kommen, an dem die Gäste so nüchtern sind, daß sie es merken. Und was soll dann aus uns werden?«

Aber Paris und Monte Carlo sind nicht die einzigen Wallfahrtsorte. Es gibt ja auch noch Rom und Florenz. Dort findet man sowohl Gemäldegalerien, Kirchen und Ruinen, als auch Läden und Spielkasinos. Und der Snobismus, der verfügt, daß man Kunst mögen muß – oder genauer gesagt, daß man die Orte, an denen es Kunst zu sehen gibt, besucht haben sollte –, ist fast ebenso tyrannisch wie der Snobismus, der einen jene Orte besuchen heißt, an denen das richtige Leben zu besichtigen ist. Wir alle interessieren uns mehr oder weniger für das wahre Leben – selbst für jenes ziemlich anrüchige Stückchen davon, die man am Montmartre vorfindet. Aber ein Sinn für Kunst – oder jedenfalls für die Art von Kunst, der man in Galerien und Kirchen begegnet – ist keineswegs allgemein verbreitet. Und deshalb sind die armen Touristen, die Rom oder Florenz aus snobistischen Motiven besuchen, noch mehr zu bedauern als die, die sich aus denselben Gründen nach Paris und Monte Carlo begeben. Touristen, die eine

Kirche ›abhaken‹, setzen eine maskenhafte Miene pflichtbewußten Interesses auf; aber welche Abgespanntheit, welche totale geistige Erschöpfung spricht allzuoft aus ihrem Blick! Und sie empfinden die Erschöpfung innerlich ja noch viel stärker, weil sie diese hingerissene Aufmerksamkeit vortäuschen, und angesichts der im Baedeker mit Sternchen bezeichneten Sehenswürdigkeiten sogar Verzückung heucheln müssen. Irgendwann kommt der Moment, wo Fleisch und Blut die Anspannung nicht länger ertragen können. Dem Banausentum widerstrebt es aufs höchste, dem guten Geschmack den schuldigen Tribut zu zahlen. Wütend und trotzig schwört der Tourist, daß er seine Nase in keine weitere Kirche mehr stecken, sondern seine Tage lieber in der Hotelhalle zubringen wird, bei der Lektüre der europäischen Ausgabe der *Daily Mail*.

Ich erinnere mich, in Venedig Zeuge einer solchen Rebellion gewesen zu sein. Eine Motorbootgesellschaft warb für Nachmittagsausflüge auf die Insel Torcello. Wir buchten unsere Plätze und brachen zur festgesetzten Zeit in Gesellschaft von sieben oder acht weiteren Touristen auf. Romantisch in seiner Verlassenheit stieg Torcello vor uns aus der Lagune. Der Bootsmann legte an einer verfallenen Mole an. Eine Viertelmeile entfernt, jenseits der Felder, stand die Kirche. Sie birgt einige der schönsten Mosaiken ganz Italiens. Wir stiegen alle an Land – bis auf ein energisches amerikanisches Ehepaar; als die beiden erfuhren, daß der Gegenstand des Interesses auf der Insel schon wieder nur eine Kirche war, beschlossen sie, bequem im Boot sitzen zu bleiben, bis der Rest der Gesellschaft zurückkam. Ich bewunderte ihre entschlossene, ehrliche Haltung. Aber gleichzeitig fand ich es doch ziemlich betrüblich, daß sie die weite Reise gemacht und soviel Geld ausgegeben haben sollten – nur um des Vergnügens willen, in einem Motorboot zu sitzen, das an einem verrotteten Kai festgemacht war. Und sie waren erst in Venedig. Ihr italienisches Martyrium hatte ja noch kaum begonnen. Sie mußten noch Padua, Ferrara, Ravenna, Bologna, Florenz, Siena, Perugia, Assisi und Rom mit ihren unzähligen Kirchen und Gemälden besichtigen, bevor sie – nachdem endlich das gesegnete Ziel Neapel erreicht war – wieder an Bord des Liniendampfers gehen durften, der sie zurück über den Atlantik brachte. Arme Sklaven, dachte ich; und welch strenger Meister!

Solche Leute nennen wir nur deshalb Reisende, weil sie nicht zu

Hause bleiben. Aber sie sind nicht die wahren, nicht die geborenen Reisenden. Denn sie reisen nicht um des Reisens, sondern um der Konvention willen. Sie machen sich, von Legenden und überspannten Hoffnungen genährt, auf den Weg, um – ob sie es eingestehen oder nicht – enttäuscht zurückzukehren. Da sie dem, was wirklich existiert, nur laues Interesse entgegenbringen und sich nach der Mythologie sehnen, empfinden sie die Tatsachen, so merkwürdig, schön und vielfältig sie auch sein mögen, als Ernüchterung. Nur die Gesellschaft ihrer Mittouristen, mit denen sie sich verschwören, bietet ihnen hin und wieder eine kleine heimatliche Oase in der fremden Wildnis, gepaart mit dem Bewußtsein, eine gesellschaftliche Pflicht erfüllt zu haben, das sie angesichts der bedrückenden Umstände des Reisens sogar noch einigermaßen bei Laune hält.

Der wahre Reisende hingegen interessiert sich so sehr für die Wirklichkeit, daß er es nicht nötig hat, an Legenden zu glauben. Er ist unersättlich neugierig, liebt das Fremde um seiner Fremdheit willen, freut sich an jeder Begegnung mit der Schönheit. Es wäre natürlich absurd zu behaupten, daß ihm nie langweilig ist. Denn zu reisen, ohne daß man sich gelegentlich langweilt, ist praktisch unmöglich. Der Tag des Touristen ist nämlich zwangsläufig fast immer größtenteils unausgefüllt. Erst einmal kostet es allein schon viel Zeit, von einem Ort zum anderen zu gelangen. Und wenn er die Sehenswürdigkeiten gesehen hat, fühlt sich der Tourist physisch erschöpft und hat nichts Besonderes mehr zu tun. Daheim, inmitten der Beschäftigungen, denen man regelmäßig nachgeht, ist einem nie langweilig. Langeweile ist im wesentlichen ein Urlaubsgefühl. (Ist sie nicht das chronische Leiden der Müßiggänger?) Und aus ebendiesem Grund findet unser wahrer Reisender Langeweile eher angenehm als quälend. Sie ist das Symbol seiner Ungebundenheit – seiner exzessiven Freiheit. Wenn die Langeweile kommt, findet er sich mit ihr nicht nur gleichmütig, sondern sogar fast vergnügt ab.

Für den geborenen Reisenden ist das Reisen ein eingefleischtes Laster. Wie andere Laster auch, ist es herrisch, verlangt von seinem Opfer Zeit, Geld, Energie und Verzicht auf Bequemlichkeit. Es fordert; und der geborene Reisende gibt willig, ja mit Begeisterung. Die meisten Laster, das sei beiläufig hinzugefügt, erfordern ein beachtliches Maß an Selbstaufopferung. Keine Annahme könnte irriger sein als die, daß ein lasterhaftes Leben ein Leben ununterbrochenen Vergnügens sei. Vielmehr ist es – wenn man es energisch betreibt – fast so mühsam und beschwerlich wie Christians Leben in *The Pilgrim's Progress.* Der Hauptunterschied zwischen Christian und dem Lasterhaften ist der, daß ersterer etwas von seinen Entbehrungen profitiert – und zwar hier und jetzt in Form eines gewissen spirituellen Wohlergehens, ganz zu schweigen von dem, was ihn in jenem arg problematischen Jerusalem jenseits des Flusses erwarten mag –, während der zweite gar nichts bekommt, außer vielleicht Gicht und die progressive Paralyse des Irrsinns.

Freilich bringt das Laster des Reisens diese beiden speziellen Krankheiten nicht zwangsläufig mit sich; und in der Tat auch keine anderen, es sei denn, man reist bis in die Tropen. Keine körperlichen Krankheiten jedenfalls; denn Reisen ist kein Laster des Körpers (den es kasteit), sondern des Geistes. Beim Reisenden-um-des-Reisens-willen handelt es sich um das gleiche wie beim planlosen Leser – um einen geistiger Maßlosigkeit verfallenen Menschen.

Wie alle Lasterhaften haben auch der Leser und der Reisende zu ihrer Verteidigung eine ganze Waffenkammer voller Rechtfertigungen parat. Lesen und reisen, sagen sie, erweitert das Bewußtsein, regt die Phantasie an, stellt eine allgemeinbildende Erziehung dar. Und so weiter. Das sind lauter Scheinargumente; aber von ihnen zeigt sich ja ohnehin niemand sonderlich beeindruckt. Denn obwohl es durchaus zutreffen mag, daß planloses Leben und zielloses Herumreisen für gewisse Leute äußerst lehrreich sind, ist dies doch nicht der Grund, warum die Mehrzahl der wahren Leser und der geborenen Reisenden ihrer Neigung frönt. Wir lesen und reisen nicht, um unseren Geist zu erweitern und zu bereichern, sondern vielmehr, um auf vergnügliche Art und Weise zu vergessen, daß es ihn gibt. Wir lieben das Lesen und das Reisen, weil sie unter den zahllosen Surrogaten für das Denken die genußreichsten sind. Intellektuelle und manchmal etwas verfeinerte Surrogate. Deswegen sind sie auch keine Zerstreuung für jedermann. Der geborene Leser oder Reisende gehört zu jenen anspruchsvolleren Geistern, die die Ablenkung, deren sie bedürfen, eben nicht beim Wetten, beim Mah-Jongg-Spiel, beim Trinken, Golfen oder Foxtrott-Tanzen finden.

Es gibt einige wenige, sehr wenige, die zielbewußt nach einem bestimmten System reisen und letztlich auch lesen. Diese Gruppe verdient unsere moralische Bewunderung. Und zu ihr gehören im allgemeinen jene Leute, die es in der Welt zu etwas bringen. Aber durchaus nicht immer. Denn leider kann es passieren, daß man ein hehres Ziel und einen edlen Charakter hat, aber kein Talent. Dagegen haben es einige der ziel- und zügellosesten Reisenden und Leser verstanden, aus ihren Lastern Gewinn zu ziehen. Planloses Lesen war Dr. Johnsons Gewohnheitslaster; er las jedes Buch, das ihm unter die Hände kam, aber keines zu Ende. Und doch hat er im Leben nicht wenig erreicht. Und dann gibt es leichtfertige Reisende wie Beckford, die um die ganze Welt gefahren sind, um ihre zügellose Neugier zu befriedigen – mit ähnlich guten Resultaten. Tugend ist bekanntlich ihr eigener Lohn; aber die Trauben, die das Talent so sachkundig zu pflücken versteht – sind sie nicht immer ein wenig sauer?

Für mich ist das Reisen, offen gestanden, ein Laster. Der Versuchung, ihm zu frönen, kann ich fast ebenso schwer widerstehen, wie der Versuchung, alles bunt durcheinander, gierig und ohne Sinn und Ziel zu verschlingen. Freilich fasse ich von Zeit zu Zeit den verzweifelten Vorsatz, mich zu bessern. Ich entwerfe Pläne für ein zweckmäßiges, ernsthaftes Bücherstudium; ich versuche, meine Weltenbummeleien in systematische Reisen durch die Kunst- und Kulturgeschichte zu verwandeln. Aber leider ohne viel Erfolg. Nach einem Weilchen werde ich unweigerlich wieder rückfällig. Traurig, diese Charakterschwäche. Nun ja, ich versuche mich mit der Hoffnung zu trösten, daß sich vielleicht sogar aus meinen Lastern noch etwas Kapital schlagen läßt.

(*Along the Road*, 1925; Ü.: Sabine Hübner)

Aus der Perspektive des Reisenden

Ich könnte eine Menge ausgezeichneter Gründe anführen für meine Abneigung gegen große Dinnergesellschaften, Soirées, übervolle Parties, Galaveranstaltungen, Conversazioni und Bälle. Das Leben ist nicht lang genug – sie verschwenden unsere kostbare Zeit. Das Spiel ist ganz einfach die Unkosten nicht wert. Gesellschaftlicher *en passant*-Verkehr gleicht dem Hinunterkippen von Schnäpsen – ein Reizmittel, das die Nerven aufpeitscht, doch ohne jeden Nährwert. Und so weiter. Lauter ehrenwerte und wahrheitsgemäße Einwände; und sie fallen für mich wahrhaftig ins Gewicht. Doch das entscheidende Argument gegen große Menschenansammlungen und zugunsten des Alleinseins oder der kleinen, intimen Zusammenkünfte war in meinem Fall immer von persönlicherer Art. Es war ein Appell nicht an meine Vernunft, sondern an meine Eitelkeit. Die nackte Wahrheit ist, daß ich es nicht schaffe, in großen Versammlungen zu glänzen; genauer gesagt, ich komme kaum zum Glimmen. Und diese trübe Aussicht, und dazu das Bewußtsein der eigenen Trübheit, empfinde ich als Kränkung.

Mein Unvermögen, in Gesellschaft zu strahlen, liegt allein in meiner übermäßigen Neugier begründet. Ich kann der Rede meines Gesprächspartners nicht wirklich zuhören oder mir passende Antworten überlegen, weil ich unweigerlich jenen anderen Unterhaltungen lauschen muß, die gleichzeitig von allen möglichen anderen Leuten in Hörweite geführt werden. So sagt etwa mein Gegenüber gerade etwas Geistreiches über Henry James und erwartet offensichtlich von mir irgendeine witzige oder subtile Reaktion auf das Gesagte. Aber die zwei Frauen zu meiner Linken erzählen gerade Skandalgeschichten über jemanden, den ich kenne. Der Mann mit der volltönenden Stimme am anderen Ende des Raumes erörtert die Meriten verschiedener Autotypen. Der Student der Naturwissenschaften am Kamin verbreitet sich über die Quantentheorie. Der bekannte irische Rechtsanwalt erzählt in seiner unnachahmlich professionellen Art Anekdoten. Hinter mir tauschen ein junger Mann und ein Mädchen Ansichten über die Liebe aus, während ich von einer Gruppe weiter drüben von Zeit zu Zeit einen Satz aufschnappe, der mir verrät, daß man dort über Politik redet. Eine unbezwingliche Neugier ergreift mich: ich will unbedingt hören, was genau jeder sagt. Skandale, Autos, Quanten, irischer Unsinn, Liebe und Politik kommen mir unvergleichlich spannender vor als Henry James, und jedes einzelne Thema zu gleicher Zeit viel interessanter als alle zusammen. Hoffnungslos flattert meine Wißbegier hierhin und dorthin, wie ein Vogel in einem Glashaus. Und das Nettoergebnis des Ganzen ist, daß mein Gegenüber mich für einen Schwachkopf halten muß, da ich nicht höre, was er gerade sagt, und viel zu sehr abgelenkt bin, um zusammenhängend zu antworten, während es mir die Vielzahl meiner unerlaubten Neugierden verbietet, auch nur eine davon ordentlich zu befriedigen.

Doch diese unmäßige und ausschweifende Wissensgier, so fatal für den Menschen, der in großer Geselligkeit glänzen möchte, ist ein wesentlicher Vorzug für den, der nur zusieht, ohne sich an den Handlungen seiner Mitmenschen zu beteiligen. Für den Reisenden, der nolens volens die Pose des distanzierten Betrachters einnehmen muß, ist die Wißbegierde nichts anderes als pure Notwendigkeit. Langeweile, so sagt Baudelaire, sei *fruit de la morne incuriosité*. Der Tourist ohne Neugier ist dazu verdammt, sich zu langweilen.

Es gibt wenig angenehmere Formen der Unterhaltung, als in Cafés oder Restaurants zu sitzen, oder in Eisenbahnabteilen dritter Klasse, sich die Nachbarn anzuschauen und (ohne den Versuch, in ihre Unterhaltung einzugreifen) den Fetzen ihrer Gespräche zu lauschen, die uns über den räumlichen Abstand hinweg zugetragen werden. Aus ihrer Erscheinung, aus dem, was sie sagen, rekonstruiert unsere Phantasie den ganzen Charakter, die gesamte Lebensgeschichte. Aus einem einzigen Fossilknochen erbaut man sich nach Lust und Laune den ganzen Dinosaurier. Es ist ein höchst reizvolles Spiel; aber man muß es auf diskrete Weise spielen. Allzu offen gezeigte Neugier wird leicht übelgenommen. Die Kunst besteht darin, zu sehen und zu hören, ohne daß man etwas wahrzunehmen scheint. Wenn man das Spiel zu zweit betreibt, sollten die Kommentare niemals in der Landessprache gehalten sein. Doch die vermutlich wichtigste Regel des ganzen Spiels ist das Verbot, irgendwelche Anstrengungen zu unternehmen (außer in ganz seltenen Fällen), um die Gegenstände der eigenen Neugier wirklich kennenzulernen.

Denn leider Gottes erweisen sich die Objekte unserer Neugier, sobald wir ihre Bekanntschaft machen, in der Regel als jedes weiteren

Interesses unwert. Es ist durchaus denkbar, aus der Ferne die lebhafteste Wißbegier im Hinblick auf einen Wochenkartenbesitzer aus Surbiton zu empfinden. Sein Kahlkopf erglänzt so wundersam; er besitzt so einen komischen gewachsten Schnurrbart; wenn er mit seinen Freunden über die Sozialisten redet, schießt ihm eine so lebhafte Röte ins Gesicht; er quittiert eine anrüchige Anekdote mit so unangenehm dröhnender Lache; er schwitzt so hingebungsvoll in der Hitze; er doziert so kenntnisreich über Rosen; seine Schwester wohnt in Birmingham, und sein Sohn hat soeben einen Schulpreis für gute Leistungen im Rechnen gewonnen. Auf die Distanz wirkt das alles faszinierend; es regt die Phantasie an. Man muß diesen kleinen Kerl einfach gern haben; er ist reizend, liebenswert, ein echtes Stück Leben. Aber mach nur einmal seine Bekanntschaft... und du achtest künftig sorgsam darauf, in einem anderen Abteil zu reisen.

Wie köstlich, wie komisch und phantastisch sind doch die Leute aus der Ferne! Wenn ich an all die faszinierenden Männer und Frauen denke, die ich nie kennengelernt (nur einen Augenblick lang gesehen und gehört) habe, dann merke ich zu meinem Erstaunen, daß ich mich an Hunderte erinnern kann. Meine Lieblingsexemplare, so möchte ich annehmen, waren jene männlichen und weiblichen Postangestellten, die *en pension* in dem kleinen Hotel in Amberieu wohnten, wo ich mich einmal ein oder zwei Wochen lang aufhielt, um ein Buch fertigzuschreiben. Sie waren bezaubernd. Da war der ältliche Mann, der immer zu spät zum Abendessen kam, mit einer Mütze auf dem Kopf – ein finsterer, schweigsamer Bursche; dann ein sehr junger, alles andere als finster, aber auch still, aus lauter Schüchternheit; und dann ein sehr aufgeweckter lebhafter, südlicher Typ, der immerzu Witze machte und mit den jungen Damen schäkerte; und diese drei jungen Damen: eine häßlich, aber äußerst munter, die zweite recht hübsch, aber lethargisch und bleichsüchtig, und die dritte so übermütig und vital, daß man sie zwangsläufig für hübsch halten mußte – die lebhaften schwarzen Augen, dieses Lächeln, diese Stimme, dieser Witz! Der schüchterne junge Mann starrte sie an wie ein Kalb, wurde rot, wenn sie ihn ansah, grinste wie ein Ochse, wenn sie sprach, und vergaß dabei, seinen Teller leer zu essen. Ihre Gegenwart taute den grimmen Graukopf auf und inspirierte den Sohn des Südens zu noch wilderen Eskapaden. Und ihre Überlegenheit war so unbeschreiblich, daß das häßliche und das bleichsüchtige Mädchen nicht im geringsten eifersüchtig waren, sondern sie anbeteten. Eifersucht auf die Götter? Was für ein Unsinn.

Wie heiß ich diese Tischgesellschaft liebte! Mit welch leidenschaftlichem Interesse ich sie von meinem Sitzplatz in dem kleinen Speisesaal aus beobachtete! Wie hingerissen ich den Lauscher spielte! Ich erfuhr, wo sie ihre Ferien verbracht hatten, welcher von ihnen in Paris gewesen war, wo ihre Verwandten lebten, was sie vom Vorsteher des örtlichen Postamtes hielten, und eine Menge anderer, ebenso wunderbar spannender und aufregender Dinge. Doch nicht um alles in der Welt mochte ich ihre Bekanntschaft machen. Die Wirtin wollte mich ihnen vorstellen, doch ich verbat mir die Ehre. Ich fürchte, sie hielt mich für einen Snob; denn sie war stolz auf ihre Pensionsgäste. Es war mir unmöglich, ihr zu erklären, daß ich ebendeshalb einer Vorstellung widerstrebte, weil ich die Gesellschaft noch mehr liebte als sie selbst. Ihre Bekanntschaft zu machen hätte nur alles verdorben. Aus wunderbaren und geheimnisvollen Wesen wären sie auf den Status von sechs ziemlich langweiligen und kläglichen kleinen Employés geschrumpft, die dazu verurteilt waren, ihr Leben trübselig in einem Provinznest zu verbringen.

Und dann gab es da noch die Millionäre in Padua. Wieviel Spaß wir an ihnen hatten! Der Ober hatte uns bedeutet, daß es sich bei ihnen um Plutokraten handelte. Im Speisesaal des Hotel Storione in Padua gibt es einen ganz bestimmten Tisch, der offenbar für Millionäre reserviert ist. Vier oder fünf Herren dieser Kategorie speisten dort täglich zu Mittag, solange wir uns in dem Hotel aufhielten. Es waren großartige Erscheinungen, und sie machten ihrem Stand alle Ehre, ganz wie Millionäre aus einem italienischen Film. Im amerikanischen Kino sieht der Typus freilich etwas anders aus. Ein Hollywood-Millionär ist ein kräftiger, schweigsamer, glattrasierter Mann, und seine Züge sind entweder messerscharf oder aber weichrund wie ein Teekuchen. Diese Herren dagegen hatten gewaltige Bärte, redeten viel, waren auffallend gekleidet und trugen weiße Handschuhe. Sie sahen aus wie eine Gesellschaft von Blaubärten.

Eine andere meiner Lieblingserinnerungen ist die Sirene, die wir im Ristorante Centrale in Genua erlebten. Sie saß an einem Nachbartisch, in Gesellschaft von vier Männern, die alle hoffnungslos in sie verliebt waren, und sie redete (das sah man an der Art, wie die vier lauschten und lachten) wie die Verkörperung aller Heroinen aus allen Lustspielen Congreves. Einer der Männer war ein Türke; er mußte sich in periodischen Abständen an den Dolmetscher wenden – ohne dessen Hilfe die Mehrzahl der Speisenden in diesem vielsprachigen Restaurant außerstande gewesen wären, ihre Makkaroni zu bestellen. Ein anderer – er war schon in vorgerücktem Alter und beglich die Rechnung – muß ihr Gatte oder Liebhaber gewesen sein. Der Arme schaute gelegentlich etwas unfroh drein, wenn sie sich allzu charmant dem Türken, ihrem Hauptopfer, oder einem der anderen Männer zuwandte. Doch dann schenkte sie ihm ein Lächeln, blickte ihn aus hellen, blaugrauen Augen innig an, und er war wieder selig. Nein, vielleicht nicht gerade selig; selig ist das falsche Wort, eher trunken. Verzückung an der Oberfläche, und tief drinnen bodenloses Elend. So sponnen wir unsere romantischen Spekulationen aus der Ferne. Was wir bei näherer Bekanntschaft entdeckt hätten, weiß ich nicht – und will es auch gar nicht wissen.

Das uninteressanteste Menschengeschöpf nimmt einen geheimnisvollen Zauber an, wird – aus einer kleinen Entfernung betrachtet – zu einer aufregenden Rarität, wenn nur der Betrachtende über etwas Phantasie verfügt und fest entschlossen ist, das Beste aus dem Leben zu machen. Man kann erregende Gefühle für ferne und unbekannte Menschen entwickeln – Empfindungen, die sich nicht mehr aufrechterhalten lassen, sobald eine persönliche Bekanntschaft geschlossen ist, weil sie dann dem Verstehen und der daraus folgenden Zu- und Abneigung weichen.

Es gibt Schriftsteller, die bewußt oder intuitiv die Empfindungen eines Zuschauers unbekannten Akteuren gegenüber für ihre Zwecke genützt haben. Zu ihnen gehört etwa Joseph Conrad. Der geheimnisvoll erregende Reiz seiner Charaktere, zumal der weiblichen, rührt daher, daß er so gut wie nichts über sie weiß. Er hat in einiger Entfernung Platz genommen, schaut ihnen zu, wie sie agieren, und wundert und fragt sich dann über die vielen Seiten von Marlows umständlicher Erzählung, warum in aller Welt sie sich so verhalten haben, wie sie sich verhielten, was wohl ihre Beweggründe waren, was sie dabei empfanden und dachten. Die gottgleiche Perspektive jener Romanautoren, die wirklich Bescheid wissen oder so tun, als ob sie Bescheid wüßten, wird mit der Perspektive des Reisenden vertauscht, der Sicht des Fremden, der zunächst gar nichts über die Persönlichkeit der Handelnden weiß und nur aus ihren Gesten darauf schließen kann, was in ihren Hirnen vorgehen mag.

Zugegeben, Conrad erschließt nur sehr wenig; ihm fehlt die Paläontologen-Phantasie; er hat wenig Talent, aus dem beobachteten Verhalten das Denken zu rekonstruieren. Am Ende seiner Romane sind seine Heroinen noch ebenso schattenhaft wie zu Beginn. Sie haben agiert, und Conrad hat sich des langen und breiten gefragt (ohne das Rätsel zu lösen), warum sie auf diese besondere Art agierten. Seine Verblüffung ist ansteckend: Der Leser ist ebenso hoffnungslos verwirrt wie der Verfasser, und im übrigen findet er die Charaktere nicht weniger wunderbar mysteriös. Mysterien sind entzückend und spannend, aber es ist töricht, sie allzu hoch einzuschätzen. Der mysteriöse Charakter einer Sache ergibt sich einfach aus ihrer Unbekanntheit. Es wird immer Geheimnisse geben, weil es immer unbekannte und unkennbare Dinge gibt. Doch was erkundbar ist, das sollte man erkunden. Es liegt kein Verdienst darin, das nicht zu kennen, was erkennbar ist. So gibt es Literaten, die sich tatsächlich etwas auf ihre Unbeschlagenheit in naturwissenschaftlichen Dingen zugute tun; so etwas ist dumm, und eingebildet dazu.

Wenn Conrads Charaktere mysteriös wirken, so nicht deshalb, weil sie besonders komplexe, schwierige oder subtile Menschen wären, sondern aus dem einfachen Grund, weil er sie nicht versteht; in seiner Unkenntnis ihrer wahren Natur spekuliert er drauflos – ohne Erfolg – und muß schließlich gestehen, daß er sie unergründlich findet. Die Ehrlichkeit, mit der er seine Unkenntnis zugibt, ist verdienstvoll, doch nicht die Unkenntnis als solche. Die Figuren großer Romanautoren wie Dostojewski oder Tolstoi sind nicht mysteriös; sie werden von ihren Autoren vollkommen verstanden und klar entfaltet. Solche Schriftsteller leben mit ihren Geschöpfen. Conrad betrachtet sie aus der Distanz, ohne sie zu begreifen, ja, ohne sich auch nur einigermaßen schlüssige Hypothesen über sie zurechtzuphantasieren.

In dieser Hinsicht unterscheidet er sich von Katherine Mansfield; auch sie eine Autorin, die die Menschen aus der Perspektive des Reisenden sieht. Denn Miss Mansfield hat eine lebhafte Phantasie. Wie Conrad besieht sie sich ihre Charaktere aus einem gewissen Abstand, gleichsam von einem anderen Cafétischchen aus: Sie nimmt Fetzen ihrer Unterhaltung auf – über ihre Tanten in Battersea, ihre Briefmarkensammlungen, ihre Seelen – und findet sie ganz ungewöhnlich, reizender als alle lebenden und kennbaren Personen, merkwürdig, unendlich interessant. Sie findet, diese Leute sind das Leben selbst, das wunderbare, phantastische Leben. Nur ganz selten geht sie bei ihren Charakteren einen Schritt über diese distanzierte Kaffeehausbekanntschaft hinaus und nimmt eine Weile in ihren ereignisarmen Alltagsexistenzen Platz. Doch wo Conrad in verwirrender Weise spekuliert, gebraucht Miss Mansfield ihre Phantasie. Sie erfindet die passenden Leben für die fabulösen Geschöpfe, von denen sie im Café einen flüchtigen Blick erhascht hat. Und wie aufregend diese phantastischen Existenzen jeweils sind! Aufregend, aber aus ebendiesem Grund nicht allzu überzeugend. Miss Mansfields Interieur-Studien gleichen jenen paläontologischen Rekonstruktionen in populärwissenschaftlichen Büchern: der Ichtyosaurus in seinen heimischen Gewässern, der Pterodaktylus, wie er durch einen lauen Tertiärhimmel schießt und flattert – zu aufregend romantisch, bei allem realistischen Gehabe, um ganz überzeugend zu wirken. Ihre Charaktere sind mit ungewöhnlicher Brillanz und Schärfe gesehen, so wie man eine gesellige Gestalt in einer Gruppe in einem erleuchteten Salon sieht, bei Nacht, durch ein Fenster, dessen Vorhänge zurückgezogen sind; eine jener geheimnisvoll bedeutungsträchtigen Salongesellschaften, über die wir im *Peter Bell* lesen:

Some sipping punch, some sipping tea,
And all as silent as could be,
All silent, and all damned.

Der nippt am Punsch, der nippt am Tee,
So schweigend, wie es irgend geht,
Ganz schweigend, ganz verdammt.

Man sieht sie einen Augenblick lang mit ihrer Aureole von Bedeutsamkeit. Sie erscheinen phantastisch (obgleich sie natürlich und realiter und für die anderen Leute im Raum nichts dergleichen sind).

Dann geht man weiter, und sie lösen sich wieder auf. Jede von Katherine Mansfields Erzählungen ist ein Fenster zu einem erleuchteten Raum. Der flüchtige Blick auf die Tee und Punsch nippenden Insassen ist außerordentlich interessant. Doch wenn man vorbeigegangen ist, weiß man nichts über ihr wirkliches Wesen.

Deshalb sind sie, bei aller Interessantheit der ersten Lektüre, nicht sehr haltbar.

Die Geschichten von Tschechow dagegen schon; aber er hat seine Geschöpfe nicht nur durchs Fenster betrachtet, sondern auch unter ihnen gelebt. Die Reisenden-Perspektive auf Männer und Frauen bleibt auf die Dauer unbefriedigend. Ein Mensch mag sein Leben in Zügen und Restaurants zubringen und letzten Endes gar nichts über die Menschheit erfahren. Um zu erfahren, muß man ebensosehr Handelnder wie Zuschauer sein. Man muß auch einmal daheim und nicht nur in Restaurants speisen, muß das unterhaltsame Spiel des verstohlenen Spähens in fremde Fenster aufgeben, zugunsten einer ruhigen, platten, unaufregenden Innenexistenz. Immerhin, es ist ein sehr gutes Spiel, wenn man es als gelegentlichen Zeitvertreib benützt und es nicht mit dem ernsthaften Geschäft des Lebens verwechselt. Und auf einer Reise ist es die unterhaltsamste aller Geschicklichkeitsübungen.

(*Along the Road*, 1925; Ü.: Werner von Koppenfels)

Ansichten von Holland

Ich war schon immer für die Geometrie der Ebene ein wenig voreingenommen; wahrscheinlich deshalb, weil sie der einzige Mathematikzweig ist, der mir je so vermittelt wurde, daß ich ihn begriffen habe. Denn wenn ich auch nicht glaube, daß es in der Macht der Erziehung liegt, Zöglinge einer Public School in kleine Newtons zu verwandeln (wo es doch, egal welche Chancen geboten werden, eindeutig immer nur jene raren lernbegierigen, mit einem gewissen Naturtalent begabten Wesen sind, die überhaupt etwas lernen), muß ich zu meiner eigenen Verteidigung darauf bestehen, daß der Mathematikunterricht, dem ich in Eton unglücklicherweise zum Opfer fiel, nicht nur geeignet war, meine Lernbegierde in verstockten, passiven Widerstand zu verwandeln, sondern darüber hinaus jedes Quentchen Begabung zu ersticken, das ich im Keim vielleicht in mir trug. Doch lassen wir das. Nur soviel sei gesagt, daß mich, meiner Erziehung und angeborenen Unbegabtheit zum Trotz, die Geometrie der Ebene stets entzückt hat: weil sie sich durch schlichte Eleganz auszeichnet, weil sie Detail und Einzelfall ignoriert und weil sie auf Verallgemeinerungen besteht.

Meine Liebe zur Geometrie der Ebene bereitete den Boden für meine spezielle Sympathie für Holland. Denn die holländische Landschaft besitzt all jene Eigenschaften, durch die die Geometrie so genußreich wird. Wer durch Holland reist, reist durch die ersten Bücher Euklids. Quer durch ein Land, das die ideale ebene Fläche der Geometriebücher verkörpert, ziehen die Straßen und Kanäle die kürzesten Entfernungslinien zwischen einzelnen Punkten. In den endlosen Poldern kreuzen sich die von Straßen gekrönten Deiche und die schimmernden Kanäle im rechten Winkel, ein Netz perfekter Parallelen. Jedes von den sich kreuzenden Deichen umschlossene Rechteck saftigen Weidelands hat genau den gleichen Flächeninhalt. Fünf Kilometer lang, drei Kilometer breit – das Zifferblatt des Kilometerzählers zeigt die Zahlen an. Fünf mal drei mal – wieviel? Der Rechendämon ergreift vom Verstand Besitz. Während man auf jenen glatten Ziegelstraßen zwischen den Kanälen entlangrollt, strengt man die Augen an, um die Deiche im rechten Winkel und parallel zu jenem

Deich, auf dem man fährt, zu zählen. Man berechnet den Flächeninhalt der Polder, die sie umschließen. So viele Quadratkilometer! Aber die Quadratkilometer müssen in Morgen umgerechnet werden. Eine entsetzliche Summe, wenn man sie im Kopf ausrechnen soll; um so mehr, wenn einem entfallen ist, wie viele Quadratmeter ein Morgen hat.

Und während der Weiterfahrt entfaltet sich zu beiden Seiten fächerartig die riesige geometrische Landschaft. Entlang des waagrechten Horizonts drehen sich zwanzig Windmühlen, wie Tänzer in einem geometrischen Ballett. Zwangsläufig führt das Gesetz der Perspektive die langen Straßen und schimmernden Gewässer einem dunstigen Fluchtpunkt zu. Hie und da – wirklich nur Belanglosigkeiten inmitten dieser idealen Ebene – weiden ein paar schwarzweiße Kühe aus einem Gemälde von Cuyp unermüdlich auf der saftiggrünen Wiese oder spiegeln sich, in Erinnerung an Paul Potter, wie lauter ruminierende Narzisse im Wasser eines Kanals. Manchmal kommt man an ein paar Menschen vorbei, die zwar jämmerlich deplaziert wirken, aber ihr Bestes tun, ihre ungeometrische Erscheinung durch Radfahren wettzumachen. Die kreisförmigen Räder deuten auf eine Vielzahl neuer Theoreme und eine neue Aufgabe für den Rechendämon hin.

Angenommen, der Radius der Räder beträgt fünfzehn Zoll: dann wäre der Flächeninhalt fünfzehn mal fünfzehn mal *pi*. Das Problem ist nur, daß man den Wert von *pi* vergessen hat.

Eilig treibe ich den Rechendämon aus, damit ich zur Rechten das Bauernhaus am gegenüberliegenden Kanalufer bewundern kann. Wie perfekt es in das geometrische Schema paßt! Auf einem Würfel, der bis auf etwa ein Drittel seiner ursprünglichen Höhe zurechtgestutzt ist, ruht eine schlanke Pyramide. Das ist das Haus. Es ist umgeben von einer Anpflanzung von Bäumen, die im Fünfermuster des Würfels gesetzt sind; die Grenzen dieses rechteckigen Obstgartens sind mit Wasser auf grüner Unterlage gezogen, und jenseits dieser schnurgeraden Gräben erstreckt sich endlos flaches Ackerland. Es gibt keine Nebengebäude, keine Scheunen, keinen Innenhof mit unregelmäßigen Heustapeln. Das Heu ist unter dem riesigen Pyramidendach verstaut, und in dem abgestumpften Würfel leben auf der einen Seite der Bauer und seine Familie, und auf der anderen (nur im Winter; während der übrigen Zeit schlafen sie auf dem Feld) die schwarzweißen Cuyp-Kühe. Alle Bauernhäuser in Nordholland sind in diesem Stil gebaut, der der Tradition entspricht und so perfekt zur Landschaft paßt, daß man sich nichts Passenderes hätte ausdenken können. Ein englischer Bauernhof mit seinen verstreut liegenden Gebäuden, seinem unordentlichen Innenhof voller Tiere, seinen Heuhaufen und Taubenschlägen wäre hier schrecklich fehl am Platze. Zur englischen Landschaft, die ganz Zufall, Vielfalt, Detail und Einzelfall ist, paßt all dies perfekt. Aber hier, in diesem generalisierten, euklidischen Nordholland wäre es ein Makel und Mißklang. Geometrie verlangt nach Geometrie; mit einem Sinn für das ästhetisch Richtige, den man nicht genug bewundern kann, haben die Holländer auf den Appell der Landschaft reagiert und ihr flaches Land mit Würfeln und Pyramiden überzogen.

Was für eine wohltuende Landschaft! Ich kenne kein anderes Land, das zu bereisen den Geist so erfrischt. Kein Wunder, daß Descartes der holländischen Landschaft absoluten Vorrang einräumte. Sie ist das Paradies des Rationalisten. Wenn man so dahinbraust, den eigenen Vierzig-Meilen-pro-Stunde-Wind im Gesicht, fühlt man sich wie ein cartesianischer Enzyklopädist – geistig berauscht, überzeugt, daß Euklid absolut real, Gott Mathematiker und das Universum eine simple Sache ist, die man mit physikalischen und mechanischen Begriffen erklären kann; daß alle Menschen gleichermaßen vernunftbegabt sind und es nur der richtigen Argumente bedarf, um sie von ihren Irrtümern zu überzeugen und der Gerechtigkeit und dem gesunden Menschenverstand zum Sieg zu verhelfen. Das waren erhabene und bewegende Träume, rühmliche Rauschzustände. Jetzt sind wir nüchterner. Wir haben gelernt, daß nichts simpel und rational ist, außer unseren eigenen Erfindungen; daß Gott weder im Sinne Euklids noch im Sinne Riemanns denkt; daß die Wissenschaft nichts wirklich ›erklärt‹ hat; daß die Welt um so phantastischer und das uns umgebende Dunkel um so dichter wird, je mehr wir wissen; daß Vernunft ungleich verteilt ist; daß der Instinkt die einzige Quelle des Handelns bildet; daß Vorurteile ungleich stärker sind als Argumente und daß sich der Mensch sogar im 20. Jahrhundert noch so verhält wie in den Höhlen von Altamira und in den Pfahlbauten von Glastonbury.

Symbolisch gesprochen entdeckt man dasselbe auch in Holland. Denn weder sind die Polder endlos oder die Kanäle schnurgerade, noch besteht jedes Haus aus einer Würfel-plus-Pyramidenkombination, und nicht einmal das flache Land ist wirklich immer flach. Jenes Glücksgefühl einer ›letzten gemeinsamen Fahrt‹, das einen erfüllt, wenn man zwischen den Kanälen auf den ziegelbepflasterten Deichen entlangfährt, ist trügerisch. Die Gegenwart währt nicht ewig; die ›letzte Fahrt‹ durch die Geometrie der Ebene endet jäh – in einer Stadt, im Wald, an der Meeresküste, an einem gewundenen Fluß oder einem breiten Meeresarm. Es macht kaum einen Unterschied; all diese Dinge sind ausgesprochen ungeometrisch; alle haben die Macht, im Nu sämtliche »Trugschlüsse des Rationalismus« (wie Professor Rougier sie nennt) zu zerstreuen, die wir zwischen den Poldern so töricht-optimistisch anstellten. Die Städte haben krumme Straßen, in denen es von Menschen nur so wimmelt; die Häuser haben jede Form und Größe; die Küstenlinie verläuft weder gerade noch in einem gleichmäßigen Bogen, und ihre Dünen oder Deiche (denn sie muß künstlich gegen die anstürmenden Wellen verteidigt werden, wo die Natur versagt) ragen unverzeihlich aus der ebenen Landschaft. In ihrem geheimnisvollen Dunkel entziehen sich die Wälder jeder Systematik, und man sieht sie vor lauter Bäumen nicht. Die Flüsse winden sich und wimmeln von Booten und Kähnen. Die Buchten sind völlig amorph. Da hat man nach der idealen wieder die wirkliche Welt – hoffnungslos abwechslungsreich, komplex und verwirrend; doch, wenn das erste Bedauern vorüber ist, ebenso reizvoll wie die geometrische Landschaft, die wir hinter uns gelassen haben. Wer praktisch und extrovertiert veranlagt ist, wird sie sogar noch reizvoller finden. Ich persönlich verteile meine Sympathie gerecht. Denn ich liebe die Innenwelt ebenso wie die Außenwelt. Wenn mich die Außenwelt bedrückt, ziehe ich mich in die rationale Schlichtheit der inneren Welt zurück – auf die Polder des Geistes. Erscheinen jedoch dort die Polder ungebührlich flach, die Straßen zu gerade und die Gesetze der Perspektive zu tyrannisch, fliehe ich wieder in das wohltuende Durcheinander der unerbittlichen Wirklichkeit.

Und wie schön, wie eigen dieses Durcheinander in Holland ist! Ich denke an Rotterdam mit seinem gewaltigen Fluß und seinen riesigen Brücken, so voller Großstadtverkehr, daß man in Schlangen von einer halben Meile warten muß, um auf die andere Seite zu gelangen. Ich denke an Den Haag, daran, daß es so gerne elegant wäre und es doch nur bis zur Ehrbarkeit und zur gehobenen Mittelklasse bringt, an

Delft, die Handelsstadt von vor dreihundert Jahren, an Haarlem, wo im Herbst Zwiebeln herumgekarrt werden wie anderswo Kartoffeln; an Hoorn an der Zuyder See mit seinem kleinen Hafen und seinem Schloß mit Seeblick, seinem absurden Museum voll üppigem und buntem Plunder, seinem riesigen, an ein altes Zeughaus erinnerndes Käselagerhaus, in dem Arbeiter den ganzen Tag auf einer Art Drehbank die gelben Kanonenkugeln polieren und mit hellrosa Anilinfarbe bemalen. Ich denke an Volendam – eine Reihe Holzhäuser thront oben auf dem Deich, die zweite kauert in den tief gelegenen Weiden dahinter. Die Einwohner Volendams sind kostümiert wie für ein musikalisches Lustspiel – *Miss Hook van Holland* –, die Männer tragen ausgebeulte Hosen und kurze Jacken, die Frauen weiße Flügelhauben, enge Mieder und fünfzehn Unterröcke übereinander. Sie werden täglich von fünftausend Touristen begafft; aber wie durch ein Wunder behalten sie trotz allem ihre Unabhängigkeit und Selbstachtung. Ich denke an Amsterdam; die hohen Backsteinhäuser der alten Stadt, wie ein lebendigeres Brügge, spiegeln sich in den Kanälen. In einem Viertel sitzt an jedem Fenster lächelnd eine monumentale Kurtisane, die fleischigsten Exemplare der menschlichen Spezies, denen ich je begegnet bin. Um neun Uhr morgens, mittags und um sechs Uhr nachmittags füllen sich die Straßen plötzlich mit dreihunderttausend Fahrrädern; jeder Amsterdamer fährt auf zwei Rädern zur Arbeit und wieder nach Hause. Ein Alptraum für Fußgänger und Autofahrer. Und dazu handelt es sich auch noch um lauter Kunstradfahrer. Vierjährige balancieren Dreijährige auf dem Lenker. Fröhlich strampelnde Mütter haben Körbe mit schlafenden vierwöchigen Babys auf dem Gepäckträger. Botenjungen finden nichts dabei, zwei kubikmetergroße Pakete zu transportieren. Milchmänner drehen ihre Runde auf Spezialkonstruktionen, die es erlauben, zwischen den Rädern einen Kasten mit zweihundert Einliterflaschen unterzubringen.

Ich habe gesehen, wie Baumschulgärtner auf dem Lenker vier Palmen und zwölf Topfchrysanthemen bugsierten. Ich habe auf einem einzigen Rad fünf Leute durch den Verkehr radeln sehen. Die waghalsigsten Kunststücke aus Varieté und Zirkus zählen in Amsterdam zum ganz normalen Alltag.

Ich denke an die Dünen in der Nähe von Schoorl. Betrachtet man sie aus kurzer Entfernung über die Ebene hinweg, wirken sie vor dem Hintergrund des Himmels wie ein gewaltiges Gebirge. Folgt der Blick dieser gezackten Silhouette, dann werden alle Empfindungen wach, die, sagen wir einmal, der Anblick der Alpen von Turin aus erweckt. Die Dünen sind gewaltig; man könnte einen Gesang aus *Childe Harold* über sie verfassen. Und plötzlich begreift man, leider, was man für einen Augenblick vergessen hatte – daß nämlich diese Linie imposanter Gipfel nicht aus fünfzig Meilen Entfernung über die Rundung des Planeten hinweg auf einen herabschaut; sie ist nur eine Achtelmeile entfernt, und die Kamine der unterhalb liegenden Häuser reichen über fast zwei Drittel hinauf. Aber was macht das schon? Ich bleibe dabei: Mit etwas gutem Willen kann man in Holland das gleiche empfinden wie in der Schweiz.

Ja, sie sind gewaltig, die Dünen von Schoorl und Groet. Aber das Gewaltigste, was ich im ungeometrischen Holland erblickte, war wohl Zaandam – Zaandam aus der Ferne, über die Ebene hinweg.

Wir waren durch die Polder und die weiten Landschaften Nordhollands gefahren. Zaandam war das erste Stück ungeometrischer Realität seit Alkmaer. Eigentlich ist Zaandam gar nicht pittoresk; der Reiseführer sagt wenig darüber. Es ist eine Hafen- und Industriestadt auf dem Zaan, ein paar Meilen südlich von Amsterdam; das ist alles. Es werden dort Kakao und Seife hergestellt. Die Zaandamer Luft ist in verschiedenen Schichten mit dem köstlichen Duft geschmolzener Schokolade oder dem Gestank siedenden Fetts erfüllt. In Speichern am Fluß lagert amerikanisches Getreide und Bauholz von der Ostsee. Es waren die Kornspeicher, die Zaandam aus der Ferne als erste anzeigten. Wie die Kathedralen einer neuen, noch nicht verkündeten Religion ragten sie in die dunstige Herbstluft empor – riesige, hochkantstehende Betonquader, fast fensterlos, glatt und von eintönigem Grau. Es war, als strebe ihre ganze Kraft vertikal nach oben; aus Fenstern waagrecht auf die Welt hinauszuschauen hätte eine Ablenkung bedeutet; der Blick wurde diesem aufwärts strebenden Vorsatz geopfert. Und die Richtung dieses Vorsatzes wurde noch von dem abwechselnd erhabenen und vertieften Tafelmuster betont, das die Wandflächen des riesigen Gebäudes strukturierte – lange dünne Schattenlinien, die sich dreißig Meter hoch vom Fundament bis zur Spitze hinzogen. Die Erbauer des päpstlichen Palastes in Avignon bedienten sich eines ganz ähnlichen Mittels, um riesige Höhe und ein Übermaß an Selbstbewußtsein vorzutäuschen. Die erhabenen Paneele und die flachen Blendbögen, mit unverhältnismäßig langen Streben, mit denen die Außenwand verziert wurde, verliehen dem ganzen Gebäude einen ungestümen Drang nach oben. Genauso verhält es sich auch mit den Getreidespeichern in Zaandam. Im Dunst des herbstlichen Holland mußte ich an die Provence denken. Und beim Anblick jener turmhohen Gebilde, die beim Näherkommen größer und größer wurden, dachte ich an Chartres, Bourges und Reims: gigantische Silhouetten, die sich am Ende einer Tagesfahrt vor einem fahlen Abendhimmel abheben, während sich um ihr Fundament die winzigen Lichter einer Stadt gruppieren.

Doch selbst wenn Zaandam durch seine Handelsmonumente aus der Ferne an provençalische Schlösser und die gotischen Kathedralen Frankreichs erinnert, erweist es sich bei näherem Hinsehen doch als eindeutig holländisch. Am Fuß der Getreidespeicher und der kaum weniger riesigen Fabriken, im Dunst von Schokolade und Seife, zieht sich die Stadt hin.

Die Vororte sind langgestreckt, aber schmal; denn sie kleben riskant auf einem schmalen Grat zwischen zwei Gewässern. Die Häuser sind klein, aus Holz und kräftig bunt bemalt; die tischtuchgroßen Gärten sind wunderbar gepflegt und voll üppiger Begonien – zumindest in der Jahreszeit, als ich dort war. In einem dieser Gärten, diesmal von doppelter Tischtuchgröße, standen nicht weniger als vierzehn große Skulpturengruppen. Auf den Straßen sieht man rauchende Männer in Holzpantinen. Hunde, die Karren mit Messingtöpfen ziehen. Unzählige Fahrräder. Das ist das wirkliche und nicht das geometrisch-ideale Holland, lebendig, chaotisch, vielfältig, komisch, bezaubernd... Trotzdem seufzte ich, als wir in die Stadt hineinfuhren. Die ›letzte gemeinsame Fahrt‹ war vorbei; die heißgeliebten Paralogismen des Rationalismus lagen hinter uns. Jetzt galt es, sich der wahren Menschenwelt zu stellen – und zwar in meinem Fall mit exakt fünf Wörtern Holländisch (und auch noch Dialekt), die ich mir vor Jahren eingeprägt hatte, um eine flämische Hausangestellte damit zu beglükken: »Haben Sie die Katze gefüttert?« Kein Wunder, daß ich den Poldern nachtrauerte.

(*Along the Road*, 1925; Ü.: Sabine Hübner)

Patinirs Fluß

Der Fluß fließt in einem engen Tal zwischen Hügeln. Ein breiter, übervoller und glänzender Fluß. Die Hügel steigen kräftig an und sind alle von gleicher Höhe. Immer wenn er eine Schleife macht, springen die Hügel auf der einen Seite vor wie eine Bastion, während sie gegenüber zurücktreten. Felsen ragen auf, Wälder schweben herab, dunkel von Laub. Der Himmel ist blaß über diesem Streifen phantastisch ausgeschnittener und gewellter Erde. Ein blasser Himmel, von dem es gelegentlich chinesisches Weiß regnen muß. Denn es liegt eine aschfarbene Blässe auf den Felsen, und das Grün von Gras und Bäumen ist so weißgetönt, daß es aussieht wie das Smaragdgrün aus den Farbkästen für Kinder.

Ein übervoller, glänzender Fluß, bleiche Klippen, Bäume von sattem Dunkel, Hänge, deren Rasen die Färbung von weißlichem Grünspan zeigt – lange hielt ich das alles für reine Phantasie. Während ich die Bilder anschaute, von denen jedes aus einer Million von winzigen, mit einem Pinsel aus vier Zobelhaaren geführten Strichen bestand, strahlte ich vor Freude über die Schönheit solch zauberhafter Erfindung. Dieser Joachim Patinir, so dachte ich, besitzt eine feinfühlige Phantasie. Jahrelang ließ ich mich diesen klippenspiegelnden Fluß hinabtreiben, als sei es ein gedachter Fluß, der hinausführte aus der Welt.

Und dann eines Tages – es war ein regnerischer Herbsttag – fand ich mich mit einemmal, während ich von Namur nach Dinant durch den Regen fuhr, so schnell mich zehn Pferdestärken auf dem rutschigen Schlick befördern konnten, am Ufer dieses imaginären Stromes entlangrollen. Der Regen freilich verwischte die Szene ein wenig. Grau hing er wie ein angeschmutztes Glas zwischen dem Bild und dem Auge des Betrachters. Doch dahinter, ganz unverkennbar, erkannte ich die legendäre Landschaft aus den Bildchen des Flamen. Klippen, Fluß, smaragdgrüne Hänge, dunkle Wälder – da lagen sie, alle unbestreitbar real. Ich hatte Joachim Patinir als Verdienst angerechnet, was in Wirklichkeit Gott zustand. Was ich für seine exquisite Erfindung gehalten hatte, war die reale und tatsächliche Maas.

Meile um Meile fuhren wir dahin, von Namur nach Dinant; von Dinant, Meile um Meile, nach Givet. Und es war Patinir, die ganze Strecke lang: Flußwindungen, die Doppellinie der vorspringenden und zurückweichenden Hügel, Grünspan, Gras, Felsen und hängende Bäume, immerzu. In Givet verließen wir den Fluß, denn unser Ziel war Reims, und unsere Straße führte über Rethel. Doch wir verließen den Fluß in der Überzeugung, daß er sich in einer Abfolge von Patinir-Landschaften die ganze Strecke bis zu seiner fernen Quelle in Poissy zurückwand. Und ich will gerne glauben, daß es wirklich so war. Denn Patinir war ein zauberhafter Maler, und nur wenige seiner Werke sind uns erhalten. Zweihundert Meilen Patinir wären keineswegs des Guten zuviel.

(*Along the Road*, 1925; Ü.: Werner von Koppenfels)

Marginalie: Paris – London

Es geschieht nicht oft, daß eine intensive, geradezu lyrische Gemütsbewegung das Abfassen dieser literarischen Notizen inspiriert. Normalerweise sind sie das Ergebnis eines stillen Nachdenkens über Bücher oder die kuriosen kleinen Dinge des Lebens, so wie es gelebt wurde, wird und wohl auch werden wird. Doch diesmal verhält es sich anders. Ich bin in Paris gewesen, und – wie uns die *Sentimental Journey* belehrt – »regelt man in Frankreich die Dinge besser«. Ich kann heute mit Donne verkünden, daß diese Zeilen »gezeugt sind vom Verzweiflungsmut im Schoße der Unmöglichkeit«. Denn ihr Gegenstand kam über mich, als ich eines Nachts die Place de l'Etoile von der Avenue Niel zu den Champs-Élysées überquerte; überkam mich inmitten eines akuten Schreckensparoxysmus, als zitterndes Häufchen Elend, auf halbem Weg durch ein nicht enden wollendes Niemandsland, und ließ mich zu Stein erstarren, während um mich auf allen Seiten die sechstausend Pariser Taxis ratterten und hupten, rasten, stampften und quietschten. Es war einer jener Augenblicke, wo man den *Soldat Inconnu* um seine Ruhe beneidet: Er befand sich wenigstens einigermaßen in Sicherheit unter seinem Bogen. Und auch das Herz von Gambetta – ihm blieb dieses Herzklopfen erspart. Aber hier im offenen Gelände, auf halbem Weg zwischen Wagram und den Elysischen Gefilden, hier herrschten Terror und Todesangst. Und auf den Flügeln dieser Angst wurde mir mein Sujet für diese Marginalie zugetragen.

Eingekesselt von tausend Taxis, konstatierte ich im Geiste, daß einem so etwas wirklich nur in Paris passieren konnte. Nirgendwo in London fände ich mich in einer so elenden Notlage einfach stehengelassen, umtost vom unmittelbaren Verderben. In unserer riesigen und menschenfreundlichen Metropole gibt es einfach keine breiten Avenuen, keine sorgsam geplanten Schnittpunkte von Straßen. Wenn Straßen sich zufällig einmal treffen, dann münden sie auf beiläufige und unostentative Weise ineinander. Es gibt keine großflächigen *places*. Selbst die ängstlichen und kurzsichtigsten Zeitgenossen können des Nachts verhältnismäßig sicher in London umherwandern, in der Gewißheit, daß sie keine mehr als sechzig Fuß breite

Straße zu überqueren haben. Aber was für Schrecken erwarten sie in Paris! Etoile und Concorde bieten ganz enorme Hektarausmaße des Verderbens. Jeder Boulevard ist ein Jordan, breit, dunkel und gefahrvoll, der einen vom Gelobten Land des anderen Ufers trennt. Diese nächtlichen Gefahren, so sinnierte ich, sind der Preis, den Paris für seine geräumige und symmetrische Schönheit zu zahlen hat.

Die Formlosigkeit Londons entschädigt den Bewohner durch das Gefühl der Sicherheit auf den Straßen. Das heutige Paris ist eine spektakuläre Stadt, die für große und dramatische Schaueffekte entworfen wurde. Die ganze Stadt ist darauf angelegt, Triumphe zu feiern. Endlose Ausblicke führen das Auge immer weiter vom eigenen Standort fort, und wecken im Geist die Sehnsucht nach Ferne und Heldentaten. Große Bauten und Denkmäler stehen in weiten, offenen Räumen, wo ihre Schönheit unmittelbar wirken kann. Das Prachtvolle tauscht symmetrisch Gruß und Antwort mit dem Prachtvollen. Wie anders ist das als London, wo sich alles verbirgt, wo keine Botschaft ohne Einschränkung nach außen geht! St. Paul's hat um sich herum kaum Platz zum Atmen; die neue Westminster Cathedral ist zum Ersticken beengt, und niemand kann sich vorstellen, wie sie von außen aussehen mag. Eine Eisenbahnlinie geht praktisch mitten durch die Southwark Cathedral. Fast all unsere wichtigsten Straßen sind eng und gewunden und haben den zusätzlichen Vorzug, nirgendwo im besonderen hinzuführen. Die meisten unserer offenen Flächen, wie Hyde Park Corner, sind witzlos; und wo sie, wie im Fall von Trafalgar Square, beeindruckend und glorios sein sollen, erlaubt man obskuren, ungereimten Baulichkeiten, die ganze Wirkung zu ruinieren.

Es darf jedoch nicht der Eindruck entstehen, als wollte ich mich über London beklagen. Der Gedanke sei mir fern! Paris ist wunderbar für einen Tapetenwechsel und als Stimulans geeignet. Doch als ständigen Wohnort gebt mir London! Wer hätte schon Lust, in einem Theater oder monumentalen Palast zu residieren, wenn er in einem wohnlichen, unaufwendigen Haus leben kann? Zudem hat in Paris die Leidenschaft für das Spektakuläre die Städteplaner manchmal über die Grenzen des gesunden Menschenverstandes hinweggetragen. Nur ein Monomane architektonischer Fernperspektiven konnte den Plan ersinnen, den gotischen-plus-orientalischen-plus-Rokoko-Trocadero durch die gespreizten Beine des Eiffelturms hindurchschauen zu lassen, den ganzen Champ de Mars entlang, bis zum Standort des Betrachters vor der stattlichen Ecole Militaire aus dem 18. Jahrhundert. Das Ganze erzeugt einen unbeschreiblichen Buffo-Effekt.

Man hat in den letzten Jahren versucht, London in eine grandiose und spektakuläre Stadt nach Pariser Vorbild zu verwandeln. Diese Bemühungen waren nicht von Erfolg gekrönt. Keine Londoner Straße wirkt deprimierender, keine radikaler fremdartig als der Kingsway, den man ganz und gar nach dem großartigen Modell von Paris geplant und ausgeführt hat. Das englische Temperament macht sich einfach nichts aus Glorie, Theatralik und großen Gesten. Es hat schon einer gewaltigen Menge Propaganda bedurft, ehe sich irgend jemand auf diesen Inseln ein klein wenig für das Empire zu interessieren begann. Der normale Engländer findet es unwahrscheinlich schwierig, Glanz und Gloria angesichts immenser Belange zu empfinden. Es sind nur die Professoren, Journalisten und Politiker, die solcher Gefühle fähig sind. Wenn das moderne London als so spektakuläre Stadt gebaut worden wäre wie Paris, vielleicht hätten die Engländer dann eine bessere Vorstellung ihrer eigenen Glorie. Aber das Klima war gegen uns. Glorie läßt sich naturgemäß nur mit schönem Wetter und klarer Luft vereinbaren. Nicht viele Theoretiker werden in ihren Mutmaßungen so weit gehen wie jener Philosoph, der die besonderen religiösen Überzeugungen und Gefühle der Schotten der großen Zahl von Ungewittern zuschrieb, von denen die Stadt Edinburgh heimgesucht wird. Und der Vergangenheit gehören auch die Tage an, wo man mit Madame de Staëls dogmatischer Absolutheit über die unvermeidlichen Zusammenhänge zwischen Deutschland, *les brumes du nord,* Ossian, Mystik, Romantik und Christentum sprechen konnte. Wir wollen in unserer behutsameren Art nur andeuten, daß die klimatischen Bedingungen zweifellos Auswirkungen auf gewisse Ideen des Menschen zeitigen, indem sie seinen Geist auf unterschiedliche Weise prädisponieren.

Die Idee der Glorie, der spektakulären, theatralischen, triumphalen, stolzgeschwellten Glorie ist, wie gesagt, eine Vorstellung, die sich nur mit besseren Wetterlagen als der unseren verträgt. Um Eindruck zu schinden, muß die Glorie sich durch äußere, sichtbare Sinnbilder ausdrücken, durch Aufmärsche, Triumphzüge und Spektakel, durch Monumentalbauten und dergleichen. Großartige Aufzüge und spektakuläre architektonische Effekte sind in London nicht zu haben, aus dem einfachen Grund, weil der Regen immer die ganze Pracht aus den Aufzügen herauswäscht und der Nebel dafür garantiert, daß man die große Architektur nie zu Gesicht bekommt.

In der hellen, dunstfreien Pariser Luft liegen die weiten Ausblicke immer offen vor aller Augen, und nie entziehen sich die großen Monumente dem Betrachter. Es gibt nicht viele Tage im Jahr, an denen man den Arc de Triomphe nicht vom Dach des Louvre aus sehen kann. Doch im englischen Klima verschwimmen die Ausblicke zu Dunst, und die Tage, an denen man St. Paul's vom Parliament Hill aus zu Gesicht bekommt, sind selten und dünngesät. Einem englischen Napoleon, der London zum angemessen glorreichen Mittelpunkt eines weiten Reiches machen wollte, würde die Atmosphäre seine Pläne nachdrücklich durchkreuzen. Was in einem anderen Land ein großartiger architektonischer Effekt wäre, verwandelt sich hier in etwas ganz anderes. Die langen Ausblicke in Hampton Court versetzen den Geist nicht in Erstaunen, regen ihn nicht zu kühnen Träumen an. Leise nebelverhangen, in ein dunstiges Nichts zurückweichend, dienen sie nur dazu, uns die Eitelkeit menschlicher Wünsche und die Vergänglichkeit des Daseins vor Augen zu führen. Es schwebt keine Glorie um Hampton Court – nur eine tiefe und schöne Melancholie. Es kann natürlich sein, wenn London einmal im Stil von Kingsway ganz neu erbaut ist und der zunehmende Gebrauch von Gasheizungen die Häufigkeit und Dichte der Nebelbildung verringert, es kann sein, daß auch das britische Volk dann endlich anfängt, an Glanz und Gloria zu glauben, oder wenigstens davon zu reden, wie es die Franzosen nun schon seit geraumer Zeit tun.

(*The Athenaeum*, 14. Januar 1921; Ü.: Werner von Koppenfels)

Wandervögel

Barhäuptig, flachshaarig, die Gesichter sonnenverbrannt und dunkler als das Haar, so stapfen sie die staubigen Landstraßen entlang. Sie tragen kurze Hosen, ihre Tiroler Knie sind kräftig gebräunt. Ihre gewaltigen Stiefel, mit schweren Nägeln beschlagen, klappern metallisch über die Bodenplatten der Kirchen, in die sie, gewissenhaft kunstbeflissen, einfallen. Auf dem Rücken tragen sie Rucksäcke, in der Hand den Wanderstock oder auch einen stämmigen Regenschirm. In Florenz habe ich sie den Viale dei Colli mit Eispickeln ersteigen sehen. Es sind die Wandervögel, und sie kommen, wie ihr (ach so romantischer und so unironisch gebrauchter) Name, dieser Schillersche Name, nur allzu deutlich verkündet, aus Deutschland. Viele von ihnen sind die ganze lange Strecke über die Alpen von Berlin bis Tarent zu Fuß gewandert, ohne Geld, haben sich von Wasser und Brot ernährt und in Scheunen am Straßenrand übernachtet. Eine abenteuerliche und abgehärtete Jugend! Ich hege die tiefste Bewunderung für sie. Ich beneide sie sogar um ihre Energie, ihre Ausdauer. Doch ich tue es ihr nicht nach. Wie sagt doch das alte Kirchenlied:

The saints of old went up to Heaven
With sorrow, toil and pain.
Lord, unto us may strength be given
To follow in the train.

Der Heilige einst zum Himmel ging
Mit Ächzen und Beschwer:
Herr, gib uns Kraft, so folgen wir
Im Zuge hinterher.

Doch was mich betrifft, so muß ich gestehen, daß selbst der Zug mir als Fortbewegungsmittel zu unbequem ist, um mich viel damit abzugeben. Ich will gerne die Schlußverse der Hymne so umschreiben: »Herr, gib uns Geld, so folgen wir im Auto hinterher.«

Mein Gebet ist erhört worden – wenigstens teilweise; denn ob ein Citroën von ganzen zehn Pferdestärken wirklich ein Auto genannt zu werden verdient, ist noch sehr die Frage. Die stolzen Besitzer von Napiers, Vauxhalls, Delages oder Voisins würden sie gewiß verneinen. Ich will mich lieber auf keine Diskussion darüber einlassen. Was ich für den 10-PS-Citroën in Anspruch nehme, ist nur das eine: Er funktioniert. Auf anständige und unprätentiöse Weise, eher etwas gemächlich, aber stetig und verläßlich bringt er einen voran. Dieses spezielle Exemplar hat uns einige tausend Meilen über die Straßen von Italien, Frankreich und Belgien befördert, und das will schon einiges heißen – zumal für diejenigen, die diese Straßen kennen.

An diesem Punkte sollte ich, wenn ich nur etwas mehr Charakterstärke besäße, aufhören, über Citroëns zu reden, und zu höheren Gegenständen zurückkehren. Doch die Versuchung, über Autos zu reden, wenn man eines hat, ist gar zu unwiderstehlich. Ehe ich meinen Citroën kaufte, ließ mich kein Thema kälter – jetzt gibt es keines, das mich mehr erwärmt. Ich kann stundenlang mit anderen Autobesitzern über die Eigenschaft von Motoren fachsimpeln. Und ich bin skrupellos bereit, jeden nichtmotorisierten Zeitgenossen in Grund und Boden zu langweilen, indem ich mich auch in seiner Gegenwart endlos über diesen genußreichen Gegenstand verbreite. Ich vergeude viel von meiner kostbaren Zeit mit Fachzeitschriften für den Motorsport, studiere mit Leidenschaft die Nachrichten über Autorennen und bebrüte mit ernster Miene technische Abhandlungen, die über meinen Horizont hinausgehen. Es ist ein Wahn, ja, aber ein beglükkender.

Aber die moralischen Auswirkungen des Autobesitzerstandes sind, wie ich merke, nicht uneingeschränkt positiv. Selbstbetrachtung und der Gedankenaustausch mit anderen Motoristen hat mir vor Augen geführt, daß sich der Wagenbesitz äußerst nachteilig auf den Charakter auswirken kann. Zunächst einmal ist jeder Autobesitzer zwangsläufig ein Lügner. Er ist einfach nicht dazu in der Lage, die Wahrheit über seinen Wagen zu sagen. Er übertreibt seine Schnelligkeit, seine Steigfähigkeit und untertreibt dafür den Spritverbrauch pro hundert Meilen. In der Hitze des Gesprächs habe ich selbst, und mehr als einmal, in dieser Hinsicht gesündigt; schlimmer noch, ganz unverfroren und mit schlimmem Vorbedacht habe ich zu diesem Thema kalkulierte und eiskalte Lügen in die Welt gesetzt! Sie liegen mir nicht allzu schwer auf der Seele. Ich bin kein Kasuist, aber meiner Meinung nach ist eine Lüge, die man ohne jede Hoffnung darauf verbreitet, daß sie

Glauben finden wird, nur eine läßliche Sünde. Der Autofahrer erwartet ebenso wie der Angler niemals wirklich, daß man ihm seine Prahlereien abnimmt.

Ich selbst habe längst aufgehört, irgendwelche Behauptungen von Mitmotoristen für bare Münze zu nehmen. Mein letztes bißchen Vertrauen wurde gründlich von einem belgischen Kraftfahrer zerstört, der mir erklärte, zwei Stunden seien mehr als ausreichend für die Fahrt von Brüssel nach Ostende; er selbst fahre diese Strecke ständig und brauche nie länger dazu. Ich glaubte ihm und sparte mir den Blick in den Straßenführer. Er hätte mir verraten, daß die Entfernung zwischen Brüssel und Ostende etwas über siebzig Meilen beträgt, daß die Straße durchgehend kopfsteingepflastert ist, und schlecht gepflastert noch dazu, und daß man drei große Städte und zwanzig Dörfer zu passieren hat. Wir brachen also am Spätnachmittag auf und fanden uns bald völlig umnachtet. Deshalb addiere ich mittlerweile zu den Fahrzeitangaben anderer Autofahrer, je nach Charakter, 30 bis 60 % hinzu. So komme ich der Wahrheit ziemlich nahe.

Eine andere gräßliche Sünde, die der Autobesitz fördert, ist Neid. Welch bittere Mißgunst benagt den 10-PS-Menschen, wenn ein 40-PS-Mensch kaltblütig an ihm vorbeischießt! Wie heftig er den Eigentümer der stärkeren Maschine verabscheut! Wie Begehrlichkeit und Mißgunst ihm zusetzen! In flachem Gelände ist der Neid weniger akut als im hügeligen Terrain. Denn im Flachland kann selbst ein kleines Auto sich so ehrenhaft aus der Affäre ziehen, daß das Selbstwertgefühl seines Eigentümers nicht leidet. In einem bergigen Land wie Italien dagegen, wo die Landstraßen ständig um zwei bis dreitausend Fuß ansteigen und wieder abfallen, entfaltet die Todsünde des Neides ihre üppigste Blüte. Denn hier sieht sich der kleine Wagen zum Eingeständnis seiner Kleinheit genötigt. Die Überlegenheit der vierzig über die zehn PS wird nur allzu schmerzlich offenbar.

Es geschah am Mont Cenis, daß der Kelch unserer Demütigung zum Überfließen kam und schwärzester Neid unsere Seelen übermannte. Wir waren von Turin aus losgefahren. Die ersten dreißig Meilen lang ist die Straße vollkommen eben. Wir kamen auf die flotteste Manier dahergerollt; die kleineren Fiats aßen unseren Staub. Vor uns, wie eine immense, unordentlich aufgeführte Mauer, erhoben sich die Alpen abrupt aus der Ebene. Susa liegt am oberen Ende eines langgestreckten, flachgründigen Tales, das ins Herz der Berge führt. Man durchfährt die Stadt, und dann, mit einemmal, ohne jede Warnung, beginnt die Straße steil anzusteigen. Und sie steigt gnadenlos weiter, die nächsten fünfzehn Meilen lang. Die Paßhöhe liegt 6500 Fuß über dem Meer. Der Citroën ging in den zweiten Gang, und dort blieb er; langsam keuchten wir den endlosen Anstieg hinan. Wir waren etwa eine Meile weit gekommen, als wir ein Geräusch vernahmen, das aus dem Tal heraufkam, ein Geräusch wie von massiertem Maschinengewehrfeuer. Es wurde lauter und lauter. Eine Minute später brauste ein riesiger roter Alfa-Romeo-Rennwagen, der dem Gewinner des jüngsten Grand Prix d'Europe verdächtig ähnlich sah, mit einem Tempo von mindestens fünfzig Meilen pro Stunde an uns vorüber. Er wurde offensichtlich von einem Genie gesteuert; denn im Hinaufschauen sahen wir das scharlachrote Ungetüm auf der Zickzackstraße über uns eine Haarnadelkurve um die andere nehmen, ohne ein einziges Mal die Geschwindigkeit auch nur um eine Meile zu drosseln. Noch dreißig Sekunden, und es war außer Sicht. Sein Gedröhn hallte feierlich in den Bergen nach wie Donnergrollen.

Langsam keuchten wir weiter. Eine halbe Stunde später kam uns der rote Schrecken bergab erneut entgegengeschossen; er fegte die Kurven herab, mit derselben Mißachtung aller Grundgesetze der Dynamik, die er schon bei der Fahrt nach oben gezeigt hatte. Wir bildeten uns ein, damit hätten wir ihn zum letztenmal gesehen. Doch während wir vor dem italienischen Zollhaus warteten, bis der zuständige Offizier unsere Papiere durchstudiert hatte – ein Prozeß, der wie bei allen Zollhäusern eine außerordentlich lange Zeit in Anspruch nahm –, hörten wir aus der Ferne den vertrauten Klang. In wenigen Minuten wurde der Klang ohrenbetäubend. Wie eine rote Riesenrakete, die eine Rauchsäule nach sich zieht, donnerte der Alfa Romeo an der Spitze seiner weißen Staubgefolgschaft an uns vorbei. »Sie erproben die Steigfähigkeit«, erklärte der wachhabende Soldat. Wir machten uns erneut auf den Weg. Das Zollhaus liegt auf halber Höhe; wir hatten nochmals an die dreitausend Fuß zu steigen, ehe wir den Scheitelpunkt erreichten. Langsam, im zweiten Gang, machten wir uns an den Aufstieg. Da, noch kaum eine Meile nach der Zollstation, kam uns zum zweitenmal der Alfa Romeo auf der Abfahrt entgegen. Er entschwand und trug eine geballte Ladung von Haß, Neid und vermischten Unchristlichkeiten aller Art mit sich fort.

Die Straße stieg und stieg. Wir durchquerten die Pinienregion.

Ringsum und über uns waren jetzt die Hänge kahl; zum Greifen nahe tauchten an den ersten Gipfeln der anderen Talseite Schneefelder auf. Trotz der sommerlichen Jahreszeit wirkte die Luft ungemütlich scharf und schneidend. Der Wind pfiff; im Schatten war es eindeutig kalt. Doch das hinderte unseren Wagen nicht daran, zu kochen.

Das Hospiz und die Hotels des Mont Cenis liegen an einem kleinen Seeufer inmitten eines schmalen Plateaus, eines wahren Wunders an Flachheit in all der umgebenden Vertikalität. Gegen die italienische Seite zu endet dieser Sockel abrupt, fast in einem Absturz. Die Straße, die auf den Absatz hinaufführt, ist die letzten vier- bis fünfhundert Fuß terrassenförmig aus dem Felsen gehauen und erhebt sich mit ungewöhnlicher Steile. Wir waren diese letzten Zickzackkurven erst halb hinauf, als mit einem Male, mit Getöse um eine Felsnase biegend, die den Schall seiner Annäherung gedämpft hatte, der scharlachrote Alfa Romeo am Fuß jenes Steilhangs erschien, den wir uns so mühsam im Zickzack hinaufquälten. Brüllend kam er hinter uns hergeschossen, wie ein wildes Tier, das seine Beute verfolgt. Wir waren eben oben angelangt, als uns das Monstrum überholte und über die flache Strecke davonschoß. Unsere Demütigung war vollkommen. Neid und Mißmut wallten in uns hoch, so wie das Wasser im Kühler unserer elenden kleinen Maschine. »Hätten wir doch bloß«, so sprachen wir, »hätten wir doch bloß ein richtiges Auto...« Wir sehnten uns danach, die Gemütsbewegung des Neides gegen die ebenso bösartige und unchristliche Gemütsbewegung des Stolzes und der Verachtung einzutauschen, endlich die triumphierenden Überholer zu sein und nicht länger die Überholten. »Ja, also ist der Sinn der Menschensöhne voll des Bösen, und Wahnsinn wohnet in ihren Herzen, solange sie leben, und hernach gehen sie ein zu den Toten.« Als wir das Hotel erreichten, hatte der Alfa Romeo eben gewendet und schickte sich zu seiner vierten Abfahrt an. »Was für ein häßlicher Karren«, sagten wir.

Dies also sind die moralischen Auswirkungen des Autobesitzes. Wir versuchten, uns selbst gut zuzureden. »Schließlich hat uns diese Maschine doch gute Dienste geleistet. Sie hat uns über schlechte Straßen getragen, enorme Steigungen hinauf und hinab, durch die verschiedensten Länder. Sie hat uns nicht nur durch den Raum befördert, sondern auch durch die Zeit – von Epoche zu Epoche –, durch allerlei Kunst, durch viele Sprachen und Gebräuche, durch Philologie und Anthropologie. Sie war uns Werkzeug großer und reichhaltiger

Freuden. Sie kostet wenig, hat gute Manieren und so regelmäßige Gewohnheiten wie Immanuel Kant. In ihrer unaufdringlichen Art ist sie ein Modell der Tugend.« All dies sagten wir uns, und noch viel mehr; und es war tröstlich. Aber auf dem Grunde unserer Herzen lauerten immer noch Neid und Unzufriedenheit wie ein Schlangenknäuel, bereit, sofort das Haupt zu heben, wenn uns wieder an einem Hang vierzig Pferdestärken überholen sollten.

Es ließe sich nun einwenden, daß der kleine Wagenbesitzer nicht der einzige Neider auf weiter Flur ist. Die Wandervögel, die schwitzend und mit vier Meilen Stundengeschwindigkeit einen staubigen Hügel erklimmen, müßten eigentlich unterschiedslos den 10-PS- ebenso wie den 40-PS-Mann beneiden. Mag sein, daß einige das auch tun. Doch man darf nicht vergessen, daß sie Fußgänger sind, die deshalb laufen, weil sie aus innerster Überzeugung das Laufen der mühelosen Fortbewegung mit Hilfe einer Maschine vorziehen. In meiner Jugend versuchte auch ich, mir einzureden, daß ich das Laufen mehr als andere Fortbewegungsarten schätzte. Doch ich fand ziemlich rasch heraus, daß das einfach nicht stimmte. Eine kurze Zeit lang wandelte auch ich unter den Heuchlern ländlicher Herzhaftigkeit (und die sind ziemlich zahlreich), die durch die Landschaft zigeunern und Bier in kleinen Gasthöfen trinken, weil es sich nun einmal so gehört. Bald jedoch gestand ich mir und anderen offen ein, daß ich nicht zu den Wanderburschen der Mutter Natur zählte, daß ich herzhafte Mühe und Unbequemlichkeit nicht schätzte, und daß ich nicht länger beabsichtigte, so zu tun als ob.

Doch ich habe nach wie vor den größten Respekt für alle, denen es mit der Sache ernst ist, und ich halte es für wahrscheinlich, daß sie im Vergleich der derzeit vorherrschenden trägen und komfortbedachten Brut wahrscheinlich einen überlegenen Menschenschlag darstellen. Mit der größte Reiz des mechanischen Fortschritts liegt darin, daß er uns erlaubt, alles rasch, einfach und bequem zu erledigen. Das ist sehr angenehm; doch ich bezweifle, ob es auch, ethisch gesprochen, sehr gesund ist. Es ist noch nicht einmal gesund für den Leib. In den zivilisierten Ländern, wo die Menschen am meisten essen und sich am wenigsten bewegen, gibt es den meisten Krebs. Mit jedem neuen Ausbau der Henry Fordschen Fabriken verbreitet sich diese Seuche weiter.

Trotz alledem bleibe ich dabei: Ich folge lieber im Auto hinterher.

Vor den Wandervögeln, die ich im Vorbeifahren überhole, ziehe ich im Vorbeifahren den Hut, zum Zeichen meiner aufrichtigen Hochachtung. Doch innerlich wiederhole ich für mich die Worte des Abtes aus den Canterbury Tales: »Laß seine Plackerei Sankt Augustin als Vorrecht.« *Let Austin have his swink to him reserved.*

(*Along the Road,* 1925; Ü.: Werner von Koppenfels)

Montesenario

Es war März, und der Schnee schmolz dahin. Halb winterlich, halb frühlingshaft, wirkte der Berg fleckig wie ein räudiger Hund. Die Südhänge waren kahl; aber in jeder Mulde, auf jeder sonnenabgekehrten Seite eines Baums lag noch Schnee, weiß unter den blauen transparenten Schatten.

Wir schlenderten durch einen kleinen Pinienhain; das Licht der Nachmittagssonne, das durchs dunkle Gezweig brach, beleuchtete hier einen Ast, dort ein Stück Stamm und verwandelte die rötliche Rinde in eine Art goldene Koralle. Jenseits des Wäldchens lag der Berg, kahl bis zum Gipfel. Ganz oben auf dem Kamm hoben sich die hohen, besonnten Mauern einer Ansammlung von Gebäuden gegen den Himmel, ein kühles kleines Neu-Jerusalem. Es war das Kloster Montesenario. Wir stiegen mühselig hinauf; denn der letzte Abschnitt der Pilgerreise von Florenz nach Montesenario ist äußerst steil, und auf das Auto muß man verzichten. Und plötzlich entströmte der himmlischen Stadt wie ein Willkommensgruß, wie ein Ansporn für unsere Mühe, eine Engelsschar. Als wir auf dem Pfad um die Ecke bogen, kamen sie uns, immer zu zweien, in einer langen Reihe entgegen; Engel in schwarzen Soutanen mit runden schwarzen Hüten auf dem Kopf – ein Seminar beim Nachmittagsspaziergang. Es waren Buben, der älteste sechzehn oder siebzehn Jahre alt, der jüngste höchstens zehn. In ihren schwarzen flatternden Röcken bewegten sie sich unnatürlich würdevoll. Beim Anblick der kleinen Bürschchen an der Spitze der Schlange, neben denen der große Pater entlangschritt, hätte man eher an eine Maskerade denken können. Es kam einem vor wie ein respektloser Scherz; eine zum Leben erwachte Karikatur Goyas. Aber sie hatten ernste Gesichter; pausbäckig oder pubertärschmal, trugen sie bereits eine salbungsvoll-klerikale Miene zur Schau. Es war durchaus kein Witz. Auch wenn man sich das beim Anblick dieser schwarzgewandeten Kinder gewünscht hätte.

Wir kletterten weiter; die Priesterlein setzten ihren Abstieg fort und entschwanden unseren Blicken. Und jetzt standen wir endlich vor den Toren der himmlischen Stadt. Eine kleine gepflasterte, mit einem Geländer versehene Tribüne diente der hinauf ins Herz des Klosters führenden Treppenflucht als Absatz. In der Mitte dieser Tribüne stand die überlebensgroße Statue irgendeines absolut unbekannten Heiligen. Es war ein auf komische Weise bewundernswertes barockes Machwerk des 18. Jahrhunderts. Meisterlich grob aus Stein gehauen stand das Geschöpf, die Augen gen Himmel verdreht, in ekstatischer Gebärde da. Das Gewand flatterte in breiten Falten an ihm herab. Irgendwie war es nicht die Sorte Heiliger, die man als Wächter der unwirtlichsten Einsiedelei in der Toskana erwartet hätte. Und auch das Kloster selbst schien nicht so recht auf den Gipfel dieses eisigen Berges zu passen. Denn bei der himmlischen Stadt handelte es sich um ein stattliches Stück Frühbarock mit allerlei Verzierungen und Zutaten des *settecento*. Die Kirche war voll verschnörkelter und vergoldeter Schnitzereien und entsetzlich gekonnter Bilder; die sterblichen Überreste der sieben frommen Florentiner, die im 13. Jahrhundert aus der verwüsteten Stadt drunten in der Ebene hier herauf geflohen waren und diese Einsiedelei auf dem Berg gegründet hatten, wurden in einer großen Truhe aus Gold und Kristallglas aufbewahrt; sie war indirekt beleuchtet, wie die Vitrine im Salon eines Porzellansammlers. Nein, die Gebäude waren grotesk. Aber was zählen schon die Gebäude? Man kann im Slum herrliche Bilder malen, in Wigan Gedichte schreiben; und umgekehrt kann man in einem exquisiten Haus wohnen, umgeben von Werken alter Meister, und doch (wie man fast immer sieht, wenn sich Antiquitätensammler – ausnahmsweise einmal ihrem eigenen Urteil statt der Tradition vertrauend – auf moderne Kunst ›werfen‹) keinerlei Sensibilität und Geschmack besitzen. Innerhalb gewisser Grenzen spielt die Umgebung eine sehr geringe Rolle. Nur eine extrem ungünstige Umgebung kann geistige Fähigkeiten eventuell zerstören oder verzerren. Und andererseits vermag auch eine noch so günstige Umgebung die Grenzen nicht zu erweitern, die die Natur den Anlagen eines Menschen gesetzt hat. So schienen hier die Gebäude mit dem rauhen Ort, ja mit der Idee einer Einsiedelei selbst völlig unvereinbar; aber die Einsiedler, die darin leben, sind sich der Existenz der Gebäude wahrscheinlich nicht einmal bewußt. Ein Buddha könnte im Schatten der absurden Statue des San Filippo Benizi ebenso buddhistisch denken wie unter dem Bobaum.

Im Garten des Klosters sahen wir ein halbes Dutzend mit schwarzen Kutten bekleidete Serviten, die Holz sägten – sie sägten voll Kraft und Demut, den vergoldeten Schnörkeln in der Kirche und dem *settecento*-Glockenturm zum Trotz. Sie wirkten absolut authentisch. Und der Blick vom zweiten Gipfel des Berges stand in allerbester eremitischer Tradition. So weit er reichte, erstreckten sich die Berge in dem winterlichen Dunst wie ein unermeßliches, im Wogen gefrorenes Meer. Blaue Schatten füllten die Täler, und die zur Sonne hin gelegenen Hänge zeigten alle eine rostgoldene Färbung. Zu unseren Füßen tat sich ein riesiger blauer Abgrund auf. Die gazeartige Luft machte alle Umrisse weich, glättete jedes Detail, so daß nur noch goldenes Licht und violette Schatten übrigblieben, die wie die entstofflichte Essenz einer Landschaft unter dem blassen Himmel lagen.

Wir standen lange da und ließen den Blick über dieses Königreich der Stille und feierlichen Schönheit schweifen. Die Einsamkeit war ebenso tief wie der schattige Abgrund unter uns; sie erstreckte sich bis zu den nebligen Horizonten und in den endlosen Himmel hinauf. Hier im Herzen der Stille, dachte ich, könnte es geschehen, daß ein Mensch etwas von jenem Teil seines Wesens zu begreifen beginnt, der sich nicht im Alltag offenbart und den die sozialen Kontakte nicht wie einen Funken aus dem schlafenden Feuerstein des unerprobten Geistes schlagen; von jenem Teil, dessen sich der Mensch erst in Einsamkeit und Stille bewußt wird. Und wenn es in seinem Leben zufällig keine Stille gibt, wenn er nie einsam ist, dann kann es geschehen, daß er ins Grab sinkt, ohne je etwas von der Existenz jenes Teils erfahren, geschweige denn sein Wesen erfaßt oder die ihm innewohnenden Möglichkeiten erkannt zu haben.

Wir lenkten unsere Schritte zum Kloster und dann den steilen Pfad zum Auto hinunter. Nach einer Weile begegneten wir auf der Straße nach Pratolino wieder den kleinen Priestern, die von ihrem Spaziergang zurückkehrten. Arme Kinder! Aber war ihr Los schlimmer als das der Bewohner der Stadt unten im Tal? Zwar lebten sie auf ihrem Berggipfel unter einer tyrannischen Ordensregel, und es wurde ihnen beigebracht, an eine ganze Reihe offenkundig kindischer Dinge zu glauben, aber war diese Regel denn wirklich soviel tyrannischer als die schwachsinnigen Konventionen, die das Leben der geselligen Wesen unten in der Ebene dirigierten? War ein Snobismus im Hinblick auf Herzoginnen und berühmte Romanciers denn vernünftiger als ein Snobismus im Hinblick auf Jesus Christus und die Heiligen? War Schwerarbeit zur Mehrung von Gottes Ehre denn verwerflicher als ein Acht-Stunden-Tag im Büro zur Mehrung des Reichtums der Kinder Israel? Enthaltsamkeit war zweifellos fad, aber vielleicht doch noch weniger widerlich stumpfsinnig als der Exzeß. Und war denn der Verbrauch von Geist in Gebet und Meditation soviel weniger erfreulich als der ›Verbrauch von Geist in einem Sumpf der Schmach‹? Während wir zur Stadt in der Ebene hinunterfuhren, dachte ich darüber nach. Und als wir in der Via Tornabuoni an Madame Dingsda vorbeifuhren, die sich gerade mühsam durch die Tür ihrer gigantischen Limousine auf den Gehsteig zwängte, da verstand ich plötzlich vollkommen, was vor siebenhundert Jahren die sieben reichen florentinischen Kaufleute veranlaßt hatte, ihre Stellung in der Welt aufzugeben, sich in die Wildnis dort oben zurückzuziehen und auf dem Gipfel des Montesenario in Höhlen zu leben. Ich blickte zurück; Mrs. Dingsda watschelte gerade über den Gehweg ins Juweliergeschäft. Ja, ich verstand vollkommen.

(*Along the Road*, 1925; Ü.: Sabine Hübner)

Portoferraio

Der Himmel war Tiepolos Palette. Eine Rauchwolke stieg ins Blau – sie war zur Sonne hin weiß und verdunkelte sich über die Farbe der schattigen Falten eines Brautgewands hin zu Grau. Rechts im Vordergrund ragte ein großes rosarotes Haus glühend wie eine Geranie ins Sonnenlicht. Es war das Szenario für eine Madonna mit Heiligen und Engeln; oder für eine Szene aus der trojanischen Geschichte; oder eine Kreuzigung; oder eine der kleinen Amouren von Jupiter Tonans.

Wir befanden uns auf mediterranem Boden – einem völlig von Wasser umgebenen Stück Riviera. Mit einem Wort: Elba. Die Hügel fielen zu einer hübsch geschwungenen Bucht ab, die ganz vom grell glitzernden blauen Meer ausgefüllt war. Auf der Landspitze am einen Ende der Bucht war Portoferraio in ansteigenden Reihen bemalten Stucks aufgetürmt. Zu seinen Füßen lag ein kleiner mastenstarrender Hafen. Hartnäckig haftete diesem Ort der Geruch nach Fisch und die Erinnerung an Napoleon an. Unser Gewissen und Baron Baedeker hatten uns zum Besuch von Napoleons Haus gedrängt – jetzt höchst passenderweise ein naturgeschichtliches Museum. Aber wir hatten unsere Herzen verhärtet und waren nicht hingegangen. Es ist sehr unerfreulich, wenn man seine Pflicht versäumt hat. »Wie lästig ist doch ein schlechtes Gewissen«, sagt der Kardinal in der *Duchess of Malfi*. Er hat nur zu recht. Stöhnend im Bewußtsein unserer Sünde waren wir durch die glühendheißen Straßen gelaufen.

Und dann, als wir ein Tor in der Mauer der alten Stadt passierten, waren wir plötzlich mit einer Szenerie konfrontiert, die uns schlagartig von allem Schuldbewußtsein befreite. Denn im Vergleich zu dem, was wir erblickten, war ein ganzes Haus voll napoleonischer Souvenirs so offensichtlich zweitrangig und unbedeutend, daß unsere Rebellion gegen Herrn Baedeker auf einmal nicht mehr kriminell, sondern höchst verdienstvoll erschien.

Unter uns, auf der anderen Seite einer schmalen blauen Bucht, lag ein kleines Stück des Black Country. In der Mitte stand eine Gruppe von Hochöfen, neben denen, wie die Glockentürme einer Kathedrale, drei riesige Schornsteine aufragten. Rechts davon befanden sich noch fünf oder sechs weitere Kamine. Drei riesige Kräne standen nah beim

Ufer, und von den Kais führte eine Eisenbrücke landeinwärts zu den Hochöfen. Die Kamine, die Kräne, die Öfen und die Gebäude, der Schutthaufen, selbst der Boden dieses kleinen Gebiets zwischen Mittelmeer und den Bergen – alles war schwarz vor Ruß. Schwarz im Kontrast zum Himmel, schwarz im Kontrast zu den golden-gelblich-grünen Bergen, schwarz gespiegelt im leuchtend blauen Wasser.

Wäre ich dazu in der Lage gewesen, dann hätte ich diesen Anblick gemalt. Er war außerordentlich schön. Schön und dramatisch. Die Seele erfreut sich bekanntlich an starken Kontrasten. Birmingham ist schon dort, wo es ist, schrecklich genug, der Riesenleib in Warwickshire, die rußigen Tentakel über das gewellte Land bis Stafford ausgestreckt. Wenn man es aber nach Sizilien oder ans Ufer des Lago Maggiore versetzt, wird einem seine ganze Scheußlichkeit auf weit schmerzhaftere Weise bewußt. In Warwickshire hat es den Charakter einer stundenlangen Predigt über die Sünden der Zivilisation, aber Predigten pflegt man zu verschlafen. Am Ufer des Mittelmeers jedoch wird es zu einem Epigramm von höchst einschneidender Denkwürdigkeit. Darüber hinaus ist das echte Birmingham in Warwickshire zu groß, um als Ganzes wahrgenommen zu werden. Doch dies isolierte Stück Schwärze zwischen blauem Himmel und blauem Meer war von denkbar kompakter Symbolik. Und weil man rings umher den Himmel und das Gras immer noch sah, wurde einem der Konkurrenzkampf zwischen Industrie und Naturschönheit in dieser Welt viel deutlicher bewußt als etwa in den Großstädten des Nordens, wo die Industrie längst einen Sieg auf der ganzen Linie errungen hat und man sich der Existenz des Besiegten nicht einmal mehr bewußt ist.

Wir standen lange da und sahen den Rauch aus den Kaminen in die stille Luft emporsteigen. Weißer Nebel; weißer Satin, leuchtend oder verschattet; fedriges Grau – Tiepolos Engel schwebten dahin; der blaue Himmel war das Seidengewand der Madonna; und das große rosarote Haus zu unserer Rechten hatte die Farbe eines jener herrlichen Samtstoffe, für die die Seligen im Paradies der letzten Venezianer eine nur allzu verzeihliche Vorliebe hegen.

(*Along the Road*, 1925; Ü.: Sabine Hübner)

Der Palio in Siena

Unsere Zimmer befanden sich in einem Turm. Aus dem Fenster schaute man über die braunen Ziegeldächer, dorthin wo, auf ihrem Hügel, die Kathedrale stand. Dreißig Meter unter uns verlief die Straße, ein enger Cañon zwischen hohen Mauern, stets ohne Sonne; die Stimmen der Passanten hallten wie aus einer Schlucht herauf. Dort unten ging man immer im Schatten; aber wir in unserem Turm genossen die Sonne am längsten. An heißen Tagen war es auf der Straße zweifellos kühler; aber wir hatten zumindest den Wind. Die Luftwellen brachen sich an unserem Turm und strömten zu beiden Seiten daran vorbei. Und abends, wenn nur noch die Glockentürme, die Kuppeln und die höchsten Dächer rot von der sinkenden Sonne beschienen waren, lagen unsere Fenster auf einer Höhe mit dem Flug der Mauersegler und Schwalben. Sonnenuntergang um Sonnenuntergang, den ganzen langen Sommer hindurch, kreisten und flitzten sie um unseren Turm. Immer bewegte sich ein Schwarm in komplizierten Manövern direkt vor dem Fenster. Sie schwenkten hierhin und dorthin, gingen tiefer, flogen wieder hoch, bremsten ihren ungestümen Flug mit einem Schlag ihrer langen spitzen Flügel und machten abrupt kehrt. Kompakt, glatt, sich verjüngend, schienen sie die Verkörperung graziöser Schnelligkeit zu sein. Und ihr dünner, durchdringend pfeilförmiger Schrei war hörbar gemachte Geschwindigkeit. Ich habe an meinem Fenster gesessen und beobachtet, wie sie ihre verschlungenen Arabesken zogen, bis mir schwindlig wurde; bis ihre schrillen Schreie klangen, als seien sie in meinen Ohren, und ihr Flug mir wie eine rasche, unaufhörliche, verwirrend vielfältige Bewegung hinter meinen Augen vorkam. Und während die Sonne sank, stiegen die Schatten an den Häusern und Türmen hinauf, und das Licht an ihrer Spitze wurde rosiger. Wenn der Schatten schließlich ganz hinaufgeklettert war, lag die Stadt in grauviolettem Zwielicht unter dem fahlen Himmel.

Eines Abends Ende Juni, als ich am Fenster saß und auf die kreisenden Vögel blickte, hörte ich durch das Geschrei der Mauersegler hindurch Trommellärm. Ich blickte auf die schattige Straße hinunter, sah aber nichts. Taramtamtam, tam tam tam – der Lärm steigerte sich, und plötzlich bogen um die Ecke unserer Straße drei Gestalten aus einem Fresko von Pinturicchio. Sie trugen grüngelbe Trachten – geschlitzte gelbe Wamse mit grünen Quasten, bunte Hosen und Schuhe und federverzierte Barette in denselben Farben. Ihr Anführer rührte die Trommel. Die zwei, die folgten, trugen grüngelbe Banner. Gleich unterhalb unseres Turms öffnete sich unsere Straße auf eine winzige Piazza. Auf diesem offenen Platz blieben die drei Pinturicchio-Figuren stehen, und ihr Gefolge aus Bummlern und kleinen Buben scharte sich um sie. Der Trommler wirbelte schneller, und die Bannerträger traten in die Mitte des kleinen Platzes. Dort standen sie einen Moment lang ganz still, den rechten Fuß leicht vorgesetzt, die linke Faust an der Hüfte, während die gesenkten Banner von der rechten herabfielen. Dann begannen sie die Banner gleichzeitig zu heben und um den Kopf zu schwenken. Durch die Bewegung entfalteten sich die Fahnen. Sie waren gleich groß und beide grüngelb, hatten aber verschiedene Muster. Aber was für Muster! Etwas ›Moderneres‹ ward nie gesehen. Sie hätten von Picasso für das russische Ballett entworfen sein können. Wären sie von Picasso gewesen, hätten die gesetzteren Kritiker sie futuristisch genannt, die lebhafteren (ich muß mich für beide Ausdrücke entschuldigen) wild. Doch die Flaggen stammten nicht von Picasso; sie waren über vierhundert Jahre zuvor von jenem namenlosen Genie entworfen worden, das die Sieneser für ihren alljährlichen Festzug ausgerüstet hatte. Angesichts dieses Umstands können die Kritiker nur noch den Hut ziehen. Die Flaggen sind klassisch, sie sind hohe Kunst; mehr ist dazu nicht zu sagen.

Das Getrommle ging weiter. Die Bannerträger schwenkten ihre Fahnen so kunstvoll, daß die volle Fläche des gemusterten Stoffes stets bebend in der Luft entfaltet blieb. Sie wechselten die Flaggen von einer Hand in die andere, hinterm Rücken, unter dem gehobenen Bein hindurch. Schließlich sammelten sie sich zur entscheidenden Anstrengung und warfen die Banner in die Luft. Die Fahnen stiegen hoch, drehten sich langsam um sich selbst, schwebten einen Moment lang auf dem höchsten Punkt ihrer Bahn und fielen dann, mit der beschwerten Stange voran, auf die Werfer zurück, die sie im Fluge fingen. Ein letztes Schwenken, dann nahm die Trommel wieder ihren Marschrhythmus auf, die Bannerträger schulterten die Fahnen, und dann stolzierten, gefolgt von den anachronistischen Kindern und Flaneuren des zwanzigsten Jahrhunderts, die drei jungen Bravi des Pinturicchio die dunkle Straße hinauf aus unserem Blickfeld, während das Trommeln immer leiser und leiser wurde, bis es schließlich verstummte.

Von da an hörten wir das Trommeln jeden Abend, während die Schwalben laut kreischend um den Turm schwirrten. Jeden Abend erwachte auf der kleinen Piazza unter uns ein Fragment Pinturicchios zum Leben. Manchmal waren es unsere grün und gelb kostümierten Freunde, die wieder ihre Fahnen unter unserem Fenster schwenkten. Manchmal waren es Männer aus den anderen *contrade* oder Bezirken der Stadt, in Blau und Weiß, Rot und Weiß, Schwarz, Weiß und Orange, Weiß, Grün und Rot, Gelb und Scharlachrot. Ihre buntgescheckten Wämse und vielfarbigen Hosen stachen leuchtend aus dem tristen Grau und düsteren Schwarz der sie umringenden Menschenmenge des 20. Jahrhunderts hervor. Ihre ausgebreiteten Fahnen wehten dort unten auf der Straße wie die bunten Flügel riesiger Schmetterlinge. Der Trommler schlug rascher, und zur Begleitung eines langgezogenen Wirbels schnellten die eingerollten Banner wogend und wehend in die Luft empor.

Auf den Fremden, der noch nie ein Paliofest gesehen hat, wirken diese kleinen Kostümproben so richtig spannend und verheißungsvoll. Bezaubert von solchen Vorandeutungen, blickt er dem, was der Tag selbst bringen wird, in freudiger Erwartung entgegen. Sogar die Sieneser sind aufgeregt. Für sie verliert der Festzug, trotz aller Vertrautheit, nichts von seinem Reiz. Und der Spieler in ihnen, der Lokalpatriot, freut sich auf den Ausgang des Rennens. Die letzten Junitage vor dem ersten Palio, die mittlere Augustwoche vor dem zweiten, sind in Siena Tage wachsender Spannung und Erregung. Man genießt das Paliofest um so mehr, wenn man sie durchlebt hat.

Die alles beherrschende Aufregung hat sogar den Bürgermeister und die Gilden angesteckt. Sie geraten in solchen Schwung, daß sie in den letzten Junitagen eine kleine Armee auf den großen Platz vor dem Palazzo Comunale entsenden, um jedes Gräslein, jedes Mooskissen auszurupfen, das in den Ritzen zwischen den Steinplatten entdeckt wird. Dieser Haß auf alles, was zwischen den Menschenwerken wächst, läuft fast auf ein nationales Charaktermerkmal hinaus. In alten italienischen Städten habe ich oft gesehen, wie Arbeiter mühsam die weniger frequentierten Straßen und Plätze jäteten. Das Kolosseum, vor dreißig bis vierzig Jahren noch mit einem romantischen, piranesischen Teppich aus Büschen, Gras und Blumen überzogen, wurde auf behördliche Anordnung hin derart energisch gesäubert, daß seine Baufälligkeit merklich zunahm. Während jener wenigen Monate der Säuberung fielen mehr Steine herunter als aus eigenem Antrieb in den tausend Jahren zuvor. Doch die Italiener freuten sich; und das ist die Hauptsache. Ihr Haß auf Unkraut wird durch ihren Nationalstolz genährt; ein bedeutendes Land und vor allem eins, das seinen Stolz dareinsetzt, modern zu sein, kann Unkraut nicht einmal zwischen seinen Ruinen dulden. Ich verstehe und teile den italienischen Standpunkt vollkommen. Hätten Mr. Ruskin und seine Jünger über mein Haus und mich so geredet wie über Italien und die Italiener, würde auch ich meinen Stolz dareinsetzen, modern zu sein. Ich ließe Badezimmer, Zentralheizung und einen Lift einbauen, das Moos von den Wänden schaben und die Marmorböden mit Korklinoleum belegen. Ja, wahrscheinlich würde ich in meinem Ärger gleich das ganze Haus abreißen und ein neues bauen. Für mein Empfinden haben sich die Italiener, angesichts der ihnen zugemuteten Provokation, mit Jäten, Abreißen und Wiederaufbauen noch erstaunlich zurückgehalten. Teils hängt diese Zurückhaltung sicher mit ihrer relativen Armut zusammen. Ihre Vorfahren haben so unglaublich stabil gebaut, daß es genausoviel kosten würde, eines der alten Gebäude niederzureißen, wie ein neues zu bauen. Man stelle sich etwa den Abriß des Palazzo Strozzi in Florenz vor. Ebensogut könnte man das Matterhorn abreißen. In Rom, einer vorwiegend barocken Stadt des 17. Jahrhunderts, sind die Häuser aus unsoliderem Material errichtet. Folglich schreitet die Modernisierung dort viel rascher voran als in den meisten anderen italienischen Städten. Im wohlhabenderen England ließ man nur sehr wenig Altertümer stehen. Deshalb wurden die meisten der großen englischen Landhäuser im 18. Jahrhundert völlig neu gebaut. Hätte sich Italien während des 17., 18. und 19. Jahrhunderts seine Unabhängigkeit und seinen Reichtum bewahrt, dann hätten wahrscheinlich viel weniger Werke aus Mittelalter und Renaissance überdauert, als es jetzt der Fall ist. Für die komplette Modernisierung fehlt es also an Geld. Das Unkrautjäten hat den Vorzug, daß es billig ist und gleichzeitig einen hohen Symbolwert besitzt. Wenn man von einer Stadt sagt, dort wachse Gras auf den Straßen, dann meint man damit, sie sei völlig tot. Also muß wohl umgekehrt das Fehlen von Grasbelag auf den Straßen städtische Lebendigkeit beweisen. Zweifellos haben Bürgermeister und Gilden von Siena dieser Überlegung nicht ganz so klar Ausdruck verliehen. Aber daß sie, vielleicht verschwommen und unbewußt, angestellt wurde, bezweifle ich nicht. Das Jäten diente als Symbol für Modernität.

Mit den Unkrautjätern kamen noch weitere Arbeiter, die um die geschwungenen Seiten der großen Piazza sechs Sitzreihen hohe hölzerne Zuschauertribünen aufbauten. Die Piazza, die – ob zufällig oder absichtlich entzieht sich meiner Kenntnis – die Form eines antiken Theaters hatte, wurde damit wirklich zum Theater. Zwischen den Sitzreihen und der Mitte des Platzes trennte man durch ein Geländer eine Bahn ab und bestreute die allzu glatten Steinplatten sparsam mit Sand. Die Erwartung stieg ins Unermeßliche.

Und dann kam der Tag. Wie immer woben die Schwalben und Mauersegler ihre Arabesken ins golden leuchtende Licht über der Stadt. Aber durch das tiefe, stete, formlose Gedröhne der Menge hindurch, die sich auf den Straßen und der großen Piazza drängte, waren ihre schrillen Schreie nicht zu hören. Unter ihrem steinernen Baldachin schwang die große Glocke des Mangia-Turms unaufhörlich hin und her; auch sie schien stumm. Das Reden, Gelächter, Geschrei von vierzigtausend Menschen stieg, von keinem gewöhnlichen Lärm zu durchdringen, in einer massiven Schallsäule von der Piazza auf.

Es war nach sechs Uhr. Wir nahmen auf einer der Tribünen gegenüber dem Palazzo Comunale unsere Plätze ein. Unsere Seite der Piazza lag bereits im Schatten; aber der Palast und sein hoher schlanker Turm lagen noch in der Sonne, und das rosarote Mauerwerk glühte wie von innerem Feuer. Ein riesiger Menschenauflauf füllte den Platz und die gesamten Sitzreihen um ihn herum. In allen Fenstern sah man Leute, sogar auf den Dächern. Beim Derby, beim Bootsrennen, in Wembley habe ich schon größere Menschenmassen gesehen; aber noch nie so viele Leute auf so engem Raum.

Ein Schuß brach durch den Stimmenlärm, und auf das Signal hin ritt eine Kompanie Carabinieri auf die Piazza und trieb alle zur Seite, die sich noch auf der Bahn drängten. Sie trugen große Uniform, schwarz und rot, mit Silberborten; Dreispitze auf dem Kopf und Degen in der Hand. Auf ihren hübschen kleinen Pferden wirkten sie wie eine Schwadron der schneidigen napoleonischen Kavallerie. Die Bummler wichen zurück und drängten durch jede sich bietende Lücke der Absperrung in die Platzmitte, wo die Menge bald dicht zusammengepfercht stand. Die Bahn wurde durch eine Runde im Schritt geräumt, und dann noch einmal im Trab umritten, brillant, im besten Carle-Vernet-Stil. Die Carabinieri ernteten ihren Applaus und zogen ab. Die Menge wartete gespannt. Einen Moment lang herrschte beinahe so etwas wie Stille. Auf einmal war die Turmglocke wieder vernehmbar. Irgend jemand ließ zwei Luftballons los. Sie stiegen senkrecht in die stille Luft empor, eine rote und eine purpurfarbene Kugel. Sie schwebten aus dem Schatten ins Sonnenlicht; der rote Ballon wurde zum Rubin, der purpurne zu einem glühenden Amethyst. Als sie die Dächer hinter sich gelassen hatten, wurden sie von einer leichten Brise erfaßt und, während sie über unseren Köpfen immer höher stiegen, außer Sicht getragen.

Ein zweiter Schuß, und auf Vernet folgten die Pinturicchios. Als sie erschienen, wurde die Menge lauter, die Glocke schwang hin und her, erneut klanglos, und die Trompeten der Prozession schmetterten ihre Fanfarenstöße so gut wie unhörbar über den Platz. Langsam marschierten sie im Kreis herum, die Repräsentanten aller siebzehn *contrade* der Stadt. Neben einem Trommler und zwei Bannerträgern verfügte jede *contrada* noch über einen Gewappneten, drei oder vier Hellebardiere, ein paar junge Pagen und, wenn es sich um eine der zehn *contrade* handelte, die am Rennen teilnahmen, einen Jockey: sie alle trugen die Pinturicchianische Tracht in ihren besonderen Farben. Sie kamen nur langsam voran; denn alle fünfzig Schritte blieben sie stehen, damit die Bannerträger ihre Fahnenkunststücke vorführen konnten. Es dauerte wohl fast eine Stunde, bis sie den Platz umrundet hatten. Aber es kam einem viel zu kurz vor. Der Palio ist ein Schauspiel, von dem man nie genug bekommt. Ich habe ihn jetzt schon dreimal erlebt und war beim letzten Mal noch genauso begeistert wie beim ersten Mal.

Englische Touristen stehen dem Palio oft etwas skeptisch gegenüber. Sie erinnern sich an jene schrecklichen ›Historischen Aufzüge‹, die etwa fünfzehn Jahre zuvor in ihrem eigenen Land so sehr im Schwange waren, und fürchten, der Palio werde sich als etwas Ähnliches entpuppen. Aber ich kann sie beruhigen; nur keine Bange. In Siena gibt es keine Gedichte von Louis Napoleon Parker; es gibt keine Chöre junger Damen, die mit leiser Stimme hochmoralischen Empfindungen Ausdruck verleihen. Es gibt keine aufgeschwemmten, schauspielernden Theaterdirektoren, dilettantisch als Hengist und Horsa verkleidet, keine gestikulierende Statistenschar in absolut geschmacklosen Kostümen aus billigem Flaggentuch. Und schließlich wird man in Siena kaum mit jener fast zwangsläufigen Begleiterscheinung der englischen Aufzüge konfrontiert – dem Regen. Nein, der Palio ist einfach ein Spektakel; er hat keinen besonderen ›Sinn‹, bedeutet aber allein durch die Tatsache, daß er traditionell und doch lebendig ist, unendlich viel mehr, als die englischen Totgeburten mit ihren Parkerschen Blankversen und ihren dramatischen Wiederbelebungsversuchen. Denn diese Pagen, bewaffneten Reiter und Bannerträger kommen direkt aus der Vergangenheit Pinturicchios. Sie tragen die für ihre Ahnen entworfenen Gewänder, die, einmal pro Generation, sorgfältig nachgeschneidert werden, in den gleichen Farben, den gleichen kostbaren Materialien. Sie kommen nicht in Baumwolle oder Flanell daher, sondern in Seide, Pelzen und Samt. Und Farben und Schnitte der Gewänder gehen auf Männer zurück, deren Geschmack der untadelige Geschmack der Frührenaissance war. Gewiß gibt es auch heute noch Kostümschneider mit ebenso erlesenem Geschmack. Aber es waren nicht Paquin, Lanvin oder Poiret, die die Darsteller der englischen Aufzüge kostümierten; es waren professionelle Perückenmacher und Amateurschneiderinnen. Ich erwähnte bereits die Schönheit der Fahnen – ihr kühnes, phantastisches, ›modernes‹ Design. Der ganze Palio ist so wie diese Fahnen, kühn, brillant und doch immer richtig im Ton, untadelig in seiner Raffinesse. Der einzige Mißton ist immer das *Palio* selbst – das bemalte Banner, das jene *contrada* erhält, deren Pferd das Rennen gewinnt. Dieses Banner wird jedes Jahr speziell für diesen Anlaß bemalt. Seht nur, wie es stolz ausgebreitet auf dem herrlichen mittelalterlichen Streitwagen daherkommt, der die Prozession beschließt – seht es an, oder seht es lieber nicht an. Es handelt sich nämlich um ein typisches Requisit aus dem Fundus eines englischen Festkomitees. Es ist das Meisterstück einer Amateurschneiderin. Hier wendet sich der Gast mit Grausen.

Hinter einer Reihe von *quattrocento*-Pagen, die Girlanden und Lorbeerzweige trugen, und eskortiert von mehreren Rittern zu Pferde, rollte der Streitwagen langsam und gewichtig vorbei, gekrönt von der unwürdigen Trophäe. Und jetzt erklangen von der anderen Seite der Piazza, für uns fast unhörbar, die Trompeten am Anfang des Zuges.

Schließlich hatte der ganze Zug den Platz umrundet und stellte sich in geschlossener Ordnung vor dem Palazzo Comunale auf. Über die Köpfe der in der Platzmitte stehenden Zuschauer hinweg sahen wir, wie sich ein letztes Mal alle vierunddreißig Banner gemeinsam entfalteten, lange wehten, schließlich hoch in die Luft sprangen, oben kurz verharrten und wieder herabsanken, aus unserem Blickfeld. Applaus brach los. Der Umzug war vorbei. Wieder ein Schuß. Und von noch mehr Applaus umtost wurden die Rennpferde zum Startplatz geritten.

Die Rennstrecke führt dreimal um die Piazza herum, die, wie ich schon sagte, an ein antikes Theater erinnert. Es gibt also zwei scharfe Kurven, wo die Enden des Halbkreises auf den geraden Durchmesser stoßen. Wegen des unregelmäßigen Grundrisses ist eine dieser Kurven schärfer als die andere. Die äußere Mauer der Bahn ist an diesem Punkt mit Matratzen gepolstert, um zu verhindern, daß sich ungestüme Jockeys, die die Kurve zu schnell nehmen, das Genick brechen. Die Jockeys reiten ohne Sattel; die Pferde laufen auf der dünnen Sandschicht, mit der man die Steinfliesen bestreut hat. Der Palio dürfte das gefährlichste Flachrennen der Welt sein. Und noch gefährlicher wird es durch den extremen Patriotismus der rivalisierenden *contrade*. Denn wenn der Sieger des Rennens sein Pferd hinter dem Zielpfosten zum Stehen bringt, wird er von den Vertretern der anderen *contrade* (die alle finden, *ihr* Pferd hätte eigentlich gewinnen sollen) mit so echter, erbitterter Wut attackiert, daß stets die Carabinieri eingreifen müssen, damit Mann und Tier nicht gelyncht werden. Da wir zwei- bis dreihundert Meter hinter dem Zielpfosten saßen, hatten wir eine ausgezeichnete Sicht auf den Kampf, der um das Siegerpferd tobte, nachdem der Jockey es gezügelt hatte. Kaum war der Zielpfosten passiert, brach das Chaos los, und die Zuschauer stürmten auf die Bahn. Immer noch in leichtem Galopp kam das Pferd die Bahn entlang. Eine Horde junger Männer rannte, schreiend und Stöcke schwenkend, hinterher. Und gleichzeitig eilten mit flatternden napoleonischen Mänteln, hüpfenden Dreispitzen, die Degen in den weißbehandschuhten Händen schwingend, die Carabinieri zu Hilfe. Nach kurzem Kampf um das nun stehende Pferd wurden die jungen Männer abgewehrt und das Tier – umringt von Dreispitzen und gefolgt von zahllosen Vertretern seiner eigenen *contrada* – im Triumph weggeführt. Wir stiegen von unseren Plätzen herab. Die Piazza lag jetzt völlig im Schatten. Nur noch der obere Teil des Turmes und der Zinnen des großen Palazzo waren in der Sonne. Sie glühten rosig vor dem blaßblauen Himmel. Oben im Licht kreisten immer noch unermüdlich die Mauersegler. Man sagt, abends und im Morgengrauen schwängen sich diese lichtliebenden Vögel auf starken Flügeln empor, um der sinkenden Sonne ein letztes Lebewohl, der aufgehenden Sonne ein allererstes Guten Morgen zu entbieten. Während wir schlafen oder uns mit dem Dunkel abgefunden haben, schauen die Mauersegler von ihrem himmelhohen Wachturm über den Rand des kreisenden Planeten ins Licht hinüber. War das ein Märchen? überlegte ich, während ich zu den kreisenden Vögeln hinaufsah. Oder wahr? Jemand fluchte, weil ich nicht auf den Weg geachtet hatte. Ich verschob die Überlegung auf später.

(*Along the Road*, 1925; Ü.: Sabine Hübner)

Sabbioneta

»Man nennt ihn Palazzo del Tè«, sagte die Bedienung in dem kleinen Gasthof in der Seitenstraße, wo wir zu Mittag aßen, »weil die Gonzaga immer zum Teetrinken hierherkamen.« Und das war alles, was sie und wahrscheinlich auch jeder andere Bewohner Mantuas über die Gonzaga und ihre Paläste wußten. Vielleicht war es erstaunlich, daß sie überhaupt soviel wußte. Gonzaga – zumindest der Name hallte schwach nach. Wie viele Namen sind nach zweihundert Jahren noch in der Erinnerung geblieben? Wahrhaftig nicht allzu viele. Wie mir schien, genossen die Gonzaga einen Grad von Unsterblichkeit, um den man sie beneiden könnte. Es gibt sie nicht mehr, sie sind ausgestorben wie die Dinosaurier; aber in den Städten, die sie einst beherrschten, ruft ihr Name noch ein schwaches Echo hervor, und für den, der es hören will, haben sie einige der beredtesten Predigten über die Eitelkeit menschlicher Wünsche und die Unbeständigkeit des Glücks hinterlassen, die stummer Stein jemals gehalten hat.

Ich habe viele Ruinen gesehen, aus allen Epochen. Stonehenge und Ansedonia, Ostia und das mittelalterliche Ninfa (das der Herzog von Sermoneta eifrig in eine Art von gepflegtem Vorstadtpark zu verwandeln im Begriff ist), Bolsover und die grausigen modernen Ruinen Nordfrankreichs. Ich habe große Städte gesehen, tot oder im Zerfall: Pisa, Brügge und das frischgemordete Wien. Doch wie mir scheint, hing über keiner von ihnen eine so tiefe Melancholie wie über Mantua; keine wirkte so tot, so ganz allen Glanzes beraubt; nirgends war die Trostlosigkeit stärker mit der Erinnerung an frühere Pracht durchtränkt, nirgends ist die Stille mit dem Nachklang von soviel Musik erfüllt. Die labyrinthische Reggia in Mantua hat tausend Zimmer – gotische Zimmer, Zimmer der Renaissance, Barockzimmer, Zimmer mit den absurd-prätentiösen Ausschmückungen des ersten Kaiserreichs, riesige Audienzsäle, Kabinette und die schauerlich exquisiten Wohnungen der Zwerge – tausend Zimmer, und die von ihren Wänden umschlossene Leere ist der düstere Geist einstigen Überflusses. Es ist Mallarmés *creux néant musicien*, durch das man in Mantua wandert.

Und nicht nur in Mantua. Denn wo immer die Gonzaga lebten,

hinterließen sie die gleiche traurige Leere, die gleiche erinnerungsgetränkte Trostlosigkeit, die gleichen Echos, die gleichen Geister vergangener Pracht.

Die Melancholie, die in der Reggia brütet, ist auch in der traurigen Schönheit des Palazzo del Tè gegenwärtig. Gewiß, man hat der vulgären Dummheit Giulio Romanos erlaubt, sich in ein paar erbärmlichen Fresken auf einer Wand des Palazzos breitzumachen (es ist übrigens merkwürdig, daß dieser der einzige italienische Künstler gewesen sein soll, von dem Shakespeare je gehört hatte, oder zumindest der einzige, den er je erwähnte); aber es scheint, als machten derlei Absurditäten und Anstößigkeiten alles nur noch anrührender. Die verstorbenen Palastbewohner werden irgendwie realer, wenn man ihren Hang zu *trompe-l'oeil*-Gemälden kämpfender Riesen und gemäßigt pornographischen Szenen aus der heidnischen Mythologie entdeckt. Doch kaum wirken sie menschlicher, wirken sie auch toter; und die Leere, die sie hinterlassen, hallt mehr denn je melodisch von Trauer wider.

Selbst die jüngere Linie des Hauses Gonzaga vermochte eine Trostlosigkeit zu hinterlassen, die die Pompejis noch übertrifft. Zwanzig Meilen von Mantua entfernt, auf dem Weg nach Cremona, gibt es ein Dorf namens Sabbioneta. Es liegt am Po, wenn auch nicht direkt an seinen Ufern; es besitzt, für ein Dorf, eine ganz respektable Zahl von Einwohnern, die meist in der Landwirtschaft tätig sind; Sabbioneta ist ziemlich schmutzig und wirkt – wahrscheinlich völlig zu Unrecht – verarmt. Es gleicht den anderen Dörfern der Lombardischen Ebene, mit folgendem Unterschied: Hier lebte einst ein Gonzaga. Die Verwahrlosung von Sabbioneta ist keine gewöhnliche Verwahrlosung: Es ist eine Verwahrlosung, die früher einmal Pracht war. Die Bauern und Pferdehändler hausen, auf unsaubere und destruktive Weise, in lauter Schätzen der Renaissance-Architektur. Das Rathaus ist ein herzoglicher Palazzo; in der Dorfschule werden die Kinder unter geschnitzten, bemalten Decken unterrichtet, und wenn der Lehrer aus dem Zimmer ist, kritzeln sie ihre Namen auf die Marmorbäuche der geduldigen, übel mißhandelten Karyatiden, die das wappenverzierte Kaminsims stützen. Die wöchentliche Kinovorstellung findet in einem olympischen Theater statt, das Palladios Schüler Scamozzi wenige Jahre nach dem berühmten Theater in Vicenza erbaute. Man betet in kostbaren Kirchen, und wenn einmal Soldaten durch die Stadt kommen, werden sie im verlassenen Sommerpalais einquartiert.

Der Schöpfer all dieser Herrlichkeiten war Vespasiano, der Sohn jenes Luigi Gonzaga, des Zechkumpans von Königen, dem seine Zeitgenossen wegen seines Muts und seiner sagenhaften Kraft den Spitznamen Rodomonte verpaßten. Luigi fiel jung in einer Schlacht; und sein Sohn Vespasiano wurde von seiner Tante Giulia Gonzaga erzogen, einer der vollendet vornehmsten Damen ihrer Zeit. Sie ließ ihn in Griechisch, Latein, Mathematik, edlen Umgangsformen und Kriegskunst ausbilden. In letzterer brillierte er und diente vielen Herrschern, vor allem aber Philipp II. von Spanien, der ihn mit einzigartigen Gunstbeweisen auszeichnete. Vespasiano scheint der typische italienische Tyrann seiner Epoche gewesen zu sein – kultiviert, intelligent, und von nicht schlimmerer Grausamkeit und zügelloser Gewalttätigkeit, als man es eben bei einem im Besitz uneingeschränkter Macht Aufgewachsenen erwarten darf. Seine unliebenswürdigsten Charaktereigenschaften entfaltete er im Privatleben. Er vergiftete seine erste Frau auf den vermutlich grundlosen Verdacht der Untreue hin, ermordete ihren vermeintlichen Liebhaber und schickte seine Verwandten in die Verbannung. Seine zweite Frau verließ ihn unter mysteriösen Umständen nach drei Ehejahren, verschied elend in einem Kloster und nahm Gott weiß welches schreckliche Geheimnis mit ins Grab. Seine dritte Frau erreichte zwar ein reifes Alter; doch Vespasiano starb selbst nach wenigen Ehejahren. Sein einziger Sohn, den er mit der ängstlichen Leidenschaft des ehrgeizigen, auf Gründung einer Dynastie versessenen Parvenus liebte, verärgerte ihn eines Tages, als er ihm auf der Straße begegnete, dadurch, daß er seine Kappe auf dem Kopf behielt. Vespasiano rügte ihn wegen dieses Mangels an Respekt. Als der Junge eine freche Antwort gab, versetzte ihm Vespasiano einen so fürchterlichen Tritt in die Leistengegend, daß er starb. Was zeigt, daß es sich empfiehlt, auch bei der Züchtigung der eigenen Kinder die Queensberry-Regeln zu befolgen.

1560 beschloß Vespasiano, das armselige Dorf, von dem sein Titel stammte, in eine Hauptstadt zu verwandeln, die ihres Herrschers würdig war. Voll Tatkraft machte er sich ans Werk. Binnen weniger Jahre war das Dorf, das aus verwahrlosten, um ein feudales Schloß gruppierten Hütten bestanden hatte, zu einer ummauerten Stadt mit breiten Straßen, zwei schönen Plätzen, einigen Schlössern und einer stattlichen Antikensammlung geworden. Letztere hatte Vespasiano von seinem Vater, Rodomonte, geerbt, der sich 1527 am Sacco di

Roma beteiligt und als ausdauernder und wählerischer Plünderer erwiesen hatte. Sabbioneta wiederum wurde von den Österreichern geplündert, die Rodomontes Beute nach Mantua schafften. Das Museum ist geblieben; aber es enthält nichts mehr außer dem *creux néant musicien*, das von allen italienischen Herrschern nur die Gonzagas bei ihrem Tod zu hinterlassen wußten.

Wir waren von Parma nach Sabbioneta gekommen. In dem riesigen Palast der Farnese gibt es keine melodisch widerhallende Verlassenheit – nur ganz gewöhnliche, nicht weiter beunruhigende Leere. Lediglich in dem riesigen Theater der Este fängt man wieder so etwas wie mantuanische Melancholie ein. Wir fuhren durch Colorno, wo die letzten der Este ein Sommerschloß gebaut haben, etwa so groß wie Hampton Court. Mit Hilfe einer Bootsbrücke über den Po, dann durch Casalmaggiore und weiter über gewundene Nebensträßchen durch die Ebene. Eine Reihe von Mauern, ein stattliches Tor tauchten auf. Kaum waren wir hineingefahren, erhoben sich leise geisterhafte Oboenklänge. Wir waren in Sabbioneta, bei den Geistern der Gonzaga.

Die zentrale Piazza der Stadt ist rechteckig; Vespasianos Palast steht an einer der Schmalseiten und kehrt der Welt eine bescheidene, fünffenstrige Fassade zu, einst reich verziert, jetzt kahl. Heute dient er als Rathaus. Im Wartesaal des ersten Stocks stehen vier lebensgroße Reiterstatuen aus bemaltem Holz, die vier von Vespasianos Vorfahren darstellen. Einst war es eine Schwadron von zwölf Figuren; doch der Rest wurde zerhackt und verheizt. Diesen Frevel sowie all die anderen Verwüstungen, welche im Lauf dreier Jahrhunderte die Vandalen oder die Zeit angerichtet haben, schob der Bürgermeister, der uns persönlich die städtischen Ehren erwies, auf seine sozialistischen Amtsvorgänger. Überflüssig anzumerken, daß er selbst Faschist war.

Unter den prachtvoll geschnitzten vergoldeten Decken gingen wir in der Leere umher. Der Pförtner saß zwischen verfallenen Fresken im Kabinett der Diana. Die Gemeinderatssitzungen fanden im herzoglichen Empfangszimmer statt. In der Ahnengalerie hatte man einen Beamten und das Stadtarchiv untergebracht. Das Büro des zweiten Bürgermeisters befand sich im Elefantensaal. Die Sala d'Oro war in ein Grundschulklassenzimmer verwandelt worden. Mit ziemlich gebrochenem Herzen traten wir wieder ins Sonnenlicht.

Das olympische Theater liegt wenige Meter weiter in der gleichen Straße. Wir betraten es in Begleitung des gefälligen jungen Pförtners aus dem Kabinett der Diana. Es ist ein winziges Theater, aber vollständig erhalten und unglaublich elegant. Vom Parkett steigen fünf halbkreisförmige Stufen zu einer mit Säulen versehenen Loggia an, hinter der sich – über die ganze Breite des Zuschauerraums hinweg – die herzogliche Loge erstreckt. Die Loggia besteht aus zwölf mit einem Gesims überspannten korinthischen Säulen. Auf dem Gesims stehen, über die Säulen verteilt, ein Dutzend Götter und Göttinnen aus Stuck. Nasen und Finger, Brustspitzen und Ohren sind den Weg aller Kunst gegangen; aber die Formen im ganzen haben überdauert. In anmutigen Posen stehen ihre weißen Silhouetten im Dämmerlicht des Saals.

Früher war die Bühne mit einem festen perspektivischen Bühnenbild geschmückt, wie jenes, das Palladio in Vicenza gebaut hatte. Der Bürgermeister wollte uns einreden, seine bolschewistischen Vorgänger hätten es zerstört; aber es war schon etwa ein Jahrhundert früher abmontiert worden. Verschwunden sind auch die Fresken, die einst die Wände bedeckten. In einem Epidemiejahr diente das Theater als Fieberhospital. Nach dem Ende der Seuche glaubte man die Fresken desinfizieren zu müssen und klatschte eine dicke Schicht Tünche darauf. Es fehlt das Geld, um sie wieder abzutragen.

Wir folgten dem jungen Pförtner aus dem Theater. Noch zwei- bis dreihundert Meter, und wir waren auf der Piazza d'Armi. Das ist eine rechteckige, grasbedeckte Fläche. Auf der Längsachse des Rechtecks, nahe dem einen Ende des Platzes, steht auf einem hübschen Sockel eine kanellierte Marmorsäule; sie trägt eine Statue der Athene, der Schutzgöttin von Vespasianos Hauptstadt. Sockel, Kapitell und Statue stammen aus der Spätrenaissance. Aber die Säule selbst ist antik und gehörte zu Rodomontes römischer Beute. Offenbar war Rodomonte kein zimperlicher Dieb. Was du tust, das tue ganz, scheint sein Motto gewesen zu sein.

Eine der Längsseiten des Rechtecks nimmt die Antikensammlung ein. Es handelt sich um ein prächtiges Gebäude, architektonisch bei weitem das schönste der Stadt. Das untere Stockwerk besteht aus einem offenen Bogengang, die Wände der darüberliegenden Galerie sind mit Blindbögen verziert, die je ein wohlproportioniertes Fenster umschließen und durch toskanische Säulen voneinander getrennt sind. Ein kühn vorragendes Gesims, von einem Flachdach gekrönt, vervollständigt die Konstruktion, die in ihrer nüchternen, massiven Eleganz zu den bemerkenswertesten zählt, die ich je gesehen habe.

Die gegenüberliegende Seite der Piazza ist offen und durch eine Hecke von den rückwärts gelegenen Gärten der Nachbargebäude getrennt. Ich nehme an, das feudale Schloß stand ursprünglich hier. Aber im 18. Jahrhundert riß man es nieder (die übereifrigen Bolschewiken!) und verwendete seine Steine zwar nützlicher, doch weniger ästhetisch zur Befestigung der Deiche, die die umliegende Ebene nicht allzu unüberwindlich gegen die Fluten des Po schützen.

Durch seinen Abriß steht Vespasianos Sommerpalais – oder Palazzo del Giardino – isoliert (außer dort, wo er auf die Antikensammlung stößt) und ziemlich verloren am Ende der langen Piazza. Es ist ein langgestrecktes, niedriges Gebäude, von außen ziemlich nichtssagend. Offensichtlich hat es Vespasiano so ökonomisch wie möglich gebaut. Für ihn war es nur ein Wochenendhaus, ein Feriendomizil, in das er sich vor dem Glanz der Metropole und dem Getriebe des zweihundertfünfzig Meter entfernten Schlosses am Marktplatz flüchten konnte. Wie allen Kleinstaatenherrschern muß es auch Vespasiano äußerst schwergefallen sein, einmal so richtig Ferien zu machen. Er konnte ja keine zehn Meilen gehen, ohne an irgendeine Grenze zu stoßen. Eine Luftveränderung war innerhalb seines Herrschaftsgebiets ein Ding der Unmöglichkeit. Deshalb beschloß er vernünftigerweise, seine Prachtbauten auf engem Raum zu konzentrieren. Er errichtete sein Balmoral fünf Gehminuten von seinem Buckingham-Palast entfernt.

Wir klopften an die Tür. Die uns öffnende Hausmeisterin war eine alte Frau, die vom Fleck weg ohne Proben auf jeder Bühne Julias Amme hätte spielen können. Schon in den ersten zwei Minuten unserer Bekanntschaft vertraute sie uns an, sie habe soeben geheiratet – zum drittenmal, im Alter von siebzig Jahren. Ihre Kommentare zum Ehestand erinnerten so sehr an Julias Amme, so ausgesprochen an die Frau von Bath, daß wir uns im Vergleich zu diesem alten Mütterchen aus dem *quattrocento* recht frühviktorianisch fühlten. Nachdem sie uns alles über den Ehestand gesagt hatte, was sich darüber sagen läßt (und vieles, was sich nicht sagen läßt, jedenfalls nicht in der feinen Gesellschaft), erwies sie uns die Ehre einer Hausbesichtigung. Sie ging voran und stieß in jedem Raum der langen Zimmerflucht die

Jalousien auf. Und als das Licht durch die unverglasten Fenster strömte, welch gonzageske Wonnen wurden uns da offenbart! Es gab ein Kabinett der Venus mit den Resten wollüstiger Akte, einen Saal der Winde mit pustenden Cherubim und einem Kaminsims aus rotem Marmor; ein Cäsaren-Kabinett mit Marmorboden, das mit Medaillons sämtlicher Raufbolde der Antike ausgeschmückt war; einen Saal der Mythen, an dessen zur Illusion einer von innen gesehenen Pyramidenspitze gewölbten Decke fünf köstliche Szenen Lemprières zu sehen waren – ein Ikarus, ein Apollo und Marsyas, ein Phaëton, eine Arachne und im Zentrum eine meiner Ansicht nach etwas mysteriöse Szene: eine nackte Schönheit, auf dem Rücken nicht etwa eines Stiers (das wäre zu simpel gewesen), sondern eines Pferdes sitzend, das höchst verliebt den Kopf zu ihr zurückbeugt, während sie seinen Hals liebkost. Wer diese Dame und der travestierte Gott waren, ist mir nicht ganz klar. Vage Erinnerungen an eine Eskapade Saturns wogten mir durchs Hirn. Aber vielleicht verleumde ich jetzt eine ehrbare Gottheit.

Aber egal, wovon es handelt, das Bild ist jedenfalls bezaubernd. Vespasianos bedeutendster Künstler war Bernardino Campi aus Cremona. Natürlich war er kein guter Maler; aber zumindest war er graziös und charmant, und nicht nur vulgär-medioker wie Giulio Romano. Über dem Palazzo del Tè schwebt ein gewisser verblichener Schrecken; doch der Giardino ist ganz Süße – zweifellos etwas manieriert und ziemlich schwach –, aber dennoch in seinem ruinösen Verfall authentisch.

Auf unserem Rundgang erläuterte uns die alte Hausmeisterin die Gemälde – nicht, weil sie wußte, was sie darstellten, sondern einfach aus ihrer Phantasie heraus, was um einiges interessanter war. Im Saal der Grazien, wo die Wände mit den Überresten einiger sehr hübscher kleiner *grotteschi* in pompejanischer Manier geschmückt sind, überschlug sich ihre Phantasie geradezu. Hier, sagte sie, seien die Träume des Herzogs aufgezeichnet. Jedesmal, wenn er geträumt hatte, habe er nach seinem Maler geschickt und ihn die Träume auf den Wänden dieses Raumes darstellen lassen. Diese beiden – sie wies auf ein Chimärenpaar – erschienen ihm in einem Alptraum; jene tanzenden Satyren besuchten ihn nach einem fidelen Abend im Schlaf; von diesen vier Krügen träumte er nach zuviel Wein. Was die drei nackten Grazien betrifft, die dem Raum seinen Namen gaben – angesichts der

Grazien wurde sie wieder so sehr Frau von Bath, daß sich das Gesagte der Wiedergabe entzieht.

Ihr brüchiges altes Gelächter hallte durch die leeren Säle; und es schien, als ob durch dieses Gelächter all die Melancholie, die in aufgelöstem Zustand zwischen den feuchten, abblätternden Wänden hing, sich niederschlug und kristallisierte. Die bisher nur vage empfundene Verlassenheit drang schmerzlich ins Bewußtsein. Und als uns die alte Frau in einen weiteren Raum führte, modrig-dunkel wie der Rest, die Läden aufstieß und das, was das Licht enthüllte, »Spiegelsaal« nannte, hätte ich fast geweint. Denn im Spiegelsaal hängen an der Decke und den Wänden keine Spiegel mehr, nur noch die kunstvollen Rahmen. Wo einst Murano-Glas blitzte, sind lauter Stellen nackten Mörtels, die wie blinde Augen leer und – so scheint es nach einer Weile – anklagend aus ihren Rahmen starren. »Dies war früher einmal der Ballsaal«, sagte die alte Frau.

(*Along the Road*, 1925; Ü.: Sabine Hübner)

Eine Nacht in Pietramala

»Was mir auf Erden am meisten behagt«, sagt Browning in *De Gustibus*, »ist, abgrundnah, eine Burg unterm Grat des windgeplagten Apennin.« *De Gustibus*, wie wahr! Ich lasse es mir gesagt sein und will nicht über diese Ansichtssache streiten. Es soll der Hinweis genügen, daß ich zwar das Gedicht schätze, den Geschmack des Verfassers jedoch nicht zu teilen vermag. Eine Burg im Apennin würde auf der Liste meiner Behaglichkeiten ziemlich weit unten stehen. Ein Palazzo in Rom, eine Villa gleich vor den Toren von Siena, selbst ein motorisierter Wohnwagen stände da höher. Denn das Adjektiv, mit dem Browning den Apennin schmückt, ist nur allzu angebracht. Er selbst ließ sich zweifellos ganz gerne vom Wind plagen. Ich sehe ihn vor mir, wie er sich, mit eingezogenem Kopf, seinen Weg durch eine jener höllischen Böen bahnt, die im Frühjahr und Winter von den Graten des Gebirges herabheulen. Sicher hat die Anstrengung seine Lebensgeister angeregt; gewiß hat er sich durch seinen Kampf mit den Elementen in Hochstimmung versetzt, um nach der Rückkehr in seine Burg einen selbst für Browningsche Verhältnisse ungewöhnlich herzhaften Lobgesang auf Leidenschaft und Lebenskraft anzustimmen – Leidenschaft um der Leidenschaft willen, Kraft, die nicht so sehr für ihre Ziele als für ihre schiere Dynamik Bewunderung weckt. Solcher Art war, da bin ich mir sicher, die Wirkung des Windes auf Browning: Sie bestärkte ihn in seinem stürmischen Optimismus. Mir für meinen Teil beschert der Wind des Apennin nichts als Neuralgie und tiefe Depression. Nicht zu einem *Prospice* würde mich der Prospekt meines abgrundnahen Castello inspirieren, sondern eher zu etwas im Stil der *Stadt des nächtigen Grauens*.

Daß ich die Schrecken der Apenninwinde keineswegs übertreibe, erweist sich daran, daß man es für nötig befand, zur Annehmlichkeit, ja zum Schutz der Reisenden die ausgesetztesten Strecken an den wichtigsten Pässen durch hohe Mauern zu befestigen. Ich erinnere mich besonders an einen Abschnitt der Hauptroute von Florenz nach Bologna, der über Hunderte von Metern hinweg von einer mächtigen Brüstung flankiert wird, wie die Große Mauer in China. An dieser Stelle, die zwei- bis dreitausend Fuß über der Meereshöhe liegt, durchquert die Straße den oberen Teil eines tiefen und engen Tales, durch das ununterbrochen ein Luftstrom braust. Selbst im Sommer, an ruhigen Schönwettertagen, hört man beim Ausschreiten im Windschatten der Mauer droben das triste Gewinsel der Winde. Doch an rauhen Tagen im Winter, Frühjahr und Herbst ist die Luft von unheimlichem Getöse erfüllt, so als seien die Pforten der Hölle aufgetan und die verlorenen Seelen auf Urlaub ausgeschwärmt. Was wohl den Reisenden zugestoßen sein mag, die hier vorbeikamen, noch ehe eine menschenfreundliche großherzogliche Verwaltung vor einigen hundert Jahren diese Mauer errichtete, wage ich nicht auszudenken. Sie müssen nicht selten buchstäblich von der Straße heruntergefegt worden sein.

Wir haben einmal im März diese Stelle passiert. Der italienische Frühling, der nicht so vollkommen anders ist als der Frühling in anderen Ländern, war unfreundlich in diesem Jahr und eisig. In Florenz schien die Sonne nur ab und zu launisch zwischen schwarzen Wolkenmassen hervor. Die Höhen des Monte Morello zeigten sich stellenweise noch schneegefleckt. Es ging ein schneidendes Lüftchen. »Sind die Pässe schneefrei?« fragten wir an der Garage, als wir anhielten, um zu tanken. Beseelt von dem typisch italienischen Bedürfnis, mit einer Auskunft den Fragenden zu erfreuen, versicherte uns der Tankwart, ja, die Straße sei vollkommen frei. Und er sagte es in solchem Brustton der Überzeugung, daß wir glaubten, wie eben Nordmenschen so etwas allzuleicht glauben, er wüßte gründlich Bescheid. Nichts ist reizender als südländische Höflichkeit, südliche Sympathie und südliche Gefälligkeit. Die liebenswürdige Anteilnahme der Italiener an unseren Angelegenheiten ist herzerwärmend; wir lieben sie für ihre verbindliche Neugier: Sie erreichen sogleich, daß wir uns wie zu Hause fühlen, behandeln uns ohne Umstände wie menschliche Wesen und tun alles, um uns das Leben angenehm zu machen. Es ist die reine Freude. Doch gelegentlich übertreiben sie es mit der Einfühlsamkeit. Denn, um uns nur ja nicht zu widersprechen, um uns den schmerzlichen Moment zu ersparen, der die Exaktheit unserer Vorstellungen in Frage stellt, sagen sie lieber, was wir hören wollen, als was uns zu hören nützlich wäre. Zugleich erlaubt ihnen die eigene Selbstachtung nicht, blankes Nichtwissen einzugestehen; daher sagen sie uns lieber etwas Unrichtiges als gar nichts. Der Tankwart verhielt sich mit seiner Auskunft, die Straße von Florenz nach Bologna sei frei von Schnee, ganz in diesem Sinn; einmal, weil er sah, daß wir nach Bologna wollten und daß die Undurchführbarkeit dieses Plans eine Enttäuschung für uns bedeutetet hätte; und zum anderen, weil es für ihn angenehmer war, im Brustton der Überzeugung zu sagen: »Kein Schnee«, als die Wahrheit zu gestehen, daß er nämlich nicht die geringste Ahnung hatte, ob Schnee lag oder nicht.

Wir glaubten ihm und fuhren los. Die Straße steigt hinter Florenz steil an, klettert bis auf zwölf- oder fünfzehnhundert Fuß und stürzt wieder hinab, in das flachgründige, bergumschlossene Mugello-Tal. Als wir es endlich erreichten, war die Sonne schon völlig verschwunden und der Himmel über unseren Häuptern eine einzige, riesenhafte, gelblichweiße Schneewolke. Beim Anblick der diversen Castelli, die man vom Wege aus sieht, kamen mir Brownings Präferenzen unbegreiflicher vor denn je.

Zwischen Florenz und Bologna liegen zwei Pässe, der Futa- und fünf bis sechs Meilen weiter der Raticosa-Paß. Dicht unter der Paßhöhe des Futa ist der Ort, wo die Großherzöge ihr Bollwerk gegen den Wind errichten ließen. Es war an diesem Tage durch meterhohe Schneewehen verstärkt. Unter- und oberhalb lagen die Hänge tiefverschneit. Inmitten dieser weißen Wüstenei wand sich die Straße voran und hinan wie eine schlammverschmierte Schlange.

Wir hielten im Windschatten der Mauer an und fotografierten die liebliche italienische Szenerie. Dort, wo wir standen, war die Luft ruhig, und in ihrer Stille schien sie beinahe warm. Doch direkt über uns, auf der Höhe des Mauerrandes, blies der Wind. Die Schneeflokken, die er vor sich hertrieb, zeigten seine Geschwindigkeit an. Er toste in den Ohren. Das Ganze erinnerte mich, wie ich da stand, an eine ziemlich lächerliche und klägliche Fassung von *David Copperfield,* die Beerbohm Tree vor langer Zeit in His Majesty's Theatre aufzuführen pflegte. Er selbst spielte dabei gleich zwei Rollen – Micawber und Pegotty: die eine, wie ich bei dieser Gelegenheit anmerken darf, wirklich sehr gut, denn er war ein ausgezeichneter Komödiant, die andere in seiner rührseligen Manier und weniger überzeugend. Doch dies nur am Rande. In der Kostümierung als Pegotty wurde jeder seiner Auftritte von einer Windsbraut begleitet: Sie gehörte nun einmal zu dem rauhbeinigen Seemannspart. Er brauchte nur die Tür seines Schiffshäuschens am Strand von Yarmouth aufzumachen, und schon kam aus dem Dunkel draußen ein

Getöse wie von einem Hexensabbat. Nie blies es weniger als Windstärke zwölf, solange *David Copperfield* auf dem Spielplan stand. Wuuu-huuu-huuu, Crescendo und Descrescendo. In den Logen griffen die Damen nach ihren Pelzen, und die Herren schlugen die Jackenkragen hoch. Es war grauenvoll. Damals hegte ich die Hoffnung, nie im Leben einem solchen Wind außerhalb der Mauern von His Majesty's zu begegnen. So war es auch – bis zu jenem eisigen Märztag, als wir auf der Straße von Florenz nach Bologna unter der großherzoglichen Mauer haltmachten. Dort erlebte ich zum ersten Mal, wie die Natur Sir Herberts Kunst den Rang ablief. Ein idealer Platz, so ging es mir durch den Kopf, für das Castello Browning.

In Pietramala, das dicht unterhalb des Raticosa-Passes liegt, hielten wir an einem kleinen Gasthof zum Mittagessen. Im Nu, und wie magisch angezogen, scharten sich Nichtstuer um unser Auto – denn selbst in Pietramala, selbst im Schneetreiben gab es müßige Motorliebhaber, für die die Ankunft eines Citroën von zehn Pferdestärken das Ereignis des Tages war; und sie hielten mit der Kunde nicht hinterm Berg, daß die Straße jenseits der Paßhöhe aufgrund von Schneeverwehungen unpassierbar sei. In etwas gedämpfter Stimmung gingen wir zum Essen hinein, und auch etwas verärgert über den Tankwart in Florenz. Der Wirt jedoch machte uns wieder Mut. Ganze Arbeiterkolonnen, so wußte er zu berichten, würden gleich nach der Mittagspause von Pietramala und dem Dorf auf der anderen Seite des Passes ausrücken. Bis vier Uhr spätestens müßte die Straße wieder frei sein, so daß wir noch vor Anbruch der Dunkelheit Bologna erreichen würden. Als wir fragten, ob denn die Straße über Firenzuola und Imola offen sei, schüttelte er den Kopf. Zum zweitenmal glaubten wir, was man uns sagte.

Die Beweggründe, aus denen der Wirt log, waren durchaus anderer Natur als die Motive des Tankwarts. Denn der hatte aus Stolz und falscher Höflichkeit geschwindelt; der Wirt dagegen sagte aus bloßem Eigennutz die Unwahrheit. Er wollte uns ganz einfach die Nacht über dabehalten. Und er hatte vollen Erfolg. Um vier Uhr brachen wir auf. An der Paßhöhe lag der Schnee metertief auf der ganzen Breite der Fahrbahn, und kein einziger Schneeräumer weit und breit. Wir kehrten um. Der Wirt tat höchst überrascht: wie, keine Schneeräumer? Nicht zu glauben! Aber morgen früh würde die Straße ganz gewiß geräumt sein. Wir beschlossen, über Nacht zu bleiben.

Ich hatte Band zwei der *Encyclopaedia Britannica* auf die Reise mitgenommen: *And. – Aus.* Ein kapitaler Band, aus dem sich viel nützliches Wissen schöpfen läßt über Angiospermen, anglikanische Kommunion, Angeln, Anthrax, Aphasie, Apfelsorten, Armfüßler, Asien, Aurora Borealis und Australien, ganz zu schweigen von Anthropophagie, Archäologie, Architektur, Artistik, Astrologie und Astronomie. Ich begann hoffnungsvoll beim Animalismus. »Der Bär«, so durfte ich bei dieser Gelegenheit erfahren, »genießt ein erhebliches Maß an Ansehen bei allen wilden Völkern, die mit ihm in Berührung kommen.« Ich für meinen Teil brachte ihm an diesem Abend ein erhebliches Maß an Neid entgegen. Mir fiel Mr. Bellocs Vers ein:

The Polar Bear ist unaware
Of cold that cuts me through:
For why? He has a coat of hair.
I wish I had one too!

Der Eisbär ist ganz unbeschwert,
Wenn mich die Kälte peinigt.
Wie das? Weil ihn sein Pelzrock wärmt –
Ich wollt, ich hätt auch einen!

Denn trotz des Feuers, trotz unserer Mäntel war es abscheulich kalt. »Die Produkte der Kuh«, las ich weiter und war entzückt über den kompakten Euphemismus, »sind bedeutsam für magische Praktiken.« Weiter kam ich nicht; es war selbst zum Lesen zu kalt. Bis auf den heutigen Tag sind mir die Gefühle der Thlinkit-Indianer in bezug auf Krähen ebenso ein Rätsel wie die der Kalangen im Hinblick auf Hunde und die der Siamesen gegenüber weißen Elefanten. Und wenn ich zufällig darüber unterrichtet bin, daß sich der Hottentottengott Cagn in der Gottesanbeterin Ngo inkarniert, so liegt dies allein daran, daß ich denselben Band auf eine weitere Reise mitnahm, im Sommer, als die Abende weniger unwirtlich waren und der Geist sich höheren Dingen zuwenden konnte als dem Problem der nackten Selbsterhaltung.

Das Gastzimmer war schon kalt genug: doch wahrhaft schauerlich wurde es, als wir zu Bett gingen. Denn die Schlafräume der Herberge besaßen keinen Kamin; sie waren vollkommen unbeheizbar. In solchen Schlafräumen ließe sich Frischfleisch unbegrenzt lagern. Eingemummt in alles, was wir an wollenen Sachen besaßen, stiegen wir in unsere kältestarren Betten. Draußen heulte der Wind weiter über die Höhen. Solange die Laken sich weigerten, aufzutauen, war an Schlaf nicht zu denken. Ich lag wach, hörte dem Tosen des Windes zu und fragte mich, wie dieser Orkan sich wohl auf die brennenden Erdgasquellen auswirken würde, für die Pietramala berühmt ist. Ob der Sturm diese gigantischen Irrlichter ausblies? Oder würden sie ihm zum Trotz weiterlodern? Der Gedanke an Flammen hatte etwas Tröstliches; mit einer gewissen Genüßlichkeit gab ich mich der Vorstellung hin.

Sie sind nichts Außergewöhnliches im nördlichen Apennin, diese Gasflammen. Salsomaggiore beispielsweise verdankt solchen natürlichen Gasquellen sein Wappen, einen im Feuer tanzenden Salamander. Nur in gasförmigem Zustand treten die Kohlenwasserstoffe im Bereich der Hauptkette in Erscheinung. Auf den Vorbergen findet man sie in der kommerziell besser nutzbaren Form von Erdöl, das mittlerweile auf den Apenninausläufern um Piacenza, Reggio und Modena in kleineren Mengen gefördert wird. Wer weiß, vielleicht erleben wir noch, wie den Türmen von Canossa die Holzburgen mit ihren Bohrtürmen auf den tiefergelegenen Hügeln den Vorrang streitig machen.

Die Fensterläden klapperten, der Wind heulte. Ausgeschlossen, solchen Böen konnte kein Feuer standhalten. Arme Irrlichter! Wie gerne hätten wir sie in unseren Eiskeller aufgenommen! Wie liebevoll, gleich Vestalinnen, hätten wir jede Flamme gehegt, und sei sie noch so ein Irrwisch!

Der Gedanke an die Flammen und der Wunsch, sie hier im Zimmer bei mir zu haben, brachte mich auf die Frage, warum die Gasfeuer von Pietramala mir so eigentümlich vertraut waren. Hatte ich etwas über sie gelesen? Waren sie kürzlich in einer Unterhaltung aufgetaucht oder was sonst? Ich zermarterte mir das Gehirn. Und auf einmal fiel es mir ein: in Bence Jones' Buch *Faradays Leben und Briefe* war ich auf Pietramala gestoßen.

An einem sehr feuchten Herbsttag des Jahres 1814 kletterten zwei ziemlich eigenartige englische Touristen in dem heruntergekommenen Dörfchen Pietramala aus ihrer Chaise. Der eine näherte sich den mittleren Jahren, der andere war noch ein sehr junger Mann. Sie hießen Sir Humphrey Davy und Michael Faraday. Vor fast genau einem Jahr waren sie aus England aufgebrochen. Denn ausgerechnet anno 1813, kurz bevor die Nachricht von der Leipziger Völkerschlacht Paris erreichte, hatten sie nach Frankreich übergesetzt. Für uns heute ist es eine Selbstverständlichkeit, daß Wissenschaft und Religion nationale Angelegenheiten sind, daß Pastoren Hurra und Halleluja schreien und daß Chemiker die Fahne und H_2SO_4 hochleben lassen. Doch es war nicht immer so. Es gab eine Zeit, da hatten Gott und Gottes Werke internationalen Status. Die Nationalisierung Gottes kam zuerst; und nach der Reformation wurde er schließlich zur Stammesgottheit. Doch die Wissenschaft und selbst die Kunst standen immer noch über dem Patriotismus. Während des 18. Jahrhunderts tauschten Frankreich und England Ideen fast so freigebig aus wie Kanonenkugeln. Wissenschaftliche Expeditionen der Franzosen durften unbeschadet zwischen den englischen Flotten passieren; von den Feinden seines Landes wurde Sterne ein begeisterter Empfang bereitet. Bis um 1800 herum lebte diese Tradition noch fort. Napoleon verlieh Medaillen an englische Wissenschaftler; und als Sir Humphrey Davy um die Erlaubnis nachsuchte, auf dem Kontinent zu reisen, gewährte man ihm seine Bitte ohne Umstände. Er wurde in Paris mit den höchsten Ehren empfangen, zum Mitglied des Institut Français ernannt, und trotz der schwer erträglichen rüden und hochfahrenden Art, die er gewöhnlich an den Tag legte, wurde er während seines gesamten Aufenthalts in Frankreich mit vollendeter Höflichkeit behandelt. Unser aufgeklärteres zwanzigstes Jahrhundert hätte ihn als Spion erschossen oder interniert.

Rastlos und erratisch streifte Davy auf der Suche nach wissenschaftlicher Wahrheit quer durch Europa. Was immer in seine Netze kam, er nahm alles mit. In Genua stellte er elektrische Experimente mit dem Zitterrochen an. In Florenz entlieh er sich das Riesenbrennglas des Großherzogs, um mit seiner Hilfe einen Diamanten zu verbrennen. In Rom analysierte er die Farbpigmente antiker Künstler. In Neapel unternahm er Experimente mit Jod und Ausflüge auf den Vesuv. Mit ihm zusammen reiste Michael Faraday als »Assistent für Experimente und Schreibarbeiten«. Doch Lady Faraday versuchte ihn zudem noch als Privatkurier und Dienstboten in vertraulichen Angelegenheiten zu benützen. Der junge Faraday fand seine Position ziemlich anstrengend. Nur das Bewußtsein der einmaligen Gelegenheit, sich weiterzubilden, hielt ihn davon ab, die Stelle zu kündigen. Sir Humphreys Charakter war vielleicht nicht rundum schätzenswert (tatsächlich hörte man in seinen späteren Jahren von Faraday die Bemerkung, »sein allergrößter Vorteil sei es gewesen, in Davy ein Modell aller Untugenden zu finden, die es zu vermeiden galt«); doch war er ohne jeden Zweifel eine Fundgrube gelehrten Wissens. Seine ständige Nähe, wie sie Faraday während jener achtzehn Reisemonate genoß, war soviel wie eine Allgemeinbildung des Geistes. Das wußte der junge Faraday wohl und fand sich mit Lady D. ab.

In Pietramala also hielten sie, mitten im strömenden Regen – und zweifellos auch im heulenden Wind –, um sich das natürliche Feuerwerk anzusehen. Gasproben wurden in Flaschen abgefüllt und mit nach Florenz hinuntergenommen. Sir Humphrey kam zu dem (richtigen) Schluß, es müsse sich um eine leichte Kohlenwasserstoffverbindung in reiner Form handeln.

Diesem gottverlassenen Nest auf dem Kamm des Apennin widmet Faraday gleich mehrere Seiten in seinem Tagebuch. Florenz taucht darin so gut wie gar nicht auf, lediglich als Stadt, die ihm die Gelegenheit bot, gewisse Experimente durchzuführen. Bloßem Menschenwerk, und sei es noch so schön, schenkte Faraday wenig Beachtung: ihm kam es auf die Werke Gottes an. Er hat etwas großartig Konsequentes an sich. Jedes Wort in seinen Tagebüchern oder Briefen ist absolut charaktergemäß: immer spricht da der Naturphilosoph. Sein ausschließliches Ziel und Interesse ist die Entdeckung der Wahrheit. Sein Vorsatz steht unabänderlich fest. Niemals läßt er sich ablenken – weder durch die Kunst, die er fast völlig ignoriert, noch durch die Politik, die er mitten in den welterschütternden Schlußszenen des Napoleonischen Dramas ein- oder zweimal beiläufig erwähnt; schon gar nicht durch die Freuden eines zwanglosen gesellschaftlichen Umgangs, obgleich er immer Zeit für Freundschaften findet –, nein, stetig, hartnäckig, unaufdringlich, selbstlos verfolgt er seine Bahn und triumphiert dabei wie ein genialer Eroberer.

Abgesehen von der Wissenschaft galt sein Hauptinteresse der Religion. Die Schlacht zwischen den Naturwissenschaften und der dogmatischen Theologie, die in der zweiten Hälfte des 19. Jahrhunderts tobte, hinterließ die bis heute nachwirkende Vorstellung einer radikalen Unvereinbarkeit von Wissenschaft und Religion. Die Geschichte dagegen lehrt uns, daß eine solche Unvereinbarkeit in Wirklichkeit gar nicht existiert. Wenn wir die Lebensbeschreibungen der drei genialsten Wissenschaftler lesen, die England hervorgebracht hat – Sir Isaac Newton, Faraday und James Clerk Maxwell –, so werden wir feststellen, daß sie alle drei zutiefst religiös waren. Sir Isaac widmete den größeren Teil seines langen Lebens der Auslegung biblischer Weissagungen. Faraday war ein ernsthafter Christ und eifriger Anhänger der Sandemanschen Sekte. Clerk Maxwell war nicht nur ein großer Wissenschaftler, sondern auch ein großer Mystiker; es gibt Briefe von seiner Hand, die seine Zugehörigkeit zur Gesellschaft Boehmes und Swedenborgs (der selbst ein hervorragender Wissenschaftler war) erweisen. Daran ist überhaupt nichts Erstaunliches. »Ein ungläubiger Astronom ist ein Unding«: in dieser alten Sentenz steckt ein Stück Wahrheit im weiteren Sinn. Denn ganz gewiß ist es unmöglich, die Natur einigermaßen zu studieren, ohne dabei von der unbegreiflich geheimnisvollen Fremdheit jener angeblich so vertrauten Welt durchdrungen zu werden, in der die große Menge der Menschheit ihr Leben verbringt, ohne viel zu fragen. Je weiter sich unser Wissen erstreckt, je vollständiger wir seine Folgerungen begreifen, um so geheimnisvoller erscheint das Universum. Es muß einer schon von Grund auf roh und phantasielos sein, der die Komplexität des Lebens, die Bahnen der Sterne und die innerste Beschaffenheit der Materie erforschen kann, ohne von Zeit zu Zeit ein Gefühl des Staunens und der Ehrfurcht zu empfinden. In den Rängen der Berufswissenschaftler finden sich ohne Zweifel auch solche Menschen; Phantasielose gibt es in allen Professionen, vom Jockey bis hinauf zum Bischof. Doch sie sind normalerweise nicht gerade die Besten ihres Berufes. Ohne Phantasie, ohne Feingefühl gibt es keinen Erfolg in der Naturwissenschaft. Schwerlich ließe sich ein großer Wissenschaftler finden, der von diesem wunderbaren Erstaunen über die Fremdheit der Dinge unberührt geblieben wäre. Es äußert sich auf unterschiedliche Weise, je nach Erziehung und Temperament. Bei den einen als friedlich orthodoxe Religionsübung; bei anderen, die nicht bereit sind, sich im Hinblick auf das sie umgebende Mysterium endgültig festzulegen, als Agnostizismus; bei anderen wieder (Clerk Maxwell und Swedenborg belegen dies) wird der Wissenschaftler mit den besonderen geistigen Eigenschaften des Mystikers begabt; und wiederum in anderen Fällen finden sich Menschen im Besitz der gleichen mystischen Eigenschaften, doch ohne alle Verfeinerung und irgendwie grobfibrig (denn es gibt gute und schlechte Mystiker ebenso, wie es gute und schlechte Künstler gibt), und dann wird daraus eben kein Clerk Maxwell mit seiner schönen und vergeistigten Mystik, sondern ein Newton, der die prophetischen Bücher ausschlachtet. Für Faraday war die logische Entsprechung und Ergänzung seiner Wissenschaft das protestantische Christentum. Seine Ehrfurcht und Überwältigung im Angesicht der geheimnisvollen Schönheit der Welt drückte sich in der Form Sandemanscher Einkehr und Bibellesung aus. Auf der mystischen Skala steht er irgendwo in der Mitte zwischen Maxwell und Newton, weder ungemein noch gemein begabt, wie ein Andrea del Sarto zwischen Giotto auf der einen und Caravaggio auf der anderen Seite. Ein Cherubini zwischen Mozart und Strauss. Jener König, der – in der Fabel von Anatole France – nur von seiner Schwermut geheilt werden kann, wenn er das Hemd eines glücklichen Mannes anzieht, hätte gut daran getan, sich an Faraday zu wenden. Ein Faradaysches Hemd wäre das probate Rezept gegen jenes königliche Leiden gewesen. Wenn je ein Mensch glücklich war, so war er es. Sein ganzes Leben lang tat er beruflich, was sein Herz begehrte. Wissen, Erkenntnis der Wahrheit: das war seines Herzens Begehren; eine Begierde, deren Erfüllung nicht in Enttäuschung und Langeweile ausufert wie die Erfüllung fast aller anderen menschlichen Verlangen. Denn die Wahrheit ist ohne Ende; jeder ihrer Teile verweist, kaum daß man ihn erkennt, auf andere Teile, die der Entdeckung harren. Der nach Wissen gierende Mensch kennt keine Sättigung, denn das Wißbare ist ewig neu. Und wenn er unzählige Leben lebte – nie würde er Überdruß spüren. Wohl wahr, die Welt des Wißbaren ist nicht alles: es existiert auch die Welt der Empfindungen und eine dem Menschengeist unzugängliche Welt. In unserer Beziehung zu diesen beiden Welten gibt es genügend Spielraum zum Unglücklichsein. Aber Faraday war auch in seinem Gefühlsleben glücklich. Seine Ehe war ein voller Erfolg; er hatte gute Freunde; Ausgeglichenheit hieß der Tenor seines Lebens, und er begehrte nicht mehr, als was er besaß. Seine Beziehung zum Unwißbaren war gleichfalls vom Glück begünstigt. Die sogenannten Probleme des Lebens haben ihn nie beunruhigt. Die Religion, in der er aufgewachsen war, stellte a priori eine Lösung für sie bereit; er mußte keine Krise durchleben wie jene, die Tolstoi beinahe in den Selbstmord trieb.

Es ist aufschlußreich, zu beobachten, wie streng er den Bereich der Wissenschaft von dem der Religion abgrenzte, das Wißbare vom Nicht-Wißbaren. »Nicht *wie* die Welt ist, ist das Mystische, sondern *daß* sie ist«, sagt Wittgenstein. Und dann: »Zu einer Antwort, die man nicht aussprechen kann, kann man auch die Frage nicht aussprechen. *Das Rätsel* gibt es nicht... Die Lösung des Problems des Lebens merkt man am Verschwinden dieses Problems. (Ist nicht dies der Grund, warum Menschen, denen der Sinn des Lebens nach langen Zweifeln klar wurde, warum diese dann nicht sagen konnten, worin dieser Sinn bestand?)« Faraday war glücklich, weil er nie von Zweifeln geplagt wurde, weil er nie versuchte, eine unaussprechliche Frage zu stellen, auf die keine Antwort denkbar sein kann. *Wie* die Welt ist, nahm er sich vor herauszufinden, mit größerem Erfolg, als er den meisten Nachforschungen beschieden ist. Er quälte seinen Verstand nicht mit der Frage, warum oder was sie ist. Seine Religion erklärte ihm das Warum; genauer gesagt (denn es gibt keine Erklärung), sie verhalf ihm zur »Anschauung der Welt sub specie eterni, d.h. zu ihrer Anschauung als – begrenztes – Ganzes. Das Gefühl der Welt als begrenztes Ganzes ist das mystische.« Faraday besaß dieses Gefühl; vielleicht nicht in seiner erlesensten Form, aber er besaß es wirklich. Seine Beziehung zum Unwißbaren war folglich ebenso befriedigend wie seine Beziehung zu dem, was wißbar ist.

Unter den Naturphilosophen ist das Glück Faradays keineswegs einmalig. Ja, ich wage zu behaupten, daß die Naturwissenschaftler als Klasse glücklicher sind als andere Menschen. Sie sollten es jedenfalls sein, *a priori* und beinahe *per definitionem*. Und wenn man ihre Biographien liest, findet man, daß sie tatsächlich weitgehend glücklich waren. Wie befriedigend doch die Vita dieser geborenen Männer der Wissenschaft jedesmal wirkt! Es ist eine Integrität um diese Menschen, eine Zielbewußtheit, die uns anderen verirrten Sterblichen wunderbar beneidenswert und wunderschön erscheint.

Könnte ich wiedergeboren werden und mir aussuchen, was ich im nächsten Leben sein wollte, so wäre mein Wunsch, Naturwissenschaftler zu werden – nicht aus Zufall, sondern von Natur aus und zwangsläufig. Mag mir das Schicksal andere Alternativen anbieten – Macht oder Mammon, den Rang eines Königs oder eines Staatsmannes: es wird mich wenig kosten, diese glitzernden Versuchungen zurückzuweisen. Denn meine Abneigung gegen die entnervende

Unruhe einer solchen Praktiker-Existenz ist noch stärker als meine Sehnsucht nach Geld oder Macht, und da diese unerreichbar bleiben, wenn man sich nicht ins praktische Leben stürzt, kann ich sie leichten Herzens opfern. Es ist nicht schwer, aus einer psychologischen Notwendigkeit eine Tugend zu machen.

Die einzige Option, die mich zögern ließe, wäre ein Angebot des Schicksals in Form von künstlerischem Genie. Doch selbst wenn ich Shakespeare sein könnte – ich glaube, ich würde doch lieber Faraday sein wollen. Gewiß, der posthume Ruhm Shakespeares ist größer als der Faradays; die Leute lesen bis auf den heutigen Tag *Macbeth* und nicht (auch wenn sie zufällig Elektriker sind) die *Experimentellen Forschungen zur Elektrizität.* Das Werk des Wissenschaftlers ist eine Schöpfung, auf der andere aufbauen; es hat Konsequenzen, es wächst weiter. Wenn wir etwas über Elektrizität erfahren wollen, so lesen wir, was unsere zeitgenössischen Nachfolger und Schüler Faradays darüber zu sagen haben. *Macbeth* dagegen ist ein Ding an sich und nicht eine Entdeckung, die andere Menschen verbessern können. Es gibt keinen Fortschritt in den Künsten; jeder Künstler fängt wieder am Anfang an. Der Wissenschaftler dagegen beginnt dort, wo seine Vorgänger aufgehört haben. Meinungen und Ideen verändern sich unter der Last der angesammelten Erfahrung von Epoche zu Epoche. Die instinktive und emotionale Seite des Menschen dagegen vererbt sich immer weiter und bleibt die gleiche. Der Wissenschaftler macht jene Erfahrung zugänglich, die die Ideen der Menschheit verändert; im Laufe der Zeit werden seine Entdeckungen von anderen abgelöst. Der Künstler veraltet nicht, weil er mit unveränderlichem Material arbeitet. Die Lyrik eines Steinzeitpoeten würde uns immer noch anrühren, während die Ansichten eines steinzeitlichen Astronomen für uns allenfalls von historischem und akademischem Interesse wären.

Und doch, trotz alledem, wäre ich immer noch lieber Faraday als Shakespeare. Posthumer Ruhm trägt einem diesseits des Grabes nicht allzuviel ein; und obgleich das Bewußtsein, große künstlerische Begabung zu besitzen, zutiefst befriedigend sein muß und ihr ungehinderter Einsatz eine Quelle des Glücks – ich glaube, der Besitz und Einsatz wissenschaftlicher Talente muß noch beglückender sein. Denn der Künstler, dessen Aufgabe der treffende Ausdruck und die Vermittlung gemeinmenschlicher Emotionen ist, bleibt schicksalhaft dazu verurteilt, einen großen Teil seines Lebens im Emotionskreis des menschlicheren Miteinander zuzubringen. Seine Reflexionen über die Welt, seine persönlichen Reaktionen auf dieses Miteinander bilden das Thema seiner Kunst. Die Welt, in der der Wissenschaftler den beruflichen Teil seines Lebens verbringt, ist nicht-menschlich und hat mit persönlichen Beziehungen und gefühlsmäßigen Reaktionen nichts zu tun. Wir alle sind dem Bereich, in dem wir wirken, unterworfen; und ich für meinen Teil möchte lieber intellektueller Anschauung als emotionaler Unruhe unterworfen sein und meine Seelenkraft lieber für Erkenntnis als für Empfindung einsetzen.

Einer der nachteiligen Nebeneffekte beim Status eines großen Künstlers ist die Tatsache, daß man als Künstler ein beträchtliches Sozialprestige genießt. Kunst ist in weit größerem Ausmaß Anlaß für Snobismus als jede Wissenschaft. Die Gegenwart eines bekannten Dichters oder Malers verleiht einer Dinnerparty spürbares Prestige. Gastgeberinnen der guten Gesellschaft laden einen nur selten ein, um einen Biochemiker kennenzulernen, und sei er noch so verdient. Und das hat seinen einfachen Grund: Alle Männer und Frauen bilden sich ein, kunstverständig zu sein – und bis zu einem gewissen Punkt sind sie es natürlich –, während die Zahl derer, die die technischen Finessen der Naturwissenschaften verstehen, bemerkenswert klein ist. (Ich wünschte mir, dieser Minderheit anzugehören, leider vergebens.) Diesem Umstand verdanken die Wissenschaftler ihre beneidenswerte Immunität gegen die Zudringlichkeit trivialer Langweiler. Der Künstler hingegen ist eine Lieblingsbeute der wohlhabenden Arbeitslosen; ein gutes Exemplar steht annähernd so hoch im Kurs wie ein Botschafter, ja, fast wie ein indischer Mogul. Besitzt der Künstler einen gefestigten Charakter, so können ihm die Aufmerksamkeiten der Salonlöwenjäger nicht gefährlich, wohl aber abscheulich lästig werden. Eine Gefahr sind sie nur für solche, die sich einfangen lassen. Umschmeichelt zu werden tut gut, und wenn man gern Zeit verschwendet, so gibt es keine einfachere Art, dies zu tun, als die Zufallsgeselligkeit. Der Künstler, der den gesellschaftlichen Versuchungen erliegt, verliert alles: seine Zeit, seine Integrität, seinen Sinn für Proportion, selbst die Hoffnung, etwas Wesentliches zu leisten. Daß er ihnen ständig ausgesetzt ist, macht sein besonderes Mißgeschick aus.

Gegen Morgen, als ich – wie ein Hammelkotelett auf kaltem Teller – meine Unterlage ein wenig angewärmt hatte, entschwand das Geisterpaar Michael Faraday und Sir Humphrey Davy und ließ mich mit meinen heimlichen Wünschen allein. Welcher Art sie gewesen sein mögen, weiß ich nicht mehr. Auf jeden Fall erfüllten sie sich idealsymbolisch in einem Alptraum von Automobilen und Schneeverwehungen.

Der Wind blies noch kräftig, als ich erwachte. Wir verbrachten den Vormittag fröstelnd im Gästezimmer der Herberge. Alle paar Minuten kam der Wirt herein, mit den neuesten Nachrichten zur Lage am Paß. Telefonische Botschaften waren aus Florenz und Bologna eingetroffen. Eine ganze Armee von Schneeräumern wurde soeben mobilisiert; einer, der gerade von der Paßhöhe kam, hatte sie bei der Arbeit gesehen; bis zwei Uhr mußte die Straße auf alle Fälle geräumt sein. Nachdem er uns die jeweilige Nachricht übermittelt hatte, verbeugte er sich, lächelte, rieb die Hände und trabte zurück in seine Küche, um die nächste zu erfinden. Er hatte eine fruchtbare Phantasie.

Hin und wieder las ich ein paar Zeilen über die armenische Kirche, doch mit ziemlich lauem Eifer. Ich war zu ausgekühlt, um die Entdeckung, daß »die alten Opfergesänge wahrscheinlich obszön und mit Sicherheit unsinnig waren«, mit angemessener Begeisterung zu quittieren. Erst in nachfolgenden Sommern sollte ich mich mit Vergnügen an diese Formulierung erinnern. Wie gut, wie prägnant beschreibt sie nicht nur die alten Opfergesänge im vorchristlichen Armenien, sondern auch eine Unmenge moderner Künste und Wissenschaften von eigenen Gnaden – etwa den größten Teil der psychoanalytischen Fachliteratur, die Musik Schrekers, die meiste expressionistische Malerei, *Ulysses* und so fort. Was die weniger ›modernen‹ Pseudowissenschaften und Pseudokünste angeht, vom Spiritualismus bis hin zum gewerblichen Roman, so besitzen sie nicht einmal soviel Anstand, obszön zu sein – sie sind nichts weiter als schlichter Unsinn.

Der Morgen verging; es wurde Zeit fürs Mittagessen; nach einem Mahl aus Spaghetti und geschmortem Ziegenbraten fühlten wir uns etwas gestärkt und weniger verfroren. »Wie steht es oben auf dem Paß?« fragten wir. Doch unser Wirt schien auf einmal seine Allwissenheit und mit ihr seinen Optimismus verloren zu haben. Er wußte nicht, wie die Dinge standen, und riet uns, noch ein Weilchen zu warten. Bis fünf Uhr würde unzweifelhaft alles im Lot sein. Und die Straße nach Firenzuola? Hoffnungslos, da war er absolut sicher. Er ging, und wir waren ratlos, was zu tun sei; sollten wir warten oder nach Florenz zurückkehren? Wir waren immer noch im Zustand schmerzlicher Unschlüssigkeit, als ein Himmelsbote in Gestalt eines Mannes mit Pferd und offenem Zweisitzer an der Tür des Gasthauses anhielt. Wir wandten uns hilfesuchend an ihn. Welch ein Wunder! Nicht nur wußte er Bescheid, er war auch bereit, uns sein Wissen schlicht und unverblümt mitzuteilen. Auf der Paßhöhe, versicherte er uns, waren keine Schneeräumer am Werk; und es würden auch keine dorthin ausgeschickt, ehe der Wind sich nicht gedreht hätte (denn bei der gegenwärtigen Windrichtung würde der Schnee auf die Straße zurückgeblasen, sobald man ihn beiseite räumte). Ja, der Wind könnte sich möglicherweise schon am Abend drehen, aber ebensogut erst in der kommenden Woche. Doch wenn wir unbedingt nach Bologna wollten, warum nahmen wir dann nicht die Straße über Firenzuola? Ja, warum eigentlich nicht? stimmte unser Wirt ein, der sich zu uns gesellt und der Unterhaltung beigewohnt hatte. Warum nicht die Straße über Firenzuola? Er hatte begriffen, daß das Spiel aus war und daß keine Aussicht mehr bestand, uns zu einer weiteren Übernachtung zu überreden. Warum nicht? Wir blickten ihn schweigend und vielsagend an. Er lächelte uns zu, unerschüttert, gutgelaunt, und zog sich zurück, um die Rechnung zu schreiben.

Wir machten uns auf den Weg. Der Himmel war weiß und voll jagender Wolkenfetzen. Hier und da zeigten die weißen Berge schwarze Narben, wo allzu steile Hänge den Schnee abrutschen ließen. Von La Casetta aus rollten wir die halsbrecherische Straße hinab, die sich dem Tal des Santerno entgegenschlängelt. Im Kreis seiner Mauern sah Firenzuola schwarz, alt und grimmig aus. Nach Firenzuola folgt die Straße dem Lauf des Santerno. Der Fluß hat sich einen gewundenen Durchgang durch die Berge gebohrt. Das Tal ist tief und eng; an manchen Stellen verlaufen Straße und Fluß zwischen lotrechten Felswänden, die von schrägen Bändern verworfener Schichtung durchzogen werden. Allmählich verbreitert sich das Tal, und die Berge entarten zu kahlem, ödem Hügelland. Am Fuß der Hügel erstreckt sich das ebene Land, eingeengt zwischen Gebirge und Meer, doch sich weiter und weiter ausbreitend, je mehr man nach Norden vordringt in die ununterbrochene flache Unendlichkeit der Poebene.

In Imola bogen wir ein auf die große Via Emilia, die ohne jede Ablenkung in einer Geraden von Rimini bis Piacenza verläuft. Was für Städte sind an diesem straffen weißen Faden aufgereiht: Cesena,

Forlì, Faenza, Imola, Bologna, Reggio, Modena, Parma – eine kostbare Perle nach der anderen.

Es war Nacht, als wir in Bologna ankamen, und auf den Straßen liefen maskierte Gestalten. Der Karneval ging soeben zu Ende. Wir schoben uns langsam hupend durch die Menge. »Maschere!« riefen die Vermummten, als wir an ihnen vorbeifuhren; mit unseren Schals und Autobrillen schienen auch wir uns für den Karneval verkleidet zu haben. Die Darbietung war eher bescheiden: ein paar junge Frauen in Dominos, ein paar kostümierte Studenten, die viel Lärm machten – weiter nichts. Ich dachte an die glänzenden Aufzüge und Maskeraden der Vergangenheit. Hinreißend, ohne jeden Zweifel, aber man sollte ihnen nicht nachtrauern. Denn Aufzüge und Maskeraden sind Symptome schlechter Regierung. Gewaltherrscher verbringen ihr ganzes Leben im Mittelpunkt eines glanzvollen Balletts. Eine unterdrückte Bevölkerung, zu arm, um sich eigene Vergnügungen zu leisten, wird durch dieses kostenlose Staatstheater bei Laune gehalten; im Verlauf solcher periodischen Saturnalien dürfen die Sklaven ihre revolutionären Affekte in spielerischer Ausgelassenheit sublimieren. Wenn der Karneval altersschwach geworden ist, dann ist es die Unterdrückung ebenfalls. Und wo die Leute genug Groschen haben, um ins Kino zu laufen, braucht es keine königlichen und päpstlichen Ballettinszenierungen. Trotzdem, es war eine sehr bescheidene Darbietung. Ich fand, man hätte unser Eintreffen in Bologna ruhig etwas würdiger feiern können.

(*Along the Road*, 1925; Ü.: Werner von Koppenfels)

Das Heilige Antlitz

Heutzutage ist das Amüsement ein chronischer Zustand. Es gibt jeden Nachmittag Tanz, in den Filmpalästen laufen ununterbrochen Vorführungen, und, um Konzerte zu hören, kann man rund um die Uhr das Radio aufdrehen wie einen Gas- oder Wasserhahn. Die feine Spitze des raren Vergnügens wird auf diese Weise ordentlich abgestumpft. Feste müssen festlich sein und selten stattfinden, sonst sind es keine Feste mehr. »*Like stones of worth they thinly placèd are*« (oder waren es jedenfalls zu Shakespeares Zeit, der Zeit des Merry Old England), *Or captain jewels in the carcanet*« (Gleich edlen Steinen sind sie dünn gesät, wie Kronjuwelen auf dem Diadem). Die Geister jener dünngesäten, großartigen Festivitäten spuken noch immer durch unseren modernen Jahreskreis. Doch die Kronjuwelen sind nicht mehr von den grellen Juwelenimitaten zu unterscheiden, die jetzt das volle Diadem unserer Tage schmücken. Wenn sie zu groß und zahlreich sind, verlieren Edelsteine ihre kostbare Bedeutung; der Schatz eines indischen Prinzen beeindruckt ebensowenig wie Aladins Höhle im Märchenspiel. Unter den Bühnendiamanten und -rubinen moderner Vergnügungen sind die alten Feste kaum noch auszumachen. Nur in einer mehr oder weniger rein bäuerlichen Bevölkerung, der es an Mitteln und Gelegenheit mangelt, dem chronischen Amüsement der heutigen Zeit zu frönen, bewahren die übriggebliebenen Feste etwas von ihrem alten Glanz. Mich persönlich lassen die unermüdlichen Vergnügungen der heutigen Großstädte völlig finster und kalt. Die alles beherrschende Langeweile – denn ach, wie schrecklich langweilen sich doch die meisten Vergnügungssüchtigen, trotz ihrer grimmigen Entschlossenheit, sich zu amüsieren! – und der hoffnungslose Überdruß stecken mich an. Inmitten der Lichter, des Alkohols, des gräßlichen Jazzlärms und der unablässigen Bewegung merke ich, wie ich in immer tiefere Verzweiflung versinke. Im Vergleich zu einem Nachtclub geht es in einer Kirche ausgesprochen lustig zu. Wenn ich je das Bedürfnis habe, öffentlich fröhlich zu sein, gehe ich dorthin, wo Lustbarkeiten nur zu besonderen Anlässen stattfinden und wo die Fröhlichkeit deshalb wirklich echt ist; ich gehe dahin, wo es selten Feste gibt.

Für jemanden, der nur die zu besonderen Anlässen gefeierten Feste besuchen will, ergibt sich das große Problem, zur richtigen Zeit am richtigen Ort zu sein. Als ich durch Belgien reiste, habe ich in kleinen Marktflecken Kirchweihfeste erlebt, bei denen es so orgiastisch herging wie auf einem Breughel-Gemälde. Aber wie soll man sich das genaue Datum merken? Und wie soll man, falls man sich erinnert, am festgesetzten Tag wieder in Flandern sein? Ein kaum zu lösendes Problem. Und dann ist da noch Frogmore. Die aus dem neunzehnten Jahrhundert stammende Skulptur im königlichen Mausoleum gilt als erstaunlichstes Exemplar seiner erstaunlichen Gattung. Ich würde mir Frogmore gern einmal ansehen. Doch der Tempel ist nur einen einzigen Tag im Jahr für das Publikum geöffnet, und zwar am Todestag von Queen Victoria. Meines Wissens starb die alte Dame im Januar. Doch an welchem Tag genau? Und wenn man schon das Privileg genießt, gerade woanders zu sein, wie soll man sich dann mit dem Gedanken befreunden, ausgerechnet zu dieser Jahreszeit wieder nach England zurückzukehren? Ich habe das Gefühl, der Besuch in Frogmore wird nie stattfinden. Und es gibt noch viel mehr Orte, noch viel mehr Daten und Tage, die ich leider immer verpassen werde. Ich muß sogar schon zufrieden sein, daß es wenigstens ein paar Festivitäten gibt, von denen ich weiß, wann sie stattfinden, und deren Schauplatz mehr oder weniger mit meinen eigenen Aufenthaltsorten im Lauf des Jahres übereinstimmt.

Einer dieser seltenen, feierlichen Tage, die ich zufällig nie vergesse, ist der 13. September. Es ist das Fest des Heiligen Antlitzes von Lucca. Und da Lucca nur dreißig Meilen von dem Seebad entfernt liegt, wo ich den Sommer verbringe, und an den Mittelmeerstränden Mitte September noch heiterer, heller Sommer herrscht, zählt das Fest des Heiligen Antlitzes zu den Kronjuwelen meines Jahres. Ich besuche die religiöse Zeremonie und das sich anschließende Volksfest regelmäßig im September.

»Beim Heiligen Antlitz von Lucca!« Das war der Lieblingsschwur Wilhelms des Eroberers. Und wenn ich fluchen und schwören würde, wäre es wohl auch der meine. Denn es ist von Form und Inhalt her ein großartiger Schwur. »Beim Heiligen Antlitz von Lucca!« In welcher Sprache man sie auch ausspricht, diese Worte hallen wider, sie dröhnen wie wahre Poesie. Und wieviel Macht und magischen Zwang enthalten sie für jeden, der das Heilige Antlitz je gesehen hat! Denn das

Antlitz, das Heilige Antlitz von Lucca, ist sicherlich das Merkwürdigste, Eindrucksvollste dieser Art, das ich je sah.

Man stelle sich einen hölzernen Christus vor, überlebensgroß, nicht nackt wie in späteren Darstellungen der Kreuzigung, sondern mit einer langen Tunika bekleidet, in die starre byzantinische Falten kanelliert sind. Das Gesicht ist nicht das eines toten oder sterbenden Menschen, nicht einmal das eines Gepeinigten. Es ist das Gesicht eines leidenschaftlich lebendigen Menschen, und die markanten Züge haben einen strengen, wilden, ja sogar ziemlich bedrohlichen Ausdruck. Aus den dunklen Augenhöhlen aus glänzendem Zedernholz starren einem, ein wenig scheel und mit finsterer Wachsamkeit, zwei gelbbraune Augen entgegen, offenbar kostbare Steine, vielleicht aber auch nur Glas. Das ist das Heilige Antlitz.

Die Überlieferung beteuert, es handle sich um eine lebensgetreue zeitgenössische Darstellung. Es ist historisch belegt, daß das Bildwerk seit fast 1200 Jahren in Lucca steht. Man sagt, ein Schiff ohne Ruder und Mannschaft habe es auf wundersame Weise aus Palästina zu den Ufern von Luni getragen. Die Einwohner Sarzanas erhoben Anspruch auf das fromme Treibgut; aber das Heilige Antlitz wollte nicht nach Sarzana. Die Ochsen, die vor den Wagen gespannt waren, auf dem es lag, schlugen auf göttliche Eingebung hin den Weg nach Lucca ein. Und dort ist das Antlitz seitdem geblieben, hat Wunder vollbracht, Scharen von Pilgern angezogen und die Stadt seiner Wahl vor Schaden beschützt oder manchmal auch nicht. Zweimal pro Jahr, zu Ostern und am 13. September, werden die Türen seines von einer kleinen Kuppel gekrönten Tabernakels in der Kathedrale geöffnet, die Kerzen angezündet, und die dunkle, furchteinflößende Statue, die zu diesem Anlaß mit einem juwelenbesetzten Kittel und einer funkelnden Krone ausgestattet wird, starrt – mit wer weiß welcher rätselhaften Drohung im Blick der leuchtenden, scheelblickenden Augen? – auf die Schar der Andächtigen hinab.

Die offizielle Huldigungsfeier ist eine sehr schöne Zeremonie. Kurz nach Sonnenuntergang formiert sich in der Kirche von San Frediano eine Prozession von Geistlichen. Im altertümlichen Dunkel der Basilika beleuchten ein paar Kerzen dieses liturgische Ballett. Die steifen, bestickten, von Generationen von Priestern getragenen Ornate, aus denen beinah völlig nebensächlich die Köpfe und Hände der gegenwärtigen Besitzer ragen (denn es zählt einzig die sakramentale

Hülle; der kleine Mensch, der sie momentan ausfüllt, ist ohne Bedeutung), schreiten in dem prächtigen Licht und den samtenen Schatten hieratisch auf und ab. Unter seinem Baldachin wirkt der juwelengeschmückte alte Erzbischof wie ein Museumsstück. Ein Wald aus silbernen Mitren zeichnet sich lanzenförmig vor dem Dunkel ab (Lucca scheint Bischöfe im Überfluß zu besitzen). Die Chorknaben tragen Spitze und Scharlachrot. Es gibt auch eine in buntscheckige mittelalterliche Uniformen gekleidete Hellebardiersgarde. Feierlich wird die rituelle Scharade ausgetanzt. Die Prozession taucht aus der dunklen Kirche auf und hinein in die Dämmerung der Straßen. Mit lärmend unpassender Musik setzt die Stadtkapelle ein. Wir eilen auf einer Abkürzung zur Kathedrale, um unsere Plätze für die Feier einzunehmen.

Das Heilige Antlitz hatte schon immer eine Schwäche für Musik. Jedes Jahr, all die Jahrhunderte hindurch, wurde ihm vorgesungen und -gespielt, kam es in den Genuß von Symphonien, Kantaten und Soli auf allen erdenklichen Instrumenten. Während des achtzehnten Jahrhunderts reisten die berühmtesten *castrati* aus den entferntesten Gegenden Italiens herbei, um ihm etwas vorzutrillern. Die hervorragendsten Violin-, Flöten-, Oboen- und Posaunenvirtuosen kratzten und bliesen vor seinem Schrein. Selbst Paganini trat, als er in Lucca am Hof Elisa Bonapartes lebte, bei den alljährlichen Konzerten zu Ehren des Antlitzes auf. Doch die Zeiten haben sich gewandelt, und heutzutage muß sich die Statue mit Lokaltalenten und einem niedrigeren musikalischen Standard bescheiden. Freilich, an gutem Willen fehlt es nie; die Lucchesen geben weiterhin musikalisch ihr Bestes; aber das ist meist nicht mehr als gut gemeint. Mit einer Ausnahme allerdings. Ich werde nie vergessen, was bei meiner ersten Visite beim Antlitz geschah. In jenem Jahr gab es ein ehrgeiziges musikalisches Programm. Es sollte, mit Chor und Orchester, eines jener ausladenden Oratorien zur Aufführung gelangen, die der Kirchenmusiker Dom Perosi in einer merkwürdigen und ziemlich scheußlichen Mischung aus den Stilen von Palestrina, Wagner und Verdi zusammenkomponiert. Es gab ein riesiges Orchester; der Chor hatte an die hundert Mitglieder; wir erwarteten voller Vorfreude den Beginn des Konzerts. Aber als es dann wirklich begann, was für ein unbeschreibliches Pandämonium brach da über uns herein! Alle sangen und spielten wie toll, aber anscheinend ohne sich um Gesang und Spiel der anderen zu kümmern. Von allen musikalischen Darbietungen, die ich je gehört habe, war dies die manchestermäßig-liberalste, die viktorianisch-demokratischste. Der Dirigent stand zwar im Zentrum des Geschehens und fuchtelte mit den Armen; aber er war nur ein konstitutioneller Monarch – der repräsentierte, nicht regierte. Die Musiker hatten sich gegen seinen Despotismus aufgelehnt und sich außerdem geweigert, durch ein Zuviel an geisttötenden Proben in preußischen Gleichschritt gezwungen zu werden. Godwins prophetische Vision eines völlig individualistischen Konzerts war hier tatsächlich Wirklichkeit geworden. Es herrschte ohrenbetäubender Lärm. Aber die Musiker waren mit so viel Begeisterung bei der Sache, daß ich schließlich von ihrer guten Laune angesteckt wurde und das Tohuwabohu fast ebenso genoß wie sie. Dieses Konzert war bezeichnend für die generelle Anarchie des Italiens der Nachkriegszeit. All das gehört inzwischen der Vergangenheit an. Die Faschisten sind gekommen und haben Ordnung und Disziplin eingeführt – bis in die Kunst hinein. Wenn die Lucchesen heute für ihr Heiliges Antlitz spielen und singen, dann tun sie es mit Anstand, tadelloser Routine und gutgedrillt. Es ist bewundernswert, aber auch langweilig. Ich muß gestehen, manchmal sehne ich mich nach dem rasendlauten Geschmetter und Geschrei aus den Tagen der Anarchie zurück.

Fast noch interessanter als die offiziellen sind die inoffiziellen, die privaten und individuellen Andachtshandlungen. Ich habe in der Kathedrale Stunden damit zugebracht, die Menge vor dem Schrein zu beobachten. In der großen Kirche herrscht von morgens bis abends Gedränge. Männer und Frauen, jung und alt, kommen zu Tausenden aus der Stadt, aus dem ganzen Umkreis, um das authentische Abbild Gottes anzustarren. Und dieses Abbild ist düster, drohend, unheimlich. Ich habe im Blick der Gläubigen oft eine gewisse meditative Beunruhigung festgestellt. Und das ist auch nicht weiter verwunderlich. Denn wenn das Antlitz der göttlichen Vorsehung wirklich und wahrhaftig dem Heiligen Antlitz ähneln sollte, dann – ja dann ist das Leben sicherlich kein Honigschlecken. Ängstlich bestrebt, dieses doch etwas erschreckende Bild des Schicksals zu besänftigen, drängen sich die Andächtigen zum Schrein hinauf, um dort eine kleine Gabe aus Nickel oder Silber zu opfern und den Reliquienbehälter zu küssen, den der anwesende Priester jedem Spender darbietet. Vielleicht wird sich das Schicksal für zweieinhalb Franken doch als gütig erweisen.

Doch das Heilige Antlitz schickt ungerührt und scheelen Auges weiterhin seine unergründliche Drohung aus. Von diesem finsteren Blick gebannt, rundum vom Dunkel der Kirche umgeben, beginnt sich auch der durchschnittlichste Mensch insgeheim wie Pascal zu fühlen. Metaphysische Abgründe tun sich vor ihm auf. Die Geheimnisse des menschlichen Schicksals, der Zukunft, des Lebenssinns bedrücken und ängstigen seine Seele. Die Kirche ist dunkel, aber inmitten des Dunkels liegt eine kleine Insel aus Kerzenlicht. Oh, welcher Trost! Aber aus dem Zentrum des tröstlichen Lichts starrt einem, unpassend mit Juwelen geschmückt, scheel das dunkle Gesicht entgegen, erschreckend, unheildrohend, geheimnisvoll.

Glücklicherweise gibt es für uns alle, die wir nicht Pascal sind, immer ein probates Gegenmittel. Wir können dem Antlitz jederzeit den Rücken kehren, wir können das dumpfe Dunkel der Kirche jederzeit hinter uns lassen. Draußen strahlt von einem makellos blauen Himmel die Sonne herab. Die Straßen wimmeln von Menschen in heiterster Ferienlaune. Vor einem der Stadttore, auf einem freien Platz, drehen sich Karussells, dudeln Dampfpfeifen Melodien, die vor vier Jahren auf der anderen Seite des Atlantiks populär waren, hängen vor der Bude der dicken Frau ihre Schlüpfer reglos wie ein riesiger gegabelter Wimpel in der stillen Luft. Menschenmassen, Gerüche, Dauerlärm – Musik und Geschrei, das Gebrüll von Zirkuslöwen, das Kichern aufgedrehter Gören, von der Achterbahn ängstlich-entzücktes Mädchengekreische, Gelächter und Pfiffe, das Tuten von Papptrompeten, das Knattern der Gewehre am Schießstand, zerklirrendes Geschirr, Babygeplärr, alles mischt sich zum gewaltigen, formlosen Klang menschlichen Glücks.

Pascal war weise, aber auf allzu bewußte Art, mit einer allzu widerspruchsfreien Spiritualität. Ihm war das Heilige Antlitz stets gegenwärtig und quälte ihn mit seiner düsteren Drohung, mit dem Geheimnis seines bösen Blicks. Und wenn er je, in einem Moment der Zerstreuung, den metaphysischen Horror der Welt und jene Abgründe zu seinen Füßen vergaß, dann kam er mit Gewissensbissen wieder zu sich, zu seinem geistig bewußten Ich. Er fand es richtig, gequält zu werden, er weigerte sich, die Freuden der Schöpfung zu genießen, er ging gerne dicht am Abgrund entlang. In seinem Übermaß an bewußter Weisheit war er verrückt; denn er opferte sein Leben Prinzipien, metaphysischen Abstraktionen, einer übermäßigen

Geistigkeit, die Lebensverneinung bedeutet. Er zog den Tod dem Leben vor. Obwohl sie unvergleichlich roher und dümmer sind als Pascal, obwohl sie ihm beinahe grenzenlos unterlegen sind, sind die Männer und Frauen, die hier schreiend und lachend durch die staubige Hitze des Jahrmarkts schlendern, doch weiser als der Philosoph. Ihre Weisheit ist die unbewußte Weisheit der Gattung – die sprachlose, instinktive, physische Weisheit des Lebens selbst. Denn das Leben selbst befiehlt den Lebenden, in ihrem eigenen Interesse widersprüchlich zu sein. Das Leben selbst gebietet ihnen, nachdem es ihnen Pascals Abgründe und Schrecken dumpf zu Bewußtsein gebracht hat, sich von dem bösen Auge des Heiligen Antlitzes abzuwenden, aus der dunklen, stillen, nach Weihrauch duftenden Kirche ins Sonnenlicht hinauszutreten, in den Staub und das wirbelnde Treiben, den Schweißgeruch und den lauten Trubel des Jahrmarkts. Es ist das Leben selbst. Und ich für meinen Teil setze mehr Vertrauen darein, daß das Leben recht hat als irgendein bestimmter Mensch – auch wenn dieser besondere Mensch zufällig Pascal heißt.

(*Do What You Will*, 1929; Ü.: Sabine Hübner)

Paradies

Zwischen Straße und Meer legte ein Palmenhain unanfechtbares Zeugnis von der Milde des Klimas ab. Mit ihrem exotischen Aussehen – die Blätter das Gefieder eines Riesenpapageien, jeder Stamm das Hinterbein eines Elefanten – schützten uns die Palmen vor aller nördlichen Unbill. Pflanzen lügen nicht. An diesem Gedanken jedenfalls hält man hartnäckig fest, trotz der Bananen, die in Penzance fast zur Reife gelangen, trotz des Bambusrohrs, das im Märzwind schwankt, als sei Surrey die malaische Halbinsel. »Sie sehen ganz recht, meine Damen und Herren«, schienen die Palmen zu sagen. Und das sollten sie auch; genau das hatte ein kluger Stadtrat beabsichtigt, als er sie pflanzte: »Sie sehen ganz recht. Das Mittelmeerklima ist wirklich subtropisch.« Nach einer Grippeattacke war eine Gegend mit subtropischem Klima genau das, was ich jetzt brauchte: genau das, wonach ich bis jetzt vergeblich gesucht hatte. Den ganzen Tag über waren wir an einer regenverhangenen, sturmzerzausten Riviera entlanggefahren. Eine kalte, anstrengende Reise, als fahre man durch Schottland. Jetzt aber hatte sich der Sturm gelegt, der Abend war kristallklar. Jene Palmen im Licht der tiefstehenden Sonne erinnerten an eine Bibelillustration des Gelobten Landes. Und das Hotel, das über ihre grünen Wipfel hinweg aufs Meer sah, hieß Hotel Paradiso. Das gab den Ausschlag. Wir beschlossen zu bleiben – falls nötig wochenlang; bis ich wieder ganz auf der Höhe war.

Das Paradies wartete als erstes mit einer Überraschung auf. In einer italienischen Hotelhalle rechnet man eigentlich nicht mit einer Schar Engländerinnen mittleren Alters, die sich als weibliche Pierrots, Geishas und walisische Bäuerinnen verkleidet haben. Aber da standen sie herum, als wir uns nach Zimmern erkundigten, mit hohen Hüten, Kimonos etc. etc., und plauderten höchst angeregt mit einem jungen Pfarrer, dessen klerikaler Oxfordakzent (*he that hath eeyars to heeyar, let hin heeyar*) und Gelächter (jenes übertrieben fröhliche Gelächter von Pfarrern, die zeigen wollen, daß sie, malgré tout, doch nette Kumpel sind) ein rechter Ohrenschmaus waren.

Ein an der Rezeption ausliegender Handzettel klärte das Rätsel auf. Etwas verspätet – denn die Fastenzeit hatte schon seit zehn Tagen begonnen – feierte die Stadt ihren Karneval. In bombastischem italienischem Stil lasen wir von prunkvollen Umzügen, Festwagen mit allegorischen Darstellungen, enormen Preisen für die besten Kostüme, Sportveranstaltungen in Form von Radrennen sowie von allerlei Maskenbällen. Die Geishas und die walisischen *colleens* (oder hießen sie in Wales doch anders?) hatten damit umgehend ihre Erklärung gefunden. Und vielleicht, schoß es mir durch den Kopf, ist ja auch der Pfarrer nur verkleidet. Der Bühnengeistliche war schon immer eine beliebte Maskerade. Aber als ich dann erneut die Stimme, das ach so fröhliche Gelächter hörte, war mir klar, daß hier kein Sakrileg begangen worden war. Bei der schwarzen Uniform handelte es sich eindeutig nicht um ein Maskenkostüm.

Vor dem Abendessen unternahmen wir noch einen Stadtbummel – jedoch nur um zu entdecken, daß die Stadt gar nicht existierte. Zwar gab es Häuser, Hunderte weiß verputzter Kästen, alle nagelneu und blitzsauber. Viel Steine und Mörtel, aber keine Menschen. Die Fensterläden waren zu, die Häuser standen leer. Im Sommer, während der Badesaison, wohnte zweifellos jemand darin. Dann würde die Stadt zum Leben erwachen. Aber um diese Jahreszeit war sie tot. Wir suchten nach dem *centro cella città*; vergeblich, die Stadt hatte kein Zentrum. Beim einzigen Laden, den wir sahen, handelte es sich um einen englischen Tea-Room. In der Hauptstraße begegneten wir einem rot und gelb beflaggten Gefährt. Sehr langsam, ein Leichenwagen im Narrenkleid, rollte er hinter zwei betagten Pferden her; und ein Häufchen von zwanzig bis dreißig, teils betrunkenen Männern und Knaben lief kläglich singend hinterdrein. Es handelte sich wohl um Einheimische, die in lustiger Stimmung hinter einem der allegorischen Karnevalswagen herzogen. Schnell kehrten wir wieder ins Paradies zurück. Das Bauernmädchen und die Geisha redeten immer noch mit dem Pfarrer. Im Hintergrund saßen ein paar alte Damen murmelnd über ihrem Strickzeug.

Da wir nach einem langen Reisetag hungrig waren, leisteten wir dem Essensgong pünktlich Folge. Einige Tische waren schon besetzt. Einsam in der Mitte des Speisesaals gab sich ein altes Weiblein ernst, fast leidenschaftlich ihrer Mahlzeit hin – die leidenschaftliche Gier eines Menschen, den Alter und Umstände jedes anderen Ventils für seine Libido beraubt haben. In einer entfernten Ecke waren offenkundig zwei alte Jungfern mit ihrer Suppe beschäftigt. Sie trugen halbelegante Abendgarderobe, und bei jeder Bewegung sah man den matten Glanz von Halbedelsteinen, hörte man trockenes Colliergeklapper. Sie hatten helles, fast farbloses Haar, kraus vom häufigen Locken mit der Brennschere. Wir begannen zu essen. Zwei weitere alte Damen betraten den Saal, ein Leichnam und ein schwarzer Satinballon. Eine verwitwete Mutter mit drei Töchtern, die vor einigen Jahren noch hübsch gewesen waren, jetzt aber in einen endgültig heiratsunfähigen Zustand hinüberwelkten oder schon hinübergewelkt waren, setzten sich an den Tisch neben uns. Es folgte eine künstlerische Dame. Ihr salbeigrünes Kleid war nur viertelelegant und ihre Steine eindeutig unedel. Noch eine verwitwete Mutter mit einer unverheirateten Tochter, die nie hübsch gewesen war. Noch eine einsame alte Dame. Der Pfarrer und seine Gattin – welche Wohltat, lange Hosen zu sehen! Eine alte Frau, die mit Hilfe eines Stocks und einer Gesellschafterin hereingehumpelt kam. Der Stock war aus Ebenholz; die Gesellschafterin hatte den stumpfweißen Teint eines gerupften Huhns.

Nach wenigen Minuten waren alle Tische besetzt. Es handelte sich um etwa vierzig Gäste – alle aus England und, außer dem Pfarrer und mir, alles Frauen. Und was für Frauen! Wir schauten uns an und hätten gelacht, wenn der Anblick von soviel Alter, Tugend und Häßlichkeit, soviel Enttäuschung und Vornehmheit, soviel Mittelschichtstolz auf so geringe feste Einkünfte, soviel Langeweile und Selbstaufopferung nicht ebenso peinlich-erschütternd wie grotesk gewesen wären. Und plötzlich kam mir der Gedanke, daß es an der ganzen Riviera, von Marseille bis La Spezia, von solchen Frauen nur so wimmeln mußte. In einer umfassenden und erschreckenden Intuition hatte ich ihre ganze Existenz vor Augen. In ebendiesem Moment, dachte ich, essen Tausende und Abertausende von ihnen in den billigen Hotels und Pensionen der Mittelmeerküste ihren Fisch, mit jenem übertrieben kultivierten Mittelschichtgetue, bei dem man sich in den Lyons Corner Houses nach den lauten, unfeinen Manieren der französischen oder belgischen Provinzbewohner sehnt. Tausende und Abertausende, und alle versuchen sich warm zu halten, gut durch den Winter zu kommen, sich im Ausland zu zerstreuen, neue Eindrücke zu sammeln und billiger zu leben. Aber der Sturm heult den Palmen zum Trotz. Und es gießt wie aus Kübeln. Die kleinen Städtchen an ihren Buchten zwischen felsigen Landzungen sind völlig ausgestorben. Es gibt keine Zerstreuungen außer dem Geplauder anderer Frauen ihrer Art. Die einzigen neuen Eindrücke sind der letzte Schrei in punkto halbeleganter Abendgarderoben und Halbedelsteinschmuck. Francs und Lire stehen nie so günstig, wie man erwartet hat. Die Einkünfte ändern sich nie – und dasselbe gilt für moralische Haltung, geistige Interessen, Vorurteile, Manieren und Gewohnheiten.

Während wir in der Hotelhalle auf den Kaffee warteten, kamen wir mit dem Pfarrer ins Gespräch. Oder vielmehr kam er ins Gespräch mit uns. Wahrscheinlich hielt er es für seine Pflicht als Christ, als Geistlicher auf Zeit in der anglikanischen Diözese von Südeuropa, die Neuankömmlinge zu begrüßen, ihnen ihre Befangenheit zu nehmen. »Wunderschöner Abend«, sagte er mit seiner allzu kultivierten Stimme. (Aber ich liebte ihn um seiner Hosen willen.) »Wirklich wunderschön«, erwiderten wir zustimmend, und daß es ein bezauberndes Hotel sei. »Bleiben Sie lange?« fragte er. Wir sahen uns an, ließen unseren Blick durch die überfüllte Halle schweifen und sahen uns erneut an. Ich schüttelte den Kopf. »Morgen«, sagte ich, »müssen wir in aller Frühe weiter.«

(*Do What You Will*, 1929; Ü.: Sabine Hübner)

Könige und Wasserspiele

In den europäischen Kanzleien des 18. Jahrhunderts kümmerte sich niemand allzusehr um Hessen. Seine Feindschaft bedeutete keine Gefahr, seine Freundschaft brachte keine konkreten Vorteile. Hessen war nur einer der kleineren deutschen Staaten – eine Macht zehnten Ranges.

Zehnten Ranges: Und doch steht am Stadtrand von Kassel, der Hauptstadt dieses lächerlich unwichtigen Fürstentums, ein Schloß, dessen Größe und Pracht eines waschechten Kaisers würdig wären. Und von der Hauptfront dieses Schlosses bis zum Gipfel des benachbarten Bergs erstreckt sich einer der herrlichsten architektonischen Gärten der Welt. Dieser Garten – er wirkt wie ein schnurgerader, breiter Korridor symmetrischer Steinmetzarbeit, der durch den Bergwald getrieben wurde – zieht sich hin bis zu einem schwer beschreibbaren Gebäude im imposantesten römischen Stil, fast so groß wie eine Kathedrale und überragt von einer riesigen Bronzestatue des Herkules. Zwischen dem Herkules am Gipfel und dem Schloß am Fuß des Berges befinden sich unzählige Terrassen mit Springbrunnen und Wasserfällen, Teichen, Grotten, wasserspeienden Tritonen, Delphinen, Nereiden und der übrigen mythologischen Fauna eines Wassergartens aus dem 18. Jahrhundert. Wenn das Wasser fließt, ist das ein großartiges Schauspiel. Die zwei Meilen lange Strecke besteht größtenteils aus klassizistischen Katarakten und elegant kanalisiertem Schaum. Die Versailler Wasserspiele sind im Vergleich dazu harmlos und banal.

Mein Besuch in Kassel fiel auf einen Pfingstsonntag. Mit fast allen Bewohnern der Stadt war ich zum Heiligtum des Herkules auf den Berg gestiegen. Als ich dort im Schatten des Gottes stand, unter mir das Wasser sprudelte und spritzte und die grüne Schloßkuppel am Fuß des langen Katarakts in der Sonne leuchtete, fand ich mich plötzlich, und ganz prosaisch, über Mittel, Wege und Motive spekulieren. Wie konnte sich jemand, der nur Fürst von Hessen war, solch einen wahrhaft kaiserlichen Prunk leisten? Und falls es ihm doch irgendwie gelungen war, das Geld aufzutreiben, warum hatte er beschlossen, es auf so phantastische Weise zu verschwenden? Und warum haben sich die Hessen das überhaupt gefallen lassen? Schließlich war es ja ihr Geld; als sie sahen, daß er alles für ein Haus und einen Garten verschwendete, warum haben sie sich da nicht gegen ihren törichten, verantwortungslosen Tyrannen erhoben?

Die Antwort auf diese letzten Fragen erhielt ich, sogar auf meine direkte Erkundigung hin, von den guten Kasselern selbst. Schön, herrlich, prachtvoll – sie explodierten geradezu vor allseitiger Bewunderung. Zweifellos amüsierten sie sich ganz prächtig. Innerhalb von sechs Generationen kann sich bei Menschen kein fundamentaler Wandel vollziehen. Es gibt keinerlei Grund für die Annahme, daß sich die Hessen des Jahres 1750 groß von denen des Jahres 1932 unterscheiden. Wann immer der Fürst seinen Untertanen erlaubte, seine Wasserspiele zu besichtigen, strömten sie sicher in hellen Scharen herbei, und ich habe nicht den geringsten Zweifel, daß sie ganz genau wie ihre Nachkommen heutzutage voller Bewunderung waren und diese Bewunderung genossen. Die Psychologie der Revolutionäre ist wahrscheinlich doch nicht so ganz durchdacht. Die prachtvolle Zurschaustellung des Reichtums erregt keineswegs, wie sie glauben, in den Herzen der Armen glühenden Neid. Es ist sogar häufiger so, daß sie, einen gewissen Grad an Wohlstand vorausgesetzt, nur Freude erweckt. Daß der Fürst soviel Geld für sein Haus und seinen Garten verschwendete, hat keineswegs dazu geführt, daß die Hessen revoltierten und ihn umbrachten. Vermutlich waren sie ihm im Gegenteil sogar dankbar, daß er ihre eigenen vagen Tagträume von einer märchenhaften Pracht realisiert hat: in massivem Stein und durch in allen Regenbogenfarben schillerndes Wasser.

Eine der Funktionen der Monarchie besteht darin, den Menschen eine zwar stellvertretende, aber nichtsdestoweniger reale Erfüllung ihrer Wünsche zu gewähren. Könige, die sich eindrucksvoll zu präsentieren wissen, sind beliebt; und Extravaganzen, die dem braven Marxisten schlichtweg verbrecherisch erscheinen müssen, werden vom Volk nicht nur verziehen, sondern sogar gelobt. Weise Könige haben seit eh und je einen gewissen Prozentsatz ihrer Einkünfte für die prunkvolle Zurschaustellung ihrer Macht bestimmt. Schlösser und Wasserspiele waren damals eine ebenso gute Reklame für die Monarchie wie heutzutage ein imposantes Verwaltungsgebäude für ein Unternehmen. Die Unternehmen haben in der Tat viele Verpflichtungen der Monarchie geerbt. Mit dem Staat und der Stadtverwaltung teilen sie die wichtige Aufgabe, dem einfachen Volk Ersatzbefriedigungen für seine Wünsche zu gewähren. Heutzutage bauen Könige keine Schlösser mehr; das tun jetzt Zeitungen und Versicherungsgesellschaften. Restaurants für jedermann sind heute ebenso prunkvoll mit Marmor ausgestattet wie das Mausoleum des Escorial; Hotels sind prachtvoller eingerichtet als Versailles. Jede Gesellschaft braucht irgendeine Person oder Organisation, deren Aufgabe es ist, die Tagträume der Massen zu realisieren. Das Leben in einer total vernünftigen, utilitaristischen Gesellschaft wäre unerträglich langweilig. Gelegentliche Ausbrüche herrlich sinnloser Pracht sind für das menschliche Wohlergehen ebenso wichtig wie ein Kanalisationssystem. Wahrscheinlich sogar wichtiger. Man bedenke nur, daß die Erfindung sanitärer Installationen noch nicht allzulang zurückliegt; die Entfaltung königlicher Pracht jedoch ist so alt wie die Zivilisation selbst.

(*The Olive Tree*, 1936; Ü.: Sabine Hübner)

Agra

Es ist mir immer ein wenig peinlich, wenn ich merke, daß ich etwas nicht bewundern kann, das alle Welt bewundert – oder das zumindest als bewundernswert gilt. Bin ich auf den Kopf gefallen, oder sind es die anderen? Habe ich einen schlechten Geschmack oder die anderen? Mir widerstrebt es, mich selbst zu verurteilen, aber fast ebensosehr, zu glauben, ich allein hätte recht. Und so frage ich mich, was ich tun soll, wenn alle Welt (und nicht nur die Professoren für englische Literatur, sondern auch Milton, Wordsworth und Keats) mir versichert, daß Spenser ein großer Dichter sei. Auf mich wirkt Spenser nämlich nur wie ein Virtuose, wie ein Mann, der den Taschenspielertrick beherrscht, aus einem leeren Kopf Hunderte perfekt gereimter Stanzen hervorzuzaubern. Vielleicht bin ich allzusehr für den Verstand voreingenommen; aber eigentlich bin ich immer der Ansicht gewesen, Dichter müßten etwas zu sagen haben. Spenser beherrscht die Kunst, nichts zu sagen, und dies in aller Ausführlichkeit, in Reimen und ratternden Versmaßen. Alle Welt bewundert das; aber ich kann nicht. Ich wünschte, ich könnte es.

Hier in Agra quält mich dasselbe peinliche Gefühl. Das Tadsch Mahal ist eines der Sieben Weltwunder. Mein Fremdenführer versichert mir, es sei »vielleicht das schönste Gebäude in der ganzen Welt«. Auf seinen Rat hin fuhren wir hinaus, um im Licht des Sonnenuntergangs einen ersten Blick auf das Wunder zu werfen. Die Natur tat ihr Bestes für das Tadsch. Der Westen leuchtete vorschriftsmäßig rot, orange, gelb und schließlich smaragdgrün und stufte sich zum Zenit hin zu einem blassen, makellosen Blau ab. Zwei Abendsterne, Venus und Merkur, folgten der untergegangenen Sonne. Der heilige Jumna war wie ein silbernes Laken zwischen seinen Ufern hingebreitet. Auf der anderen Seite erstreckte sich gräulich das flache Land und verlor sich im Dunst der Ferne. Die Gärten lagen da in der Pracht ihrer Rasenflächen, Zypressen, Palmen und heiligen Feigenbäume, sie waren erfüllt von langen Schatten und rosigem Licht, dem Zirpen der Heuschrekken, den Schreien riesiger Eulen, dem unermüdlichen Hämmern eines Bartvogels. Ich wiederhole, die Natur tat ihr Bestes. Aber wenn sie auch alles verschönerte, so konnte sie das Werk des Menschen doch nicht besser machen. Trotz des Sonnenuntergangs, trotz der vielfachen Spiegelungen in den Wasserbecken und im Fluß, trotz der Nachbarschaft der melancholischen Zypressen – das Tadsch war eine Enttäuschung.

Daß ich das Tadsch nicht zu würdigen wußte, liegt wohl daran, daß ich zwar die Architektur und die ornamentalen Künste sehr liebe, jedoch kaum Interesse für das Verschwenderische und Pittoreske an sich habe. Nun zeichnet sich das Tadsch aber gerade dadurch aus, daß es ordentlich verschwenderisch und pittoresk ist. Wie es da, makellos gespiegelt, milchweiß unter den dunklen Zypressen steht, ist es tatsächlich die Realität gewordene *Toteninsel* Arnold Böcklins. Und von sagenhafter Pracht. In die gemeißelten, filigrangeschmückten Marmorquader sind kostbare Steine eingelegt. Die kleinste Rose oder Mohnblume auf den königlichen Grabmälern ist eine Angelegenheit von zwanzig oder dreißig Karneolen, Onyxen, Achaten, Chrysoliten. Selbst im Neuen Jerusalem fand sich keine größere Vielfalt kostbarer Steine. Wenn es sich der Vizekönig in den Kopf setzen würde, noch ein zweites, mit dem ersten identisches Tadsch zu errichten, dann müßte er den fünfzehnten, vielleicht sogar den zwölften oder zehnten Teil der jährlichen Militärausgaben investieren. Die Phantasie gerät ins Taumeln...

Es scheint diese zügellose Pracht zu sein, die den meisten Leuten am Tadsch gefällt. Und wenn sie vom Tadsch enttäuscht sind (ich bin einigen Enttäuschten begegnet, und der Grund war immer der gleiche), dann deshalb, weil das Bauwerk doch nicht ganz so verschwenderisch ist, wie sie geglaubt hatten. Beim Herumklettern zwischen den Dächern fanden sie Beweise dafür, daß es sich nicht um massiven Marmor handelt, sondern um billiges Mauerwerk, das nur mit Marmor verkleidet ist – nicht massiv. Alles Schwindel! Inzwischen verdienen die Führer und Wärter ihr Geld damit, daß sie nachdrücklich auf der Kostspieligkeit des Tadsch Mahal bestehen. »Alles Marmor«, sagen sie, »alles kostbare Edelsteine.« Sie wollen, daß man nicht nur schaut, sondern auch berührt, daß man den Reichtum nicht allein mit den Augen erfaßt, sondern auch aus der Nähe, mit den Fingern. Bei europäischen Führern habe ich genau das gleiche erlebt. Verschwenderische Pracht ruft überall Bewunderung hervor. Den Durchschnittstouristen reißt der St. Petersdom zu größerer Verzückung hin als die St.-Pauls-Kathedrale daheim. Das Innere der römischen Basilika besteht ganz aus Marmor, St. Paul ist nur aus Sandstein. Die jeweiligen architektonischen Vorzüge der beiden Kirchen werden nicht einen Moment lang in Erwägung gezogen.

Architektonisch betrachtet sind die größten Schwachpunkte des Tadsch Mahal seine Minarette. Diese vier dünnen, sich verjüngenden Türmchen an den vier Ecken der Plattform, auf der das Tadsch Mahal errichtet wurde, gehören zu den häßlichsten Bauten, die je von Menschenhand geschaffen wurden. Freilich dürfte der Architekt mehrere Entschuldigungen für seine Minarette bereithalten. Er würde mit dem Hinweis beginnen, daß es angesichts der Dimensionen von Hauptgebäude und Plattform unmöglich war, den vier Nebenbauten insgesamt mehr als ein bestimmtes begrenztes Volumen zu geben, ein im Vergleich zum Tadsch Mahal selbst geringes Volumen. Architektonisch gesehen wäre es zweifellos das beste gewesen, dieses eindeutig begrenzte Volumen in vier niedrigen Bauten mit relativ breitem Grundriß anzulegen. Aber leider machten es die Anforderungen der Religion unumgänglich, das zur Verfügung stehende Volumen in Minarette zu investieren. Da es sich um ein geringes Volumen handelte, mußten die Minarette für ihre Höhe sehr dünn ausfallen.

Diese Rechtfertigungen sind an sich absolut stichhaltig. Die Gebote der Religion erforderten Minarette, und die Gebote der Proportion erforderten, daß die Minarette so erschreckend schlank sein mußten. Aber es gab keinerlei Grund, warum sie sich schwächlich verjüngen mußten, es gab keinen Grund, die Stellen, wo die einzelnen Steinblöcke aneinandergrenzen, mit schwarzen Rändern hervorzuheben, und vor allem gab es keinen Grund, den Schaft der Minarette mit massigen, plumpen Balkonen zu umgeben, die außerdem auch noch in den exakt falschen Abständen zueinander und zum Boden angebracht sind.

Das Tadsch Mahal selbst wird von keinem dieser für die Minarette charakteristischen Mängel verschandelt. Aber seine Eleganz ist höchstens von sehr langweiliger, farbloser Art. Sein »Klassizismus« entspringt nicht der klugen Zügelung einer überbordenden Phantasie, sondern einem tatsächlichen Mangel an Phantasie, einer kümmerlichen Vorstellungskraft. Die Monotonie der architektonischen Formen, aus denen es zusammengesetzt ist, springt einem sofort ins Auge. Es gibt praktisch nur zwei kontrastierende Formelemente im ganzen Entwurf – der in den Spitzbögen der Wandnischen zweidimensional nachgebildete Zwiebelturm und die glatte Wandverkleidung mit ihren scharfen, rechtwinkligen Begrenzungen. Vergleicht man das Tadsch Mahal mit mehr oder weniger zeitgenössischen Bauwerken im neoklassizistischen Stil der Hochrenaissance und des Barock, wird dieser Mangel an formalen Elementen besonders augenfällig. Man denke zum Beispiel an die St.-Pauls-Kathedrale. Hier finden wir sehr viele verschiedene Bauelemente. Da sind die halbkugelförmige Kuppel, der große, mit Kolonnaden versehene Zylinder des Tambours, die flachen Seitenwände, die von viereckigen Pilastern und Rundnischen unterbrochen werden; am einen Ende die gekrümmten Flächen der Apsis und am anderen die Westfassade mit ihrem Portal – ein Entwurf aus einzelnen Zylindern (den Säulen), die vor einer niedrigen Mauer stehen und ein weiteres formales Element, den dreieckigen Giebel, stützen. Wenn argumentiert wird, St. Paul sei ja viel größer als das Tadsch Mahal und die kontrastierenden Elemente in seinem Entwurf folglich erwartungsgemäß zahlreicher, so können wir als Vergleichsbeispiel ein kleineres Bauwerk der Spätrenaissance heranziehen. Ich schlage Palladios Rotonda in Vicenza vor, etwas kleiner als das Tadsch Mahal, jedoch von ebenso regelmäßigem Grundriß und gleichfalls mit einer Kuppel versehen. Bei der Analyse der Rotonda werden wir eine größere Anzahl formaler Elemente finden als beim Tadsch Mahal und entdecken, daß ihre Eleganz aus diesem Grund viel größer, subtiler und vielfältiger ist als die kümmerliche, langweilige, farblose Eleganz, die das indische Bauwerk charakterisiert.

Aber man muß nicht bis nach Europa gehen, um Beispiele einer vielfältigeren, phantasievolleren Eleganz als der des Tadsch Mahal zu finden. Die hinduistischen Architekten haben Bauwerke errichtet, die als Kunstwerke unvergleichlich viel einfallsreicher und interessanter sind. Ich war zwar noch nicht in Südindien, wo man angeblich die schönsten Beispiele hinduistischer Architektur findet. Aber von der Kunst habe ich in Rajputana genug gesehen, um von ihrer gewaltigen Überlegenheit über jedes mohammedanische Werk überzeugt zu sein. Die Tempel in Chitor etwa sind Beispiele eines echten Klassizismus. Sie sind das Produkt einer erstaunlichen, fast ausschweifenden Phantasie, in Schach gehalten und gelenkt von einem höchst umsichtigen Intellekt. Ihre Eleganz – und auf ihre Weise sind sie genauso elegant wie das Tadsch Mahal – ist opulent, subtil, voll unerwarteter glücklicher Einfälle. Ihre Konstruktion birgt zahlreiche und wohltuend kontrastreiche formale Elemente, und das Detail – die Hohlkehlen und die ornamentalen Reliefs – ist, trotz Überfluß und Fülle, stets dem architektonischen Plan untergeordnet und von höchster ornamentaler Qualität.

In letzterer Hinsicht ist das Hindu-Ornament dem von den späteren Mogulen angewandten eindeutig überlegen. Die *pietra dura*-Arbeit am Tadsch Mahal und den Schahdara-Gräbern in Lahore ist wunderbar präzise ausgeführt und von verschwenderischer Kostbarkeit. Diese Qualitäten mögen an sich durchaus schätzenswert sein, aber sie haben nichts mit dem dekorativen Wert des Ganzen in seiner Eigenschaft als Kunstwerk zu tun. Als Kunstwerke sind die *pietra dura*-Dekorationen des Tadsch Mahal armselig und uninteressant. In den gemeißelten und gemalten Ornamentationen der Paläste und Tempel in Rajput bekommt man Arabesken von viel schönerer Zeichnung zu Gesicht. Was die *Bas Reliefs* aus Blumen betrifft, die den Torweg des Tadsch Mahal schmücken – sie sind schlicht und einfach mißlungen. Ihre Gestaltung schwankt zwischen Realismus und Konvention. Es handelt sich dabei weder um naturgetreue Darstellungen von Blumen noch um gute Stücke frei gestalteter floraler Dekoration. Wie irgend jemand, der jemals ein großartiges Beispiel dekorativer Blumenmalerei oder -schnitzerei gesehen hat, egal ob hinduistisch oder europäisch, diese schwerfälligen Reliefs bewundern kann, übersteigt meinen Verstand. In der Tat habe ich den Eindruck, daß jeder glühende Bewunderer des Tadsch Mahal es offenbar ohne jegliche Wertmaßstäbe im Kopf betrachtet – als existiere das Ding allein für sich, in einem Vakuum. Doch in Wirklichkeit existiert das Tadsch Mahal in einer mit architektonischen und ornamentalen Meisterwerken übersäten Welt. Mit ihnen verglichen reiht sich das unvergleichliche Mausoleum sofort auf den ihm gebührenden Platz in der Hierarchie der Kunst ein – ziemlich weit unterhalb der erstrangigen Werke. Aber es besteht aus Marmor. Und Marmor, das ist mir klar, bemäntelt eine Menge Sünden.

(*Jesting Pilate*, 1926; Ü.: Sabine Hübner)

Benares

Es hieß, man würde die Sonnenfinsternis von Benares aus sehen können. Aber dazu brauchte man nicht nur Rauchglas; auch das Auge des Glaubens war unerläßlich. Das besaßen wir leider nicht. So blieb die Sonnenfinsternis, zumindest für uns, teils einfach deshalb unsichtbar, weil sie nicht existierte. Nicht, daß es uns etwas ausgemacht hätte. Denn wir waren an jenem Morgen schließlich nicht auf den Ganges hinausgerudert, um die Silhouette des Mondes zu betrachten, sondern um die Hindus zu betrachten, die sie betrachteten. Das war ein viel außergewöhnlicheres Schauspiel.

An jenem Morgen befanden sich an den Badeplätzen der Ufertreppen vorsichtig geschätzt eine Million Hindus. Eine Million. Sie waren während des ganzen vorhergehenden Tages und der ganzen vorhergehenden Nacht in die Stadt geströmt. Wir begegneten ihnen auf sämtlichen Straßen, wie sie barfuß durch den Staub stapften, eine endlose schweigende Prozession. In Bündeln, die sie auf dem Kopf balancierten, trugen sie Lebensmittel, Kochutensilien und getrockneten Dung zum Feuermachen, und die neuen Kleider, die frommen Hindus nach dem Bad zu Ehren der verdunkelten Sonne vorgeschrieben sind. Viele waren von weit her gekommen. Die alten Männer stützten sich müde auf ihre Bambusstöcke. Die Frauen, die ihre Kinder rittlings auf den Hüften trugen und ihre Last mechanisch auf dem Kopf balancierten, bewegten sich in einer Trance der Erschöpfung. Hie und da sahen wir eine kleine Gruppe rasten – die Leute hockten nach indischer Gepflogenheit gleichgültig im Straßenstaub, fast unter den Rädern der vorbeifahrenden Wagen.

Und jetzt waren Tag und Stunde gekommen. Bald würde die Schlange die Sonne verschlingen. (Jedenfalls würde dies gleich in Sumatra passieren. In Benares würde die Schlange nur unmerklich den Rand der Sonnenscheibe anknabbern. Die Schlange, so sollte man wohl sagen, würde versuchen, die Sonne zu verschlingen.) Eine Million Männer und Frauen waren nach Benares gekommen, um dem Licht des Himmels gegen seinen Feind beizustehen.

Die Ghats oder Verbrennungs- und Badeplätze führen in etwa zweihundert Meter breiten Treppen zum Fluß hinab, der daliegt wie eine lange Bühne am Fuß riesiger Sitzreihen. Die Sitzreihen waren heute brechend voll. Während wir auf dem Ganges dahinglitten, blickten wir zu den endlosen Gefilden schrägflächig ausgebreiteter Menschheit hinauf.

Auf den kleineren und vergleichsweise profanen Ghats drängte sich die Menge etwas weniger dicht auf den heiligsten Stufen. An einem dieser leereren Badeplätze sahen wir die Einschiffung einer Prinzessin auf dem heiligen Strom. Unter einem mit Vorhängen versehenen goldglitzernden Baldachin kam auf den Schultern von sechs rotlivrierten Dienern eine Sänfte durch die Menge heruntergeschwankt. Ein Hausboot, ausladend wie eine Arche Noah, dessen Fenster mit scharlachroten Vorhängen verhüllt waren, glitt aufs Ufer zu. Der Haushofmeister schrie, schob die Menge beiseite und schlug mit seinem Amtsstab um sich; irgendwie wurde ein Weg gebahnt. Langsam und mit furchterregendem Schlingern kam die Sänfte zum Fluß herunter. Kaum hatte man sie abgesetzt, war auch schon zwischen der Sänfte und der Tür der Barke ein kleiner Steg errichtet worden. Der goldene Stoff hob sich, das Segeltuch bewegte sich; die Dame – die Damen, denn in der Sänfte befanden sich mehrere von ihnen – hatten die Barke betreten, ohne daß irgendein gewöhnlicher Blick auf sie gefallen wäre. Was sie aber nicht davon abhielt, ein paar Minuten später, als die Barke in die Strommitte gerudert worden war, die scharlachroten Vorhänge zu heben und mit unverschleierten Gesichtern und ungenierter Neugier auf die vorbeifahrenden Boote und unsere neugierige Kamera hinauszuspähen. Arme Prinzessinnen! Sie konnten nicht mit ihren plebejischen, unbewachten Schwestern im offenen Ganges baden! Sie mußten im Bilgenwasser der Barke untertauchen. Das Wasser des heiligen Stroms ist schon unter freiem Himmel schmutzig genug. Wie muß es erst sein, wenn es im Dunkeln unter einer alten Barke gestanden hat!

Wir ruderten auf die Totenverbrennungsplätze zu. Ausgestreckt auf ihren kleinen, rechteckigen, ordentlich aufgeschichteten Scheiterhaufen lagen drei Leichen und schwelten vor sich hin. Sie lagen auf brennenden Reisigbündeln, waren ganz damit bedeckt. Grausamer- und groteskerweise ragten jedoch ihre Füße darüber hinaus, wie bei Schläfern, die, im zu kurzen Bett und nur dürftig zugedeckt, keine Ruhe finden.

Ein kleines Stück weiter sahen wir eine Reihe heiliger Männer, die wie Kormorane auf einem schmalen Mauersims direkt oberhalb des Wassers hockten. Im Schneidersitz, die Hände, mit den Innenflächen nach oben, schlaff auf dem Boden neben sich, meditierten sie über ihre braunen, schweißnassen Nasenspitzen. Krischna, der Herr selbst, hatte dieses mystische Schielen in der *Baghavad Gita* beschrieben. Krischna der Herr wußte offenbar alles, was man über die Kunst der Selbsthypnose nur wissen kann. Seine einfache Methode blieb bis heute unübertroffen; durch sie ist die mystische Ekstase *à la portée des tous*. Der Lärm einer Million versammelter Menschen erfüllte die Luft; aber kein Geräusch konnte den meditativen Schlaf der Nasenstarrer stören.

In einem bestimmten Moment mußte das Auge des Glaubens wohl das Knabbern der dämonischen Schlange ausgemacht haben. Denn plötzlich warfen sich all jene, die auf den tiefsten Stufen der Ghats gestanden hatten, gleichzeitig ins Wasser und begannen zu gurgeln und sich zu waschen, ihre Gebete zu sprechen und sich zu schneuzen, zu spucken und zu trinken. Ein großes Polizeiaufgebot verkürzte ihre Andacht und ihr Bad im Interesse der nachdrängenden Massen. Die Front der wartenden Menschenschlange war tausend Meter breit; aber es warteten noch eine Million Menschen. Das Baden muß den ganzen Tag ununterbrochen angedauert haben.

Die Zeit verging. Die Schlange knabberte weiterhin unmerklich an der Sonne herum. Die Hindus zählten ihre Perlen und beteten, vollführten rituelle Gebärden, tauchten in der heiligen Dreckbrühe unter, tranken und wurden von der Polizei angetrieben, der nächsten Rate der geduldigen Million Platz zu machen. Wir ruderten hin und her und machten Schnappschüsse. Westen bleibt Westen.

Trotz der Schlange brannte uns die Sonne ungewöhnlich heiß auf den Rücken. Nach ein paar Stunden auf dem Fluß beschlossen wir, daß es genug sei, und gingen an Land. Die engen Gassen, die von den Ghats zu den offenen Straßen im Stadtzentrum führten, waren mit mehr oder weniger heiligen Bettlern gesäumt. Sie hockten am Boden, ihre Bettelschalen vor sich. Die Mildtätigen warfen im Vorbeigehen ein paar Reiskörner in jede Schale. Am Ende des Tages mochte sich, mit etwas Glück, eine ordentliche Mahlzeit angesammelt haben. Langsam schoben wir uns durch die von Menschen wimmelnden Gassen. Aus einem Bogengang vor uns tauchte ein heiliger Stier auf. Der ihm am nächsten hockende Bettler döste auf seinem Posten – wer wenig ißt, schläft viel. Der Stier senkte die Schnauze, fuhr mit seiner schwarzen Zunge durch die Bettelschale des Schlafenden, und die milden Gaben eines Vormittags waren verschwunden. Der Bettler döste immer noch. Nachdenklich kauend drehte sich das Hindu-Totem wieder in die Richtung, aus der es gekommen war, und verschwand.

Obwohl sie dumm und phantasielos sind, benehmen sich Tiere doch oft viel vernünftiger als Menschen. Sicher und instinktiv tun sie im richtigen Moment genau das, was richtig und angemessen ist – sie essen, wenn sie hungrig sind, suchen Wasser, wenn sie Durst haben, lieben sich in der Paarungszeit, ruhen oder spielen, wenn ihnen gerade danach ist. Der Mensch ist intelligent und phantasievoll; er blickt nach vorn und schaut zurück; er denkt sich raffinierte Erklärungen für Phänomene aus, die er beobachtet; er ersinnt komplizierte, umständliche Mittel zur Erreichung entlegenster Ziele. Seine Intelligenz, die ihn zum Herrn der Welt gemacht hat, läßt ihn oft wie ein Idiot agieren. Zum Beispiel wäre kein Tier so klug und phantasievoll anzunehmen, daß eine Sonnenfinsternis das Werk einer Schlange ist, die die Sonne verschlingt. Derlei Erklärungen fallen nur dem menschlichen Verstand ein. Und nur einem Menschen würde es in den Sinn kommen, rituelle Gebärden zu vollführen, in der Hoffnung, er könne zu seinem eigenen Nutzen die äußere Welt beeinflussen. Während das seinem Instinkt gehorchende Tier ruhig seinen Betätigungen nachgeht, vergeudet der mit Vernunft und Phantasie begabte Mensch die Hälfte seiner Zeit und Energie mit völligem Schwachsinn. Freilich lehrt ihn die Erfahrung im Lauf der Zeit, daß Zauberformeln und zeremonielle Gebärden nicht die gewünschte Wirkung haben. Aber bis es soweit ist – und der Lernprozeß dauert bei ihm erstaunlich lange –, benimmt sich der Mensch in vieler Hinsicht weit einfältiger als das Tier.

Dies ging mir durch den Kopf, als ich den heiligen Stier beobachtete, der den Reis aus der Schale des dösenden Bettlers leckte. Während eine Million Menschen von weit her angereist kommen, Erschöpfung, Hunger und Unbequemlichkeit in Kauf nehmen, um in einem bestimmten, äußerst dreckigen Wasserabschnitt zum Nutzen eines neunzig Millionen Meilen entfernten Fixsterns gewisse Possen aufzuführen, sucht der Stier nach Nahrung und füllt sich mit allem, was er findet, den Bauch. In diesem Fall ließ den Stier seine Hirnlosigkeit offenbar wesentlich vernünftiger handeln als ihre Vernunft seine Herren und Meister.

Um die Sonne zu retten (die meinem Gefühl nach sehr gut für sich selbst sorgen könnte), versammelt sich eine Million Hindus an den Ufern des Ganges. Wie viele, frage ich mich, würden sich versammeln, um Indien zu retten? Ein gewaltiges Energiepotential, das, in politische Kanäle gelenkt, das Land befreien und verwandeln könnte, wird im Namen eines hirnlosen Aberglaubens einfach vergeudet. Religion ist ein Luxus, den sich Indien in seinem gegenwärtigen Zustand auf keinen Fall leisten kann. Indien wird nie frei sein, bevor die Hindus und Moslems ihrer Religion nicht dasselbe lauwarme Schwärmertum entgegenbringen wir wir der Church of England. Wäre ich ein indischer Millionär, dann würde ich mein ganzes Geld als Stiftungskapital einer atheistischen Mission hinterlassen.

(*Jesting Pilate*, 1926; Ü.: Sabine Hübner)

Auf See

Durch Gewöhnung verlernt man das Staunen. Fische staunen nicht über das Wasser; sie sind viel zu sehr damit beschäftigt, darin zu schwimmen. Für uns gilt dasselbe. Wir nehmen unsere westliche Zivilisation als so selbstverständlich hin, daß uns nichts an ihr sonderbar oder widersinnig vorkommt. Um das Fremde an unserer Umgebung wahrzunehmen, müssen wir erst einmal bewußt innehalten und nachdenken.

Doch gibt es Momente, wo sich einem jene Fremdheit förmlich aufdrängt. Momente, wo eine Anomalie, ein Widerspruch, eine erstaunliche Ungereimtheit plötzlich in so gleißendem Licht erscheinen, daß man sie einfach nicht übersehen kann. Einen solchen Moment erlebte ich bei der Überquerung des Pazifiks. Es war der erste Morgen, nachdem wir von Yokohama abgelegt hatten. Als ich aus meiner Kabine trat, wurde mir das Tagesbulletin der Funknachrichten überreicht. Ich entfaltete das maschinengeschriebene Blatt und las: »Mrs. X aus Los Angeles, die blutjunge Frau von Dr. X, 79, wurde verhaftet, weil sie mit dem Wagen die Eisenbahngeleise entlangfuhr und dabei wie eine Lokomotive pfiff.« Diese Nachricht war durch die Ätherlöcher zwischen den Luftmolekülen übertragen worden. Von einer über fünftausend Meilen entfernten Rundfunkstation war sie in fast ebenso kurzer Zeit zu unserem Schiff gelangt, wie der Klang meiner Stimme von einem Ende des Promenadendecks zum anderen gebraucht hätte. Ein halbes Dutzend Genies, hundert geduldige, begabte Forscher hatten in mühevoller Arbeit die Mittel für dieses Wunder geschaffen und zur Vollendung gebracht. Und zu welchem Zweck? Damit unverzüglich jeder Reisende auf allen Ozeanen der Erde von der Heldentat der jungen Mrs. X aus Los Angeles erfahren konnte. Der Äther hallte wider vom Namen der Mrs. X. Die Welle, die ihn trug, brach sich am Mond und den Planeten und plätscherte weiter zu den Sternen, bis in die letzten Tiefen des leeren Raumes. Faraday und Clerk Maxwell hatten nicht umsonst gelebt.

Die Weisen der Vorzeit (behaupten die Inder) wußten bereits alles, was wir über die Natur herausgefunden haben, und noch viel mehr. Aber sie behielten ihr Wissen für sich oder gaben es in Form von

Rätseln preis, die nur deuten kann, wer die Antwort bereits kennt. Sie befürchteten nämlich, daß die Menschheit – so, wie sie nun einmal ist – ihre Entdeckungen zu schlechten oder nichtsnutzigen Zwecken mißbrauchen könnte. Dem Durchschnittsmenschen, so argumentierten sie, darf man die aus dem Wissen resultierende Macht nicht anvertrauen. Also hielten sie ihre Kenntnisse zurück.

Aufgrund meiner Voreingenommenheit für den Westen und die Gegenwart hege ich keine allzu hohe Meinung von den wissenschaftlichen Erkenntnissen der alten Weisen des Orients. Aber ihre Weisheit ist unbestreitbar. Die Früchte des Wissens werden mißbraucht und vergeudet; das ist leider nur allzu offensichtlich. Uneigennützige Menschen haben der Suche nach Wahrheit ihr Leben geopfert, und wir haben ihre Entdeckungen in den Dienst des Mordens gestellt oder sie zur Erfindung irgendeiner albernen Vergnügung mißbraucht. Vielleicht hundert Genies, die wiederum von ein paar tausend intelligenten, fleißigen Schülern unterstützt wurden, schufen die moderne westliche Zivilisation für Millionen von Menschen, deren Verstand von dem des Durchschnittsmenschen in der Frühsteinzeit nicht unterscheidbar ist. Die Ideen einer Handvoll Übermenschen werden für den Profit und das Vergnügen der zahllosen Mangelmenschen oder Menschen *tout court* ausgeschlachtet. Der Höhlenmensch der Gegenwart lauscht Apparaten, die er der glänzenden Leistung ihm überlegener und vergleichsweise göttlicher Intelligenzen verdankt. Negerjazz rauscht durch den Äther in seine Ohren und die Gelehrsamkeit von Weisen vom Schlage eines Dr. Frank Crane; Rennergebnisse, Gutenachtgeschichten und der wahre Bericht über eine junge Mrs. X aus Los Angeles. Das Feuer des Prometheus wird zu den merkwürdigsten Zwecken benutzt. Gott denkt, und der Mensch lenkt. Die Welt, in der wir leben, ist vielleicht nicht die beste aller möglichen Welten; aber die absurdeste ist sie bestimmt.

Da ich selbst kein Übermensch bin, erweckte die junge Mrs. X mein lebhaftes Interesse. Nachdem sie verhaftet worden war, weil sie wie eine Lokomotive gepfiffen hatte – ob mittels eines Instruments oder nur mit Hilfe ihrer Stimmbänder, wurde nie geklärt –, erwirkte ihr Gatte, der greise Arzt, ihre Freilassung gegen Kaution. Der Verhandlungstermin rückte näher. Mrs. X sagte dem Doktorgatten, sie habe die Absicht, ihre (oder vielmehr seine) Kautionszahlung zu verwirken und sich aus dem Staub zu machen. Der Doktor protestierte. Mrs. X begann das Mobiliar zu zertrümmern. Der greise Arzt rief die Polizei; sie kam, und Mrs. X wurde wegen Tätlichkeiten erneut verhaftet. Wir auf dem Pazifik warteten in quälender Ungewißheit. Einige Tage später, als wir den hundertachtzigsten Meridian überquerten, erfuhren wir zu unserer großen Erleichterung, daß man sich ausgesöhnt hatte. Der greise Dr. X hatte seine Klage zurückgezogen; die blutjunge Frau war in aller Stille nach Hause zurückgekehrt. Was jedoch aus der Geschichte mit der Pfeiferei wurde, haben wir nie erfahren. Die unbekannten Mächte, die uns mit Funknachrichten versorgen, sind merkwürdig launisch. Mrs. X' Name plätscherte nicht mehr weiter in Richtung Aldebaran und Spiralnebel. Am nächsten Morgen verkündete das Bulletin in einem kleinen Absatz die Ausrufung des Generalstreiks. Und Bébé Daniels hatte sich bei einem Sturz von ihrem Pferd erhebliche Prellungen zugezogen.

(*Jesting Pilate*, 1926; Ü.: Sabine Hübner)

Los Angeles. Eine Rhapsodie

Erster Satz

Für die Normalsterblichen Hollywoods war der Tag angebrochen, der helle kalifornische Tag. Aber im Filmstudio schien keine Sonne, dort schienen nur die Lampen, deren greller, grünlichgelber Schein lebendige Männer und Frauen wie gelb verfärbte Leichen wirken läßt. In der Ecke eines riesigen scheunenartigen Baus bereitete man gerade eine Einstellung vor. Die Kamera stand bereit, die Leichenlampen gleißten aus voller Kraft. Zwei oder drei Cowboys und ein paar Clowns lungerten herum und rauchten. Ein Mann im Smoking zupfte an seinem Schnurrbart, dem es oblag, ihm das Aussehen eines englischen Schurken zu verleihen. Eine junge Dame, so elegant, von so absolut makelloser Hübschheit, daß man gleich den Star in ihr erkannte, saß in einer Ecke und las ein Buch. Der Regisseur – man empfand es geradezu als Verschwendung, daß ein solches Profil *au dessus de la mêlée* seine Wirksamkeit entfaltete statt auf der Leinwand selbst – begrüßte sie höflich. Miss X sah von ihrer Lektüre auf. »Wir drehen jetzt die Szene, in der Sie den Mord beobachten«, erklärte er. Miss X erhob sich, legte das Buch weg und winkte ihrer Zofe, die ihr Kamm und Spiegel brachte. »Ist meine Nase in Ordnung?« fragte sie, während sie sich puderte. »Musik!« rief der Direktor. »Mit viel Gefühl!« Die Band, deren Aufgabe es in jedem Studio ist, die Schauspieler in einen passenden Seelenzustand zu versetzen, stimmte einen Walzer an. Ein Meer von melodischem Sirup schwappte durch das Studio. Unsere Seelen schaukelten und schlingerten auf seinen klebrigen Wellen. Miss X gab der Zofe die Puderquaste zurück und ging auf die Kamera zu. »Sie verstecken sich dort hinter dem Vorhang und schauen heraus«, erklärte ihr der Regisseur. Miss X zog sich hinter den Vorhang zurück. »Erst einmal nur die Hand«, fuhr der Regisseur fort. »Die den Stoff umklammert. Dann allmählich das Gesicht.« – »Ja, Mr. Z«, kam die ruhige Stimme der Schauspielerin hinter dem herabhängenden Plüsch hervor. »Können wir?« fragte der Regisseur. »Dann mal los.« Die Kamera begann zu surren wie die feinere Variante eines Zahnarztbohrers. Der Vorhang hob sich leicht. Eine weiße Hand umklammerte ihn am Rand. »Entsetzen, Miss X«, rief der Regisseur. Die klammernde weiße Hand krampfte sich in kinematographischem Schrecken zusammen. Der Regisseur nickte dem Kapellmeister zu. »Legen Sie noch ein bißchen zu!« gebot er. Es wurde noch ein bißchen zugelegt. Die Sirupwogen schlugen höher. »Jetzt das Gesicht, Miss X. Langsam. Nur ein Auge. Gut. So bleiben. Noch eine Spur entsetzter.« Miss X brachte auf herzzerreißende Weise ihren Schrecken zum Ausdruck. »Gut so! Sehr gut! O.k.!« Das Surren der Kamera verstummte. Miss X kam hinter dem Vorhang hervor und ging zu ihrem Stuhl zurück. Sie schlug ihr Buch wieder auf und fuhr ruhig in ihrer theosophischen Lektüre fort.

Wir gingen weiter, blieben kurz stehen, um noch einmal bei der Aufzeichnung von Entsetzen Zaungäste zu spielen (diesmal von einem Mann produziert und unter Anleitung eines anderen Regisseurs), und drangen dann in die geheimen Räume des Studios ein. Nachdem wir Kennworte verkündet, uns auf die Genehmigung des Regisseurs berufen und jegliche Beziehung zu irgendwelchen Konkurrenzgesellschaften abgestritten hatten, erhielten wir endlich Zutritt. In einem Raum wurden Mirakel und Naturkatastrophen zusammengebraut – Taifune in Badewannen, Miniaturerdbeben, die Sintflut, die Teilung des Roten Meers, der erste Weltkrieg mit Hilfe von Spielzeugpanzern und Knallschwärmern, Gespenstererscheinungen und das Jenseits. In einem anderen Raum modellierte man prähistorische Tiere und die Architektur der fernen Zukunft. In Kellern tief unter der Erde, bei geheimnisvollem Rotlicht und Chemikaliengeruch, waren verschiedene Maschinen damit beschäftigt, Filme zu entwickeln und zu kopieren. Die Geräte hatten eine enorme Leistungskraft. Ich weiß nicht mehr, wie viele tausend Meter Kunst und Kultur sie täglich produzieren konnten. Jedenfalls eine erkleckliche Kilometerzahl.

Zweiter Satz

Im Hinausgehen kaufte ich mir eine Zeitung. Es war die Samstagsausgabe; eine ganze Seite war mit den Anzeigen konkurrierender Sekten gefüllt; sie warben für die spirituellen Produkte, die sie am

Sabbat zu verschenken oder zu verkaufen gedachten. »Dr. Leo Tucker mit den Musical Messengers bei einer Großen Bibeltagung. Morgen 3 Meetings. Orgel-Glockenspiel, Riesenmarimbaphon, Vibraphon, Violine, Piano, Akkordeon, Banjo, Gitarre und andere Instrumente. Wilshire Baptist Church.« Das Riesenmarimbaphon klang zweifellos verlockend. Aber in der First Methodist Church (Figueroa, Ecke 20. Straße) sollten »Muttertagsblumen an alle Gläubigen« verteilt werden. (Am Muttertag muß jeder, dessen Mutter noch lebt, eine rote Nelke tragen und jeder, dessen Mutter bereits tot ist, eine weiße. Die glühendsten Anhänger des Muttertags sind überall die Blumenhändler.) Darüber hinaus hatte man exklusiv Dr. James H. MacLaren verpflichtet. Ein Bühnendeklamator, der seine berühmte Glanzleistung »Imitationen von Lincoln und Roosevelt« zum besten geben wollte. »Dr. MacLaren«, ließ man uns wissen, »kommt zu uns mit einer einzigartigen, originellen, ausdrucksvollen, lehrreichen und erweckenden Botschaft, die zwei unserer größten Präsidenten betrifft. Erhebend und erweckend. Balsam für Ihre Seele. Die wundervollen Botschaften dieser beiden großen Präsidenten werden Ihnen mit neuem Nachdruck nahegebracht, und Sie werden das Gefühl haben, Sie hätten den Abend in Gesellschaft Großer Geister verbracht. Hören Sie die große Orgel, das Quartet of Artists und den Vested Chorus.« In der Hollywood Congregational Church sollte ein Filmbericht von Jackie Coogans Kreuzzug für den Nahen Osten gezeigt werden, eine echte Attraktion; das galt freilich auch für die Fotografie Mill Leila Castbergs von der Church of Divine Power (Fortgeschrittenes Denken); ihr Vortrag mochte vielleicht nicht besonders interessant sein – sie sollte im Morosco Theater über Göttliche Mutterschaft predigen –, aber das Gesicht, das einem aus dem Inserat entgegenblickte, war ausgesprochen erfreulich. Weniger Anziehungskraft, jedenfalls für den Frommen männlichen Geschlechts, besaßen die Fotos der Messrs. Clarke und van Bruch; doch genügte die Formulierung ihrer Anzeige, um dem von ihren Porträts im Kopf des Lesers erweckten Eindruck entgegenzuwirken. »ES GEHT LOS, LEUTE, ES GEHT LOS«, lautete die Anzeige. »Die Post geht ab bei einer ERWECKUNG IM ALTEN STIL. Jeden Abend außer montags. 19.30 Uhr. Zu Herzen gehende Predigten und Lieder. Heute abend etwas ganz Besonderes: Hören Sie 10 Evangelisten – 10! Van Bruch – Clarke Evangelistische Gesellschaft.«

Schwung, Leute, Schwung. Nur nicht stehengeblieben. Drückt auf die Tube. Sagt es mit Tanz. Der Charleston, die Baptisten. Radios und Revivals. Erbauung und Gilda Gray. Die Orgel, der Nigger mit dem Saxophon, das Riesenmarimbaphon. Choräle und Kino und Irving Berlin. Petting-Parties und die First Free United Episcopal Methodist Church. Bringt euch in Schwung, Leute! »N.C. Beskin, der BEKEHRTE JUDE, soeben von einer erfolgreichen Tournee zurück, wird eine Tabernakel-Kampagne in Glendale leiten. WARUM ICH CHRIST WURDE. In jüdischem Habit. Mit interessanter Zubehör-Ausstellung.« Garantiert der letzte Auftritt. Die berühmten Farmyard-Imitationen. 10 Evangelisten – 10! Die beste Truppe tragikomischer Radfahrer, die es je gab. Vorwärts, Soldaten Christi! Bleibe bei mir, Herr. Heut nacht, da hol' ich meinem Mädchen 'ne Melone.

Dritter Satz

Muttertag. (Mr. Herring aus Indiana, »Der Vater des Muttertags«.) Aber warum nicht Flappertag? Es wäre repräsentativer, sozusagen demokratischer. Denn in Joy City gibt es viel mehr – sowohl verheiratete als auch unverheiratete – Flapper als Mütter.

Nunc vitiat uterum quae vult formosa videri,
Raraque in hoc aevo est quae velit esse parens.

Die Leibesfrucht bringt man um, auf daß die Schönheit nicht leide:
Wenige sind heutzutag zur Mutterschaft noch bereit.

Tausende und Abertausende Flapper, und fast alle unglaublich hübsch. Mit ihren hinreißenden Rundungen »verheißen sie«, wie es T.S. Eliot einmal formuliert hat, »pneumatische Seligkeit«. Pneumatische Seligkeit, ja, aber das dürfte auch schon fast alles sein, ihren Gesichtern nach zu urteilen. So merkwürdig gleichförmig, unpersönlich und leer. Kaum ausdrucksvoller – jedenfalls für das ausländische Auge – als irgendein anderer Teil jener wohlgeformten Anatomie, die sie so angestrengt zur Schau stellen.

An den Stränden des Pazifiks war diese Zurschaustellung wirklich erstklassig. Lauter Mack-Sennett-Badeschönheiten, zu Hunderten. Sie tanzten um uns herum, während wir im windigen Sonnenschein den Sandstrand auf und ab gingen. Ausgelassen herumtollende Versuchungen. Aber wir waren drei St. Antoniusse – Charlie Chaplin, Robert Nichols und ich –, drei ernste Theologen der Kunst, zu sehr in die Diskussion über den Weg zum kinematographischen Heil vertieft, um den Sirenen mehr als nur die allerflüchtigste Aufmerksamkeit widmen zu können, so rundum sie sie auch verdient hätten.

Vierter Satz

Cocktail-Time. (Wir haben jetzt seit über zwei Jahren den gleichen Bootlegger. Ein äußerst zuverlässiger Typ.) Im Shaker klirrt Eis – ein Tanz winziger Skelette –, und dann werden die wirklich verläßlichen Spirituosen ausgeschenkt. *A boire! A boire!* Lang lebe Pantagruel! So sieht das trockene Amerika aus. Wir stiegen in den Wagen unseres Gastgebers und fuhren scheinbar endlos durch die sich riesig ausdehnende Stadt. Vorbei an Filmpalästen, Theatern und Tanzsälen. Vorbei an hellerleuchteten Geschäften, Wohnungen und mächtigen Hotels. An jeder hohen Hauswand schossen die vertikalen Lichtbahnen wie Raketen in den dunklen Himmel. Und die Gebäude selbst – auch sie waren fast wie Pilze aus dem Boden geschossen. Noch dreißig Jahre zuvor war Los Angeles ein Dorf gewesen – ein Kuhdorf. Wenn alles planmäßig vonstatten geht, soll es bis etwa 1940 so groß wie Paris sein. So groß und lebensfroh. Die famose Joy City, die Vergnügungshauptstadt der westlichen Welt.

Und was für Vergnügen! Das Vergnügen, gehetzt herumzurasen, dauernd beschäftigt zu sein, keine Zeit zum Denken zu haben, zu reich zu sein, um noch irgendwelche Zweifel zu hegen. Das Vergnügen, herumzuschreien und sich gegenseitig aufzuziehen, unablässig zum Lärm wilder Musik zu tanzen und lauthals zu singen.

(Yes, sir, she's my Baby.
No, sir, don't say »Maybe.«
Yes, sir, she's my Baby now.)

Das Vergnügen, andauernd laut zu lachen und lauthals über nichts zu reden. (Denn Denken ist in dieser Stadt des furchtbaren Vergnügens verboten, und Gespräche sind unbekannt.) Das Vergnügen, aus riesigen silbernen Flachmännern verbotenen Whisky zu trinken, das Vergnügen, mit aufreizend kecken, hübschen Teenagern zu schmusen, das Vergnügen, sich die Wangen zu schminken, die Augen zu verdrehen, begehrenswerte Waden und Körperformen zur Geltung zu bringen. Das Vergnügen, ins Kino und Theater zu gehen, mit Freunden in luxuriösen und weniger exklusiven Clubs herumzuhocken, an Sommerabenden mit fünfzigtausend anderen zu Konzerten im Freien zu strömen, immer in der Masse, nie für sich. Das Vergnügen, sonntags eine schmissige Predigt zu hören, bei den Chorälen dahinzuschmelzen, seine Sünden zu bereuen, jede Menge Spaß an der Erbauung zu haben. Mit einem Wort, das Vergnügen an dem, was man eben so sich amüsieren nennt.

Und ach, wie eifrig, wie ernsthaft widmen sich die Menschen aus der Stadt des Vergnügens dem Amüsement! Die Amüsements von Rom und Babylon, Byzanz und Alexandrien waren im Vergleich zu den Super-Amüsements des modernen Kalifornien schal und beschränkt. Die antike Welt war relativ arm; und sie hatte Katastrophen erlebt. Die Stadt des Vergnügens jedoch ist beispiellos reich. Ihre unbeschwerten Einwohner wissen nichts von Pest, Hungersnot oder Revolution, haben in ihrem sicheren, immer noch halbleeren Eldorado nie etwas anderes als friedlichen Wohlstand, Zufriedenheit und Rundum-Wohlgefallen erlebt. Die aufrichtigsten Patrioten sind vielleicht die, die um eine nationale Katastrophe beten.

Wir fuhren immer weiter durch die von Menschen wimmelnden Straßen der Stadt des Vergnügens. (Je ein Auto, Sir, auf dreieinviertel Einwohner.) Die hohen Gebäude ragten drohend vor uns auf, die Lichtbahnen zischten wie Raketen in die Höhe. Weiter und immer weiter. Auf der anderen Seite eines freien Platzes tauchte plötzlich ein riesiges weißes Gebäude auf, das magisch vor dem dunkler gewordenen Himmel leuchtete. (Gerade fertiggestellt, Sir, der Tempel der Elche.) Vom höchsten Punkt aus glitten die Strahlen von einem halben Dutzend Suchscheinwerfern über den Himmel. Sie erinnerten an die Fühler eines riesigen Tiers, die tastend die Leere durchsuchten – wonach? Nach der Wahrheit vielleicht? Wahrheit ist in der Stadt des furchtbaren Vergnügens nicht gefragt. Nach Glück? In dessen Besitz war man bereits. Nach Gott? Aber Gott hatte man ja schon gefunden; er befand sich im Innern des leuchtenden Tempels; er *war* der Tempel, der nagelneue, Millionen Dollar teure Tempel, in dem gerade die Eingeweihten des ehrwürdigen Order of Elks zum Gottesdienst versammelt waren, und zwar nicht um die aus verarmtem Adel stammende Lady Not anzubeten, sondern die ausgesprochen amerikanische Mrs. Wealth. Fünf- bis sechshundert Autos parkten vor den Türen. *Wonach* mochten jene leuchtenden Fühler nur suchen? Nach nichts natürlich, nach nichts! Wenn sie so beharrlich über den Himmel glitten, dann nur zum Spaß. Einfach um des Gleitens willen! Bewegung ist ein Vergnügen, und wir sind hier in der großen Vergnügens-Zentrale der westlichen Welt.

Fünfter Satz

Das Restaurant ist riesig. Die Kellner rennen durch die Gegend, tragen gewaltige Teller mit den erlesensten Speisen herum. Welch gargantuesker Luxus! Riesige Fünfpfundkoteletts, halbe Quadratmeter große Steaks, Walfilets, ganze, in Sahne gedünstete Truthähne, Berge von Butter. Und unaufhörlich hämmert und jault die barbarische Musik. Zwischen jedem der exzellent zubereiteten und sättigenden Gänge tanzen die Flapper und die jungen Männer in verliebter Ringkampfhaltung. Wie wäre Rabelais davon entzückt gewesen! Zumindest eine Woche lang. Danach, fürchte ich, hätte er allmählich das Gespräch und die Gelehrsamkeit vermißt, die in seiner Abtei von Thélème als Begleiterscheinung und Rechtfertigung des Vergnügens dienen. Dieses westliche Vergnügen, fleischern und roh, durch keine geistige Würze gemildert – hätte Rabelais' Roßmagen es problemlos verdaut? Ich habe da so meine Zweifel. In der Stadt des furchtbaren Vergnügens wäre Pantagruel schon bald an Erschöpfung und Langeweile gestorben. *Taedium laudamus* – so lautet (jedenfalls für die Bewohner von Rabelais' Kontinent) der Triumphgesang des kalifornischen Vergnügens.

Plötzlich ist das Restaurant in Dunkelheit getaucht. Ein breiter Lichtstrahl, wie das Auge Gottes in einem alten Holzschnitt, starrt von irgendeinem Punkt der Decke herab, direkt durch den Raum, sucht – und findet schließlich, was er gesucht hatte: eine leuchtendweiße Gestalt, die Sängerin des Abends. Eine gute, wenn auch nicht hervorragende Sängerin im Stil Ethel Leveys oder Jenny Golders.

You gotta feed a chicken corn,
You gotta feed a seal fish,
You gotta feed a man (bedeutsame Pause und *oeillade*)
Love.

Und so weiter. Diese gereimten Vorlesungen über physiologische Grundlagen lösen unmäßige Begeisterung aus. Begeistert zu sein ist ein Vergnügen. Und wir sind in der Metropole des Vergnügens.

Ein letzter stürmischer Applaus. Dann schließt sich das göttliche Lid über Gottes leuchtendem Auge. Die Band setzt wieder ein. Der Tanz geht weiter. Charleston, Foxtrott. »Es gibt in der heutigen Welt nur eine einzige Zivilisation ersten Ranges. Und zwar genau hier, in den Vereinigten Staaten und dem Dominion Kanada.« Monkeyville, Bryan, der Ku-Klux-Klan. »Die europäische Zivilisation ist höchstens zweitklassig und die Asiens fünft- bis sechstklassig.« Mehr Schwung; mehr Schwung! Und was hatte der verstorbene große Botschafter Page zu sagen? »Der ganze (europäische) Kontinent ist durch und durch korrupt oder despotisch oder feige. Ich würde nicht einmal Long Island oder Moore County für den ganzen europäischen Kontinent hergeben!« Und wenn er Long Island noch Coney Island hinzugefügt und außer Moore County noch Los Angeles in die Waagschale geworfen hätte, dann hätte er vielleicht noch ganz Asien und das britische Weltreich als Zuwaage dreingegeben. Ein dreifaches Hoch auf Page! Ja, Sir, »der amerikanische Idealismus ist als eine Kraft in Erscheinung getreten, die einen gewaltigen Beitrag zum Fortschritt der Menschheit geleistet hat«. Ein dreifaches Hoch auf George F. Babbitt und den Rotary Club! Und ein dreifaches Hoch auf Professor Nixon Carver! »Reichtum«, hat der Professor nämlich gesagt, »erlangen wir ebendeshalb, weil wir nicht an materialistischen Ideen orientiert sind. All diese Dinge (*z.B.* der Tempel der Elche, die Jazzbands, die Filmpaläste, die Muffins zum Frühstück) werden uns ebendeshalb gewährt, weil wir uns auf der Suche nach Gottes Reich und SEINER Gerechtigkeit befinden.« Noch ein dreifaches Hoch – ein dreimal dreifaches Hoch! Der Prof. hat's verdient.

Bald ist Mitternacht. Noch ein paar Minuten, und es ist Sonntag.

Noch ein paar Minuten, und das Riesenmarimbaphon wird die Herrlichkeit des neuen Milliarden-Dollar-Gottes verkünden. Im Ambassador-Hotel (leider zu teuer für mich) wird Dr. Ernest Holmes über »Die Lehre Jesu« predigen. Es ist Zeit heimzugehen. Leb wohl, leb wohl! Der Abschiedsschmerz ist so süß. Ob Tosti wohl seine Melone gelüftet hat, als er »Goodbye« sagte?

(*Jesting Pilate*, 1926; Ü.: Sabine Hübner)

Glaube, Geschmack und Geschichte

Von allen unglaublichen Geschichten ist die unglaublichste zweifellos die des Mormonentums. Ein Religionsstifter, dessen offenkundig selbstverfertigte Offenbarungen von Tausenden seiner Anhänger für mehr als Evangelienwahrheit genommen wurden; ein Statthalter und Nachfolger, der »an Wagemut ein Cromwell, an List ein Machiavelli, an Tatkraft ein Moses und an völliger Gewissenlosigkeit ein Bonaparte« war; ein Korpus von Lehren, das die scharfsinnigsten psychologischen Einsichten mit einer ganz widersinnigen Geschichtsauffassung und absurden Metaphysik verquickte; eine Gesellschaft puritanischer, aber dennoch theaterbegeisterter und musikliebender Polygamisten; eine Kirche, die vorzeiten vom Obersten Gerichtshof als organisierte Rebellion verdammt wurde, heute jedoch ein Monolith an Achtbarkeit ist; eine in leidenschaftlicher Treue ergebene Mitgliederschaft, die sich, sogar noch zur Mitte dieses zwanzigsten Jahrhunderts, durch die altmodischen protestantischen und Pionier-Tugenden von Selbstvertrauen und gegenseitiger Hilfe auszeichnet – das alles zusammen ergibt eine Geschichte, die keinem Leser, der etwas auf sich hält, nicht einmal einem Liebhaber von Spillane oder Science-fiction, als Lektüre zugemutet werden könnte. Und doch ist diese Geschichte, trotz ihres völligen Mangels an Glaubwürdigkeit, zufällig wahr.

Mein Bücherwissen von ihrer Wahrheit hatte ich mir vor langer Zeit erworben und mich seither gelegentlich auf dem laufenden gehalten. Es dauerte jedoch bis zum Frühjahr 1953, ehe ich die Möglichkeit bekam, die konkreten Zeugnisse für jene merkwürdige Geschichte mit eigenen Augen zu sehen und mit Händen zu greifen.

Wir hatten den ganzen Tag bei strömendem Regen, manchmal sogar bei vorzeitigem Schneefall, Nevada durchquert. Stunde um Stunde in der weiten Leere wüstenartiger Ebenen, vorbei an schwarzen, kahlen Bergketten, die plötzlich durch den stürmischen Regen herandrängten, um alsbald, nach einer Reihe winterlich-frostiger Meilen, wieder in graue Entfernung zurückzuweichen.

An der Staatsgrenze klarte das Wetter etwas auf, und da lag sie unter uns, geradezu unirdisch in einem kurz aufscheinenden Sonnenlicht, die Große Salzwüste von Utah, schneeweiß zwischen den greifbaren Felsmassen, mit ihrer Linie blauer oder tintenschwarzer Gipfel, die sich, in weiter Ferne, am gegenüberliegenden Ufer dieses trockenen Phantoms von einem Binnenmeer erhoben.

Erneut herrschte Unwetter, als wir Salt Lake City erreichten, und durch Ströme herabstürzenden Regenwassers warfen wir, über die Kastanienbäume hinweg, einen ersten Blick auf ein in Flutlicht getauchtes Objekt, das sich, trotz der Beweiskraft sinnlichen Augenscheins, ebenso unglaubhaft ausnahm wie die merkwürdige Geschichte, für die es als Mahnmal zeugt.

Die Unwahrscheinlichkeit dieses größten aller Mormonentempel beruht nicht auf seiner verblüffenden Häßlichkeit. Die meisten viktorianischen Kirchen sind verblüffend häßlich. Sie beruht auf einer bestimmten Kombination von Seltsamkeit, Öde und Monumentalität, die, soweit ich weiß, in den Annalen der Architektur einzigartig ist.

Viktorianische Bauwerke sind zumeist mehr oder weniger genau nachempfundene Pastiches von irgend etwas anderem – etwas Gotischem, etwas Griechischem oder erhaben Römischem, von etwas Elisabethanischem, Flamboyant-Flämischem oder sogar vage Orientalischem. Dieser Tempel ist mit nichts sonst auf der Welt vergleichbar – ist mit überhaupt nichts vergleichbar und bringt es dabei doch fertig, durch und durch unoriginell zu wirken, gänzlich und konstant prosaisch.

Während aber die meisten Kirchen, die im letzten Jahrhundert erbaut wurden, bloße Mätzchen von Ziegelwerk waren, das mit einer Schicht imitierten Steins umkleidet wurde, von übertünchtem Fachwerk, das wie massives Mauerwerk aussehen sollte, wurde dieser ausladende Versuch in exzentrischer Trostlosigkeit von der Krypta bis zur Turmspitze in solidestem Granit ausgeführt. Seine Fundamente sind zyklopisch, seine Mauern drei Meter dick. Wie der Escorial, wie die Cheopspyramide wurde er für die Ewigkeit erbaut. Lange nachdem alles, was an viktorianischer und moderner Architektur verblieb, wieder zu Staub zerfallen ist, wird dieses Ding noch immer in der westlichen Wüste stehen, für die neoneusteinzeitlichen Wilden des Postatomzeitalters ein Objekt fassungsloser Verehrung und abergläubischer Bestürzung.

Bis zu welchem Grade sind die Künste von der Religion bedingt oder ihr verpflichtet? Und gibt es, zu jedem gegebenen Zeitpunkt der

Geschichte, eine gemeinsame soziopsychologische Quelle, die den verschiedenen Künsten – Musik und Malerei, Architektur und Bildhauerei – eine Art gemeinsame Tendenz verleiht? Was ich an jenem Abend im Tempelhof sah und am nächsten Morgen während eines Orgelkonzerts im Tabernakel hörte, stellte dieses alte Problem in einen neuen und in vieler Hinsicht erhellenden Kontext.

Hier stand, vom Flutlicht erleuchtet, die bei weitem grandioseste aller westlichen Kathedralen. Dieses Chartres der Wüste wurde unter ökonomischen und sozialen Bedingungen begonnen und größtenteils auch gebaut, die sich kaum von denen unterschieden, wie sie im Frankreich oder England des 10. Jahrhunderts herrschten. Im Jahre 1853, als die Grundsteinlegung für den Tempel stattfand, durfte sich London bereits mit seinem Crystal Palace brüsten, konnte es selbstgefällig auf seine Ausstellung der Wundertaten der frühviktorianischen Technologie zurückblicken. Hier in Utah aber lebten die Menschen noch immer im frühen Mittelalter – ohne Straßen, ohne Städte, ohne schnellere Kommunikationsmittel als Ochsenkarren oder Maultierkarawanen, ohne Industrie, ohne Maschinen, ohne höherentwickelte Werkzeuge als Säge, Sense und Hammer – und auch davon noch äußerst wenig. Die Granitblöcke, aus denen der Tempel erbaut ist, wurden von Menschenhand im Steinbruch geschlagen, von Menschenhand behauen, von Menschenhand und mit Ochsenkraft über zwanzig Meilen wegloser Wüste herbeigeschafft und von Menschenhand in ihre Position hochgehievt. Wie die Kathedralen des mittelalterlichen Europa ist der Tempel unter anderem auch ein Denkmal der Stärke und heldenhaften Ausdauer des gestrafften Muskels.

In den spanischen Kolonien wie im amerikanischen Süden wurde der gestraffte Muskel mit der Peitsche angespornt. Hier im Westen aber gab es keine afrikanischen Sklaven und keinen lokalen Nachschub an domestizierbaren Eingeborenen. Was immer die Siedler sich zu tun vornahmen, mußten sie mit eigener Hand tun. Der gewöhnliche Schlag von Siedlern wünschte sich nur Häuser und Fabriken und Bergwerke, und (wenn die Nuggets groß genug waren) Pariser Moden, die unter enormen Kosten auf dem Seeweg um Kap Horn importiert wurden. Diese Mormonen aber wollten anderes und mehr – einen granitenen Tempel von unzerstörbarer Solidität. Wenige Jahre nach ihrer Ankunft in Utah machten sie sich ans Werk. Es gab keine Peitschen, die ihre Muskeln angespornt hätten, wohl aber Glauben –

und Glauben in welcher Fülle! Es war jene Art bergeversetzenden Glaubens, der den Menschen die Kraft verleiht, das Unmögliche möglich zu machen und das Unerträgliche zu ertragen, jene Art von Glauben, in dessen Namen die Menschen sterben und töten und sich bis weit über die Grenzen menschlicher Möglichkeiten abarbeiten, jene Art von Glauben, der die Kreuzzüge initiiert und die Türme von Angkor-Wat erbaut hatte. Einmal mehr vollbrachte er sein historisches Wunder. Gegen gewaltige Widrigkeiten wurde in der Wildnis eine Kathedrale errichtet. Leider kam dabei, anstelle von Bourges oder Canterbury, *das da* heraus.

Auf den Glauben läßt sich zwar bauen, um fortgesetztes Handeln oder, seltener, fortgesetzte Kontemplation zu fördern. Es gibt jedoch keine Garantie dafür, daß er auch gute Kunst hervorbringt. Die Religion ist immer eine treue Schirmherrin der Künste gewesen, aber ihr Geschmack ist keineswegs unfehlbar. Religiöse Kunst ist manchmal hervorragend, manchmal scheußlich; und ihre Vortrefflichkeit steht nicht zwangsläufig mit Inbrunst im Bunde, so wenig wie die Scheußlichkeit mit Lauheit. So blühte etwa, an der Wende unseres Jahrhunderts, in Nordwestindien der Buddhismus. Frömmigkeit stand, der großen Zahl von erhalten gebliebenen Kunstdenkmälern nach zu schließen, hoch im Kurs; das künstlerische Verdienst aber ging rasch zur Neige. Oder etwa die Hindu-Kunst. In den vergangenen drei Jahrhunderten ist sie erstaunlich schwach gewesen. Sind die vielen Spielarten des Hinduismus weniger ernst genommen worden als zu den Zeiten, da die indische Kunst ihre Blütezeit erlebte? Zu dieser Annahme besteht nicht der mindeste Grund. Ähnlich besteht nicht der mindeste Grund zu glauben, daß die katholische Inbrunst im Zeitalter der Manieristen weniger intensiv war als drei Generationen zuvor. Im Gegenteil: Es gibt gute Gründe für die Annahme, daß der Katholizismus während der Gegenreformation von mehr Menschen ernst genommen wurde als zu jeder beliebigen Zeit seit dem 14. Jahrhundert. Aber der schlechte Katholizismus der Hochrenaissance brachte eine glanzvolle religiöse Kunst hervor; der gute Katholizismus des späteren 16. und 17. Jahrhunderts dagegen brachte ein gut Teil ziemlich schlechter sakraler Kunst hervor. Wenn wir uns jetzt dem individuellen Künstler zuwenden – und es gibt letzten Endes nichts Derartiges wie »Kunst«, es gibt nur Menschen an der Arbeit –, stellen wir fest, daß die Schöpfer religiöser Meisterwerke manchmal, wie Fra

Angelico, äußerst glaubensfromm, manchmal nichts weiter als konventionell orthodox und manchmal (wie Perugino, der höchste Exponent eines Pietismus in der Kunst) aktive und offene Ungläubige sind.

Für den Künstler mit seinem professionellen Vermögen ist die Religion von Bedeutung, weil sie ihm eine Fülle von Themen und Motiven und viele Gelegenheiten bietet, seine künstlerischen Fähigkeiten zu üben. Auf die Qualität seiner Produktion hat sie wenig oder gar keinen Einfluß. Die Vortrefflichkeit eines Werkes der sakralen Kunst hängt von zwei Faktoren ab, deren keiner irgend etwas mit Religion zu tun hat. Sie hängt in erster Linie von der beim Künstler festzustellenden Präsenz von bestimmten Neigungen, Empfänglichkeiten und Talenten ab; und sie hängt zweitens von der früheren Geschichte der von ihm erwählten Kunst ab, und von dem, was man als die Logik ihrer formalen Beziehungen bezeichnen könnte. Zu jedem beliebigen Zeitpunkt führt diese innere Logik zu Schlußfolgerungen, die über das von der Mehrzahl zeitgenössischer Künstler Erreichte hinausgehen. Die Anerkennung dieses Umstandes kann manche Künstler – insbesondere junge Künstler – dazu veranlassen, jene möglichen Schlüsse in der konkreten Wirklichkeit zu realisieren. Manchmal ist diesen Versuchen voller Erfolg beschieden; manchmal aber schlagen sie auch fehl, trotz der Begabung ihrer Urheber. In beiden Fällen hängt das Ergebnis weder vom Wesen der metaphysischen Überzeugung des Künstlers ab noch von der Wärme, mit der er sie hegt.

Die Mormonen hatten Glauben, und dieser Glaube ermöglichte es ihnen, ein wunderbares Ideal zu verwirklichen – den Bau eines Tempels in der Wildnis. Obwohl aber der Glaube Berge versetzen kann, vermag er diese Berge nicht von sich aus in Kathedralen zu verwandeln. Er kann die Muskeln spielen lassen, hat aber nicht die Macht, architektonisches Talent hervorzubringen, wo nun einmal keines vorhanden ist. Geschweige denn, daß er die Fakten der Kunstgeschichte und die innere Logik der Formen zu verändern vermöchte.

Aus einer großen Vielzahl von Gründen, manche davon soziologischer und manche immanent ästhetischer Art, manche leicht erkennbar und andere dunkel, hatten sich die Traditionen der europäischen Künste und Handwerke zur Mitte des 19. Jahrhunderts in ein Chaos von wucherndem schlechtem Geschmack und allgegenwärtiger Vulgarität aufgelöst. In ihrer Inbrunst, in der Intensität ihrer Verstrikkung in metaphysische Probleme und in ihrer Bereitschaft, die exzentrischsten Überzeugungen und Praktiken zu übernehmen, gehörten die Mormonen, wie ihre Zeitgenossen in hundert und aberhundert christlichen, sozialistischen oder spiritistischen Gemeinschaften, dem Zeitalter der Gnostiker an. In jeder anderen Hinsicht waren sie typische Produkte des rustikalen Amerika des 19. Jahrhunderts. Und auf dem Gebiet der bildenden Künste war es um das Amerika des 19. Jahrhunderts, insbesondere um das rustikale Amerika, sogar noch schlechter bestellt als um das Europa des 19. Jahrhunderts. Barrys *Houses of Parliament* gingen ebenso über den Horizont dieser Tempelbauer wie Bourges oder Canterbury.

Am nächsten Morgen lauschten wir im gewaltigen hölzernen Tabernakel dem täglichen Orgelkonzert. Es gab etwas Bach, ein Stück von César Franck und zum Schluß einige improvisierte Variationen über eine Choralmelodie. Letztere erinnerten einen unweigerlich an die guten alten Stummfilmzeiten – an die Tage, da der befrackte Organist, in feierlicher Stille und im vollen Rampenlicht, auf der Sitzbank seiner Wurlitzer-Orgel majestätisch aus der Tiefe auftauchte, seine schwanengleichen Hüften als Dank für den Applaus beugte und wiegte, wieder seinen Platz einnahm und langsam seine weißen Hände ausstreckte. Stille, und dann, boom!, hallte der Bilder-Palast plötzlich vom gewaltigen Gedröhn zweiunddreißigfüßiger Baßposaunen und Bombardons wider. Und nach dem Gedröhn kam dann »Londonderry-Air« auf einem Register wie *vox humana,* »A Little Grey Home in the West« auf der *vox angelica* und vielleicht (welche Wonne!) »The End of a Perfect Day« auf der *vox schmalziana,* der *vox idiotica* oder der *vox libidinosa.*

Wie merkwürdig, dachte ich bei mir selbst, als die klebrige Flut über mich hinwegschwappte, wie merkwürdig, daß Menschen mit offenbar gleichem Genuß diesem Unding und dem Präludium und der Fuge in Es-Dur Gehör schenken können. Oder hatte ich die Sache völlig falsch verstanden? Vielleicht war meine eigene die falsche, die völlig abnorme Einstellung. Vielleicht stimmte ja etwas nicht bei einem Zuhörer, der es schwierig fand, dieses Tirilieren um eine Choralmelodie *und* das Präludium und die Fuge zu bewundern.

Von diesen unbeantwortbaren Fragen schweifte ich zu anderen, kaum weniger verwirrenden aus dem Gebiet der Geschichte ab. Da war dieses gewaltige Instrument vor mir. In seinem bereits denkmalhaft-imposanten Originalzustand war es ein Produkt des sich bahnbrechenden Glaubens. Ein australischer Musiker und früher Mormonen-Konvertit, Joseph Ridges, hatte die Anlage entworfen und die Arbeiten überwacht. Das Holz zur Herstellung der Pfeifen war auf Ochsenkarren aus Wäldern dreihundert Meilen weiter südlich herbeigeschafft worden. Das komplizierte Innenwerk einer großen Orgel war hier von einheimischen Handwerkern gefertigt worden. Und als die Arbeit getan war: Welche Art von Musik, fragt man sich, werden die im Tabernakel versammelten Heiligen der Letzten Tage zu hören bekommen haben? Choräle natürlich, in Hülle und Fülle. Aber auch Händel, auch Haydn und Mozart, auch Mendelssohn und vielleicht sogar ein paar Stücke von jenem komischen alten Knaben, den Mendelssohn wieder ausgegraben hatte, Johann Sebastian Bach.

Es ist eine der Paradoxien der Geschichte, daß die Menschen, die die Monstrositäten der viktorianischen Epoche erbaut haben, dieselben gewesen sein sollen wie die Leute, die in ihren scheußlichen Konzertsälen und Kirchen solchen Meisterwerken an Gestaltung und ungekünstelter Größe wie dem *Messias* applaudierten und allen seinen Zeitgenossen den elegantesten Klassiker der Moderne vorzogen, Felix Mendelssohn. Der Massengeschmack kann auf einem bestimmten Gebiet mehr oder weniger vollständig im Widerspruch zum Massengeschmack außerhalb dieses Gebietes stehen. Überraschender noch, die Grundeinstellungen von berufsmäßigen Vertretern einer bestimmten Kunst können durchaus im Widerspruch zu den Grundtendenzen von berufsmäßigen Vertretern anderer Künste stehen.

Bis in die jüngste Zeit hinein war die Musik des 15., 16. und frühen 17. Jahrhunderts dem Publikum, von akademischen Spezialisten abgesehen, nahezu völlig unbekannt. Jetzt kommt, dank Aufnahmen auf Langspielplatten, mehr und mehr von diesem vergrabenen Schatz an die Oberfläche. Der interessierte Amateur ist endlich in der Lage, mit eigenen Ohren zu hören, worüber er bisher nur lesen konnte. Er weiß beispielsweise, was die Leute sangen, als Botticelli »Venus und Mars« malte; was Van Eyck an Liebesliedern und polyphonen Messen gehört haben könnte; welche Art von Musik in San Marco gesungen oder gespielt wurde, während nebenan Tintoretto und Veronese im Dogenpalast an der Arbeit waren; oder welche Entwicklungen sich in der Schwesterkunst während der mehr als sechzig Jahre von Berninis Laufbahn als Bildhauer und Architekt vollzogen.

Dunstable und Dufay, Ockeghem und Josquin, Orlando di Lasso,

Palestrina, Tomaso Vittoria – ihre sich überschneidenden Lebensläufe umfassen das ganze 15. und 16. Jahrhundert. Die Musik erlebte in diesen beiden Jahrhunderten Wandlungen von großer Tragweite. Die Dissonanzen der früheren, gotischen Polyphonie wurden auf allgemeine Konsonanz reduziert; die verschiedenen Stilmittel – Imitation, Verkleinerung, Vergrößerung usw. – wurden vervollkommnet und von den größeren Meistern zur Erzeugung rhythmischer Schemata von unglaublicher Subtilität und Fülle benutzt. Während dieser ganzen Phase aber hielt im Grunde alle ernste Musik an jenen offenen, freifließenden Formen fest, die sie vom gregorianischen Choral und, zeitlich noch ferner, von manchen orientalischen Vorfahren ererbt hatte. Die europäische Volksmusik war symmetrisch, geradlinig, mit regelmäßigen Rückwendungen zum Ausgangspunkt und mit gleichsam metrisch abgewogenen Phrasen von vorgegebener und voraussehbarer Länge. Auf dem *cantus planus* beruhend und teilweise als Vertonung liturgischer Texte geschrieben, war die Kunstmusik nicht dem skandierten Vers, sondern der Prosa analog. Es war eine Musik ohne Taktstriche – das heißt: ohne regelmäßig wiederkehrenden Betonungsschwerpunkt. Ihre konstituierenden Elemente waren verschieden lang, es gab keine Rückwendungen zu erkennbaren Ausgangspunkten, und ihr geometrisches Analogon war keine geschlossene Figur wie das Quadrat oder der Kreis, sondern eine offene, tendenziell endlos strömende Kurve.

Daß eine solche Musik je ein Ende fand, war nicht der inneren Logik ihrer Formen zuzuschreiben, sondern einzig und allein dem Umstand, daß auch die längsten liturgischen Texte schließlich einmal einen Schlußpunkt setzten, ihr Amen. Eine Art Versuch, einen rein musikalischen Grund zu finden, der diese tendenzielle Endlosigkeit aufhob, unternahmen jene Komponisten, die ihre Messen um einen *cantus firmus* herum gruppierten – eine Melodie, die beinahe ausnahmslos bei der geschlossenen, symmetrischen Musik der Volkslieder entlehnt wurde. In sehr langsamem Zeitmaß gesungen oder gespielt und zumeist im Tenor, manchmal sogar im Baß versteckt, war der *cantus firmus* praktisch unhörbar. Er existierte zum Wohle nicht der Hörer, sondern des Komponisten und sollte nicht gelangweilte Kirchgänger an all das erinnern, was sie vergangene Nacht in der Schenke gehört hatten, sondern einer streng künstlerischen Absicht dienen. Aber sogar wenn ein *cantus firmus* vorkam, bestand der Eindruck unbedingter, freifließender Kontinuität fort. Für den Komponisten aber war die Aufgabe der Gliederung seines musikalischen Materials leichter geworden; denn im pulsierenden Herzen der Musik verborgen, steckte das unbiegsame Gerüst eines ganz und gar metrisch gebundenen Liedes.

Als Dufay noch ein Junge und Chorsänger in Cambrai war, bearbeitete Ghiberti bereits die Bronzetüren von Santa Maria del Fiore, hatte der junge Donatello schon seine ersten Aufträge erhalten. Und als Vittoria, der letzte und größte der römischen Meister, 1613 starb, war Lorenzo Bernini bereits ein voll entwickeltes Wunderkind. Von der Frührenaissance bis zur Barockzeit führte der Weg der bildenden Künste durch die Symmetrie und über sie hinaus, weg von geschlossenen Formen und hin zu unausgewogener Offenheit und tendenzieller Endlosigkeit. In der Musik ging in ebendieser Periode die Grundtendenz den Weg durch Offenheit und über sie hinaus, weg von fließender Kontinuität und hin zu Metrum, Geradlinigkeit, Symmetrie und regelmäßiger und vorhersehbarer Rekurrenz.

Deutlich sichtbar wurden diese beiden entgegengesetzten Tendenzen in Malerei und Musik zuerst in Venedig. Während Tintoretto und Veronese sich in Richtung Offenheit und Asymmetrie bewegten, schlugen die beiden Gabrielis in ihren Motetten und ihrer Instrumentalmusik eine Gangart an, die zu Harmonie, zu regelmäßiger Skandierung und zur geschlossenen Form führte. In Rom arbeiteten Palestrina und Vittoria auch weiterhin im freifließenden Stil. An San Marco dagegen war die Musik der Zukunft – die Musik, die sich zu gegebener Zeit zur Musik von Purcell und Couperin, von Bach und Händel weiterentwickeln sollte – soeben im Begriff, geboren zu werden. In den dreißiger Jahren des 16. Jahrhunderts, als sogar die Bildhauerei ins Infinite aufgebrochen war, schrieb Berninis älterer Zeitgenosse Heinrich Schütz, der Schüler von Giovanni Gabrieli, symmetrische Musik (nicht immer, aber von Zeit zu Zeit), die beinahe wie Bach klingt.

Aus irgendeinem seltsamen Grund ist diese Art von Musik jüngst als »barock« bezeichnet worden. Die Wahl dieser Kennmarke ist fraglos unglücklich. Wenn Bernini und seine italienischen, deutschen und österreichischen Nachfolger Barockkünstler sind (und sie sind viele Jahre lang so bezeichnet worden), besteht keinerlei Berechtigung – abgesehen davon, daß sie zufällig zur gleichen Zeit lebten –, mit demselben Epitheton Komponisten zu schmücken, deren Grundtendenzen in bezug auf die Form sich von ihren eigenen radikal unterschieden.

Wohl der einzige Komponist des 17. Jahrhunderts, auf den der Terminus »barock« sich anwenden läßt, und zwar in ebendem Sinne, wie wir ihn auf Bernini anwenden, ist Claudio Monteverdi. In seinen Opern und seiner geistlichen Musik finden sich Passagen, in denen Monteverdi die Offenheit und Unbegrenztheit der älteren Polyphonie mit einer neuen Expressivität kombiniert. Diese Leistung wird erzielt, indem eine sich frei aufschwingende Melodie mit einer Begleitung nicht von anderen Stimmen, sondern von Akkorden verschiedener Klangfarbe unterlegt wird. Die sogenannten Barockkomponisten sind barock (im hergebrachten Sinne des Wortes) nur in ihrem Bedürfnis nach direkterem und dramatischerem Gefühlsausdruck. Um dieses Bedürfnis zu verwirklichen, entwickelten sie die Modulation im Rahmen eines gänzlich tonalen Systems weiter; sie ersetzten die alte Polyphonie durch Harmonik, variierten die Tempi ihrer Werke und deren Klangvolumen und erfanden die moderne Orchestrierung. In dieser ihrer Sorge um Expressivität waren sie ihren Zeitgenossen auf den Gebieten von Malerei und Bildhauerei sehr ähnlich. Aber in ihrem Bedürfnis nach Geradlinigkeit, Geschlossenheit und Symmetrie waren sie meilenweit entfernt von Menschen, deren erster Gedanke darauf gerichtet blieb, die Tyrannei des Zentralismus abzuschütteln, aus dem einengenden Rahmen oder der hemmenden Nische auszubrechen und alles bloß Finite und allzu Menschliche zu transzendieren.

In den Jahren zwischen 1598 und 1680 – Berninis Geburts- und Todesdaten – schlug die Barockmalerei und -bildhauerei eine bestimmte Richtung ein, die Barockmusik, wie sie irrtümlich genannt wird, dagegen eine andere, nahezu entgegengesetzte. Der einzige Schluß, den wir daraus ziehen können, ist der, daß die innere Logik und die jüngere Geschichte der Kunst, in der sich ein Mensch betätigt, einen mächtigeren Einfluß auf ihn ausüben als die sozialen, religiösen und politischen Ereignisse der Zeit, in der er lebt. Die Bildhauer und Maler des 15. Jahrhunderts ererbten eine Tradition der Symmetrie und Geschlossenheit. Die Komponisten des 15. Jahrhunderts ererbten eine Tradition der Offenheit und Asymmetrie. Auf beiden Seiten wurde die immanente Logik der Formen bis in ihre letzten Konsequenzen getrieben. Gegen Ende des 16. Jahrhunderts konnten weder die musikalischen noch die bildenden Künste weiter auf den Wegen voranschreiten, die sie bisher verfolgt hatten. Über sich selbst ausgreifend, schlugen die Maler und Bildhauer den Pfad der offenen Asymmetrie ein, die ›freifließenden‹ Musiker dagegen wandten sich der Erforschung der regelmäßigen Wiederkehr und der geschlossenen Form zu.

Inzwischen waren die üblichen Kriege, Verfolgungen und sektiererischen Genickschüsse in vollem Gange; es gab ökonomische Revolutionen, politische und soziale Revolutionen, Revolutionen in Wissenschaft und Technologie. Aber diese bloß historischen Ereignisse scheinen die Künstler nur materiell in Mitleidenschaft gezogen zu haben – indem sie sie ruinierten oder ihnen große Vermögen zuschanzten, indem sie ihnen die Möglichkeit gaben oder verwehrten, ihre Kunstfertigkeit unter Beweis zu stellen, oder indem sie den gesellschaftlichen oder religiösen Status ihrer potentiellen Schirmherren veränderten. Ihr Denken und Fühlen, ihre künstlerischen Grundtendenzen dagegen waren Reaktionen auf Ereignisse eines total anderen Bereichs – auf Ereignisse, die nicht in der sozialen Welt, sondern im besonderen Universum der vom jeweiligen Menschen gewählten Kunst stattfanden.

Beispielsweise Schütz. Ein Großteil seines Erwachsenenlebens zerrann ihm auf der Flucht vor den periodisch wiederkehrenden Schrecknissen des Dreißigjährigen Krieges. Aber die Umbrüche und Wechselfälle einer diskontinuierlichen Existenz hinterließen keine entsprechenden Spuren in seinem Werk. Ob in Dresden oder in Italien, ob in Dänemark oder wieder in Dresden: er zog stets weiter die künstlerischen logischen Folgen aus den Prämissen, wie sie unter Gabrieli in Venedig formuliert worden waren und im Laufe der Jahre allmählich durch seine eigenen sukzessiven Leistungen und die Leistungen seiner Zeitgenossen und Nachfolger modifiziert wurden.

Der Mensch ist ein Ganzes, aber ein Ganzes mit einer verblüffenden Fähigkeit, simultan oder sukzessiv in wasserdichten Schotten zu leben. Was hier passiert, hat wenig oder gar keinen Einfluß auf das, was dort passiert. Die Vorliebe des 17. Jahrhunderts für geschlossene Formen in der Musik war nicht zu vereinbaren mit der Vorliebe des 17. Jahrhunderts für Asymmetrie und Offenheit in den bildenden Künsten. Die viktorianische Vorliebe für Mendelssohn und Händel war nicht zu vereinbaren mit der viktorianischen Vorliebe für Mormonentempel, Albert Halls und St.-Pancras-Bahnhöfe. Tatsächlich aber koexistierten diese sich gegenseitig ausschließenden Vorlieben und übten keinerlei wahrnehmbaren Einfluß aufeinander aus. Vereinbarkeit ist ein verbales Kriterium, das nicht auf die Phänomene des Lebens angewendet werden kann. Zusammengenommen können die verschiedenartigen Aktivitäten eines einzigen Individuums »sinnlos« und doch völlig kompatibel mit biologischem Überleben, gesellschaftlichem Erfolg und persönlichem Glück sein.

Die objektive Zeit ist für jedes Mitglied einer menschlichen Gruppe und, im Bereich des Individuums, für jeden Bewohner eines wasserdichten Schotts dieselbe. Aber das Selbst im einen Schott hat nicht zwangsläufig denselben *Zeitgeist* wie die Selbste in anderen Schotten oder die Selbste, in denen andere Individuen ihr gleichermaßen inkonsistentes Leben führen. Wenn die Belastungen der Geschichte ein Maximum erreichen, neigen Männer und Frauen dazu, in derselben Art und Weise darauf zu reagieren. Wenn ihr Land beispielsweise in einen Krieg verstrickt wird, werden die meisten Individuen heroisch und aufopferungsvoll. Und wenn der Krieg Hunger und Pestilenz mit sich bringt, sterben die meisten von ihnen. Wenn aber die historischen Belastungen gemäßigter sind, steht es den Individuen frei, innerhalb weitgesteckter Grenzen verschieden darauf zu reagieren. Wir sind immer synchron mit uns selbst und anderen, aber es geschieht oft, daß wir keine Zeitgenossen von beiden sind.

In Logan beispielsweise, im Schatten eines anderen Mormonentempels, dessen zinnenbewehrte Türmchen ihm das Aussehen einer frühviktorianischen *folly* verliehen, eines Hintergrundprospektes für Edmund Kean in *Richard III.*, kamen wir mit einem charmanten Zeitgenossen ins Gespräch, einem Zeitgenossen nicht von Harry Emerson Fosdick oder Bischof Barnes, sondern von Bruder Juniper – einem Mormonen, dessen Gläubigkeit die ganze Inbrunst, die ganze bedingungslose Buchstäblichkeit des Bauernglaubens im 13. Jahrhundert hatte. Ausführlich redete er mit uns über die wöchentlichen Taufen der Toten. Fünfzehnhundert Tote, die jeden Samstagabend stellvertretend getauft wurden und damit doch noch Zugang zu jenem Himmel fanden, wo alle Familienbande durch die Äonen weiterbestehen. Für den Angehörigen einer mit Freud groß gewordenen Generation waren diese posthumen Aussichten denn doch etwas abschreckend. Nicht aber für einen Zeitgenossen Bruder Junipers. Er sprach von ihnen mit einer Art ruhiger Verzückung. Und wie himmlisch schön war in seinen Augen dieses zyklopische Bauwerk! Wie unschätzbar das Privileg, das er sich verdient hatte, im Besitz der Erlaubnis zu sein, seine Portale zu durchschreiten! Portale, die allen Heiden und sogar einer Hälfte der Heiligen der Letzten Tage verschlossen blieben. Die Fliederbüsche im Umkreis jenes himmlischen Tempels standen in voller Blüte, und die Bergketten, die das fruchtbare Tal säumten, waren weiß vom schneeigen Symbol göttlicher Reinheit. Aber die Zeit drängte. Wir überließen Bruder Juniper seinem Paradies und fuhren weiter.

An jenem Abend fanden wir uns, im winzigen Naturgeschichtlichen Museum in Idaho Falls, in ein Gespräch mit zwei Menschen aus einer weit entlegeneren Vergangenheit vertieft – einem faszinierenden Paar geradewegs aus einer Höhle. Aber keiner dieser verrückten Höhlen des Magdalénien mit all den modernistischen Kunstwerken an den Wänden. Nein, nein – eine gute, altmodische, nüchterne Höhle, die netten, gewöhnlichen Leuten gehörte, dreitausend Generationen vor der Erfindung der Malerei. Das hier waren Australopithecus, deren Reaktion auf den ausgestopften Grizzly in einer einzigen Bemerkung über brutzelnde Steaks aus Bärenfleisch bestand; das hier waren frühe Neandertaler, die keinen Fisch oder Vogel oder Vierfüßler sehen konnten, ohne unverzüglich an Schlachten und Fressen zu denken.

»Mann!« sagte die Höhlen-Lady, als wir zusammen mit ihr vor dem feierlichen, pastorenartigen Haupt eines gewaltigen Elchs standen. »Würde *der* gut mit Zwiebeln schmecken!«

Ein Glück, überlegte ich, daß wir so ausnehmend dünn, sie dagegen so bemerkenswert gutgenährt und daher für den Augenblick so milde gestimmt waren.

(*Adonis and the Alphabet*, 1956; Ü.: Hans-Horst Henschen)

Atitlan

Die Geschichte der spanischen Eroberung ist wahr, aber unglaublich. Daß Tenochtitlan eingenommen wurde, daß Cortez von Mexiko nach Honduras marschierte, daß Alvarado die Macht der Quichés und Cakchiquels brach – dies sind zwar Tatsachen, aber so maßlos unwahrscheinlich, daß ich sie bislang den Autoritäten nur unter Vorbehalt abnehmen konnte. Vernunft und Phantasie verweigerten ihre Zustimmung. In Panajachel lernte ich nun jemanden kennen, der mich zum erstenmal überzeugte, daß all diese Dinge, die bei Prescott und Bernal Diaz stehen, wirklich passiert sind. Es handelte sich um einen alten Spanier, der mit einer indianischen Ehefrau und deren Familie in einem großen weitläufigen Haus am See lebte und seinen Lebensunterhalt als Tierpräparator und Fellgerber verdiente. Er war ein hervorragender Experte auf seinem Gebiet und wußte aus erster Hand über die Vögel, Säugetiere und Reptilien des Landes Bescheid. Was mich jedoch am meisten interessierte, war nicht, was er sagte oder tat, sondern was er war. Wenn ich sah, wie er über die Terrasse seines Hauses ging, hager und knochig, doch voller Energie, mit dem angriffslustig wehenden Schwarzbart, der Adlernase, dem unruhig funkelnden, wilden Blick, begriff ich plötzlich das Wie und Warum der spanischen Eroberung. Die Macht der Indianer ist die Macht des Widerstands, der Passivität. Gegen diese ungeduldigen, ungestümen Kreaturen von jenseits des Meeres hatten sie keine Chance – keine größere Chance als der Fels gegen den Vorschlaghammer. Der indianische Fels war zwar ungeheuer groß, aber der Hammer wurde, wenn er auch klein war, mit einer furchtbaren Kraft geschwungen. Unter seinen raschen Schlägen zersplitterte der merkwürdig geformte Monolith der amerikanischen Zivilisation. Die Bruchstücke sind immer noch da; sie sind unzerstörbar und werden vielleicht eines Tages wieder zu einem wohlgeformten Ganzen verschmelzen; bis dahin aber zeugen sie in ihrer zerstreuten Nichtigkeit nur von der unglaubhaften Kraft hinter dem spanischen Hammer.

Der alte Präparator ging ins Haus und kehrte kurz darauf mit einem großen Kübel einer klebrigen, stinkenden Flüssigkeit zurück. »Da, schauen Sie«, sagte er und zog aus seiner ekelhaften Brühe Meter um

Meter eine riesige Schlangenhaut hervor. »*Qué bonito!*« wiederholte er dauernd, während er sie glattstrich. »Wie Seide! Schlangenhäute gerbt hier keiner so gut wie ich.«

Ich nickte und gab die passenden Laute von mir. Aber ich besah nicht die Schlangenhaut; ich betrachtete die Hände des alten Mannes. Es waren große Hände mit langen Fingern, die jedoch in breite Fingerkuppen ausliefen; Hände, die sich mit geschmeidiger Gewaltsamkeit bewegten, die sich in flinker, zielsicherer Raubgier ausstreckten und schlossen; die Hände eines *conquistador*.

Als er uns die Haut schließlich verkaufte, verlangte er zuviel dafür; aber das Geld reute mich nicht; denn zusammen mit zwei Metern herrlicher Schlangenhaut hatte ich auch den Schlüssel zur spanisch-amerikanischen Geschichte erstanden, und das wog mir den Extradollar für meine Python um ein Vielfaches auf.

(*Beyond the Mexique Bay*, 1934; Ü.: Sabine Hübner)

Sololá

Der Marktplatz von Sololá war ein Freiluftmuseum für Kostüme. Anders als die Indianer Mexikos, die jetzt meist in Pyjamahosen aus weißer Baumwolle herumlaufen und sich als Mantelüberwurf einfach eine Decke um die Schultern schlingen, haben die Guatemalteken des Hochlands ihre alten Trachten behalten. Dieser Konservativismus wurde bis zu einem gewissen Grad von der Wirtschaftskrise und der Überredungskunst der Händler und Handelsreisenden beeinflußt. In dieser autarken landwirtschaftlichen Gemeinschaft braucht zwar niemand zu hungern; aber Geld ist viel seltener als noch vor einigen Jahren, als die Produktion der Kaffee-Fincas auf Hochtouren lief und in der Erntezeit scharenweise Arbeiter aus den Bergen herangeholt wurden. Das waren die herrlichen Zeiten, wo ein Mann fünfundzwanzig bis dreißig Cent am Tag verdienen konnte. In den Quiché-Dörfern herrschte damals Wohlstand: die *fiestas* waren große Ereignisse, bei denen in prunkvollem Stil die komplizierteren der alten Tänze aufgeführt wurden; der *aguardiente* floß in Strömen, und wenn ein Mann eine neue Garnitur der traditionellen Tracht benötigte, konnte er sich das handgewebte Tuch, die prächtig gemusterten Schärpen und Tücher, die Hutbänder und Quasten leisten. Heute überlegt er es sich zwei- bis dreimal, bevor er seine Garderobe erneuert. Eine neue Ausstattung kostet ihn umgerechnet vier oder fünf Pfund, und das ist für einen Quiché-Indianer im Augenblick eine Riesensumme. Im örtlichen Laden kostet ein Arbeitskittel aus blauem Kattun nur ein paar Shilling, und wenn der abgetragen ist, was bald der Fall sein wird, kann er sich einen neuen kaufen. Es sieht leider so aus, als sei die traditionelle Kleidung der Indianer zum Aussterben verurteilt. Das industrielle System bietet seine ganze Streitmacht gegen sie auf. Das Festhalten am Althergebrachten kann den ökonomischen Attacken nicht allzu lang Widerstand leisten.

Aber noch trägt die Mehrzahl der Hochlandbewohner die alten Trachten – in jedem Dorf eine andere. Das merkwürdigste an der Sololá-Tracht ist zum Beispiel der schwarzgelackte Hut, eine merkwürdig abgeflachte Version von John Bulls Zylinder. Aus einem anderen Dorf (ich habe nie herausgefunden, aus welchem; aber es war wohl nicht weit von Sololá entfernt, da ich einige seiner Bewohner auf dem Markt sah) kamen Männer mit großen pilzförmigen Hüten, wie sie sehr vornehme alte Engländerinnen bei der Gartenarbeit tragen. Ich war jedesmal leicht schockiert. Es kam mir vor, als habe Miss Jekyll plötzlich den Verstand verloren, ihr Gesicht mit Walnußsaft gefärbt und außer ihrem alten Hut noch ein graues Affenjäckchen und weiße Baumwollhosen angezogen.

Das bemerkenswerteste an diesen indianischen Trachten ist jedoch, daß sie nicht indianisch, sondern alteuropäisch sind. Da und dort wurden kleine Schnipsel aus dem Spanien des 18. und 19. Jahrhunderts aufgeschnappt und auf wunderbare Weise bewahrt wie Fliegen im harten Bernstein eines primitiven Konservativismus. Die Chichicastenango-Indianer trugen zum Beispiel eine kurze bestickte Jacke und Kniehosen aus braunem Stoff, bunt gewebte Schärpen und ein besticktes Tuch um den Kopf. Hier handelt es sich fast unverändert um das Kostüm Sancho Panzas. Anderswo findet man eine Reihe kleinerer Variationen über das spanische Thema. So werden zuweilen unter einer elegant geschnittenen Bolerojacke lange Kilts getragen – vielleicht eine Reminiszenz an die Lendentücher einer früher herrschenden Ordnung.

Die Kleider der Frauen wurden von der spanischen Mode weit weniger tief beeinflußt als die der Männer. Hier ist nichts von den langen Schleppröcken und Lancashireschätzchen-Schals der Mexikaner zu finden. Das tiefdekolletierte Mieder, die Puffärmel, der weiße Unterrock und der kokett geraffte Rock der Filipino-Frau sind hier ganz unbekannt. Freilich haben die bestickten Leibchen der Quiché-Frauen womöglich etwas von der europäischen Bauerntracht; aber ihre kurzen Röcke, die oft nur bis zum Knie reichen – sie sind zweifellos indianisch. Vielleicht haben sie seit der Eroberung eine andere Farbe; denn jetzt färbt man sie mit Indigo, das von den Spaniern eingeführt wurde. Aber der Schnitt ist sicher noch derselbe wie damals, als Alvarado hier vorbeikam.

(*Beyond the Mexique Bay*, 1934; Ü.: Sabine Hübner)

Copan

Wir kletterten ins Flugzeug und hoben ab. Der Nebel hatte sich aufgelöst, und nach kurzer Zeit sahen wir unter uns, klar umrissen wie auf einer Landkarte und eng von Hügeln eingefaßt, das Tal von Copan mit seinem Dorf, den sandfarbenen Stoppelfeldern, dem in Windungen verlaufenden Fluß, der baumbewachsenen Maya-Akropolis, die sich jäh als steile Mauer am Ufer erhob. Wir gingen in Spiralen hinunter. Eine kleine kahle Stelle unweit der Ruinen war offenbar der Landeplatz. Als wir herabkamen, stob eine Herde von Kühen hysterisch auseinander. Indem er die Tiere umflog, so gut es ging, und den größeren Exemplaren der überall auf dem Flughafen verstreuten Felsbrocken auswich, brachte uns unser Pilot, zum Glück ein sehr geschickter Flieger, sicher auf den Boden zurück. Wir stiegen aus und gingen auf die Ruinen zu, gefolgt von einigen kleinen Jungen, die sich als Führer anboten. Unser Pilot schlug die Straße zum Dorf ein; wie er wußte, waren die Ortsbehörden sehr darauf erpicht, durch eingehende Inspektion seiner Papiere ihre Wichtigkeit zu beweisen. Wenn man ihnen nicht ihren Willen ließ, konnten sie äußerst ungemütlich werden.

Die Zeit und ihre Verbündeten, Wetter und Vegetation, spielen den Werken des Menschen oft seltsame Streiche. Eine ihrer sanften Willkür ausgelieferte Stadt wird meist als architektonisches und technisches Ganzes zerstört, bleibt aber in dekorativen Details erhalten. Die riesige Masse des Mauerwerks wird begraben und zertrümmert; bei üppiger Vegetation verschwindet es, in seine Bestandteile aufgelöst, manchmal auch ganz. Statuen, Reliefs, zerbrechliche Gefäße und Schmuckstücke hingegen überdauern oft nahezu unversehrt. In Copan zum Beispiel sind von dem großen Komplex der Pyramiden, Sockel, Mauern, Terrassen und vertieften Innenhöfe, die einst die Gegend bedeckten, nur noch ein paar baumbewachsene Hügel, hie und da eine Mauer und ein paar Haufen Gesteinsschutt übrig. Begraben, und unter der Erde durch die wuchernden Wurzeln der tropischen Vegetation zerstückelt, stand hier einst eine heilige Stadt von makellosen geometrischen Formen. Die scharfkantigen Flächen aus behauenem Stein, aus weißem oder bemaltem Stuck erglänzten glatt unter dem lotrecht einfallenden Sonnenlicht wie die Facetten eines Kristalls. Doch während ich mir zwischen den herabgefallenen Steinen mühsam meinen Weg auf und ab durchs Gestrüpp bahnte, war ich außerstande, mir diese von den Mayas realisierte gewaltige Verkörperung eines Mathematikertraums vorzustellen. Ich hatte die Schriften der Archäologen gelesen und wußte, was für ein Monument in Copan errichtet worden war. Aber dieses fast amorphe Hügelgrab lieferte meiner Phantasie keine sichtbaren Fundamente, um die ungeheure Leistung der Mayas zu rekonstruieren. Nur die plastischen Ornamente, mit denen sie ihre steometrischen Berge noch nebenher verziert hatten. Das Ganze war verschwunden; aber ein paar Verzierungen hatten sich erhalten. In einem Maisfeld am Fuß der bewaldeten Hügel – die Hügel waren ursprünglich Akropolis und Hauptpyramide, das Maisfeld ein großes Forum gewesen – stand eine Gruppe herrlicher, prunkvoll verzierter Stelen mit so tief eingemeißelten Reliefs, daß sie den Stein zuweilen regelrecht durchbohrten. Mit Hilfe neolithischer Werkzeuge hatten die Maya-Bildhauer eine fast geringschätzige Beherrschung ihres Materials an den Tag gelegt; sie hatten ihre zwanzig Fuß hohen Monolithe so bearbeitet, wie ein chinesischer Handwerker ein Stück Elfenbein bearbeiten mochte. Man steht bestürzt vor einer so hohen technischen Vollendung angesichts so unzureichender technischer Mittel.

Die Stelen sind nicht die einzigen Monumente von Copan. Als wir zwischen Ruinen herumkletterten, fanden wir erstaunliche Mengen behauener Steine. Hier ein riesiges, würfelförmiges Schädelsymbol mit starrenden Augenhöhlen, die Zähne tief in Gras und Unkraut; dort, am Fuß einer eingestürzten Mauer, ein Postamentwürfel mit einem Basrelief aus kleinen Totenköpfen. Hier der berühmte Altar mit seinem Fries aus phantastisch aufgeputzten sternkundigen Priestern bei einer wissenschaftlichen Beratung; dort, in eine Rundplastik gemeißelt, ein Riesenkopf mit grotesk aufgerissenem Mund; hier zwei Statuen, zerschmettert, aber immer noch von heftiger Lebendigkeit. Die schönsten Rundplastiken befinden sich jedoch nicht mehr in Copan. Ich habe noch nie etwas gesehen, das an Grazie, bildhauerischer Subtilität und emotionaler Ausdruckskraft dem Torso des Maisgottes im Britischen Museum vergleichbar gewesen wäre oder dem herrlichen Kopf desselben Gottes, der sich jetzt in Boston befindet.

Diese beiden und einige andere Stücke in amerikanischen Museen ähneln sich im Stil so sehr, daß man versucht ist zu glauben, sie stammten von ein und demselben hochbegabten Bildhauer. Von den anderen Rundplastiken, die noch in Copan sind, zeigt keine die charakteristische Wirklichkeitsauffassung dieser ungewöhnlichen Statuen.

Die Schönheit der meisten Maya-Skulpturen empfinden wir als abgrundtief fremd. Aber bei dieser besonderen Gruppe der Bildwerke von Copan fühlt man sich plötzlich zu Hause, auf vertrautem emotionalem Boden. Die Seele des Mannes oder der Männer, die sie schufen, war offenbar mit dem gleichen Empfindungsvermögen ausgestattet wie unsere Seele. Jetzt, wo die Kunstwerke entfernt worden sind, erfreut sich der europäische Copan-Besucher keiner solch tröstlichen Überzeugung mehr. Er betrachtet die erstaunlichen Werke, die ihn umgeben, aber wie über einen Abgrund hinweg; sie existieren in einer Gefühls- und Gedankenwelt, die nicht die seine ist. Jene kolossalen Schädel zum Beispiel – sie haben nichts mit der makabren Tonlage unseres Spätmittelalters zu tun oder mit den bombastischen Schrecken barocker Totenkunst.

The flesh is bruckle, the fiend is slee:
Timor mortis conturbat me.

Das Fleisch ist brüchig, und der Teufel in der Näh:
Timor mortis conturbat me.

So wehklagten unsere Ahnen. Daß die Mayas etwas Derartiges sagten, wage ich zu bezweifeln. In diesen großartigen kubischen Monolithen, die (mit welch sicherem Gespür für den symbolisch dekorativen Effekt!) mit Augenhöhlen, Nasenlöchern, Zähnen geschmückt sind, findet man keine Spur der europäischen Klage über die Vergänglichkeit, unseres eigenen Grauens vor Auslöschung und Untergang. Man findet – ja was? Angesichts dieser außerordentlichen Objekte kann man die Frage nur stellen, ohne auf eine Antwort zu hoffen. Man kann unmöglich aus eigener Erfahrung wissen, was die Menschen, die so etwas schufen, empfunden und gedacht haben. Jedes Leben hat seine eigene innere Logik, und die Logik all der Leben, die zu einer bestimmten Zeit und unter bestimmten kulturellen Bedingungen von Menschen gelebt werden, weist an irgendeinem Punkt eine gewisse Ähnlichkeit auf. Bei den Mayas herrschte eine andere Lebenslogik als bei uns. Die Bewunderung, mit der wir ihre Kunstwerke betrachten, hat einen Beigeschmack spekulativen Nichtbegreifens. Worauf wollten sie wirklich hinaus? *Quién sabe?*

(*Beyond the Mexique Bay*, 1934; Ü.: Sabine Hübner)

In einer tunesischen Oase

Als ich im Morgengrauen erwachte, sah ich aus dem Fenster. Wir waren in der Wüste. Zu beiden Seiten der Eisenbahnlinie erstreckte sich eine endlose Ebene, flach wie Holland, nur gelbbraun statt grün. Und am Horizont zeichneten sich gegen den grauen Himmel keine Windmühlen, sondern die Silhouetten einer Kamelkarawane ab. Langsam rollte der Zug Meile um Meile südwärts.

Als wir schließlich Tozeur erreichten, hatte es dort gerade zu regnen aufgehört – der erste Regen nach zweieinhalb Jahren –, und jetzt war plötzlich Wind aufgekommen; es gab einen Sandsturm. Der Wind trieb dichten braunen Nebel in Strudeln vor sich her, der sich sandig auf die Haut legte und die Landschaft vor unseren brennenden Augen verschlang. Wir mußten niesen; wir hatten Sand in den Ohren, im Haar, zwischen den Zähnen. Einfach scheußlich. Ich war deprimiert, aber nicht überrascht. Wenn ich reise, herrscht immer scheußliches Wetter.

Als ich mich einmal bei der selbstgerechten Eignerin eines französischen Hotels über die schwarzen, platten Wanzen in meiner Bettwäsche beschwerte, bezichtigte man mich, sie selbst eingeschleppt zu haben. Ich wehrte mich energisch gegen diese Unterstellung. Wanzen – nein. Wanzen habe ich keine. Was jedoch das schlechte Wetter angeht, muß ich mich schuldig bekennen. Regen, Frost, Wind, Schnee, Hagel, Nebel – ich führe sie immer im Gepäck mit. Ich bringe sie an Orte, wo sie bislang unbekannt waren, und zwar zu den unmöglichsten Jahreszeiten. Wie herrlich wird man bei meiner Ankunft auf den Gewürzinseln eislaufen können! Auf dieser speziellen Reise hatte ich an jeden Ort meiner Reiseroute die entsetzlichsten meteorologischen Katastrophen mitgebracht. In Neapel zum Beispiel war es der Schnee. Als wir am Abend unserer Ankunft aus dem Theater kamen, lag er drei Zentimeter hoch unter den Palmen im Stadtpark. Und der Vesuv glitzerte am nächsten Morgen weiß wie der Fudschijama vor dem blassen Frühlingshimmel. In Palermo gab es einen Wolkenbruch. »Zwischen den Syrten und dem linden Sizilien« reisten wir durch ein stürmisches Hagelunwetter. In Tunis hätte beinahe Frost eingesetzt. In Sousse wehte ein so heftiger Wind, daß die steifen, kartonartigen Blätter der Kakteen zitterten wie Espenlaub. Und jetzt hatte es bei unserer Ankunft in Tozeur zum ersten Mal seit dreißig Monaten geregnet, und es gab einen Sandsturm. Nein, überrascht war ich keineswegs; aber ein leichter Anflug von Trübsinn ließ sich nicht unterdrücken.

Gegen Abend ließ der Wind ein wenig nach; der Sand begann aus der Luft zu verschwinden. Um die Mittagszeit hatte der undurchdringliche braune Vorhang nur noch eine Sicht von circa fünfzig Metern erlaubt. Jetzt lichtete er sich, wurde gazeartig, und man sah hundert bis zweihundert Meter weit. Vom Fenster unseres Hotelzimmers aus, in dem wir den ganzen Tag verbracht hatten, um dem vom Wind aufgewirbelten Sand zu entgehen – aber vergeblich, denn er drang auch durch kaum sichtbare Ritzen –, sahen wir den Rand eines dichten Palmenwaldes, die Kuppel einer kleinen Moschee, Häuser aus sonnengetrockneten Ziegelsteinen und magere braune Männer, die in flatternden Nachthemden mit vermummten Gesichtern und gesenktem Kopf gegen den Wind liefen oder, teils rittlings, teils im Seitensitz, auf den knochigen Hinterteilen geduldiger kleiner Esel ritten. Zwei sehr professionell wirkende Touristen mit Tropenhelmen – dabei schien gar keine Sonne – bogen um eine Straßenecke. Sie wurden von einem boshaften Windstoß überrascht; beide Helme wirbelten gleichzeitig in die Luft, plumpsten zu Boden und rollten im Staub davon. Die beiden professionellen Touristen jagten hinterher. Dieses Schauspiel heiterte uns etwas auf; wir gingen nach unten und wagten uns ins Freie.

Ein melancholischer Araber erbot sich, uns die Stadt zu zeigen. Da wir wußten, wie schwer man sich in diesem von üblen Gerüchen erfüllten Straßengewirr zurechtfindet, nahmen wir sein Angebot an. Seine Französischkenntnisse waren beschränkt; infolgedessen auch die Informationen, die er uns gab. Er wandte eine Art Berlitz-Methode an. Fegte uns zum Beispiel eine Sandhose um die Ecke und sprang uns an, dann drehte sich unser Führer um, zeigte darauf und sagte: »*Poussière.*« Darauf wären wir auch von allein gekommen.

Er führte uns endlos lang durch enge Straßen mit tausend Ecken, zwischen fensterlosen, schwankenden, bröckelnden Mauern hindurch. »*Village*«, erklärte er. »*Très plaisant.*« Da waren wir allerdings etwas anderer Meinung.

Geht man durch ein arabisches Dorf, fühlt man sich an Ostia oder Pompeji erinnert. Nur sind die Überreste römischer Städte meist besser erhalten und nicht so schmutzig; das ist alles. Man wundert sich, zwischen diesen staubigen Ruinen weiß gekleidete Familien in kauernder Haltung beim Essen zu sehen.

Unser Führer klopfte an eine braune Lehmwand. »*Briques*«, sagte er und wiederholte das Wort mehrere Male, damit wir auch sicher wußten, was er meinte.

An den Fassaden vornehmerer Häuser sind diese Ziegel aus sonnengetrocknetem Lehm manchmal in schlichten, gefälligen Reihenmustern angeordnet – Rauten, Fünfecke, Sechsecke. Eine für diese Gegend typische Fertigkeit, die auszuüben sich heute niemand mehr die Mühe macht – das heißt niemand außer den Europäern, die an den Wänden des Bahnhofs und des größten Hotels mit charakteristischer Energie die traditionellen Ornamente gebraucht beziehungsweise heftig mißbraucht haben. Es ist kurios und doch auch wieder bezeichnend, daß jedes besonders orientalisch wirkende Bauwerk, dem man in Tunesien begegnet, mit Sicherheit nach 1881 von den Franzosen errichtet wurde. Die Kathedrale von Karthago, die Justizgebäude und Schulen von Tunis – sie sind maurischer als die Alhambra, so maurisch, wie es nur orientalische Cafés in Paris oder London sein können. In einem Zeitraum von dreißig Jahren haben die Franzosen Gebäude errichtet, die den arabischen Baustil typischer und eindringlicher widerspiegeln, als es den Arabern selbst im Lauf von dreizehn Jahrhunderten je gelang.

Wir gelangten auf den Marktplatz. »*Viande*«, sagte unser Führer und befingerte im Vorbeigehen eine schmuddelige Scheibe Hammelfleisch, die zwischen Staub und Fliegen in einem kleinen Verkaufsstand auslag. Wir nickten.

»*Très joli*«, bemerkte unser Führer. »*Très plaisant.*« Er spuckte geräuschvoll auf den Boden. Der Standinhaber spuckte ebenfalls aus. Wir machten, daß wir wegkamen; es braucht seine Zeit, bis man sich an die tunesischen Sitten gewöhnt hat. Das gräßliche Hochziehen des Schleims, die zischenden Explosionen und der Aufprall dieser zähflüssigen Masse sind schon fast so etwas wie die Volksmusik des Landes.

In der Wüste Südtunesiens gibt es drei große Oasen. Sie bestehen alle aus etwa sechs- bis siebentausend Morgen an bestelltem Land und sind ihrer zahlreichen ergiebigen Quellen wegen bemerkenswert. Mitten in der Wüste steigen plötzlich hundert Quellen aus dem

Sand; es gibt Flüsse und ein Netz kleiner Kanäle. Ein unübersehbarer Wald von Dattelpalmen schießt aus dem Boden – ein Wald, dessen Unterholz aus Getreide und Rosen, Weinreben und Aprikosenbäumen, Oliven-, Granatapfel-, Pfeffer-, Rizinus- und Bananenbäumen besteht; alle kostbaren Pflanzen der gemäßigten und subtropischen Breiten sind hier vertreten. Auf diese kleinen Paradiese fällt niemals Regen – außer am Tag meiner Ankunft –, aber die Quellen, von wer weiß welchem weit entfernten Ursprung gespeist, sprudeln unerschöpflich, und das mindestens schon seit der Römerzeit. Ringsum von Sand umschlossen, ist der grüne Reichtum dieser Oasen ein unaufhörliches Wunder. Daß der Ursprung von Judentum und Islam ausgerechnet in der Wüste liegen soll, wo man hie und da auf solche Palmeninseln stößt, überrascht mich, seit ich eine Oase gesehen habe. Die Religion, die sich mir in einem solchen Land instinktiv aufdrängen würde, wäre kein abstrakter Monotheismus, sondern die Verehrung des Lebens, der Kräfte der grünen, gedeihenden Natur. Mir scheint, in einer Oase sollte man fast mit verzweifeltem Ernst Pan und der Großen Mutter huldigen. Hier gebührte den Baum- und Quellnymphen ganz gewiß leidenschaftlicher Dank. Ich hätte in der Wüste bestimmt die griechische Mythologie erfunden. Die Juden und Araber jedoch entdeckten Jahwe und Allah. Wie seltsam.

Nefta ist mir von den drei großen tunesischen Oasen die liebste. Gabes ist fast ebenso schön und hat durch die Nähe des Meers einen Reiz, der Nefta fehlt. Andererseits ist Gabes nicht so fruchtbar wie Nefta und, gesellschaftlich betrachtet, hochkarätiger. Es müssen dort so an die zweihundert Europäer leben. Einmal wöchentlich findet im Hotel eine Tanzveranstaltung statt. Gabes ist ganz Klein-Paris. Derselbe Einwand gilt für Tozeur, das einen Bahnhof besitzt und von französischen Beamten nur so wimmelt. In Nefta dagegen kommen auf vierzehntausend Araber ungefähr zwölf europäische Einwohner. Hundert Franzosen bringen es jederzeit fertig, sich ein Paris zu schaffen; zwölf glücklicherweise nicht. Das einzige nicht-arabische Merkmal Neftas ist sein Hotel – sauber, komfortabel, französisch und effizient. In Nefta kann man unter Barbaren leben, im Mittelalter, und gleichzeitig für dreißig Francs pro Tag die Vorzüge der heutigen westlichen Zivilisation genießen. Was könnte herrlicher sein?

Am nächsten Morgen fuhren wir mit dem Auto los, quer durch die Wüste. Hin und wieder überholten wir ein Kamel, eine Kamelkarawane. Ihre Besitzer liefen oder ritten auf Eseln neben ihnen her. Die Frauen thronten zwischen dem Gepäck auf den Höckern – in diesem mohammedanischen Land ein sehr beredter Beweis dafür, wie beschwerlich es ist, auf einem Kamel zu reiten. Einmal begegneten wir einem kleinen Citroën-Lastwagen, der von weißgekleideten Arabern überquoll. In der Sahara macht dem Kamel allmählich das Auto die Vorherrschaft streitig. Jetzt verkehren schon Omnibusse in der Wüste. Wir erfuhren, daß zwischen Nefta und Touggourt bald eine Buslinie über zweihundert Kilometer Sand eingerichtet würde. Zweifellos wird es in wenigen Jahren niemanden mehr geben, der nicht am Tschadsee oder in Timbuktu war. Soll man das begrüßen oder bedauern? Schwer zu sagen.

Das Hotel in Nefta ist ein langgestrecktes, niedriges Gebäude, das eine ganze Seite des Marktplatzes einnimmt. Vom Schlafzimmerfenster aus kann man das Leben der Araber beobachten; es vollzieht sich gemächlich und mit würdevoller Ineffizienz. Unablässig feilschend kaufen und verkaufen sie. Der Verkäufer bietet ein etwas schmuddeliges Hammelkotelett an; der Käufer zeigt sich angesichts eines Preises empört, den man sogar dann als unverschämt bezeichnen müßte, wenn die Waren einwandfrei und aus erster Hand wären. Es dauert eine halbe Stunde, bis sie sich auf einen Kompromiß geeinigt haben. Auf dem Boden dösen weiße Bündel in der Sonne vor sich hin; wird es ihnen zu heiß, schleppen sie sich ein paar Meter weiter und setzen ihr Nickerchen im Schatten fort. Die Honoratioren, die Besitzer der Palmen, schlendern mit der Würde römischer Senatoren vorbei. Sie tragen Kleidung aus feinster Wolle, Spazierstöcke, europäische Schuhe und Socken, und auf ihren nackten braunen Waden – eine kleine, für den wirklichen (im Gegensatz zum literarischen) Osten äußerst typische Note – hellmalvenfarbene oder muschelrosa Sockenhalter. Wilde Männer reiten von der Wüste herein. Manche vertrauen, um sich vor einer Bindehautentzündung zu schützen, neben Allah auch noch dem gesunden Menschenverstand und tragen geschwärzte Motorradbrillen. Unter großem Geschrei, laut widerhallendem Klopfen der staubigen, mottenzerfressenen Felle, wird eine Kamelkarawane hereingetrieben. Die Tiere gehen in die Knie, werden von ihrer Last befreit. Hochnäsig und ganz von oben herab wenden sie sich dahin und dorthin, wie würdevolle Matronen aus sehr altem Adel, während einer plebejischen Abendgesellschaft. Dann streckt plötzlich eines von ihnen seinen langen Hals schlaff am Boden aus und schließt die Augen. Diese Bewegung verrät hoffnungslose Erschöpfung; das groteske Tier wirkt auf einmal mitleiderregend. Und welches Gestöhne, was für ein Geglucker im Hals, was für gewaltige Seufzer, wenn ihre Herren sie neu beladen! Jeder zusätzliche Ballen ruft brodelnden Protest hervor, und wenn sie sich schließlich wieder von den Knien erheben müssen, ächzen sie, als hätte man ihnen das Herz gebrochen. Blinde Bettler hocken in geduldiger Erwartung der Almosen da, die sie nie erhalten. Die wunden Lider schwarz von Fliegen, spielen kleine Kinder zufrieden im Staub. So Allah will, werden sie eines Tages ebenfalls erblinden: Der Name Allahs sei gesegnet.

Wir sitzen am Fenster und betrachten das Schauspiel. Und abends, nach einem gelbrosa Sonnenuntergang mit den sich vor dem Himmel abzeichnenden Umrissen der Palmen und Kuppeln (für meinen Geschmack erinnert es insgesamt leider zu sehr an die kolorierten Kupferstiche einer bebilderten Bibel), abends erscheinen große Sterne am indigoblauen Himmel, die Cafés sind Höhlen aus gelbem Licht, verhüllte Gestalten gehen mit Laternen in der Hand durch die engen Straßen, und auf den flachen Dächern der Häuser streifen die Schatten riesiger Wachhunde herum. Überall herrscht Stille, die Stille der Wüste: Von Zeit zu Zeit hören wir, sehr deutlich, wie in der Ferne jemand ausspuckt.

Wenn ich durch die Menge auf dem Marktplatz oder durch das enge Straßengewirr ging, war ich stets angenehm von der gleichgültig-höflichen Zurückhaltung der arabischen Umgangsformen überrascht. Gewiß, es gibt eine Menge Bettler, Straßenhändler, Fremdenführer, Taxifahrer; und natürlich legen sie ihre teilnahmslose Ruhe ein wenig ab, wenn man vorbeigeht. Sie strecken die Hände aus, bieten einem arabische Antiquitäten echt deutscher Fabrikation an, schlagen eine Rundfahrt vor und laden einen ein, in ihre schmutzigen Vehikel zu steigen. Aber all dies tun sie höflich und ohne jede Aufdringlichkeit. Eine abschlägige Antwort genügt, um ihre kurze Zudringlichkeit zu beenden. Man schüttelt den Kopf; und schon sinken sie wieder in jene Apathie zurück, aus der man sie für einen Augenblick aufgescheucht hat – resigniert. Nein, beinahe, so spürt man, erleichtert darüber, daß sie sich nun doch nicht stören lassen mußten.

Da wir gerade aus Neapel kamen, überraschte uns diese lethargische Höflichkeit ganz besonders. In Neapel fordern die Bettler nämlich lauthals ein Almosen, als hätten sie Anspruch darauf. Wenn man sich weigert, ein Taxi zu nehmen, fahren die Taxifahrer von Pozzuoli fluchend und winselnd neben einem her und setzen ihren Preis alle hundert Meter um weitere zehn Prozent herunter. Die Führer in Pompeji bestehen einfach darauf, daß man sie nimmt, sie erheben ein lautes Geschrei, zeigen ihre Lizenz vor, zählen einem ihre Frau und ihre hungernden Kinder her. Was die Straßenhändler angeht, die lassen einen einfach nicht mehr weiter. Was, Sie wollen keine Farbfotos vom Vesuv? Dann sehen Sie sich doch mal diese Korallen an. Keine Korallen? Dann hätte ich hier den letzten Schrei, was Zigarettenspitzen angeht. Sie sind Nichtraucher? Aber rasieren werden Sie sich doch auf jeden Fall; diese Rasierklingen, also bitte... Man schüttelt den Kopf. Es folgen Zahnstocher, Lupen, Zelluloidkämme. Hartnäkkig lehnt man weiterhin ab. Der Händler spielt seine letzte Karte aus – ein As, zugegeben, und auch noch ein Trumpf-As. Er kommt sehr nah heran und bläst einem vertraulich seinen nach Knoblauch und Alkohol stinkenden Atem ins Gesicht. Aus einer Innentasche zieht er ein Kuvert; er öffnet es und drückt einem den Inhalt in die Hand. Gut, man braucht vielleicht keine Korallen, Rasierklingen, Bilder vom Vesuv oder Zelluloidkämme; das läßt er gelten. Aber können Sie ehrlich behaupten – ehrlich, Hand aufs Herz –, daß Sie keine Verwendung für pornographische Stiche haben? Und so gut wie geschenkt, Sir, wirklich so gut wie geschenkt! Zehn Franc pro Stück; die Zwölferpackung zu hundert...

Die Schlepper, die Zuhälter, die Bettler Italiens sind die tatkräftigen Mitglieder einer siegreichen, fortschrittlichen Rasse. Der neapolitanische Taxifahrer ist ein Jünger Samuel Smiles'; die Verkäufer pornographischer Postkarten und die robusten Bettler leben mit einer Energie, die ihnen die Anerkennung eines Roosevelt eingetragen hätte. Selbsthilfe und das tätige Leben gedeihen am anderen Ufer des Mittelmeers jedoch nicht. In Tunesien läuft der Tourist unbehelligt in der Fremde umher. Die Araber haben keine Zukunft.

Daß sie vielleicht doch eine Zukunft hätten, wenn sie ihre Philosophie ändern würden, ist jedem einsichtig, der einmal das Verhalten arabischer Kinder beobachtet hat, die noch zu klein sind, um vom allgemein geltenden islamischen Fatalismus beeinflußt zu werden. Arabische Kinder sind ebenso lebendig, wißbegierig, anstrengend und bezaubernd wie die Kinder der fortschrittlichsten westlichen Völker.

In Nefta ließen uns zwar die erwachsenen Bettler und Eselsführer resigniert in Frieden; aber den Kindern zu entrinnen war unmöglich. Wann immer wir uns ins Freie wagten, sogleich tollte ein Grüppchen um uns herum. Es nützte nichts, sie zu vertreiben; sie begleiteten uns, ob wir wollten oder nicht, auf jedem Spaziergang und forderten am Ende des Spaziergangs eine Belohnung für ihre hartnäckige Treue.

Touristen eine Führung aufzudrängen, die sie nicht brauchen – dies war unserer Erfahrung nach der Hauptberuf der kleinen Buben von Nefta. Aber es gab noch andere, kindlichere Methoden, Geld zu verdienen. Bei ihrer kritischen und genauen Beobachtung der Touristen hatten sie eine wichtige psychologische Entdeckung im Hinblick auf diesen merkwürdigen Menschenschlag gemacht. Ausländer, so fanden sie heraus, besonders ältere Ausländerinnen, sind auf absurde Weise tierlieb. Aus dieser Entdeckung wußten die kleinen Jungen von Nefta systematisch Kapital zu schlagen. Ihre Methoden sind, wie wir häufig beobachten konnten, einfach und effektiv. Vor dem Hotel liegt permanent eine Bande kleiner Wilder auf der Lauer. Kaum zeigt sich ein Tourist oder eine Touristin auf einem der Balkone, schon stürmt der General der Truppe – oder vielleicht würde man besser sagen, der Direktor der Firma, da das Ganze eindeutig auf strikt geschäftlicher Grundlage organisiert ist – nach vorn, in Münzenreichweite. Dann zieht er einen gefangenen Vogel hervor, den er irgendwo am Leib getragen hatte – meist ein buntes kleines Ding, einem Distelfink nicht unähnlich. Er lächelt zu dem Touristen oder der Touristin hinauf und zeigt seinen Preis. »*Oiseau*«, erklärt er in Pidgin-Französisch. Wenn der Tourist begriffen hat, daß der Vogel lebt, tut der Junge mit den umständlichen Gesten eines Zauberkünstlers so, als drehe er dem Vögelchen den Hals um, als reiße er ihm Beine, Flügel oder Federn aus. Für einen weichherzigen Touristen ist dieses bedrohliche Gebärdenspiel unerträglich.

»Lâche la bête! Je te donne six sous!«

Daraufhin flattert der Vogel unbeholfen davon, so gut es seine gestutzten Flügel zulassen. In Wirklichkeit fügten die Kinder, wie wir beobachten konnten, ihren Opfern nie Schaden zu. Ein Vogel war ganz offensichtlich viel zu kostbar, um ihn einfach leichtfertig zu töten; Goldfinken legten während der Touristensaison goldene Eier. Außerdem waren es wirklich sehr nette kleine Buben, die ihre Tiere mochten. Als sie merkten, daß wir ihren Trick durchschaut hatten und nicht zur Zahlung des Lösegelds zu bewegen waren, grinsten sie gutmütig und durchtrieben zu uns herauf, als seien wir ihre Komplizen, und verstauten die Vögel wieder sorgfältig.

Die Zudringlichkeit der kleinen Jungen war anstrengend, wenn man allein sein wollte. War man aber gerade dazu aufgelegt, dann war ihre Gesellschaft äußerst unterhaltsam. Die Ausbeutung der Touristen war ein Monopol, das die aufgewecktesten Kinder durch List und Gewalt an sich gerissen hatten. Sie bildeten eine kleine Bande, die die Beute unter sich aufteilte und sich Konkurrenten vom Leib hielt. Als wir abreisten, waren wir sehr gut mit ihnen bekannt geworden. Wenn wir das Haus verließen, versuchten kleine Fremde, sich uns anzuschließen; aber sie wurden mit Schlägen und Geschrei wütend davongejagt. Wir waren Privateigentum; unbefugte Ausbeutung streng verboten. Erst die Androhung, ihnen keinen Lohn mehr zu zahlen, brachte die Bosse der Tourismusmafia von Nefta dazu, von der Verfolgung ihrer Rivalen abzulassen. Ihre Wut konzentrierte sich vor allem auf einen besonders bezaubernden Jungen – von einer mythischen Schönheit, wie man sie nur bei arabischen Kindern findet. Die Mafiabosse selbst waren häßlich: Sie fürchteten die Konkurrenz dieses schönen Kindes. Und ganz zu Recht; der Junge war unwiderstehlich. Wir bestanden darauf, daß er uns begleiten durfte. »Warum jagt ihr ihn denn weg?« fragten wir.

»*Lui méchant*«, erwiderten die Mafiabosse in ihrem rudimentären Französisch. »*Lui casser un touriste.*« »Er hat einen Touristen geschlagen?« wiederholten wir erstaunt.

Sie nickten. Durch sein Erröten schien selbst das Kind widerstrebend zuzugeben, daß diese Anschuldigungen zutrafen. Wir erfuhren nichts Genaueres; dafür konnten sie alle zu wenig Französisch. »*Lui méchant. Lui casser un touriste.*« Mehr fanden wir nicht heraus. Das schöne Kind sah uns flehend an. Wir entschieden uns für das Risiko, geschlagen zu werden, und ließen den Jungen mitkommen. Ich darf hinzufügen, daß wir von all unseren Spaziergängen ziemlich unversehrt heimkehrten.

Mit unserem Mob von kleinen Fremdenführern wanderten wir endlos durch das Labyrinth von Pfaden und Bächen unter den Palmen dahin. Meistens besuchten wir den Corbeille genannten Teil der Oase. Auf dem Grund eines runden Tals, wie ein Theater geformt, mit glatten, steilen Sandwänden, sprudeln plötzlich eine Vielzahl Quellen aus dem Boden. Es gibt kleine Seen, jadegrün wie jene Teiche unter den Zypressen der Villa d'Este in Tivoli. Um sie herum schießen Palmen in die Höhe, wie in ihrer aufwärtsstrebenden Gebärde festgebannte Fontänen – die herabhängende Blätterkrone als grüne, im Sinken aufgehaltene Gischt. Quellen des Lebens – und fünf Meter weiter liegen die glatten ununterbrochenen Sandhänge gleißend in der Sonne. Ein kleiner Fluß entspringt den Teichen; erst fließt er zwischen hohen Ufern dahin, dann wird er zu einer offenen Wasserfläche, die den Tieren als Tränke dient, in der Kinder paddeln und baden und die Frauen ihre Wäsche waschen. Der Fluß stellt in diesem Teil der Wüste die Hauptstraße dar. Wenn die Araber von einem Ort zum andern wollen, schürzen sie ihre Nachthemden und waten durchs Wasser. Die Europäer jedoch hindern Schuhe und Strümpfe, und erst recht die Notwendigkeit, ihr würdevolles Prestige zu wahren, daran, ihrem Beispiel zu folgen. Europäer benutzen die Flußstraße nur auf dem Maultierrücken.

Eine fruchtbare Oase hat ihre eigene Farbpalette, die sich durchaus von der jeder Landschaft Italiens oder des Nordens unterscheidet. Den Grundton geben die Palmen an. Außer dort, wo die steifen, glänzenden Blätter metallisch das Licht reflektieren, ist ihr Laub von einem satten Blaugrün. Unter ihnen bewegt man sich in einer leuchtenden aquarienhaften Dämmerung, durchbrochen von unzähligen funkelnden Sonnenstrahlen, die Gold über den Boden streuen oder die Stämme der Palmen in blassem, aschfahlem Rosa durch die Unterwasserdämmerung scheinen lassen. Rosa findet sich auch im grellen Weiß des Sands jenseits der Ränder der Oase. Unter den Palmen, neben dem braunen oder jadegrünen Wasser glühen in hellem Smaragdgrün das Getreide oder die Laubbäume des Nordens, und hie und da sieht man die riesigen gelblichen Blätter des Bananenbaums, das Rauchgrau der Oliven oder die nackte, knochenweiße und verkrümmte Gestalt eines Feigenbaums.

Während langsam die Sonne versinkt, nimmt die Aquariumsdämmerung unter den Palmen an Bläue und Tiefe zu; es ist, als tauche man durch eine dunkelnde Wasserschicht nach der anderen in die Tiefe. Nur die bleichen Skelette der Feigenbäume zeichnen sich deutlich ab; in der dunklen Umgebung funkeln die Gewässer wie Augen; durch einen Spalt zwischen den Bäumen wird die kuppelförmige Silhouette einer schattenhaften kleinen Grabstätte oder Kapelle sichtbar, weiß und in der zunehmenden Dunkelheit merkwürdig klar umrissen. Blickt man jedoch von den Tiefen dieser Unterwasserdämmerung auf, sieht man den hellen fahlen Abendhimmel und vor dem Himmel, immer noch im gleichmäßigen rosiggoldenen Licht, die obersten Blätter der Palmen, die strahlen, als seien sie in kostbare Metallplatten verwandelt worden.

Eine leichte Brise kommt auf; die Palmenblätter rascheln. Auf einmal ist es kalt. »*En avant*«, rufen wir. Unsere kleinen Fremdenführer beschleunigen ihren Schritt. Wir folgen ihnen durch die dunkler werdenden Labyrinthe des Palmenwalds ins Freie. Das Dorf liegt hoch auf dem Wüstenplateau oberhalb der Oase, wüstenfarbig, wie ein unfruchtbarer Ausbiß der gelbbraunen Felsschicht. Wir steigen zum nächstgelegenen Tor hinauf. Durch Gassen zwischen kahlen Mauern hindurch, durch lange dunkle Tunnels führen uns die Kinder – ein finsterer, gewundener Weg, den wir uns nie so richtig merken konnten – zurück zum quadratischen Marktplatz im Zentrum der Stadt. Die Fenster des Gasthauses schimmern einladend. An der Tür entlohnen wir die Mafiabosse und den kleinen Touristenschläger; dann gehen wir hinein. Im Innern des Hotels herrscht französische Provinz.

(*The Olive Tree*, 1936; Ü.: Sabine Hübner)

Gewöhnlich zerstört

Unser Führer durch die labyrinthischen Straßen von Jerusalem war ein junger christlicher Flüchtling von der anderen Seite der Mauer, die heute die Altstadt von der Neustadt trennt, den nicht-lebensfähigen Staat Jordanien vom nicht-lebensfähigen Staat Israel. Er war ein trauriger, verbitterter junger Mann – und hatte allen Grund dazu. Seine Zukunftsaussichten waren im Keim erstickt worden, seine Familie aus vergleichsweise beträchtlichem Wohlstand in bitterste Armut abgesunken, ihr Haus und Land war ihnen genommen und ihr Bankguthaben eingefroren und entwertet worden. Unter den gegebenen Umständen war nicht seine Verbitterung überraschend, sondern die melancholische Resignation, von der sie getönt war.

Er war ein guter Führer – beinahe zu gut; denn er verfuhr völlig erbarmungslos in seiner Entschlossenheit, uns alle jene kläglichen Kirchen zu zeigen, die im Laufe des 19. Jahrhunderts auf den Ruinen früherer Pilgerstätten erbaut worden sind. Es gibt Touristen, deren größtes Vergnügen eine Reise durch historische Assoziationen und durch ihre eigene Phantasie ist. Ich gehöre nicht dazu. Wenn ich reise, möchte ich mich unter von sich aus bedeutsamen Objekten bewegen, nicht durch eine Leere, die nur durch literarische Bezüge belebt wird. Natürlich bietet Jerusalem mehr als nur Geister und architektonische Scheußlichkeiten. Abgesehen davon, daß es eine der zutiefst deprimierendsten Städte der Erde ist, ist es auch eine der merkwürdigsten und, auf ihre Weise, auch eine der schönsten. Bedauerlicherweise war unser Führer allzu gewissenhaft, als daß er uns die Schrecknisse und die körperlosen oder schlechtverkörperten historischen Assoziationen erspart hätte. Alles mußten wir uns anschauen – nicht nur die St.-Anna-Kirche, die St.-Jakobus-Kirche und den Felsendom, sondern auch den vermutlichen Ort von Kaiphas' Haus und alles, was die Anglikaner in den siebziger Jahren des 19. Jahrhunderts erbaut hatten, weiter alles, womit in den achtziger Jahren der Zar und der deutsche Kaiser gekontert hatten und was in den Neunzigern von den Kopten oder den französischen Franziskanern für schön gehalten worden war.

Glücklicherweise gab es jedoch sogar in den ödesten Augenblicken unserer Pilgerfahrt gewisse Entschädigungen. Unser trauriger junger Mann sprach gut und fließend Englisch – unter Hinzufügung von *fioriture* und ganzen Kadenzen eigener Erfindung. Sein bezeichnendster Beitrag zum umgangssprachlichen Englisch (und gleichzeitig zur Wissenschaft und Kunstgeschichte) war das in beinahe jeden Satz eingestreute Wort *usually*. Ich kann mir nicht vorstellen, was er damit wirklich meinte. Natürlich kann es auch sein, daß er überhaupt nichts damit meinte und daß, was wie ein Adverb klang, in Wirklichkeit nichts anderes als einer jener sprachlichen Ticks war, in die nervöse Leute manchmal verfallen. Ich kannte früher einen Professor, dessen Vorlesungen und Unterhaltungen alle paar Sekunden von der Formel »mit einem Dingsda Dingsda« durchsetzt waren. »Mit einem Dingsda Dingsda« ist offensichtlicher Quatsch. Aber das nicht weniger zwanghafte »gewöhnlich« unseres jungen Freundes ergab auf faszinierende Weise manchmal eine Art Sinn – häufig sehr viel mehr Sinn, als der Sprecher beabsichtigt hatte. »Dieser Bereich«, sagt er beispielsweise, als er uns eine der viktorianischen Scheußlichkeiten zeigte, »dieser Bereich (das war eines seiner Lieblingsworte) ist sehr reich an Altertümern. Die heilige Helena baute hier eine sehr große Kirche, aber der Bereich wurde im Jahre 529 nach unserem Herrn Jesus Christus von den Samaritern gewöhnlich zerstört. Dann kamen die Kreuzfahrer in diesen Bereich und bauten eine neue, noch größere Kirche. Darin waren die schönsten Mosaiken der Welt. Im 7. Jahrhundert nach unserem Herrn Jesus Christus entfernten die Türken gewöhnlich das Blei vom Dach, um daraus Munition zu machen; folglich drang Regen in den Bereich ein, und die Kirche wurde abgerissen. Der gegenwärtige Bereich wurde im Jahre 1879 nach unserem Herrn Jesus Christus von der Preußischen Regierung errichtet, und alle die kaputten Häuser, die Sie da drüben sehen, wurden 1948 während des Krieges mit den Juden gewöhnlich zerstört.«

Gewöhnlich zerstört und dann gewöhnlich wiederaufgebaut, um natürlich erneut zerstört und erneut wiederaufgebaut zu werden, *da capo ad infinitum*. Der Sprachtick hatte die gesamte Geschichte in einem dreisilbigen Wort komprimiert. Unserem jungen Freund lauschend, als wir so durch den braunen, trockenen Schmutz der Heiligen Stadt wanderten, fühlte ich mich überwältigt, und zwar nicht nur von dem Gedanken an das fortdauernde Elend des Menschen, sondern von einem dunklen, unmittelbaren Gefühl davon, von einer organischen Vergegenwärtigung dieses Elends. Dieses Gewimmel in Ruinen und im Schatten dessen, was einst Gräber gewesen waren; diese Horden von kränklichen Kindern; diese unter gewaltigen Ladungen dahinschwankenden wunden Esel und menschlichen Lastträger; diese Todfeinde jenseits der trennenden Mauer; diese von Priestern geführten Pilgergruppen, die sich an den hohlen Wiederholungen berauschten, vor denen zu warnen der Gründer ihrer Religion ausgezogen war – sie waren zeitlos, ohne geschichtliche Epoche.

In dieser oder jener Tracht, unter diesem Herrn oder einem anderen, zu ebendem Gott betend, der gerade »diensthabend« war, waren sie hier gewesen, von Anbeginn an. Waren hier gewesen unter den Ägyptern, hier gewesen unter Josua, hier gewesen, als Salomon in all seiner Glorie seinen Sklaven in all ihrem Elend gebot, den Tempel zu erbauen, den Nebukadnezar gewöhnlich zerstört und Zedekia, ganz wie gewöhnlich, wieder aufgebaut hatte. Waren hier gewesen während der langen sinnlosen Kriege zwischen den beiden Königreichen und bei der nächsten Zerstörung unter Ptolemäus, der übernächsten unter Antonius und dem nächsten Neubau unter Herodes und der größten und nachhaltigsten Zerstörung durch Titus. Waren hier gewesen, als Hadrian Jerusalem schleifte und eine brandneue römische Stadt erbaute, die an seine Stelle treten sollte – komplett mit Bädern und einem Theater, mit einem Jupiter-Tempel und einem Venus-Tempel. Waren hier gewesen, als der Aufstand von Bar Kochba in Blut erstickt wurde. Waren hier gewesen, als das Römische Imperium verfiel und christlich wurde, als Chosroes II. die Kirchen zerstörte und als Kalif Omar den Islam brachte und, ganz ungewöhnlich, nichts zerstörte. Waren hier gewesen, um die Kreuzritter zu begrüßen und ihnen dann zum Abschied zuzuwinken, um die Türken zu bewillkommnen und sie dann vor Allenby zurückweichen zu sehen. Waren hier gewesen unter dem Britischen Mandat und während der Unruhen von 1948 und waren jetzt hier und würden zweifellos weiter hier sein, im selben braunen Schmutz, abwechselnd aufbauend und zerstörend, Täter und Opfer, unveränderlich.

»Ich glaube nicht«, hat Lord Russell kürzlich geschrieben, »daß die Summe alles menschlichen Elends in der Vergangenheit je so groß gewesen ist wie in den vergangenen fünfundzwanzig Jahren.« Man ist geneigt zuzustimmen. Oder schmeicheln wir uns da bei genauerem Hinschauen nur selbst? In den meisten geschichtlichen Phasen haben sich die Moralisten gern damit gebrüstet, daß ihre jeweilige Generation die niederträchtigste seit den Zeiten von Kain sei – die niederträchtigste und deshalb, weil Gott ja gerecht ist, am schwersten in Mitleidenschaft gezogene. Heute beispielsweise stellen wir uns das 13. Jahrhundert als eine der kreativsten Perioden der menschlichen Geschichte vor. Aber die Menschen, die dieser Epoche mit ihren Kathedralen und mit ihrer scholastischen Philosophie als wirkliche Zeitgenossen angehörten, hielten ihr Zeitalter für hoffnungslos entartet, einzigartig verderbt und zu Recht gestraft. Hatten sie recht oder wir? Ich vermute, die Antwort lautet: beide. Zu viel Böses und zu viel Leiden können es den Menschen unmöglich machen, schöpferisch zu arbeiten; aber innerhalb sehr weiter Grenzen ist Größe durchaus und vollkommen vereinbar mit organisiertem Wahn, gebilligtem Verbrechen und heftigem, chronischem Unglück für die Mehrheit.

Jede der großen Weltreligionen predigt eine Mischung aus tiefem Pessimismus und ausschweifendstem Optimismus. »Ich zeige euch Kummer und Leid«, sagt der Buddha und verweist auf die Menschen in ihrem gewöhnlichen unerlösten Zustand. Und im selben Zusammenhang sprechen christliche Theologen von Sündenfall, Erbsünde und Jammertal, während die Hindus auf das Wirken des Geschicks verweisen, das der Mensch sich selbst bereitet, auf sein böses Karma. Aber trotz allen Kummers, aller Tränen, aller selbstgeschaffenen, selbstzugefügten Katastrophen – welche übermenschlichen Aussichten! Wenn er es wirklich will, versichert der Hindu, kann der Mensch seine Identität mit Brahma verwirklichen, dem Grund alles Seins; wenn er es wirklich will, sagt der Christ, kann er sich von Gott durchdringen lassen; wenn er es wirklich will, sagt der Buddhist, kann er in einer verklärten Welt leben, in der Nirwana und Samsara, das Ewige und das Zeitliche, eins sind. Aber leider – und vom auf dem Erleben einiger weniger beruhenden Optimismus fallen die Heiligen und Weisen rasch wieder in den Pessimismus zurück, den ihnen ihre Beobachtung der vielen aufzwingt – ist die Pforte eng, die Schwelle hoch, und wenige sind auserwählt, weil wenige sich entschlossen haben, auserwählt zu sein. In der Praxis zerstört der Mensch gewöhnlich sich selbst – aber er hat das bisher nur etwas weniger gründlich getan, als er sich aufgebaut hat. Der Geist der Zerstörung ist willig genug gewesen, aber sein technologisches Fleisch war schwach, zumindest in einem Großteil der überblickbaren Geschichte. Die Mongolen hatten nur Pferde als Transportmittel, nur Bogen und Speere und Fleischermesser als Waffen; hätten sie unsere Kriegsmaschinen besessen, hätten sie den ganzen Erdball entvölkern können. Wie die Dinge lagen, mußten sie sich mit kleinen Triumphen begnügen – mit der Abschlachtung einiger weniger Millionen, mit der lediglich auf Westasien beschränkten Ausrottung der Zivilisation.

In diesem unserem Universum hat nie jemand Erfolg bei dem Versuch gehabt, irgend etwas umsonst zu bekommen. Auf manchen Gebieten hat der Fortschritt in den angewandten Naturwissenschaften und die Kunst der Organisation das menschliche Elend zweifellos gemildert; aber nur auf Kosten eines Zuwachses auf anderen. Der schlimmste Feind von Leben, Freiheit und allgemeinen Annehmlichkeiten ist die totale Anarchie; ihr zweitschlimmster ist die totale Effizienz. Am besten wird den menschlichen Interessen gedient, wenn die Gesellschaft erträglich gut organisiert und die Industrie mäßig fortgeschritten und entwickelt ist. Chaos und Unfähigkeit sind antihuman; dasselbe aber gilt von einer höchst effizienten Regierung, die mit allen Produkten einer hochentwickelten Technologie ausgestattet ist. Wenn eine solche Gesellschaft Spaß daran findet, ganz gewöhnlich zu zerstören, ist die gesamte Rasse in Gefahr.

Die Mongolen waren die Ästheten des Militarismus; sie glaubten an grundlose Massaker, an Zerstörung um der Zerstörung willen. Unsere Bösartigkeit ist weniger rein und weniger spontan; aber um diesen Mangel auszugleichen, haben wir Ideale. Das Ziel, das man sich auf beiden Seiten des Eisernen Vorhangs gesetzt hat, ist nichts weniger als das Wohl der Menschheit und ihre Bekehrung zur Wahrheit. Kreuzzüge können sich jahrhundertelang fortsetzen, und Kriege im Namen Gottes oder der Menschheit werden im allgemeinen mit diabolischer Wildheit geführt. Die beispiellose Tiefe des menschlichen Elends in unseren Tagen verhält sich proportional zur beispiellosen Höhe der sozialen Ideale, die von den Totalitaristen auf der einen Seite, den Christen und den säkularistischen Demokraten auf der anderen aufgestellt werden.

Und dann ist da die Frage der einfachen Arithmetik. Es gibt heute viel mehr Menschen auf der Welt als in irgendeinem Jahrhundert zuvor. Die Nöte, die die übliche Konsequenz des üblichen Laufs der Natur und des üblichen menschlichen Verhaltens gewesen sind, sind heute das Los nicht von dreihundert Millionen Männern, Frauen und

Kindern, die Zeitgenossen Christi waren, sondern von mehr als zweieinhalb Milliarden. Offensichtlich kann die Summe unseres heutigen Elends also gar nicht umhin, größer zu sein als die Summe des Elends in der Vergangenheit. Jedes Individuum ist der Mittelpunkt einer Welt, die sehr leicht in eine Welt reinen Leidens zu verwandeln ist. Die Katastrophen und Verbrechen des 20. Jahrhunderts können etwa zehnmal mehr menschliche Universen in private Höllen verwandeln als die Katastrophen und Verbrechen der Zeit vor zweitausend Jahren. Mehr noch: dank der technologischen Verbesserungen ist es möglich, daß weniger Menschen einer größeren Zahl als je zuvor mehr Schaden zufügen.

Wie viele Juden wurden nach der Einnahme Jerusalems durch Nebukadnezar nach Babylon verschleppt? Jeremia gibt viertausendsechshundert als Zahl an, der Kompilator des Zweiten Buches der Könige etwa zehntausend. Verglichen mit den Zwangsumsiedlungen unserer Tage war das babylonische Exil eine höchst triviale Angelegenheit. Wie viele Millionen wurden von Hitler und den Kommunisten entwurzelt? Wie viele Millionen wurden aus Pakistan nach Indien und aus Indien nach Pakistan vertrieben? Wie viele Hunderttausende hatten, zusammen mit unserem jungen Führer, aus ihren Häusern in Israel fliehen müssen? An den Wasserflüssen Babylons saßen höchstens zehntausend und weinten. Allein im Flüchtlingslager von Bethlehem aber waren mehr Exilanten zu finden. Und Bethlehem ist nur eines von einem ganzen Dutzend solcher quer über den gesamten Nahen Osten verstreuten Lager.

Es hat also, nimmt man alles in allem, den Anschein, als ob Lord Russell recht hätte – daß nämlich die Summe menschlichen Elends heute tatsächlich größer ist denn je zuvor. Und wie steht es mit der Zukunft? Kernwaffen und die Wasserstoffbombe tauchen in allen Schlagzeilen auf, und vielleicht wird man gerade aus diesem Grunde nie dazu greifen. Diejenigen, die viel und häufig von Selbstmord reden, begehen ihn nur selten. Die größte Bedrohung menschlichen Glücks ist biologischer Art. Als ich geboren wurde, sechs Jahre vor der Wende des 19. zum 20. Jahrhundert, betrug die Erdbevölkerung etwa 1,2 Milliarden Menschen. Heute sind es 2,7 Milliarden; in dreißig Jahren werden es wahrscheinlich 4 Milliarden sein. Gegenwärtig sind etwa 1,6 Milliarden Menschen unterernährt. In den achtziger Jahren dieses Jahrhunderts könnten es durchaus bereits 2,5 Milliarden sein, von denen eine beträchtliche Zahl Hungers sterben wird. In vielen Teilen der Welt kann sich das Hungerproblem sogar noch früher stellen. In seinem Bericht über die Volkszählung des Jahres 1951 hat der Leiter der Obersten Statistischen Behörde von Indien das biologische Problem in der Form umrissen, wie es das zweitzahlreichste Volk der Erde bedroht. Es gibt zu diesem Zeitpunkt 375 Millionen Menschen, die in den Grenzen Indiens leben, und diese Zahl wächst jährlich um fünf Millionen. Die laufende Produktion von Grundnahrungsmitteln beträgt 70 Millionen Tonnen pro Jahr, und die in naher Zukunft erreichbare Höchstproduktion kann bestenfalls 94 Millionen Tonnen betragen. 94 Millionen Tonnen können, beim gegenwärtigen Substandard, für 450 Millionen Einwohner ausreichen, und die Bevölkerung Indiens wird die 450-Millionen-Grenze im Jahre 1969 überschreiten. Danach wird ein Zustand eintreten, den der Leiter der Obersten Statistischen Behörde als »Katastrophe« bezeichnet.

Im Register am Ende des sechsten Bandes von Arnold Toynbees *A Study of History* erhält Popilius Laena fünf Verweise und Porphyrios von Batamaea zwei; aber das Wort, das man zwischen diesen beiden Namen erwarten würde, *population*, glänzt durch Abwesenheit. In seinem zweiten Band hat Toynbee ausführlich über den »Stimulus von druckerzeugenden Faktoren« geschrieben – aber ohne je den wichtigsten Druck von allen zu erwähnen, den Bevölkerungsdruck auf die verfügbaren Ressourcen. Und hier sei eine Fußnote zitiert, in der der Autor seine Eindrücke von der römischen Campagna zusammenfaßt, und zwar nach zwanzigjähriger Abwesenheit. »Im Jahre 1911 sah sich der Student, der die Pilgerfahrt auf der Via Appia Antica antrat, beinahe sofort nach Verlassen der Stadtmauern durch eine Wildnis wandern... Als er die Pilgerfahrt 1931 wiederholte, mußte er zur Kenntnis nehmen, daß der Mensch in der Zwischenzeit seine Herrschaft über den ganzen Landstrich ausgedehnt hatte, der zwischen Rom und den Castelli Romani liegt... Der Ausgriff menschlicher Energie auf die römische Campagna macht sich jetzt erneut stärker bemerkbar, und zwar zum erstenmal seit dem Ende des dritten vorchristlichen Jahrhunderts.« Und dabei läßt er es bewenden, ohne jeden Hinweis auf den zwingenden Grund für diese »Intensivierung des Ausgriffs«. Zwischen 1911 und 1931 hatte sich die Bevölkerung von Italien in der Größenordnung von acht Millionen vermehrt. Ein Teil dieser acht Millionen siedelte sich in der römischen Campagna an. Und das taten sie nicht, weil der MENSCH in Großbuchstaben auf irgendeine rätselhafte Weise die Spannung menschlicher Energie erhöht hatte, sondern aus dem hinreichend deutlichen Grunde, weil nirgendwo anders für sie Platz war. Aus der Sicht einer Geschichtsschreibung, die demographische Fakten überhaupt nicht zur Kenntnis nimmt, kann die Vergangenheit nie voll verstanden werden, die Gegenwart bleibt undurchsichtig und die Zukunft jenseits aller Vorhersehbarkeit.

Denkt man zur Abwechslung aber einmal in demographischen statt lediglich in kulturellen, politischen und religiösen Begriffen, was für vernünftige Schätzungen können wir zur Summe menschlichen Elends in den kommenden Jahren anstellen? Erstens erscheint es ziemlich sicher, daß mehr Menschen Hunger haben werden und die Unterernährung in vielen Teilen der Welt in periodische oder chronische Hungersnöte übergehen wird. (Man würde gern Näheres über die Hungersnöte [*famines*] früherer Zeiten erfahren, aber das, was ihnen in Toynbees Buch am nächsten kommt, ist eine Lücke zwischen Muhammed Falak-al-Din und Gaius Fannius.) Zweitens erscheint es ziemlich sicher, daß Heilmittel mit dem Ziel einer Senkung der Geburtenrate, obwohl sie auf lange Sicht erfolgreich sein können, machtlos sein werden, wenn es gilt, die der nächsten Generation drohenden Notlagen abzuwenden. Drittens erscheint es ziemlich sicher, daß landwirtschaftliche Verbesserungen (auf die, unter *agriculture*, in Toynbees Register nicht verwiesen wird, obwohl Agrigent zwei und Agis IV., König von Sparta, nicht weniger als siebenundvierzig Eintragungen erhalten) nicht in der Lage sein werden, mit dem laufenden und dem vorhersehbaren Bevölkerungswachstum Schritt zu halten. Wenn der Lebensstandard in industriell zurückgebliebenen Ländern verbessert werden soll, muß die landwirtschaftliche Produktion jedes Jahr um wenigstens 2,5% angehoben werden, möglichst sogar um 3,5%. Statt dessen wird die Nahrungsmittelproduktion pro Kopf der Bevölkerung im Fernen Osten 1956 um 10% niedriger sein (laut FAO) als im Jahre 1938.

Viertens erscheint es ziemlich sicher, daß der zerstörerische Erosions- und Entwaldungsprozeß sich in dem Maße, wie eine größere und hungrigere Bevölkerung »den Boden umgräbt«, beschleunigt. Die Fruchtbarkeit wird deshalb sinken, während die Menschenzahlen ansteigen. (Man sucht nach Erosion in Toynbees Register, findet aber nur Esarhaddon, Esoterik und Esperanto; man jagt jenen Wäldern [*forests*] nach, muß sich aber mit Formosus von Porto zufriedengeben.)

Fünftens erscheint es ziemlich sicher, daß der wachsende Druck der Bevölkerung auf die Ressourcen zu einer Zunahme politischer und sozialer Unruhen führen wird und daß diese Unruhe sich zu Kriegen, Revolutionen und Konterrevolutionen steigern wird.

Sechstens erscheint es ziemlich sicher, daß – ganz unabhängig von den politischen Grundsätzen und Glaubensbekenntnissen der betreffenden Gesellschaften – der Bevölkerungsdruck die Tendenz haben wird, die Macht der Zentralregierung zu mehren und die Freiheiten der individuellen Bürger einzuschränken. Denn wo sich mehr Menschen um weniger Nahrungsmittel streiten, muß jedes Individuum offensichtlich härter und länger für seine Ration arbeiten, und die Zentralregierung wird es für nötig halten, immer häufiger einzugreifen, um die wackelige ökonomische Maschinerie vor dem Zusammenbruch zu retten und gleichzeitig die durch wachsende Armut hervorgerufene Unzufriedenheit im Volk zu unterdrücken.

Wenn Lord Russell hundertzwanzig Jahre alt werden sollte (und um unser aller willen hoffe ich inbrünstig, daß er es wird), dürfte er sich eines Tages an diese mittleren Jahrzehnte des 20. Jahrhunderts als ein beinahe goldenes Zeitalter erinnern. Zwar kam er 1954 zu der Auffassung, daß die Summe menschlichen Elends noch nie so groß gewesen sei wie im vergangenen Vierteljahrhundert. Andererseits ist das alles ›ja nur ein Vorgeschmack‹. Verglichen mit der Summe des Elends von vier Milliarden Menschen in den achtziger Jahren, könnte die Summe des Elends von zwei Milliarden unmittelbar bevor, während und nach dem zweiten Weltkrieg wie das Paradies auf Erden anmuten.

Inzwischen aber sind wir hier in Jerusalem, besichtigen die gewöhnlich zerstörten Altertümer, Schulter an Schulter mit den gewöhnlich von Armut heimgesuchten Einwohnern und den gewöhnlich abergläubischen Pilgern. Hier war die Klagemauer, mit niemandem, der daran klagte; denn Israel liegt auf der anderen Seite einer Grenzbarriere, über die hinweg es keine Kommunikation gibt, es sei denn gelegentliche Salven von Gewehrfeuer und gelegentlichen Austausch von Handgranaten. Hier stand, mit stählernem Stützwerk eingerüstet, die Kirche des Heiligen Grabes – jenes leere Grab, dem die frühen Christen drei Jahrhunderte lang keinerlei Aufmerksamkeit geschenkt hatten, das aber nach den Zeiten Konstantins in ganz Europa als das Wichtigste im ganzen Universum angesehen werden sollte. Und hier war das Dorf Siloa, hier die St.-Anna-Kirche, hier der Felsendom und die Tempelstätte; hier war, ominöser noch als Pompeji, das Judenviertel, 1948 gewöhnlich eingeebnet und noch nicht gewöhnlich wiederaufgebaut. Hier stand schließlich die St.-Jakobus-Kirche der Armenier, hübsch, mit unzähligen ziemlich schlechten, aber anziehenden Gemälden und einer Fülle starkfarbiger Kacheln. Die große Kirche leuchtete wie ein verschwommenes religiöses Karussell. In ganz Jerusalem war sie die einzige Oase von Heiterkeit.

Und nicht nur von Heiterkeit. Als wir in den Hof eintraten, durch den man auf den Haupteingang der Kirche zugeht, hörten wir seltsame und wundersame Klänge. Hoch oben in einem der Häuser, die den Hof säumten, spielte jemand die einleitende Fantasia aus Bachs Partita in a-Moll – und spielte sie überdies bemerkenswert gut. Aus dem offenen Fenster im dritten Stock dort oben strömte der geordnete Fluß strahlender, reiner Klänge über den unvordenklich alten Schmutz der Stadt hinweg. Kunst und Religion, Philosophie und Wissenschaft, Ethik und Politik – das sind die Instrumente, mittels deren die Menschen versucht haben, eine Kohärenz im Fluß der Ereignisse zu entdecken, dem Chaos der Erfahrungsdaten eine Ordnung aufzuerlegen. Die widerspenstigste unserer Erfahrungsdimensionen ist die Zeit – die unmittelbare Erkenntnis der Dauer, vereint mit dem Gedanken immerwährenden Vergehens. Die Musik ist ein Mittel der direkten Einwirkung auf das Zeiterlebnis. Der Komponist wählt ein Stück roher, undifferenzierter Dauer und löst daraus, wie der Bildhauer die Statue aus seinem Marmor herauslöst, ein komplexes Schema von Tönen und Pausen, von harmonischen Sequenzen und kontrapunktischen Verflechtungen ab. Für die bestimmte Zahl von Minuten, deren es bedarf, die Komposition zu hören oder zu spielen, wird die Dauer in etwas von sich aus Signifikantes verwandelt, in etwas, das von der inneren Logik von Stil und Temperament zusammengehalten wird, von persönlichen Gefühlen, die mit einer künstlerischen Tradition in Wechselwirkung stehen, von kreativen Einsichten, die sich innerhalb und jenseits einer technischen Konvention zum Ausdruck bringen.

Diese Fantasia zum Beispiel – mit welcher unermüdlichen Beharrlichkeit bahnt sie sich ihren Weg durch die Zeit! Wie wirksam – und doch ohne viel Aufhebens, ohne selbstbewußtes Pathos – verwandelt sie das sterbliche Vergehen durch die Zeit in das Symbol, ja geradezu in das Faktum eines mehr als menschlichen Lebens! Ein Stollen der Freude und des Verstehens war durch das Chaos getrieben worden und demonstrierte vor aller Ohren, daß immerwährendes Vergehen auch immerwährende Schöpfung ist. Und das genau war es, was unser junger Freund uns die ganze Zeit auf seine unnachahmliche Weise erzählt hatte. Gewöhnlich zerstört – aber auch, und genauso oft, gewöhnlich wiederaufgebaut. Wie der Regen, wie die Sonne, wie die Gnade Gottes und die Verheerungen der Natur verfuhr sein verbaler Tick vollkommen unparteiisch. Wir gingen zum Hof hinaus und die enge Straße hinunter. Bach verhallte, ein Esel iahte, in der Luft lag ein Geruch von unbeseitigtem Abfall. »Im Jahre des Herrn 1916«, informierte uns unser Führer, »metzelte die türkische Regierung gewöhnlich annähernd siebenhundertfünfzigtausend Armenier nieder.«

(*Adonis and the Alphabet*, 1956; Ü.: Hans-Horst Henschen)

Adonis und das Alphabet

Zwanzig Meilen nördlich von Beirut überquerten wir einen Fluß. Keinen großen Fluß nach Breite und Wasserstand; aber welch ein mythisches Volumen, welche historische Länge! Die Brücke, auf der wir haltgemacht hatten, überspannte den Fluß Adonis. Wir schauten über das Brückengeländer und waren ein wenig enttäuscht, das Wasser klar zu finden, sogar zu dieser späten Jahreszeit noch gänzlich ungefärbt von der roten Erde des Libanon oder, wenn man das vorzieht, dem Blut des sterbenden Gottes. In östlicher Richtung, hoch oben in einer Gebirgsschlucht, an ebender Stelle, wo Adonis sein Leben lassen mußte, hatte der Tempel gestanden, zu dem ungezählte Tausende seiner Verehrer alljährlich in inbrünstiger Pilgerschaft aufstiegen. Und in Byblos, einige Meilen jenseits des Flusses, lag das Heiligtum von Adonis' Geliebter. Für die Griechen war sie Aphrodite; für Salomon, der ihr einen Hochaltar in Jerusalem erbaute, Aschtarot; sie war Ischtar in Babylonien, Astarte in Phönizien, Atargatis für die Syrer – und für Shakespeare war sie die Heldin seiner frühesten Verserzählung *Venus and Adonis*.

»Fondling«, she saith, »since I have hemm'd thee here
Within the circuit of this ivory pale,
I'll be a park, and thou shalt be my deer;
Feed where thou wilt, on mountain or in dale:
Graze on my lips; and if those hills be dry,
Stray lower, where the pleasant fountains lie.«

»Mein Schatz«, sagt sie, »mit diesem Zaun von Elfenbein
Umheg ich dich und hindre deine Flucht,
Du sollst der Hirsch in meinem Wildpark sein,
Sollst äsen auf den Höhn, in tiefer Schlucht;
Erst grase diese Lippenhügel kahl,
Dann lösche deinen Durst im Quellental.«

Bis zu dieser Rokoko-Venus und ihrem widerstrebenden Knaben haben wir einen weiten Weg zurückgelegt, von der Dea Syria und dem

Geist der Fruchtbarkeit, vom Drama des Todes und einer symbolisch ausagierten Auferstehung, zur Begleitmusik ritueller Paarungen und heiliger Prostitution, von Wehklagen halbnackter Frauen und Selbstkastrationen rasender Jugendlicher. »*Graze on my lips... Stray lower...*« Das Komische ist zum Komischen verblaßt; ein gewaltiges Mysterium ist in ein reizendes Stück an der Grenze zur Unschicklichkeit verwandelt worden. Auf diese Weise endet eine Welt, die alte, dunkle Welt chthonischer Gottheiten und Fruchtbarkeitskulte – nicht (um Mr. Eliot zu parodieren) mit einem Knall, sondern mit Geziere.

Und das ist im großen und ganzen auch gut so. Ein Knall kann recht eindrucksvoll sein; aber wie langweilig auf die Dauer, wie krude und brutal! Diese anklägerischen Brandreden der hebräischen Propheten, diese endlosen Verfolgungen, diese lärmenden Wiederbelebungen dessen, was jeder Erneuerer als Wahre Religion betrachtet, diese Wanderprediger mit ihren aufwühlenden Stimmen und ihren allzu edlen Gesten, diese sich beredt am Unheil weidenden Tragöden, diese Carlyleschen Moralisten christlicher oder stoischer Provenienz, die da über die Verruchtheit des Glücksbedürfnisses und die Scheußlichkeit der Natur heulen – ja doch, ja; wir haben genug von ihnen gehabt. Shakespeares Art des Umgangs mit den Fruchtbarkeitsreligionen ist humaner als die der Inquisition und zumindest ebenso effektiv. Als Literatur wie als Sittenlehre ist *Venus und Adonis* besser als der *Malleus maleficarum*. Und was das Kahlgrasen von Lippen und das Durstlöschen im Quellental anlangt – sogar in ihrer sittenlosesten Form sind Unterhaltungen wie diese tausendmal weniger verrucht als die Marter und erst recht das lebendige Verbrennen von Menschen, nur weil sie eine ältere Gottesvorstellung derjenigen vorziehen, die im Augenblick gerade unter Klerikern in Mode ist. Aber trotzdem ist Shakespeares Antwort nicht die letzte. Wir haben genug und übergenug Propheten, Erneuerer und Tragöden gehabt. Aber wir haben auch genug Satiriker und Desillusionisten gehabt, genug Farcen-Schreiber und Erzähler von zotigen Geschichten, denen sich die langduldende Menschheit als Gegengift gegen all die Jeremias und Savonarolas und schrecklichen Dantes zugewandt hat, jene Kreuzzugsprediger und Ketzerjäger, alte und moderne. Das Oben schließt stillschweigend das Unten ein; ein Geziere ist lediglich die Kehrseite eines Knalls, so wie Felicia die Umkehrung von Laura, *Bouvard et Pécuchet* die von *Paradise Lost*. Es gibt kein Entkommen, es sei denn das in göttlichen Gleichmut, der alle Gegensätze miteinander versöhnt und damit die Welt umwandelt.

Wir stiegen wieder ins Auto und fuhren weiter zwischen Meer und Bergland. Einige Minuten später war die Küstenstraße zur Hauptstraße einer kleinen Stadt geworden. Wir waren in Jebeil, wo die Kreuzzugsruinen die Überbleibsel von Byblos übertürmen – von einem halben Dutzend Byblos, einem römischen, griechischen, phönizischen, kolonialägyptischen, chalkolithischen, neolithischen usw. –, die, unterm Spaten der Archäologen, aus der Erde zu unseren Füßen hervortreten.

Es gibt keine Beschreibung des alten Byblos. Lukian berichtet in *De Syria Dea*, daß er den Tempel besichtigte, aber nicht wie er ausschaute noch wie die Adonis-Riten vor sich gingen, an denen er teilnahm. Und glaubte er wirklich, daß die jährliche Ankunft des Heiligen Hauptes ein Wunder war? Im Lichte seines späteren, totalen Skeptizismus fällt es schwer, das hinzunehmen. Es bleibt der Umstand, daß er sie in *De Syria Dea* ein Wunder nannte. Das Heilige Haupt gehörte wahrscheinlich Osiris und kam aus Ägypten, den ganzen Weg über auf den Wellen schwimmend und von mysteriös-absichtsvollen Winden getrieben, die es nach einer siebentägigen Kreuzfahrt pünktlich ins Land von Osiris' Gegenstück Adonis brachten. »Ich sah es«, bekräftigt Lukian; und es gibt keinen Grund, seine Aussage zu bezweifeln. Letztlich hatten ja auch Chaucer und seine Zeitgenossen allesamt die Schweineknöchlein im Kristallreliquiar des Ablaßkrämers gesehen.

Natürlich war Byblos weit mehr als eine Pilgerstätte. Es war ein Hafen, der älteste Phöniziens, und eine Art Rechnungshof für den Handel zwischen Ägypten, Syrien und dem ferneren Osten einerseits und Europa und Kleinasien andererseits. Der Beweis dafür liegt in den beiden griechischen Wörtern *byblos* und *biblion* beschlossen. Byblos war die übliche Bezeichnung für Papyrus. Wir finden sie bei Herodot und viel früher auch bei Homer, der seinen Helden Odysseus die Türen seines Hauses mit »Byblosbast« befestigen ließ, anders ausgedrückt: mit Seilen aus Papyrus-Fibern. Den Griechen Joniens und später Europas wurden Fasern und Papier von phönizischen Händlern geliefert, deren Heimathafen sowohl dem fertigen Gebrauchsgegenstand als auch der ägyptischen Pflanze den Namen verlieh, die den Rohstoff lieferte. Ein Grieche rief nach einem Bogen Byblos oder einer Byblosbastrolle, genau wie viele Jahrhunderte später ein Engländer einen Meter Damast oder ein Pfund Damaszenerpflaumen verlangte. Und als der Byblos dann in Rollen geliefert wurde und beschriftet war, hieß der betreffende Gegenstand Biblion, Bibel oder, wie wir sagen würden (weil wir unsere Schreibarbeiten ja auf Tafeln aus Buchenholz verrichteten), Buch. Und diese phönizische Stadt hatte, wie ich mir vergegenwärtigte, als wir durch ihre engen Räume und gewaltigen Zeiten streiften, noch eine weitere, mehr als lediglich etymologische Verbindung zur Literatur gehabt. Denn ebendort erfand vor etwa dreitausendfünfhundert Jahren irgendein namenloses Genie das ABC – oder vervollkommnete es zumindest.

Die Entdeckung dieses Tatbestandes war einem glücklichen Zufall zu verdanken. Im Jahre 1922 hatte ein Erdrutsch einen unterirdischen Raum mit einem gewaltigen Sarkophag freigelegt. Die Archäologen machten sich ans Werk und hatten bald einen ganzen Friedhof mit Königsgräbern ans Licht gebracht. Eines dieser Gräber enthielt den Sarkophag von König Ahiram, der im 13. Jahrhundert vor unserer Zeitrechnung regierte. Darauf war eine Inschrift in phönizischen Lettern angebracht. Das dabei benutzte Alphabet war zweifellos bereits vor Hunderten von Jahren in Gebrauch gewesen, das heißt früher, als man zuvor vermutet hatte. König Ahirams Grabschrein steht jetzt im Museum von Beirut – jenem faszinierenden Magazin der wahrscheinlich häßlichsten Kunstwerke, die je von Menschenhand geschaffen wurden; denn die Phönizier (der Himmel weiß, warum) scheinen nicht in der Lage gewesen zu sein, anderes als Scheußlichkeiten zu produzieren. Nicht doch, ich übertreibe ja: Gelegentlich setzten sie auch ganz lustiges Zeug in die Welt. Ihre Statuetten von Nilpferden beispielsweise hätten auch von Walt Disney stammen können. Aber wenn die Kunst auch nicht ihre starke Seite war, so war es doch unzweifelhaft der Handel; und es muß im Interesse größerer kommerzieller Effizienz gelegen haben, daß einer von ihnen das neue und enorm viel einfachere Schriftsystem erfand, das dazu ausersehen war, Keilschrift und Hieroglyphen im ganzen Nahen Osten und Europa zu ersetzen. Als Literat, so empfand ich, hätte ich eigentlich einen Kranz am Grab des unbekannten Schriftkünstlers von Byblos niederlegen sollen.

Es war Sonntag, und in der eleganten kleinen Kirche der Kreuzfahrer war ein maronitischer Gottesdienst im Gange. Die Worte einer unverständlichen Liturgie hallten unter den Gewölben wider, und über den Häuptern der Gemeindemitglieder ging eine Spatzenfamilie unbeeindruckt ihren Geschäften nach. Niemand schenkte ihrer lärmenden Frechheit Aufmerksamkeit. Die kleinen Geschöpfe wurden als etwas Selbstverständliches hingenommen. Im Verein mit den alten Steinen, dem Altar und dem intonierenden Priester waren sie ein anerkanntes Merkmal der Sonntagslandschaft, ein Element der heiligen Handlung. In diesem Teil der Welt scheinen Vögel und Monotheismus vollkommen vereinbar zu sein. Diese maronitischen Spatzen sind den mohammedanischen Tauben in der Omaijaden-Moschee in Damaskus ebenbürtig. Dieses berühmte Heiligtum wird von Flügelschlag und Gurren belebt, und wenn ein paar Tropfen Taubendung auf irgendeinen feierlichen, bärtigen Beter fallen – wir haben gesehen, wie das passierte –, gibt es keinerlei Entrüstung, nur ein tolerantes Lächeln. Vögel sind schließlich Geschöpfe Gottes; und wenn Allah sich dazu entschloß, ihnen keinen Dickdarm und keine Fähigkeit zur längeren Verhaltung zu verleihen, wer sind wir, daß wir uns darüber zu beklagen wagen dürften? Danken wir ihm lieber dafür, daß er den Hunden die Erlaubnis zum Fliegen versagt hat.

Die Taube war im alten Syrien heilig, und Atargatis war unter anderem eine Fisch-Gottheit und die Schutzherrin aller Tiere, mit Ausnahme des Schweines. Im Tempelbereich ihres Heiligtums in Hierapolis in Nordsyrien lag ein See mit einem Tempel und einem Besatz von Karpfen; ebenso eine Art heiliger Zoo, in dem Adler, Ochsen, Löwen und Bären arglos und nach Belieben unter den Gläubigen umherstreifen konnten. Alte Überlieferungen sterben schwer aus, und vielleicht verdankten die Vögel, die wir gesehen hatten, ihre Immunität in Kirche und Moschee den verschütteten Erinnerungen an eine Religion, die weit älter war als Islam oder Christentum. Tiere, sagen die Theologen, haben keine Seele. Da sie keine Seele haben, haben sie auch keine Rechte und können von den Menschen als bloße Dinge behandelt werden. Unter bestimmten Umständen verdienen sie sogar eine noch schlechtere Behandlung als die, wie wir sie gewöhnlich den Dingen angedeihen lassen. Die heilige Cäcilie, eine römische Nonne des 13. Jahrhunderts, hat berichtet, wie der heilige Dominik eines Abends, hinter einem Schutzgitter verborgen, zu den Schwestern ihres Klosters predigte. Sein Thema war der Teufel, und kaum hatte er seine Ansprache begonnen, als »der Feind der Menschheit die Szene auch schon in Gestalt eines Sperlings betrat und durch die Lüfte zu fliegen begann, dabei den Schwestern auf die Köpfe hüpfend, so daß sie ihn hätten anfassen können, wenn ihnen danach zumute gewesen wäre, und das alles nur, um die Predigt zu verhindern. Der heilige Dominik, der das beobachtete, rief Schwester Maximilla herbei und sagte: ›Mach dich auf, fang ihn ein und bringe ihn mir.‹ Sie machte sich auf, streckte ihre Hand aus, hatte keinerlei Schwierigkeiten, ihn zu ergreifen, und händigte ihn dem heiligen Dominik durch das Guckfenster aus. Der heilige Dominik hielt ihn mit der einen Hand fest und begann ihm mit der anderen die Federn auszurupfen, wobei er sagte: ›Du Schuft, du Gauner!‹ Als er ihm alle Federn ausgerupft hatte, unter viel Gelächter der Brüder und Schwestern und schrecklichem Kreischen des Sperlings, warf er ihn in die Luft und sagte: ›Flieg jetzt, wenn du kannst, du Feind der Menschheit! Du kannst schreien und uns stören, aber du kannst uns keinerlei Schaden mehr zufügen.‹«

Was für eine häßliche kleine Szene! Ein intelligenter und hochgebildeter Mann, der sich in der vorsätzlichen Ignoranz der niedrigsten Art von Aberglauben suhlt; ein Heiliger, der seinen paranoiden Phantasien bis zu dem Grade frönt, wo sie ihm das Recht geben, sich wie ein Sadist zu benehmen; eine Gruppe devoter Mönche und Nonnen, die beim Gekreisch und Sichwinden eines gequälten Vögelchens lauthals auflachen. Unser eigenes Zeitalter ist zweifellos schlimm, aber in vieler Hinsicht war das Zeitalter des Glaubens sogar noch schlimmer. Man nehme etwa das Beispiel der Tierquälerei. Es gab im Mittelalter einige wenige Philanthropen. Chaucers Priorin, die es nicht ertragen konnte, mit ansehen zu müssen, wie ein Hund geschlagen wurde, gehörte zu ihnen. Der heilige Hugo von Avalon war ein anderer. Dieser ältere Zeitgenosse des heiligen Dominik hatte einen zahmen Schwan, und anstatt lebende Vögel zu rupfen, pflegte er sie zu füttern und zu zähmen. Und dann natürlich der heilige Franziskus – wenn auch nicht unbedingt seine Jünger. Sein rustikaler Schüler, Bruder Juniper, hörte einst, wie ein kranker Mann sein Verlangen nach gebratenen Schweinsfüßen äußerte, rannte sofort aus dem Haus und hackte einer lebenden Sau einen Fuß ab. Als der Heilige ihn tadelte, geschah das nicht, wie man erwartet haben möchte, wegen eines Aktes barbarischer Grausamkeit, sondern weil er ein wertvolles Stück Privateigentum beschädigt hatte.

Es gab andere frühe Philanthropen – aber nicht sehr viele. In Mme. de Rambures Anthologie *L'Église et la pitié envers les animaux* füllt die Ausbeute an mittelalterlichen Tierliebhabern kaum mehr als hundert Seiten. Das englische Gewohnheitsrecht nahm Akte von Grausamkeit gegenüber tierischen Geschöpfen nicht zur Kenntnis; und nach Hogarths schauerlichen Bildern von Kindern zu urteilen, die, mit allen Feinheiten sadistischer Gemeinheit, ihre Katzen, Hunde und Vögel quälen, war die Volksmoral in dieser Hinsicht ebenso blind wie das Gesetz. Erst 1822 wurde vom Parlament das erste Gesetz zum Schutz von Tieren verabschiedet. Und im Jahre 1876 konnte die *Royal Commission on Vivisection* in ihrem Jahresbericht festhalten, daß »die an Tieren begangene Zufügung jeder Art von unnötigem Schmerz für das sittliche Gefühl der Untertanen Euer Majestät im allgemeinen zu Recht abstoßend« ist. Das klang entschieden anders als Hogarth und der heilige Dominik, es bedeutete einen Wandel von Herz und Denken, der möglicherweise den Beginn einer religiösen Revolution bezeichnete. Die alte, allzumenschliche Aufgeblasenheit, wie sie vom sechsundzwanzigsten Vers des ersten Genesis-Kapitels abgesegnet worden war, die Lehre, daß der Mensch außerhalb der übrigen Schöpfung steht und mit ihm nach seinem Belieben verfahren kann, wich unter dem Einfluß wissenschaftlicher Erkenntnis einer zugleich realistischeren und barmherzigeren Weltsicht. Was die Theologen und Philosophen mit solcher Mühe voneinander geschieden hatten, vereinte sich erneut in einem Gefühls- und Gedankensystem, das zumindest eine gewisse Ähnlichkeit mit dem Faktensystem in der Natur hatte.

Spiritueller Fortschritt verläuft immer in einer aufsteigenden Spirale. Der tierische Instinkt weicht erst dem menschlichen Willen und dann der Gnade, Wegweisung und Inspiration, die einfach nur Instinkt auf einer höheren Ebene sind. Oder beispielsweise der Prozeß der Bewußtseinsbildung: Am Anfang steht das undifferenzierte Bewußtsein des Kleinkindes, dann kommen Unterscheidungsvermögen und schlußfolgerndes Denken und schließlich (wenn das Individuum über sich selbst hinausgehen möchte) der Aufstieg – oder die Rückkehr – zu einer dunklen Erkenntnis des Ganzen, ein Gewahrwerden des Zeitlosen und Nicht-Dualistischen in Zeit und Vielfalt der Erscheinungen.

Ganz ähnlich steht auf religiösem Gebiet am Anfang die primitive

Verehrung des der Natur immanenten Gottes; es folgt die Verehrung göttlicher Transzendenz und dann, auf intellektueller Ebene, die Philosophie des wissenschaftlichen Monismus und auf existentieller Ebene die mystische Erfahrung des Einen, die zwei Stockwerke höher dem gefühlten Pantheismus der Ursprünge entspricht. Der heilige Dominik war der Prediger und gleichzeitig das Opfer eines theologischen Systems, das der Inkarnationslehre zum Trotz allen Nachdruck auf die Transzendenz Gottes, auf die Verabscheuungswürdigkeit der Natur und auf die Entfremdung des Menschen von der übrigen Schöpfung legte. Das alles erklärt zwar sein Verhalten, entschuldigt es aber nicht völlig. Die Tradition ist stark, aber nicht unwiderstehlich. Ein gewisser Grad von moralischer, intellektueller und spiritueller Unabhängigkeit ist immer möglich – obwohl es überaus gefährlich sein kann (wie die Albigenser in den Tagen des heiligen Dominik erfahren mußten und wie die ideologischen Häretiker in unseren entdecken), sein Recht auf eine solche Unabhängigkeit zu behaupten. In diesem besonderen Fall war jedoch weder Leben noch Bewußtsein in Gefahr. Es gab kein Dogma, das Spatzen Teufeln gleichstellte. Der Heilige *hätte* sich vernünftig und barmherzig verhalten können; wenn er sich so verhielt, wie er es tat, so deshalb, vermute ich, weil zwölf Jahre mittelalterlicher Schul- und Universitätsbildung – das heißt ein Aufwand von zwölf Jahren, um die Formeln toter Männer auswendig zu lernen und logische Spielchen damit zu treiben – bei ihm eine Vorstellung von Realität hinterlassen hatten, die in mancher Hinsicht noch verzerrter war als die des unwissenden Bauern oder Handwerkers.

Und dieser Aspekt führt uns zum unbekannten Schriftkünstler zurück; denn wir leben – und zwar jeder von uns – in Sprache eingebettet; und unsere Gedanken, Gefühle und Verhaltensweisen sind in einem sehr viel größeren Ausmaß, als wir einzuräumen bereit sind, von den Wörtern und der Syntax unserer Muttersprache bestimmt und sogar von den Zeichen, mittels derer diese Wörter und diese Syntax in der Schrift sichtbar gemacht werden. Im Abendland sind wir uns erst jüngst, und zwar dank der Logiker, der Semantiker und der Experten in Linguistik und Metalinguistik, vollends der Rolle bewußt geworden, die von der Sprache als virtueller Philosophie gespielt wird, als Quelle ontologischer Postulate, als bedingendem Element von Denken und sogar Wahrnehmung, als Gestalterin von Gefühlen oder als Schöpferin von Verhaltensmustern.

Den Indern sind diese Ideen seit Jahrhunderten vertraut gewesen. In jedem System der Hindu-Philosophie wird die Welt der Erscheinungen *nama-rupa* genannt, »Name-und-Form«. Das mutet uns auf den ersten Blick seltsam an. Letztlich aber werden »die Möglichkeiten des Denkens, praktisch oder anderswie«, um die Formulierungen von Heinrich Zimmer zu zitieren, »in jeder gegebenen Periode durch den Geltungsbereich und den Wert des linguistischen Münzgeldes eingeschränkt... Die Totalität dieser Währung wird in der indischen Philosophie *naman* genannt (lateinisch *nomen*, unser Wort ›Name‹). Die eigentliche Substanz, auf die und mit der der Geist beim Denken einwirkt, besteht aus diesem Namensschatz von Begriffen. *Naman* ist der innere Bereich von Konzepten, der dem äußeren Bereich von wahrgenommenen ›Formen‹ entspricht, wobei der Sanskrit-Ausdruck für den letztgenannten *rupa* ist... *Rupa* ist das äußere Gegenstück zu *naman*; *naman* ist das innere zu *rupa*. *Nama-rupa* bezeichnet deshalb einerseits den Menschen, das erleidende und denkende Individuum, den Menschen, insoweit er mit Verstand und Sinnen ausgestattet ist; andererseits dagegen alle Mittel und Objekte von Denken und Wahrnehmung. *Nama-rupa* ist die ganze Welt, die subjektive und die objektive, als beobachtete und erkannte.« *

Aber keine Sprache ist vollkommen, kein Vokabular dem Reichtum des gegebenen Universums angemessen; kein Wort- und Satzmuster, wie komplex, wie subtil auch immer, kann den miteinander verbundenen *Gestalten* gerecht werden, die uns die Erfahrung vorlegt. Folglich sind die Erscheinungsformen unseres namenbedingten Universums »von Natur aus trügerisch und irreführend«. Weise werden nur diejenigen, die zu reden, zu lesen und zu schreiben gelernt haben, ohne die Sprache wichtiger zu nehmen, als sie es verdient. Als der einzige Urheber der Zivilisation und sogar unseres Menschentums muß die Sprache sehr ernst genommen werden. Ernst genommen werden auch als Instrument (wenn es denn mit angemessener Vorsicht benutzt wird) zum Nachdenken über die Beziehungen zwischen den Erscheinungen. Aber sie darf nie ernst genommen werden, wenn sie, wie in den alten Glaubensreligionen und ihren modernen politischen Gegenstücken, benutzt wird, als sei

* Heinrich Zimmer, *Philosophies of India*, New York 1951, S. 23.

sie auf irgendeine Weise das Äquivalent unmittelbarer Erfahrung oder eine Quelle wahren Wissens über das Wesen der Dinge.

Auf unsystematische Weise waren sich die großen mittelalterlichen Mystiker wie Eckehart und Tauler und der anonyme Autor der *Cloud of Unknowing* der Gefahr, Sprache so ernst zu nehmen, wie sie von den meisten ihrer Zeitgenossen genommen wurde, genau bewußt. Aber ihre Warnungen waren in allgemeine Begriffe eingekleidet, und ihre Unkenntnis jeder anderen Sprache außer Latein und ihr einheimischer Dialekt machten es ihnen unmöglich, irgendeine effektive Kritik zu formulieren. Beispielsweise sahen sie nicht und konnten sie nicht sehen, daß Aristoteles' Logik eine Systematisierung der griechischen Grammatik war, die einen gewissen Sinn für diejenigen ergibt, die eine indoeuropäische Sprache sprechen, nicht aber für diejenigen, die chinesisch sprechen, oder für diejenigen, die die künstlichen Sprachen der Mathematik und modernen Logik erlernt haben; und daß sie deshalb auch nicht (wie das so viele Jahrhunderte lang der Fall war) als LOGIK in Großbuchstaben, als letzte und endgültige Formulierung der Gesetze des Denkens aufgefaßt werden kann. Ähnlich erkannten sie nicht und konnten sie nicht erkennen, daß die jahrhundertelange Beschäftigung abendländischer Philosophen mit dem Begriff der Substanz die natürliche Folge davon war, daß sie eine Sprache sprachen, in der es deutlich voneinander abgrenzbare Satzteile, ein Verbum wie ›sein‹ und Sätze mit Subjekten und Prädikaten gibt. »›Substanz‹«, sagt Bertrand Russell in seiner *History of Western Philosophy*, »ist ein metaphysischer Irrtum, der auf der Übertragung der Struktur von aus Subjekt und Prädikat gebildeten Sätzen auf die Weltstruktur beruht.« Und wie steht es mit der ›Essenz‹? Die Frage ist nur im Rahmen der Sprache relevant. »Ein *Wort* kann eine Essenz haben, ein *Ding* nicht.« Im Chinesischen gibt es keine fixierten Satzteile, keine Sätze in Subjekt/Prädikat-Form, und es gibt auch kein Verb in der Bedeutung von ›sein‹. Folglich haben die chinesischen Philosophen auch nie, es sei denn unter fremdem Einfluß, die Idee einer ›Substanz‹ formuliert und das Wort auch nicht auf das Universum projiziert.

Ihr Hauptinteresse hat immer den Beziehungen zwischen den Dingen gegolten, nicht ihren ›Essenzen‹; immer eher dem ›wie‹ von Erfahrung als dem nur erschlossenen ›was‹. Hätte die arianische Kontroverse auf China übergegriffen, kann man sich ausmalen, daß die dortigen Theologen über die gleichzeitige Dreiheit und Einheit der Personen spekuliert hätten, aber nicht über die Scheidung oder die Ungeschiedenheit der Substanz.

Die abendländische Wissenschaft begann mit den Ideen von Essenz und Substanz, die in den indoeuropäischen Sprachen implizit enthalten waren und erst in der griechischen Philosophie, danach in der lateinischen Theologie explizit gemacht wurden; sie ist jedoch durch die innere Logik des wissenschaftlichen Prozesses gezwungen worden, sich dieser Begriffe zu entledigen und statt dessen eine zeitgemäße, kritische Version der chinesischen Sicht der Dinge zu übernehmen.

Sprache existiert in zwei Formen, der gesprochenen und der geschriebenen. In dem Maße, wie Erkenntnis akkumuliert und formale Bildung in immer weiterem Ausmaß verfügbar wurde, wurde die geschriebene Sprache fortschreitend wichtiger. *Littera manet, volat irrevocabile verbum* – die Schrift hat Bestand, das gesprochene Wort entfliegt und ist unwiderruflich verloren. Sokrates, der als historische Gestalt nur deshalb erinnert wird, weil Xenophon und Plato über ihn geschrieben haben, war selbst ein Feind aller schriftlichen Niederlegung. Weisheit und die Erkenntnis metaphysischer und moralischer Wahrheit können nicht, so erklärte er, durch Bücher vermittelt werden, sondern nur anhand von Rhetorik und Dialektik. Die chinesischen Weisen dagegen waren der diametral entgegengesetzten Meinung, wie ausdrücklich angemerkt werden sollte. Für sie waren Rhetorik und Dialektik unter aller Kritik. Ernsthafte philosophische Ideen konnten nur der Schrift anvertraut werden – und natürlich nur der in China verbreiteten Art von Schrift, wo Sprache mittels eines komplizierten Zeichensystems sichtbar gemacht wird, von dem einige Teile (die Piktogramme) wirkliche Darstellungen der bezeichneten Gegenstände sind, andere (die Ideogramme) dagegen zusammengesetzte Symbole, die für Ideen stehen, und wieder andere (die Phonogramme) bestimmte Laute repräsentieren, die in der gesprochenen Sprache sehr häufig vorkommen. Vor der Erfindung des Alphabets benutzten die zivilisierten Völker des Nahen Ostens das eine oder andere der beiden sehr alten Schriftsysteme – die Hieroglyphenschrift der Ägypter oder die Keilschrift der Sumerer und später auch der Babylonier, Assyrer und Perser. Beide Systeme waren im Grunde dem chinesischen ähnlich, und zwar insofern, als beide Hunderte von

Zeichen benutzten, manche davon piktographisch, manche ideographisch und manche phonographisch.

Die Erfinder des Alphabets brachten das außerordentliche Kunststück fertig, diese Hunderte von Zeichen auf weniger als dreißig zu reduzieren. Diese nicht viel mehr als zwanzig Konsonanten und Vokale waren so überlegt ausgewählt, daß sich mit ihnen jedes Wort in jeder Sprache wiedergeben ließ, zwar nicht vollkommen, aber doch für die meisten praktischen Bedürfnisse ausreichend – mehr noch: in einer Form wiedergeben ließ, die mehr oder weniger genau angab, wie das Wort auszusprechen war. Effizienz in Regierung und Verwaltung; Enzyklopädien und Wörterbücher; länderübergreifende Allgemeinbildung; die Möglichkeit, die eigenen Absichten unzweideutig und mit einem Maximum an Genauigkeit zum Ausdruck zu bringen – das sind nur einige wenige der Vorteile, für die wir dem unbekannten Schriftkünstler zu danken haben.

Das ABC ist ein gewaltiger Segen gewesen, aber wie die meisten Segnungen kein völlig ungeteilter. In alphabetischer Wiedergabe bleibt ein Wort streng es selbst. Anhand von Piktogrammen, Ideogrammen oder Phonogrammen wiedergegeben, wird ein Wort etwas anderes, wenn es auch es selbst bleibt. Die chinesische Priorität der Beziehungen vor der Substanz ist, wie wir gesehen haben, zum Teil den Idiosynkrasien einer Sprache zuzuschreiben, in der es keine fixierten Satzteile und kein Wort für ›sein‹ gibt; zu einem anderen Teil aber auch dem Wesen der chinesischen Schrift. »Das chinesische Denken«, sagt der Sinologe Chang Tun-Sun, »beruht nicht auf dem Gesetz der Identität, sondern wählt als Ausgangspunkt die relative Orientierung oder eher die Relation von Gegensätzen.« (Beispielsweise »Nicht-Widerstehen bedeutet Stärke«, »Zungenfertigkeit stottert«, »*yin* zieht *yang* nach sich«. Dieses letzte Paar von korrelierten Gegensätzen ist grundlegend für das chinesische Denken, das das positive Prinzip in seiner Existenz vom negativen abhängig sieht und das negative vom positiven. Mit der lateinischen Grammatik und dem ABC erzogen, vermochte der heilige Dominik nur die Differenzen der Dinge zu sehen, nicht ihre Zusammengehörigkeit. Gott war eines und die Natur – die Natur nach dem Sündenfall – ein anderes und fremdes, etwas, das sich bereitwillig dem Feind der Menschheit eröffnete, so daß ein Spatz in Wirklichkeit der verkleidete Teufel war und gemartet werden mußte, genau wie die Albigenser gemartert werden mußten, weil sie noch einen Schritt weiter gingen und behaupteten, daß in Wirklichkeit der Teufel die materielle Welt erschaffen habe.) Das chinesische Denksystem steht »wahrscheinlich mit dem Wesen der chinesischen Schriftzeichen in Zusammenhang. Wenn sie ideographisch sind, legen sie allen Nachdruck auf die Zeichen und Symbole der Gegenstände. Die Chinesen sind an der Wechselbeziehung zwischen den verschiedenen Zeichen interessiert, ohne sich von der ihnen zugrundeliegenden Substanz beunruhigen zu lassen ... Das charakteristische Merkmal des chinesischen Denkens liegt in seiner ausschließlichen Aufmerksamkeit auf die korrelationalen Verbindungen zwischen verschiedenen Zeichen.«

Wenn Wörter alphabetisch wiedergegeben werden, bleiben sie, wie gesagt, lediglich sie selbst. Ausgesprochen, ist ein Name immer jener besondere Name, und die entsprechende Form ist immer jene besondere Form. Das ABC bestätigt die Erscheinungswelt von *nama-rupa*. Im Englischen beispielsweise wird der Begriff des ›Guten‹ durch die vier Buchstaben g-o-o-d wiedergegeben. Im Chinesischen wird dieselbe Idee durch eine Kombination des Zeichens für ›Frau‹ mit dem Zeichen für ›Kind‹ wiedergegeben. Wie anrührend! Man schaue sich jetzt aber das chinesische Wort *fang* an. *Fang* hat viele verschiedene Bedeutungen, wird aber nur durch ein Schriftbild dargestellt, das ursprünglich für *fang* in der Bedeutung von ›Viereck‹ verwendet wurde – ein Zeichen, das eine Art Bild oder Diagramm zweier zusammengebundener Boote ist. Wenn dieses Zeichen für *fang* in irgendeiner seiner anderen Bedeutungen steht, wird es als Phonogramm benutzt und muß mit einem anderen Zeichen kombiniert werden, damit es von ›Viereck‹ unterschieden werden kann. So bedeutet das Zeichen für ›Frau‹ zusammen mit dem Phonogramm für *fang* ›aufhalten‹, ›verhindern‹. *Frau* plus *Kind* ergibt das *Gute*. Aber dieses Gute hat seinen Preis; denn ein Mann, der Frau und Kinder hat, hat dem Schicksal Geiseln gegeben. Das Gute im einen Kontext ist das Hindernis im anderen. Welcher Ideenreichtum steckt in der Schreibweise dieser beiden landläufigen Wörter! Kein Wunder, wenn die Chinesen den »korrelationalen Verbindungen zwischen verschiedenen Zeichen« so viel Aufmerksamkeit schenkten.

Das Universum ist ein vieldimensionales Schema, endlos an Ausdehnung, endlos an Dauer, endlos an Bedeutung und sich, wie wir vermuten dürfen, seiner eigenen Endlosigkeit endlos bewußt. Im

Rahmen der kosmischen Ordnung steht jedes Teilschema, jedes Objekt und jedes Ereignis mit jedem anderen in Zusammenhang; dort herrscht eine kovariierende Zusammengehörigkeit aller Dinge. Von Geschöpfen wie uns aber werden die meisten Zusammenhänge im Bereich der allgemeinen Gestalt nicht erkannt und bleiben für immer verborgen. Für uns ist »die Welt voll von einer Reihe von Dingen«, die wir als ebenso viele voneinander unabhängige Entitäten zu sehen neigen. Und in dieser Tendenz werden wir durch die alphabetische Schrift bestärkt. Denn die alphabetische Schrift bringt die Illusion von Klarheit und Geschiedenheit hervor. Die Wörter, die wir lesen, sind auf eine Art und Weise geschrieben, die sie als ausschließlich sie selbst erscheinen läßt, und das macht uns glauben, daß wir wissen, was etwas ist; daß eine Rose eine Rose eine Rose ist. In Wirklichkeit aber ist eine Rose-Plus = eine Rose-Minus = eine Rose^{n}. Das *Was*, das wir zu kennen glauben, ist niemals nur das *Was*. Außerdem ist *Was* als zugrundeliegende Substanz unerkennbar und nicht-existent. *Was* existiert nur, wenn es vom befreiten und verwandelten Bewußtsein erkannt wird, das die Paradoxie der Absolutheit von Beziehungen erfährt, die Endlosigkeit und Universalität von Partikularitäten. Diese Erfahrung ist das, was Eckehart die Erfahrung der »Istheit« nennt – und die ist völlig verschieden vom Begriff des Seins oder dem Dogma der Substanz. Für den nicht-befreiten und nicht-verwandelten Geist ist das einzig Erkennbare das *Wie* der Beziehungen.

Die in den älteren Schriftsystemen benutzten Zeichen halfen den Menschen, sich dieser überaus wichtigen Gegebenheit zu erinnern. Daß ›Frau‹ zusammen mit einem bestimmten Phonogramm (das ursprünglich ein Piktogramm aus zwei zusammengebundenen Booten war und für ›Viereck‹ stand) tatsächlich ›aufhalten‹, ›hindern‹ bedeutet, ist eine höchst heilsame Mahnung daran, daß das Universum bodenlos merkwürdig ist. Lukian, Astarte, das Alphabet, Spatzen in Kirchen, der heilige Dominik, die Albigenser – was für eine ergiebige Mischung disparater Einzelheiten! Letztlich aber ist nichts für irgend etwas anderes irrelevant. Es gibt eine Zusammengehörigkeit aller Dinge in einer unendlichen Hierarchie lebendiger und interagierender Muster.

Durch ihre Kultur, ihre Sprache, ihre Zugehörigkeit zu einer bestimmten Zeit, ihr Temperament, ihren Charakter und ihre Intelligenz konditioniert, haben die Menschen bald diesem, bald jenem Bezugsrahmen ihre Aufmerksamkeit geschenkt. Heute steht es in unserer Macht, einen weitaus umfassenderen Realitätsbereich wahrzunehmen, zu erschließen und zu verstehen, als er unseren Vorfahren offenstand. Natur, Sprache, Geschichte, menschliches Verhalten – unsere Kenntnis aller dieser Gebiete ist unvergleichlich viel weitreichender als in der Vergangenheit. Aber Weite ist bedauerlicherweise nur allzu häufig der Feind von Tiefe. Deutliche Erkenntnis des Ganzen unserer Außenwelt erfordert die Ergänzung durch dunkle Erkenntnis des Ganzen unserer Innenwelt. Mehr noch, die deutliche äußere Erkenntnis muß nach innen verlagert werden, so weit Analyse und Introspektion tragen, während die dunkle innere Erkenntnis nach draußen projiziert werden muß, so daß unsere theoretische Überzeugung von der Einheit der Welt in Intuition, in ständige Vergegenwärtigung dieser Einheit verwandelt werden kann. Wie leicht ist es doch zu sagen, was getan werden sollte! Und wie schwer, leider, es zu tun, und folglich wie unwahrscheinlich, daß es je – außer von einigen wenigen – getan wird.

(*Adonis and the Alphabet*, 1956; Ü.: Hans-Horst Henschen)

PHYSIOLOGIE
UND MODEN DER LIEBE

Schönheit anno 1920

Wer die Zeichen der Zeit zu deuten weiß, wird in den letzten Tagen und Wochen bemerkt haben, daß die Sauregurkenzeit kurz bevorsteht. Schon ist – und dies im Juli, während am grollenden Horizont drei oder vier neue Kriege aufziehen – in einem bekannten Seebad ein Ungeheuer aus der Tiefe aufgetaucht. Schon hat Mr. Louis McQuilland im *Daily Express* erbittert die jüngeren Poeten des *Asylum* attackiert. Schon sind die Illustrierten über die Hälfte mit Fotos von Badenymphen gefüllt – Fotos, die einem verständlich machen, warum der heilige Antonius seiner Anfechtungen so mühelos Herr wurde. Die Zeitungsreporter setzen zum Sprung an wie Wölfe und suchen allerorts nach Beute; und mit einmütigem Freudengeheul jagte die gesamte Presse dem Hasen nach, den Mrs. Asquith in der jüngsten Folge ihrer Biographie losließ. Lassen Sie mich der Meute verspätet hinterherhinken.

Der Umstand, daß Mrs. Asquith den Töchtern des 20. Jahrhunderts die Schönheit abgesprochen hat, erwies sich als vom Himmel gesandter Riesenknüller. Er rief ein ganzes Heer von Nährcreme-Spezialisten, Porträtmalern und Fotografen auf den Plan, um diese nicht gerade auf Samtpfoten dahergekommene Anschuldigung zu widerlegen. Angenehm und preiswert wurde auf diese Art und Weise viel Platz gefüllt. Alle sind's zufrieden, die Öffentlichkeit, die Redakteure, die Nährcreme-Spezialisten und so weiter. Doch der bei weitem interessanteste Beitrag zu dieser Debatte war eine Bildbeilage, die, wenn ich mich recht entsinne, in den *Daily News* erschien. Auf der gleichen Seite nebeneinander sah man die Fotos je dreier Schönheiten der achtziger Jahre des letzten und der zwanziger Jahre unseres gegenwärtigen Jahrhunderts. Der Vergleich war höchst aufschlußreich. Denn die beiden Schönheitsideale, die einem diese zwei Fotoserien vor Augen führten, trennt eine tiefe Kluft.

Ich erinnere mich, daß in *If* – einem dieser bezaubernden Komplotte von E. V. Lucas und George Morrow – einmal eine Serie parodistischer Modeillustrationen erschien mit der Überschrift: »Wenn die Gesichter noch flacher werden: Der Standard vom Vorjahr. Der Evening Standard von diesem Jahr.« Die Gesichter unserer lebenden

Schönheiten sind parallel zu denen ihrer Schwestern in den Modeillustrationen deutlich ›flacher‹ geworden. Man braucht nur einmal den Typus von 1880 mit dem von 1920 zu vergleichen. Ersterer hat ein stark ausgeprägtes Gesicht, fast römisch im Profil; bei den zeitgenössischen Schönheiten hat sich das Gesicht verbreitert und verkürzt, das Profil ist weniger edel, weniger eindrucksvoll, dafür gefälliger, auf anziehendere Weise hübsch. Vor vierzig Jahren schätzte man den aristokratischen Typus; heutzutage hat sich der Durchschnittsgeschmack von der Gräfin zur Soubrette verlagert. Fotografien bestätigen, daß die Damen der achtziger Jahre wie Du-Maurier-Zeichnungen wirkten. Doch in der jungen Generation von heute sucht man vergeblich nach diesem Typus; die Du-Maurier-Maid ist genauso ausgestorben wie das mesozoische Reptil; ihren Platz haben das Fish Girl und ähnlich flachgesichtige Typen eingenommen.

Zwischen den dreißiger und fünfziger Jahren führte ein anderer Typus, das Mädchen mit eiförmigem Gesicht, in der allgemeinen Gunst das unangefochtene Regiment. Von den frühen Porträts der Königin Viktoria bis zu den Modeillustrationen im *Ladies' Keepsake* herrschte unverändert dieser Typ vor – das eiförmige Gesicht, das glatte Haar, der Schwanenhals, die runden Champagnerflaschen-Schultern. Verglichen mit der tugendhaften Leidenschaftslosigkeit des oviformen Mädchens sind unsere ausdruckslosen Modefotos furchtbar verworfen und aufreizend. Und weil man von diesen Eigesichtern einer früheren Epoche soviel Anstand erwartet, ist man etwas schockiert, wenn sie doch einmal bei einer offenkundig unschicklichen Aufführung ertappt werden. Man denke nur an jenes hinreißende Bild von Etty »Jugend am Bug, Vergnügen am Steuer«. Die Najaden entsprechen lupenrein dem eigesichtigen Typ. Glattes Haar, abfallende Schultern und Gesichter wie unbeschriebene Blätter. Und doch haben sie nichts an. Es ist beinahe unanständig; man hätte eigentlich erwartet, daß der eigesichtige Typ schon in fließende Draperien gehüllt zur Welt kommt.

Nicht nur das Gesicht der Schönheit ändert sich mit dem allgemeinen Wandel des Geschmacks. Auch die Champagnerflaschen-Schultern des eiförmigen Mädchens sind aus den modernen Modeillustrationen und dem modernen Leben verschwunden. Die heutige Hand – die beiden Mittelfinger zusammen, Zeige- und kleiner Finger abgespreizt – ist ebenfalls ein neueres Produkt. Und vor allem haben sich die Füße verändert. In den Tagen der Eigesichter hatte keine Modeschönheit mehr als einen Fuß. Das dürfte eine unveränderliche Regel sein. Dieser einsame Fuß schaut, meist merkwürdig willkürlich, als habe er nichts mit irgendeinem Bein zu tun, unter dem Rocksaum hervor. Und was für ein Fuß! Er ist weit von den aufreizenden Füßen in Sucklings Ballade entfernt:

Her feet beneath her petticoat
Like little mice stole in and out –

Die Füßchen unterm Unterrock
Schlüpften wie Mäuslein ein und aus.

Nein, es ist ein nüchterner Fuß; ein kleines, schwarzes, längliches Etwas wie ein Teeblatt. Kein lebender Mensch hat jemals einen solchen Fuß gesehen, denn er ist völlig anders als die Füße von 1920. Heute sind die Modebilder stets zweifüßig. Das Teeblatt wurde durch zwei kostbare barockgeschwungene Füße ersetzt, üppig gewölbt, der Rist wie der Hals eines arabischen Pferdes. Die Gesichter mögen ihre Form verändert haben, aber noch radikaler haben sich die Füße gewandelt. Über das Thema »Die Füße junger Frauen« könnte man eine tiefschürfende philosophische Abhandlung verfassen.

Und da wir schon beim Thema Füße sind, würde ich gern noch ein anderes merkwürdiges Phänomen dieser Art erwähnen, das diesmal aber die Standards männlicher Schönheit betrifft. Beim Studium der Malkunst des 18. Jahrhunderts wird man feststellen, daß die Form des männlichen Beins auch nicht mehr das ist, was sie einmal war. In jenen Tagen war die Wade kein Muskel, der seinen größten Umfang etwas unterhalb der Kniekehle erreichte, um sich zum Knöchel hin dann wieder *decrescendo* zu verjüngen. Nein, im 18. Jahrhundert war die Wade eine gleichmäßig geschwungene Mondsichel, die gegenüber der Schienbeinmitte ihre stärkste Ausbuchtung erreichte; den Knöchel, wie wir ihn kennen, gab es damals kaum. Diese merkwürdige Wade bemerkt man bei fast jedem unbedeutenden Maler des 18. Jahrhunderts und selbst bei einigen der großen Meister wie etwa bei Blake. Wie es dazu kam, weiß ich nicht. Wahrscheinlich glaubte man in den Kunstschulen, die Mondsichelwade komme der platonischen Idee des menschlichen Beins näher als die armselig verzerrte Erscheinung des wirklichen Lebens. Ich persönlich bevorzuge meine Waden mit der Ausbuchtung oben und einem richtigen Knöchel unten. Aber ich halte es ja auch nicht so sehr mit dem *beau idéal*.

Der Prozeß, durch den ein Schönheitsideal entsteht, eine Zeitlang seine Tyrannei ausübt und dann durch ein ganz anderes ersetzt wird, hat etwas Rätselhaftes. Vielleicht finden geduldige Gelehrte irgendwann eine Gesetzmäßigkeit, die erklärt, weshalb sich der Du-Maurier-Typus in den flachgesichtigen Typ, der Teeblattfuß in den Barockfuß und die Mondsichelwade in die normale Wade verwandelt hat. Soweit sich bis jetzt sagen läßt, scheinen diese Veränderungen auf rein zufälligen, willkürlichen Entscheidungen zu beruhen. Aber zweifellos wird man irgendwann entdecken, daß diese Änderungen des Geschmacks ebenso zwangsläufig vorherbestimmt sind wie jede chemische Reaktion. In Anbetracht des südafrikanischen Kriegs, der Thronbesteigung Edwards VII. und des Triumphs der Liberalen im Jahre 1906, war der Wechsel von Du Maurier zu Fish sicher ebenso unvermeidlich wie die Tatsache, daß sich Zink bei der Reaktion mit Schwefelsäure in $ZnSO_4 + H_2$ aufspaltet. Doch sei es anderen überlassen, genau herauszufinden, *wie* das Gesetz funktioniert.

(*On the Margin*, 1923; Ü.: Sabine Hübner)

Moden in der Liebe

Die Natur des Menschen ändert sich nicht, oder jedenfalls ist die Geschichte zu kurz, als daß man irgendwelche Veränderungen an ihr wahrnehmen könnte. Auch die frühesten bekannten Beispiele von Kunst und Literatur sind uns heute noch verständlich. Die Tatsache, daß wir sie alle verstehen und in manchen von ihnen eine unübertroffene künstlerische Leistung erkennen können, ist der Beweis dafür, daß nicht nur Gefühl und Instinkt des Menschen, sondern auch seine intellektuellen und imaginativen Fähigkeiten schon in frühester Zeit genau die gleichen waren wie heute. Bei den schönen Künsten ändern sich nur Konvention, Form und Begleitumstände: Die Grundprinzipien von Leidenschaft, Intellekt und Imagination bleiben unverändert.

Mit den Künsten des Lebens verhält es sich analog zu den schönen Künsten: Da gibt es Konventionen und Traditionen, Vorurteile, Ideale und religiöse Überzeugungen, Moralsysteme und Sittenkodexe, die je nach geographischen und historischen Umständen variieren, und das unveränderliche Material der menschlichen Triebe, Begierden und Leidenschaften in verschiedene Formen modellieren. Es ist hartes, schwer zu bearbeitendes Material – eher ägyptischer Granit als hinduistische Bronze. Vielleicht hätten die Künstler, die die Kolossalstatuen von Ramses II. aus dem Stein schlugen, den Pharao am liebsten so dargestellt, daß er auf einem Bein steht und zwei oder drei Paar Arme über dem Kopf schwenkt, so wie die Inder noch heute den tanzenden Krischna darstellen. Aber dem Granit ließ sich beim besten Willen der Welt keine solche Form aufzwingen. Ähnlich haben sich jene Künstler im Bereich des gesellschaftlichen Lebens, die wir Staatsmänner, Moralisten, Religionsgründer nennen, oft gewünscht, sie könnten die menschliche Natur in Formen übermenschlicher Eleganz modellieren; aber das Material hat sich als zu störrisch erwiesen, und sie mußten sich mit einer Form zufriedengeben, die sich nur wenig von derjenigen unterschied, die ihre Vorgänger diesem Material verliehen hatten. Das menschliche Verhalten ist zu jedem gegebenen historischen Zeitpunkt ein (durch Gesetz und Sitte von außen, durch Glaube und religiöse oder philosophische Mythen von innen erzwungener) Kompromiß zwischen dem rohen Instinkt einerseits und dem unerreichbaren Ideal andererseits – ein Kompromiß, in unserer bildhauerischen Metapher, zwischen dem ungeformten Steinblock und dem vielarmig tanzenden Krischna.

Wie alle anderen großen menschlichen Aktivitäten ist auch die Liebe das Produkt unveränderlicher Leidenschaften, Instinkte und Wünsche (d. h. unveränderlich, was die Masse der Menschen betrifft; denn natürlich variieren sie bezüglich Qualität und Quantität von Individuum zu Individuum sehr stark) – und das Produkt von Gesetzen und Konventionen, religiösen Überzeugungen und Idealen, die einer mehr oder weniger willigen Gesellschaft durch die Umstände von Zeit und Ort oder die eigenmächtigen Erlasse großer Persönlichkeiten aufgezwungen wurden. Die Geschichte der Liebe, wenn sie je geschrieben würde (aber zweifellos hat dies irgendein deutscher Gelehrter, den ich leider wieder einmal nicht gelesen habe, bereits getan, und zwar gleich in mehreren Bänden), entspräche den üblichen Kunstgeschichtswerken – eine Liste aufeinanderfolgender »Stile« und »Schulen«, diverser »Einflüsse«, »Revolutionen« und »technischer Neuerungen«. Das psychologische und physiologische Material der Liebe bleibt stets dasselbe; doch geht jede Epoche anders damit um, so wie jede Epoche ihre gleichbleibenden Woll-, Seiden- und Leinenstoffe zu Kleidungsstücken völlig unterschiedlicher Moden zuschneidet. Als Beispiel darf ich jene Mode der Homosexualität erwähnen, die allen Berichten nach in der hellenistischen Welt allgemein verbreitet gewesen zu sein scheint. Plutarch schreibt die Entstehung dieser Mode der (laut Thukydides im fünften Jahrhundert neu aufgekommenen) Sitte zu, nackt in der Palaestra zu üben.* Aber was immer auch der Ursprung gewesen sein mag, es kann kein Zweifel bestehen, daß diese spezielle Liebesmode unter Menschen, die von Natur aus nicht die geringste homosexuelle Veranlagung hatten, weite Verbreitung fand. Konvention und öffentliche Meinung haben das Mate-

* Plutarch, der etwa 500 Jahre später lebte, ist keineswegs in dieser Sache eine unumstrittene Autorität. Die Gewohnheit, die er und Thukydides erwähnen, mag dazu beigetragen haben, die homosexuelle Mode zu verbreiten. Daß diese Mode jedoch schon vor dem 5. Jahrhundert bestand, wird aus der Lektüre Homers genügend deutlich, von Sappho ganz zu schweigen. Wie viele östliche Völkerschaften der Neuzeit waren die alten Griechen, in Sir Richard Burtons ausdrucksstarker Formulierung, *omnifutuent*.

rial der Liebe in Formen modelliert, die eine spätere Epoche ›unnatürlich‹ zu nennen beliebte. Ein Wiederaufleben jener amourösen Mode konnte man in Europa sehr deutlich während der ersten Nachkriegsjahre beobachten. Zu den entscheidenden Ursachen dieses Wiederauflebens wird ein künftiger Plutarch zweifellos die Werke Prousts und André Gides zählen.

Die gegenwärtigen Liebesmoden sind nicht so klar umrissen und weltweit im Schwange wie die Kleidermoden. Es ist, als schwanke unser Zeitalter in dieser Hinsicht unschlüssig zwischen Krinolinen und Trippelröcken, Pluder- und Oxfordhosen. In den Köpfen von Männern und Frauen koexistieren zwei rivalisierende Vorstellungen von Liebe; zwei verschiedene Richtungen von Idealen, Konventionen, öffentlicher Meinung kämpfen um das Recht, das psychologische und physiologische Material der Liebe zu formen. Das eine ist die Vorstellung, die das neunzehnte Jahrhundert einerseits aus den christlichen Idealen, andererseits aus der Romantik heraus entwickelt hat. Die andere ist jene, immer noch recht unvollständige und negative Vorstellung, die sich die heutige Jugend aus dem von der modernen Psychologie bereitgestellten Material zurechtformt. Die öffentliche Meinung, Sitten, Ideale und Vorurteile, die der ersten Konvention lebhaften Nachdruck verliehen und sie, zumindest bis zu einem gewissen Grad, in den Stand setzten, die aktuellen Liebespraktiken zu modifizieren, hatten bereits viel von ihrer Kraft verloren, als sie durch den Schock des ersten Weltkriegs, zumindest in den Köpfen der Jugendlichen, brutal zertrümmert wurden. Wie so meist, eilte die Praxis der Theorie voraus, und das neue Liebeskonzept wurde hinzugezogen, um die bereits existierenden Nachkriegssitten zu rechtfertigen. Jetzt, wo es Fuß gefaßt hat, ist dies neue Konzept ein Grund für das neue Verhalten der jüngsten Generation Halbwüchsiger, statt wie für die Kriegsgeneration eine nachträglich geschaffene Erklärung für das Verhalten während der Kriegszeit zu sein.

Versuchen wir einmal diese beiden koexistierenden und miteinander in Konflikt stehenden Liebeskonzepte zu analysieren. Das ältere Konzept war, wie gesagt, das Produkt aus Christentum und Romantik – eine seltsam widersprüchliche Mischung aus asketischer Angst und romantischem Kniefall vor der Leidenschaft. Sein Ideal war strikte Monogamie, wie sie der heilige Paulus widerwillig der liebenden Menschheit zugestand, geheiligt und verewigt durch eine jener furchtbar exklusiven Leidenschaften, mit denen sich Dichtung und Drama am liebsten beschäftigen. Es ist ein Ideal, das seinen charakteristischsten Ausdruck in der Dichtung jenes unendlich respektablen Rebellen, jenes zutiefst staatskirchentreuen Anbeters der Leidenschaft findet – Robert Browning. Rousseau war es, der als erster den Kult der Leidenschaft um der Leidenschaft willen begann. Vor seiner Zeit hatte man die großen Leidenschaften, wie etwa die des Paris für Helena, der Dido für Aeneas, Paolos und Francescas füreinander, eher als schreckliche Krankheiten und nicht als unvermeidliche Seelenzustände betrachtet. Rousseau, dem alle romantischen Dichter Frankreichs und Englands folgten, verwandelte die *grande passion* aus dem, was sie im Mittelalter gewesen war – eine dämonische Besessenheit –, in einen Zustand göttlicher Ekstase und beförderte sie vom Rang einer Krankheit in den Rang der einzig wahren, einzig natürlichen Form der Liebe. Das Liebeskonzept des 19. Jahrhunderts war folglich doppelt mystisch, durch den Mystizismus der christlichen Askese und Sakramentsverehrung und durch die romantische Naturmystik. Es behauptete eine absolute Gültigkeit auf der Basis ihrer Göttlichkeit und Natürlichkeit.

Wenn einem nun aber durch das Studium der Geschichte und Psychologie eines völlig klar wird, dann dies, daß es so etwas wie ›göttliche‹ oder ›natürliche‹ Formen der Liebe nicht gibt. Zahllose Götter haben zahllose Arten des Sexualverhaltens gutgeheißen oder geächtet, und zahllose Philosophen und Dichter haben die Rückkehr zu den unterschiedlichsten Arten von ›Natur‹ gepredigt. Man findet sowohl bei den Tieren als auch beim Menschen alle Formen des Liebesverhaltens, von der Keuschheit und Monogamie bis hin zur Promiskuität und den fanatischsten »Perversionen«. Wie wir gesehen haben, ist Liebe in jeder gegebenen menschlichen Gesellschaft und in jedem Moment das Resultat der Wechselwirkung zwischen der unveränderlichen instinktiven und physiologischen Substanz der Sexualität einerseits und den örtlich geltenden moralischen und religiösen Konventionen, den lokalen Gesetzen, Vorurteilen und Idealen andererseits. Die Beständigkeit dieser Konventionen, religiösen Mythen und Ideale verhält sich proportional zu ihrem sozialen Nutzen unter den jeweiligen zeitlichen und örtlichen Umständen.

Das Liebeskonzept des 20. Jahrhunderts ist realistisch. Es erkennt die Vielgestaltigkeit der Liebe an, nicht nur innerhalb der Gesamtgesellschaft von Generation zu Generation, sondern von einem Zeitgenossen zum nächsten, je nach der jeweiligen Dosierung der Instinkte, mit der man geboren wird, und der Erziehung, die man erhalten hat. Die neue Generation weiß, daß so etwas wie LIEBE mit lauter Großbuchstaben nicht existiert und daß das, was die christlichen Romantiker des letzten Jahrhunderts als die einzig natürliche Form der Liebe betrachteten, in Wirklichkeit nur eine der unendlich vielen möglichen Liebesmoden ist, hervorgebracht von speziellen Umständen in jener ganz besonderen Zeit. Die Psychoanalyse hat uns gelehrt, daß alle Formen sexuellen Verhaltens, die früher als sündhaft, pervers, widernatürlich angesehen wurden, statistisch betrachtet normal sind (und Normalität ist ja einzig und allein eine Frage der Statistik), und daß die sogenannte erotische Normalität weit davon entfernt ist, eine spontane, instinktive Verhaltensweise zu sein, sondern erst durch einen Erziehungsprozeß erworben werden muß. Nachdem die jungen Leute sich angewöhnt haben, offen und mehr oder weniger wissenschaftlich über sexuelle Fragen zu sprechen, begegnen sie dem Thema Liebe nicht mehr mit jenem Gefühl schuldbewußter Erregung und prickelnder Scham, das noch für die Generation vor ihnen typisch war. Darüber hinaus hat die Empfängnisverhütung die erotische Leidenschaft größtenteils von jener Sündhaftigkeit befreit, die ihr traditionell anhaftete, und zwar dadurch, daß sie sie von ihren gesellschaftlich verheerenden Folgen befreite. Den Baum erkennt man an seinen Früchten: Wo keine Früchte sind, gibt es offenbar auch keinen Baum. Die Liebe ist nicht mehr jene angsterfüllte, mysteriöse Angelegenheit, die sie einmal war, sondern ist zu einer völlig normalen, beinahe alltäglichen Aktivität geworden – für viele junge Leute, vor allem in Amerika, eine Aktivität wie Tanzen oder Tennis, eine Sportart, ein Spiel, ein Zeitvertreib. Die, die hinter diesem Liebeskonzept stehen, haben das vorrangige Bedürfnis nach Freiheit und Toleranz. Überall befindet sich eine energische Offensive gegen die alten Tabus und Repressionen auf dem Vormarsch.

Dies also sind die beiden Liebeskonzepte, die einander heutzutage gegenüberstehen. Welches ist das bessere? Ohne mir ein Urteil anmaßen zu wollen, werde ich mich damit bescheiden, auf die jeweiligen Mängel hinzuweisen. Das ältere Konzept war insofern schlecht, als es zahllosen Menschen unnötiges und unverdientes Leid zufügte, deren angeborene und erworbene Liebespraktiken nicht mit der christlichromantischen Lehre übereinstimmten, die als einzige den Anspruch erheben durfte, sich LIEBE zu nennen. Das neue Konzept ist, wie mir scheint, insofern schlecht, als es die Liebe zu sehr auf die leichte Schulter nimmt. Was die Liebe als Amüsement betrifft, so hat sicherlich Robert Burns das letzte Wort gesprochen:

I waive the quantum of the sin,
The hazard of concealing;
But oh! it hardens all within,
And petrifies the feeling.

Die Sündenmenge läßt mich kalt,
Die Last, sie zu verhehlen;
Doch ach, sie macht uns innen hart,
Versteinert unsere Seelen.

Es gibt nichts Schrecklicheres als kalten, leidenschaftslosen Genuß. Und Liebe wird ganz sicher kalt und leidenschaftslos, wenn man sie zu leichtfertig praktiziert. Es ist nicht gut, wie Pascal einmal bemerkte, zuviel Freiheit zu haben. Liebe ist ein Produkt aus zwei entgegengesetzten Kräften – aus instinktivem Trieb und gesellschaftlichem Widerstand, der auf den einzelnen mit Hilfe ethischer Imperative einwirkt, die durch philosophische oder religiöse Mythen gerechtfertigt sind. Wenn mit der Zerstörung der Mythen auch dieser Widerstand beseitigt wird, dann läuft der Trieb ins Leere; und die Liebe, die ja nur das Resultat zweier kollidierender Kräfte ist, wird nicht geboren. Das 20. Jahrhundert reproduziert in neuer Form den Irrtum der Romantiker am Anfang des 19. Rousseau folgend stellten sich die Romantiker vor, exklusive Leidenschaft sei die ›natürliche‹ Art der Liebe, genau wie Tugend und Vernunft als ›natürliche‹ Formen menschlichen Sozialverhaltens galten. Schafft Priester und Könige ab, dann werden die Menschen für immer gut und glücklich sein; der arme Shelley glaubte bis zum Schluß unerschütterlich an diesen offensichtlichen Unsinn. Er glaubte auch an den komplementären Trugschluß, man müsse nur die gesellschaftlichen Zwänge und falschen Mythen abschaffen, um die Grande Passion allgemein chronisch werden zu lassen. Wie all die Mussets und Sands übersah er, daß die Grande Passion gerade durch die dem Sexualtrieb entgegengesetzten Zwänge erzeugt wurde, so wie der tiefe See durch den Damm möglich wird, der den Strom staut, und der Flug des Flugzeugs durch die Luft, die dem vom Motor erzeugten Antrieb Widerstand leistet. In einem Vakuum gäbe es keinen Luftwiderstand; aber aus ebendiesem Grund würde sich die Maschine nicht vom Boden heben oder auch nur bewegen. Wo es keine psychologischen oder äußeren Zwänge gibt, kann die Grande Passion nicht entstehen und muß künstlich kultiviert werden, so wie die George Sands und Mussets sie kultivierten – mit solch schmerzlichen und grotesken Resultaten, wie sie die Episode von Venedig auf nur allzu lächerliche Weise offenbart hat.

»*J'aime et je veux pâlir; j'aime et je veux souffrir*«, sagt Musset mit seiner üblichen hysterisch-masochistischen Emphase. Unsere jungen Zeitgenossen wollen weder leiden noch erbleichen; im Gegenteil, sie haben den äußerst entschiedenen Wunsch, rosig auszusehen und sich zu amüsieren. Zuviel Amüsement jedoch »*blunts the fine point of seldom pleasure*«. Maßlosigkeit tötet nicht nur die Leidenschaft, sondern letztlich sogar das Amüsement. Zuviel Freiheit ist ebenso lebenszerstörend wie zuviel Zwang. Die gegenwärtig herrschende Mode des Liebens wird wahrscheinlich nur von kurzer Dauer sein, weil Liebe, die es einem psychologisch zu einfach macht, einfach nicht von Interesse ist. Dies jedenfalls war offenbar die Meinung der Franzosen, die (zumindest was Ober- und Mittelschicht betraf), von der sexuellen Freiheit im Gefolge der napoleonischen Umwälzungen angeödet, unter Louis-Philippe zu fast anglikanischer Sittenstrenge zurückkehrten.

Voraussichtlich werden auch wir in nicht allzu ferner Zukunft eine entsprechende Reaktion erleben. Welche neue oder wieder zum Leben erweckte Mythologie wird dazu dienen, jene inneren Zwänge zu erzeugen, ohne die sich der sexuelle Impuls nicht in Liebe verwandeln kann? Zweifellos werden christliche Moral und ästhetische Ideale weiterhin eine Rolle spielen, aber ebenso sicher wird es andere moralische Vorstellungen und andere Ideale geben. Zum Beispiel ist Mr. D. H. Lawrences neue Naturmythologie (neu im Ausdruck, aber beruhigend alt im wesentlichen Gehalt) eine Doktrin, die mir fruchtbare Entwicklungsmöglichkeiten zu bergen scheint. Die ›natürliche Liebe‹, die er zur Norm erhebt, ist eine Leidenschaft, die nicht so befangen und hochtrabend, nicht so eindeutig und fragwürdig künstlich ist wie jene ›natürliche Liebe‹ der Romantiker, zu deren wesentlichen Bestandteilen platonische und christliche Ideen gehörten. Die Zwänge, die Lawrence dem Sexualtrieb auferlegen würde, um ihn in Liebe zu verwandeln, sind nicht die der religiösen Spiritualität. Es sind Zwänge von fundamentalerer, weniger künstlicher Natur – emotional, nicht intellektuell. Der Trieb muß daran gehindert werden, sich als Promiskuität zu manifestieren, da Promiskuität »uns innen verhärten und unsere Seelen versteinern« würde. Die Zügelung ist dabei ebenso persönlicher Natur wie der Trieb selbst. Der Konflikt spielt sich zwischen einem Teil der Persönlichkeit und der Persönlichkeit als organisiertem Ganzen ab. Er behauptet nicht, wie der romantische und christliche Konflikt, ein Kampf zwischen einem diabolischen, niedrigeren Ich und gewissen transzendentalen Absoluta zu sein, von denen uns die Philosophie nur sagen kann, daß sie absolut unerkennbar und somit, für unsere praktischen Zwecke, nicht-existent sind. Er will nur das sein, was er wirklich ist, nämlich ein psychologischer Konflikt, der sich in der mehr oder weniger bekannten und begrenzten Welt menschlicher Interessen abspielt.

Diese Doktrin hat gegenüber früheren Systemen innerer Zwänge mehrere große Vorteile. Sie postuliert nicht die Existenz irgendeiner transzendentalen, nicht-menschlichen Wesenheit. Dies ist ein Verdienst, das immer höher geschätzt werden wird, je umfassender man Kants und Nietzsches destruktiven Kritizismus begreifen wird. An Absoluten, die sich der Erkenntnis entziehen, werden die Menschen irgendwann nicht mehr interessiert sein; das Interesse an ihrer eigenen Persönlichkeit jedoch werden sie nie verlieren. Freilich ist jene ›Persönlichkeit als Ganzes‹, in deren Interesse der Sexualtrieb beschränkt und in Liebe verwandelt werden muß, genaugenommen ein mythologisches Symbol. Da wir aus einer riesigen Seelenkolonie bestehen – Seelen der einzelnen Zellen, Seelen von Organen und Organgruppen, Hunger-Seelen, Sex-Seelen, Macht-Seelen, Massen-Seelen, von deren mannigfaltigen Aktivitäten unser Bewußtsein (also die SEELE großgeschrieben) nur sehr unvollständig und indirekt Kenntnis hat –, sind wir nicht in der Lage, die wahre Natur unserer Persönlichkeit als Ganzes wahrzunehmen. Uns bleibt demnach nur die Möglichkeit, eine Hypothese zu wagen, ein mythologisches Symbol zu schaffen, das wir menschliche Persönlichkeit nennen, und zu hoffen, die Umstände mögen nicht, indem sie uns zerstören, unsere imaginative Mutmaßung als hoffnungslos verfehlt erweisen.

Doch wenn man Mythos gegen Mythos hält, dann ist die menschliche Persönlichkeit Gott allemal vorzuziehen. Über die menschliche Persönlichkeit wissen wir wenigstens etwas, wogegen wir von Gott nicht das Geringste wissen und folglich alles nach Lust und Laune frei erfinden dürfen. Hätten die Menschen schon immer versucht, das Problem der Liebe vom Standpunkt bekannter menschlicher Interessen zu behandeln, und nicht unter dem Aspekt grotesk herbeiphantasierter göttlicher Interessen, dann wären weniger ›Eunuchen für das Himmelreich‹ produziert, weniger ›Sünder‹ verfolgt, weniger Häretiker der ›widernatürlichen‹ Liebe verbrannt und eingekerkert worden, dann hätte es weniger Grundyismus, Comstockery und gleichzeitig weniger schmutzigen Don Juanismus gegeben, weniger von jener merkwürdig böswilligen und rachsüchtigen Liebe, die für den Wollüstling in einem christlichen System so typisch ist.

Als Gegenreaktion auf die Absurditäten der alten Mythologie haben sich die Jungen am anderen Ende der Skala in ebenso maßlose Absurditäten verrannt. Ein schäbiger und schändlicher ›Realismus‹ bietet dem Sexualtrieb keinen Widerstand mehr, und so verausgabt er sich ziellos, ohne Liebe hervorzurufen oder auch nur, auf Dauer, so etwas wie Amüsement, ohne die Vitalität zu steigern und den Lebensrhythmus zu beschleunigen oder zu verstärken. Nur eine neue Mythologie, wie sie in neuerer Zeit Blake, Robert Burns und Lawrence definiert haben, nur eine nicht-transzendentale und (relativ gesprochen) realistische Mythologie der Energie, des Lebens und der menschlichen Persönlichkeit wird meiner Ansicht nach die inneren Widerstände liefern, die nötig sind, um den Sexualtrieb in Liebe zu verwandeln und ihm eine Form zu geben, die der kritische Verstand der postnietzscheanischen Jugend respektieren kann. Mittels eines solchen Konzepts könnte eine neue Liebesmode entstehen, eine Mode, die schöner und passender, gesünder und eleganter sein wird als alles, was wir in dieser Hinsicht seit den Tagen der fernen und heidnischen Antike zu Gesicht bekommen haben.

(*Do What You Will*, 1929; Ü.: Sabine Hübner)

Die Schönheitsindustrie

Der einzige amerikanische Industriezweig, der von der allgemeinen Rezession verschont bleibt, ist die Schönheitsindustrie. Die Amerikanerinnen geben für ihr Gesicht und ihren Körper immer noch genausoviel aus wie vor der Konjunkturflaute – rund drei Millionen Pfund pro Woche. Diese Fakten und Zahlen sind ›offiziell‹, und man kann sie im großen und ganzen als realistisch gelten lassen. Überrascht bei ihrer Lektüre hat mich nur, um was für relativ geringe Summen es sich handelt. Aus der Unmenge von Anzeigen, mit denen in amerikanischen Illustrierten für Schönheitsmittelchen geworben wird, hatte ich den Schluß gezogen, das Geschäft mit dem Aussehen müsse unter den führenden amerikanischen Industriezweigen ganz oben rangieren – auf gleicher oder zumindest fast gleicher Ebene wie Alkoholschmuggel und Gangstertum, Filmbranche und Autoindustrie. Und doch sind 156 Millionen Pfund im Jahr ein hübsches Sümmchen. Etwas mehr als doppelt soviel wie die gesamten indischen Steuereinnahmen, wenn ich sie recht im Kopf habe.

Die europäischen Zahlen kenne ich nicht. Zweifellos liegen sie viel niedriger. Europa ist arm, und die Instandhaltung eines Gesichts kann genausoviel kosten wie die eines Rolls-Royce. Dem Gros der europäischen Frauen bleibt nichts übrig, als sich zu waschen und das Beste zu hoffen. Vielleicht entfaltet die Seife ja ihre in der Werbung lauthals angepriesene Wirkung; vielleicht verwandelt sie die Frauen in jene entzückenden Geschöpfe, die so rosig und cremig, so pfirsichweich und perlmutten von jeder Plakatwand herablächeln. Vielleicht aber auch nicht. Jedenfalls übersteigen kostspieligere Verschönerungsversuche die Mittel der meisten Europäer noch ebensosehr wie PS-starke Wagen und elektrische Kühlschränke. Aber selbst in Europa wird heutzutage viel mehr für die Schönheit ausgegeben als je zuvor. Nur nicht ganz soviel mehr wie in Amerika, das ist alles. Aber es gab zweifellos überall enorme Umsatzsteigerungen.

Das ist ein bedeutsames Faktum. Wo aber liegen die Ursachen? Zum Teil wohl im allgemein wachsenden Wohlstand. Die Reichen haben ihr Äußeres schon immer gepflegt. Die augenblickliche Geldverteilung erlaubt es den Armen jetzt, das gleiche zu tun.

Aber das ist nur die halbe Wahrheit. Der moderne Schönheitskult ist nicht ausschließlich eine Funktion (im mathematischen Sinn) des Reichtums. Träfe dies zu, dann wären die Zweige der Schönheitsindustrie von der Wirtschaftsflaute ebenso schwer getroffen worden wie alle übrigen Branchen. Doch wie wir sehen, haben sie keine Einbußen erlitten. Frauen sparen eher an anderen Dingen als an ihrem Gesicht. Folglich muß der Schönheitskult symptomatisch sein für etwas, das sich außerhalb des ökonomischen Bereichs verändert hat. Aber was hat sich verändert? Meiner Ansicht nach die Stellung der Frau; unsere Haltung gegenüber ›dem rein Körperlichen‹.

Frauen haben offensichtlich mehr Freiheiten als früher. Das betrifft nicht nur die meist wenig beneidenswerten gesellschaftlichen Aufgaben, die bisher den Männern vorbehalten waren, sondern auch das angenehmere weibliche Privileg, attraktiv zu sein. Heutige Frauen haben das Recht, wenn schon nicht weniger tugendhaft zu *sein* als ihre Großmütter, so doch wenigstens weniger tugendhaft *auszusehen*. Die britische Matrone, vor noch nicht allzu langer Zeit eine strenge, ja sogar furchteinflößende Gestalt, bemüht sich nun nach Kräften, permanent als das zu erscheinen, was ihre Vorgängerin als Gefallene Frau bezeichnet hätte. Und dies nicht selten durchaus mit Erfolg. Aber wir sind darüber keineswegs schockiert – zumindest nicht moralisch schockiert. Ästhetisch – ja: das mag vorkommen. Aber eben nicht moralisch. Wir gestehen der Matrone das moralische Recht zu, etwas für ihr Aussehen zu tun. Dieses Zugeständnis beruht auf einem anderen Zugeständnis allgemeinerer Art – einem Zugeständnis an den Körper schlechthin, an das manichäische Prinzip des Bösen. Denn jetzt geben wir endlich zu, daß der Körper auch seine Rechte hat. Und nicht nur Rechte – auch Pflichten, leibhaftige Pflichten. Zum Beispiel hat er die Pflicht, für sich in punkto Kraft und Schönheit zu tun, was er kann. Christlich-asketische Vorstellungen belasten uns nicht mehr. Wir fordern gleiches Recht für Körper und für Seele. Und dies ist einer der Umstände, dem die Hersteller von Gesichtscremes, Schönheitschirurgen, Verkäufer von Schlankheitsgürteln und Massagegeräten, Patentinhaber von Haarwässern und Autoren von Büchern über Unterleibspflege ihr Vermögen verdanken.

Welche praktischen Ergebnisse hat dieser moderne Schönheitskult? Die Turnübungen und Massagen, die Gesundheitsmaschinen und Nährcremes – was haben sie bewirkt? Sind die Frauen heute schöner als früher? Was bekommen sie denn für den unglaublichen Kraft-, Zeit- und Geldaufwand, den ihnen der Schönheitskult abfordert? Diese Fragen sind schwer zu beantworten. Denn die Tatsachen wirken in sich widersprüchlich. Die Kampagne für mehr körperliche Schönheit scheint sowohl ein gewaltiger Erfolg als auch ein kläglicher Fehlschlag zu sein. Es kommt darauf an, aus welchem Blickwinkel man die Ergebnisse betrachtet.

Sie ist insofern ein Erfolg, als heute mehr Frauen ihr jugendliches Aussehen länger als früher bewahren. ›Alte Damen‹ haben bereits Seltenheitswert. Wir dürfen ruhig annehmen, daß sie in wenigen Jahren ausgestorben sein werden. Weißes Haar und Falten, ein krummer Rücken und eingefallene Wangen werden irgendwann als hoffnungslos veraltet gelten. Das alte Weib der Zukunft wird goldene Locken und einen Kirschmund, hübsche Fesseln und eine schlanke Figur haben. Das Porträt der Mutter des Künstlers wird in zukünftigen Gemäldeausstellungen kaum noch zu unterscheiden sein vom Porträt der Tochter des Künstlers.

Dieser wünschenswerte Erfolg wird teilweise den Nährcremes und Paraffinunterspritzungen, kosmetischer Chirurgie, Moorbädern und Schminke zu verdanken sein, teilweise einem besseren Gesundheitszustand, der sich wiederum einer vernünftigeren Lebensweise verdankt. Häßlichkeit ist eines der Symptome für Krankheit, Schönheit eines der Symptome für Gesundheit. Insofern die Kampagne für mehr Schönheit auch eine Kampagne für mehr Gesundheit ist, ist sie eine großartige Sache und bis zu einem gewissen Punkt ein echter Erfolg. Eine Schönheit, die nur der kosmetische Abglanz dieses Zeichens für Gesundheit ist, hat ihrem Wesen nach einen geringeren Wert als echte Schönheit. Dennoch ist die Imitation so perfekt, daß man sie manchmal mit dem Eigentlichen verwechselt. Die Mittel, mit denen man die sichtbaren Zeichen für Gesundheit imitieren kann, sind heute für jeden einigermaßen Wohlhabenden erschwinglich; es spricht sich immer mehr herum, wie man zu wahrer Gesundheit gelangt, und zweifellos wird man sich mit der Zeit allgemein nach dieser Einsicht richten. Wenn dieser glückliche Moment erreicht ist, wird dann jede Frau schön sein – zumindest so schön, wie es ihr natürliches Aussehen, mit oder ohne chemische oder chirurgische Unterstützung, zuläßt?

Die Antwort lautet ganz entschieden: Nein. Denn wahre Schönheit hängt ebensosehr mit dem inneren wie mit dem äußeren Ich zusammen. Die Schönheit eines Porzellankrugs beruht auf Form, Farbe und Oberflächenstruktur. Der Krug mag leer sein oder von Spinnen bewohnt, mit Honig oder stinkendem Schlamm gefüllt – das ändert nichts an seiner Schönheit oder Häßlichkeit. Eine Frau jedoch ist lebendig und darum ist ihre Schönheit nicht rein oberflächlich. Die äußere Form des menschlichen Gefäßes wird von seinen geistigen Inhalten beeinflußt. Ich habe Frauen gesehen, die nach den Maßstäben eines Porzellankenners hinreißend gut aussahen. Form, Farbe, Oberflächenstruktur wirkten perfekt. Und trotzdem konnte man sie nicht als schön bezeichnen. Denn die hübsche Vase war entweder leer oder barg etwas Verdorbenes. Geistige Leere oder Häßlichkeit läßt sich nicht verbergen. Und umgekehrt kann ein Äußeres, das man vom rein ästhetischen Standpunkt unvollkommen oder geradezu häßlich nennen würde, durch einen inneren Glanz verwandelt werden.

Es gibt zahlreiche Formen psychologisch bedingter Häßlichkeit. Zum Beispiel eine Häßlichkeit der Dummheit, der mangelnden Bewußtheit (die bei hübschen Frauen auf betrübliche Weise grassiert). Auch eine Häßlichkeit der Gier, Lüsternheit oder Habsucht. Tatsächlich annulliert jede Todsünde die Schönheit auf ihre Art. Besonders in den hübschen Gesichtern derer, die sich andauernd ›amüsieren‹ müssen, sieht man sehr oft eine gelangweilte Verdrossenheit, die ihren ganzen Reiz zerstört. Ich denke da vor allem an zwei junge Amerikanerinnen, die ich einmal in Nordafrika kennenlernte. Aus der Sicht des Porzellanfachmanns waren sie bildschön. Aber die besagte verdrossene Langeweile hatte sich so tief in ihre blühenden Gesichter eingeprägt, ihre Haltung und ihre Gesten wirkten so trübe und lustlos, daß man kaum hinschauen konnte. Diese erlesenen Geschöpfe wirkten ausgesprochen abstoßend.

Noch mehr verbreitet und nicht weniger abstoßend ist die Härte, die so viele hübsche Gesichter entstellt. Freilich entspringt dieser harte Ausdruck oft nicht psychologischen Ursachen, sondern der gegenwärtigen Unsitte, sich zu stark zu schminken. In Paris, wo dies besonders ausgeprägt ist, haben viele Frauen schon gar nichts Menschliches mehr an sich. Weiß geschminkt und rot bemalt, scheinen sie Masken zu tragen. Man muß schon scharf hinsehen, um darunter das weiche, lebendige Gesicht zu entdecken. Aber oft ist das

Gesicht auch gar nicht weich, und oft stellt sich heraus, daß es gar nicht so recht lebendig ist. Die Härte und Starre kommt von innen. Sie ist das äußerlich sichtbare Zeichen einer chronischen Störung im Bereich der Gefühle oder des Instinkts, mit der sich die Betreffenden abgefunden haben. Man braucht keinen Freudianer, um zu wissen, daß diese Störung oft sexueller Natur ist.

Solange solche Disharmonien fortbestehen, solange es guten Grund für verdrossenes Gelangweiltsein gibt, solange sich Menschen von monomanischen Lastern beherrschen und quälen lassen, muß der Schönheitskult wirkungslos bleiben. Wenn die von ihm beflügelte Kampagne auch erfolgreich das jugendliche Aussehen verlängert, die sichtbaren Zeichen von Gesundheit hervorruft oder vortäuscht, so bleibt sie letztlich doch ein Fehlschlag. All ihre Eingriffe lassen die tiefste Quelle der Schönheit unberührt – die empfindende Seele. Die Menschheit wird nicht dadurch schön werden, daß man bessere Nährcremes und Punktroller entwickelt, billigere mechanische Fitneßgeräte und elektrische Haarentferner anbietet; nicht einmal dadurch, daß sich der allgemeine Gesundheitszustand verbessert. Männer und Frauen werden erst dann schön sein, wenn das soziale Gefüge jedem einzelnen von ihnen ein erfülltes, harmonisches Leben ermöglicht, wenn das Laster der Monomanie weder durch Ansporn von außen noch durch Vererbung gefördert wird. Mit anderen Worten, es werden nie alle Männer und Frauen schön sein. Aber es könnte zweifellos weniger häßliche Menschen auf der Welt geben als zur Zeit. Wir müssen uns mit mäßigen Hoffnungen bescheiden.

(*Music at Night*, 1931; Ü.: Sabine Hübner)

Katzen-Predigt

Vor nicht allzu langer Zeit traf ich einen jungen Mann, der den Ehrgeiz hatte, Romanschriftsteller zu werden. Da er wußte, daß ich der Zunft angehörte, fragte er mich, wie er es anstellen solle, dieses Ziel zu erreichen. Ich tat mein Bestes, um ihn aufzuklären. »Zuallererst«, verriet ich ihm, »müssen Sie sich einen Stapel Papier, ein Tintenfaß und einen Federhalter beschaffen; und wenn Sie das alles haben, brauchen Sie nur noch loszuschreiben.« Doch damit gab sich mein junger Freund nicht zufrieden. Er schien sich einzubilden, daß es da so eine Art esoterisches Kochbuch geben müsse, angefüllt mit literarischen Rezepten, die man nur genau nachzukochen brauchte, um ein Dickens, ein Henry James oder ein Flaubert zu werden – »je nach Geschmack«, wie die Rezeptautoren zu sagen pflegen, wenn es ums Würzen und Versüßen geht. Könnte ich ihn nicht einen kurzen Blick in dieses Kochbuch tun lassen? Ich sagte, es täte mir leid, aber (Gott sei's geklagt: denn wie unendlich viel Zeit und Plackerei könnte man damit sparen!) ich hätte dieses Wunderwerk noch nie zu Gesicht bekommen. Er schien bitter enttäuscht; und um den armen Kerl zu trösten, gab ich ihm den guten Rat, sich einfach an die Professoren für Dramaturgie und Kurzgeschichten-Komposition an irgendeiner respektablen Universität zu wenden; wenn jemand ein zuverlässiges Kochbuch der Literatur besaß, dann doch ganz sicher sie.

Doch auch dieser gute Tip reichte nicht aus, um den jungen Mann zufriedenzustellen. Betrogen um seine Hoffnung, ich würde ihm das fiktionale Pendant zu den *Einhundert Arten der Eizubereitung* verraten oder zum *Carnet de la Ménagère*, begann er ein Kreuzverhör über meine Methoden der ›Materialsammlung‹ mit mir. Führte ich ein Sudel- oder Tagebuch? Trug ich meine Geistesblitze und Formulierungen auf eine Kartei ein? Frequentierte ich systematisch die Salons der reichen und feinen Gesellschaft? Oder zog ich mich in die Sussex Downs zurück? Oder verbrachte ich meine Abende mit Milieustudien in den Gin-Kaschemmen des East End? Hielt ich den Umgang mit Intellektuellen für empfehlenswert? War eine umfassende Bildung von Vorteil für einen Romancier, oder sollte er lieber seine Lektüre ausschließlich auf die Romane anderer Autoren beschränken? Und so weiter und so fort. Ich gab Auskunft, so gut ich konnte – und so unverbindlich wie möglich, versteht sich. Und da der junge Mann immer noch niedergeschlagen wirkte, bot ich ihm als Gratis-Zugabe einen letzten Rat an: »Also, mein Lieber«, so sagte ich, »wenn Sie wirklich psychologische Romane verfassen und über menschliche Wesen schreiben wollen, dann schaffen Sie sich am besten ein Paar Katzen an.« Und damit empfahl ich mich.

Ich hoffe um seinetwillen, er hat sich an diesen Rat gehalten. Denn es war ein guter Rat – die Frucht langer Erfahrung und reiflicher Reflexion. Aber da er ein ziemlich törichter junger Mann war, steht zu befürchten, daß er nur über den vermeintlich dummen Witz gelacht hat: So wie ich törichterweise lachte, als der charmante, begabte und außergewöhnliche Ronald Firbank mir vor Jahren erzählte, er habe die Absicht, einen Roman über das Leben in Mayfair zu schreiben und mache sich deshalb auf in die Karibik, um unter den Negern Milieustudien zu treiben. Damals lachte ich; doch heute ist mir klar, daß er vollkommen recht hatte. Die sogenannten Primitiven, genau wie Kinder oder Tiere: Sie sind im Grunde nichts anderes als eine Form von Zivilisation im Naturzustand, ohne Deckel drauf – jenen reichverzierten Deckel von Umgangsformen, Überlieferungen, Denk- und Gefühlskonventionen, unter deren Schutz jede(r) von uns sein oder ihr Leben lebt. Dieser Deckel läßt sich sehr bequem in Mayfair studieren, oder sagen wir in Passy oder in der Park Avenue. Aber was tut sich unter dem Deckel in diesen glänzenden und eleganten Vierteln? Die direkte Beobachtung verrät uns (wenn wir nicht gerade mit durchdringender Intuition begabt sind) darüber nur wenig; und wenn wir nicht aus dem, was wir introspektiv unter dem eigenen Deckel erspähen, auf das Gebräu in fremden Töpfen zu schließen vermögen, dann ist der beste Behelf der Dampfer nach Westindien oder – etwas weniger kostspielig – ein oder zwei Vormittage im Kinderzimmer oder schließlich, was ich meinem literarischen Freund vorschlug: ein Paar Katzen.

Richtig, ein Paar Katzen. Am besten siamesische, denn die sind mit Sicherheit die ›menschlichsten‹ aus der ganzen Katzenfamilie. Zugleich auch die fremdartigsten, und dazu, wenn schon nicht die schönsten, so doch die auffallendsten und unwahrscheinlichsten. Denn was für unglaubliche blaßblaue Augen starren uns aus der schwarzen Samtmaske ihrer Gesichter entgegen! Bei der Geburt schneeweiß, dunkeln ihre Leiber mit der Zeit zu einem glänzenden Mulattenbraun. Ihre Vorderpfoten sind bis fast zur Schulter hinauf handschuhüberzogen, so wie die langen Glacéhandschuh-Arme der Yvette Guilbert; an den Hinterbeinen tragen sie enganliegende schwarze Seidenstrümpfe, die gleichen, mit denen Félicien Rops so pervers und skandalös seine perlmuttschimmernden Akte bekleidete. Ihre Schwänze, falls sie welche haben – ich würde dem angehenden Romancier immer die geschwänzte Spielart empfehlen, denn bei Katzen ist der Schweif das Hauptorgan des Gefühlsausdrucks, und eine schwanzlose Katze ist wie ein stummer Mensch –, ihre Schwänze sind spitz zulaufende Schlangen, die auch dann, wenn der Körper in sphinxartiger Ruhestellung verharrt, ihr unheimlich zuckendes Eigenleben führen. Und was sie für eigenartige Stimmen haben! Manchmal wie Babygewinsel, dann wieder wie Lämmergeblöke oder aber wie das gequälte und wilde Geheul verlorener Seelen. Im Vergleich zu diesen phantastischen Geschöpfen wirken andere Katzen, und seien sie noch so hübsch und einnehmend, leicht ein wenig fade.

Nun gut: Wenn er also seine Katzen käuflich erworben hat, so bleibt dem Romancier in spe nichts weiter zu tun übrig, als ihnen Tag für Tag zuzuschauen, wie sie leben; sodann die Lektionen zum Thema menschliche Natur, die in diesem Leben enthalten sind, aufmerksam zu verfolgen, sich einzuprägen und im Herzen zu bedenken; und schließlich – denn diese unerfreuliche und mühselige Fatalität ist nicht zu umgehen –, schließlich also sein Buch über Mayfair, Passy oder die Park Avenue, was immer es sei, zu Papier zu bringen.

Wir wollen einige dieser lehrreichen Katzen-Predigten, aus denen ein Student der Humanpsychologie soviel lernen kann, genauer betrachten. Beginnen wir – wie es jeder gute Roman tun sollte, statt absurderweise damit zu enden – mit der Hochzeit. Die Hochzeit siamesischer Katzen, jedenfalls soweit ich sie beobachten konnte, ist ein Ereignis von unglaublicher Dramatik. Um es vorweg zu sagen: Die Begegnung zwischen Bräutigam und Braut (ich gehe davon aus, daß die beiden, wie in der Katzenwelt üblich, sich erst am Hochzeitstag kennenlernen) ist das Signal für eine Schlacht, die mit einer Wildheit ohnegleichen geführt wird. Die erste Reaktion der jungen Frau auf die Avancen ihres künftigen Gatten besteht darin, daß sie ihm an die Kehle springt. Während man zusieht, wie die Pelzfetzen fliegen, und zuhört, wie Wut- und Racheschreie die Luft zerreißen, empfindet man Dankbarkeit darüber, daß eine gütige Vorsehung diesen Teufeln ein Mehr an Leibesgröße versagt hat. Wenn sie zwischen Kreaturen von menschlichem Ausmaß geführt würden, müßten solche Schlachten für alles Leben im Umkreis von Hunderten von Metern Tod und Verderben bedeuten. Wie die Dinge liegen, hat man die Chance, um den Preis von ein paar Kratzern, die Kämpfer beim Genick zu packen und das sich windende und geifernde Knäuel auseinanderzureißen. Was passieren würde, wenn man das frisch verheiratete Paar kämpfen ließe bis zum bitteren Ende, wage ich nicht auszudenken, und ich brachte auch noch nie die wissenschaftliche Neugier und Willenskraft auf, es herauszufinden. Ich vermute nur, daß, in Umkehr des von Hamlets Familie geübten Verfahrens, das Gebackene aus den Hochzeitsschüsseln bald für einen Leichenschmaus herhalten müßte. Ich habe immer diesen tragischen Vollzug der Ehe einfach dadurch verhindert, daß ich die Braut allein in einem Zimmer einschloß und den Bräutigam einige Stunden vor der Tür schmachten ließ. Er ist keiner von denen, die stumm schmachten, doch lange Zeit kommt keine Antwort, außer einem gelegentlichen Zischen und Fauchen, auf seine melancholischen Liebesrufe. Erst wenn die Braut endlich in ebenso sanftmütigen und sehnsüchtigen Tönen antwortet, darf die Tür geöffnet werden. Der Bräutigam stürzt hinein und wird begrüßt – nicht mit Zähnen und Klauen wie beim erstenmal, sondern mit jeder erdenklichen Kundgabe von Zuneigung.

Auf den ersten Blick scheint dieses kätzische Verhaltensmuster keine besondere Nutzanwendung für die Menschheit zu enthalten. Doch der Schein trügt; die Deckel, unter denen zivilisierte Menschen existieren, sind so dick und so verschwenderisch mit mythologischem Zierat beschnitzt, daß es schwerfällt, einen Umstand zu erkennen, den D. H. Lawrence in seinen Romanen und Geschichten so sehr hervorhebt: daß der Liebesleidenschaft fast immer ein Moment des Hasses beigemischt ist, und daß junge Mädchen oft (ungeachtet ihrer Gefühle und sogar ihrer Begierden) einen regelrechten Abscheu vor der leiblichen Realität der Liebe empfinden. Deckellos machen die Katzen dieses üblicherweise dunkle Mysterium der Menschennatur offenbar. Nachdem er als Trauzeuge bei einer Katzenhochzeit fungiert hat, kann kein junger Romancier sich mehr mit den Banalitäten und Falschheiten zufriedengeben, die in der gängigen Literatur als Darstellungen von Liebe durchgehen.

Die Zeit geht ins Land, und kaum sind ihre Flitterwochen vorbei, so fangen die Katzen an, uns Interna über die Menschheit zu verraten, die auch der Deckel der Zivilisation nicht ganz vor unserer Welt verbergen kann. Sie verraten uns – was wir ohnehin nur allzu gut wissen –, daß Ehemänner relativ rasch ihrer Gemahlinnen überdrüssig werden, zumal wenn diese Kinder erwarten oder aufziehen; daß ein Hang zu Abenteuern und Seitensprüngen erst das wahre Mannsbild ausmacht; daß Schuldgefühle und gute Vorsätze Symptome einer Krankheit sind, die unter zeitweiligen Krämpfen so gut wie jedes Männchen zwischen achtzehn und achtzig befällt – eine Krankheit, deren Fachbezeichnung ›der Morgen danach‹ lautet; und daß mit dem Verschwinden der Krankheit sich auch die seelischen Symptome in Luft auflösen, so daß bei neuerlichem Auftreten der Versuchung das Gewissen schweigt und die guten Vorsätze nicht mehr zählen. Diese leider nur allzu wohlvertrauten Wahrheiten machen die Katzen mit einem überaus komischen Mangel an Verstellung anschaulich. Kein Mann würde es je wagen, seine Langeweile so dreist zur Schau zu stellen wie ein siamesischer Kater, der auf eine nachdrückliche Liebeseinladung seiner Gattin antwortet, indem er ihr ins Gesicht gähnt. Kein Mann würde je wagen, seine illegalen Amouren so lauthals zu verkünden wie derselbe Kater, wenn er seine Katzenmusik über die Dachziegel erschallen läßt. Und wie kriecherisch – nie benahm sich ein Mann so unterwürfig – er tags darauf zum ehelichen Körbchen am Kamin zurückkehrt! Das Ausmaß seines schlechten Gewissens ist am Neigungswinkel seiner zurückgelegten Ohren abzulesen und an der Art, wie er den Schwanz hängen läßt. Und wenn sein Weib, nachdem sie ihn beschnüffelt und so seine Untreue festgestellt hat, ihm, was sie bei solchen Anlässen unweigerlich tut, das Gesicht (ohnehin so vernarbt von zahlreichen Duellen wie das eines deutschen Korpsstudenten) ordentlich zerkratzt, versucht er erst gar nicht, sich zu wehren; denn der durch eigenes Zeugnis überführte Sünder weiß sehr wohl, daß er nur seiner gerechten Strafe zugeführt wird.

Es ist mir nicht möglich, hier auf knappem Raum all die menschlichen Wahrheiten aufzuzählen, die so ein Katzenpaar aufdeckt oder bestätigt. Ich will nur noch eine aus der Unzahl von Katzen-Predigten herausgreifen, die mir im Gedächtnis geblieben sind – eine in szenischer Aufführung dargebotene Predigt, die mir in ihrer lächerlichen Pantomime die traurigste Eigenheit unserer menschlichen Natur vor

Augen führte, ihre unentrinnbare Einsamkeit. Und das geschah so: Meine Kätzin, mittlerweile eine gestandene Ehefrau und mehrfache Mutter, ging gerade durch eine ihrer periodischen Phasen von Verliebtheit. Ihr Gatte, in der Blüte seiner Jahre und ein Paradebeispiel jener trägen Arroganz, die das gereifte und eroberungsgewisse Männchen zur Schau stellt (er war das kätzische Pendant zu einem herkulischen Jung-Alkibiades aus dem Gardekorps), war nicht geneigt, sich auf das Spiel einzulassen. Umsonst stimmte sie ihr liebeskrankes Miauen an, umsonst wandelte sie vor ihm auf und ab und rieb sich im Vorbeigehen wollüstig an Türrahmen und Stuhlbeinen, umsonst nahte sie sich ihm und leckte ihm das Gesicht. Er schloß die Augen, gähnte, wandte den Kopf ab, und wenn sie gar zu aufdringlich wurde, erhob er sich und stolzierte langsam, mit einem beleidigenden Ausdruck von Würde und Distanz, auf die andere Seite. Bei der ersten besten Gelegenheit ging er auf und davon, um sich die nächsten vierundzwanzig Stunden auf den Dachziegeln zu verlustieren.

Sich selbst überlassen, wanderte die Frau untröstlich im Haus herum, gleichsam auf der Suche nach dem entschwundenen Glück, miaute leise und klagend vor sich hin und erinnerte dabei in Stimme und Haltung unwiderstehlich an Mélisande aus Debussys Oper. »*Je ne suis pas heureuse ici*«, schien sie zu sagen. Und das war sie auch nicht, die arme kleine Kreatur. Aber genau wie ihre großen Schwestern in der Welt der Menschen mußte sie ihr Unglück in Einsamkeit ertragen, unverstanden und ungetröstet. Denn trotz unserer Sprachfähigkeit, trotz aller Intelligenz, Intuition und Sympathie können wir nie einem anderen etwas wahrhaft mitteilen. Die wesentliche Substanz jedes Gedankens, jedes Gefühls bleibt unkommunizierbar, eingeschlossen in die undurchdringliche Stahlkammer der einzelnen Seele und des einzelnen Leibes. Unsere Existenz ist eine Verurteilung zu lebenslänglicher Einzelhaft. Diese traurige Tatsache wurde mir überwältigend bewußt, als ich der verlassenen, liebeskranken Katze zusah, wie sie unglücklich in meinem Zimmer umherwanderte. »*Je ne suis pas heureuse ici*«, jammerte sie immerzu, »*je ne suis pas heureuse ici.*« Und ihr ausdrucksvoller schwarzer Schweif peitschte die Luft in einer Geste tragischer Verzweiflung.

Doch jedesmal, wenn ihn diese Zuckungen überkamen, sprang, hoppla!, unterm Sessel, hinterm Bücherregal oder wo immer er gerade steckte, ihr einziger Sohn (der einzige nämlich, den wir nicht weggegeben hatten) mit gestreckten Klauen hervor, wie ein komischer Stofftiger, und haschte nach dem rasenden Schweif. Manchmal verfehlte er die Beute, manchmal packte er sie, nahm die Spitze zwischen die Zähne und tat auf absurd wilde Weise so, als wollte er sie zerbeißen. Seine Mutter mußte sich einen kräftigen Ruck geben, um sie den Zähnen ihres Sohnes zu entreißen. Dann kroch er jedesmal zurück unter seinen Sessel, kauerte sich zu Boden und rüstete sich mit bebendem Hinterteil für den nächsten Sprung. Der Schweif, der tragisch, verzweiflungsvoll gestikulierende Schweif, war für ihn das unwiderstehlichste Spielzeug. Seine Mutter zeigte wahre Engelsgeduld. Da war keinerlei Zurechtweisung und keine Strafaktion; wenn der Kleine zu unausstehlich wurde, ging sie auf Distanz, sonst nichts. Und die ganze Zeit über miaute sie weiter, klagend und verzagt: »*Je ne suis pas heureuse ici, je ne suis pas heureuse ici.*« Es war zum Steinerweichen; um so mehr, als die Possen des Kätzchens wirklich sehr, sehr komisch waren. Als ob ein Slapstick-Komödiant sich in die Klagen der Mélisande eingedrängt hätte – ganz unwissentlich und ohne schlimme Absicht, denn die kleine Katze wollte nicht im geringsten mit ihrem Spiel der Mutter weh tun, sondern einfach aus Nichtverstehen. Jeder war allein mit sich selbst, in seiner lebenslangen Einzelhaft. Es gab keine Verständigung von Zelle zu Zelle. Absolut keinerlei Verständigung. Diese Katzen-Predigten können erstaunlich deprimierend sein.

(*Music at Night*, 1931; Ü.: Werner von Koppenfels)

Seide bleibt immer Seide; doch sie läßt sich auf endlos verschiedenartige Weise zurechtschneiden und dem Körper anpassen. Krinolinen und Pyjamas, Tenniskittel und enge Trippelröcke – sie alle können aus Seide sein. Es gibt seidene Schlichtheit und seidenes Raffinement; Volants und Bänderschmuck, aber auch glatte, ununterbrochene Flächen.

Die Moral ist eine Art höherer Schneiderkunst. Aus dem weitgehend immergleichen Stoff der menschlichen Natur kann man eine Unzahl verschiedener Verhaltensmuster schneidern. Wie in der Welt der Couture wird auch hier die Form bald von Nützlichkeitserwägungen diktiert, bald von ästhetischen Gesichtspunkten, bald durch bloße Laune. Manche Sittlichkeitsvorstellungen sind ganz auf die praktische Verwertbarkeit zugeschnitten, wie der Overall für den Mechaniker oder Sprintershorts und Trikothemd für den Sportler. Doch es gibt auch Luxus-Verhaltensmuster, ebenso schön und ebensowenig für die unsauberen Katzbalgereien des Alltagslebens geeignet wie ein Abendkleid von Chanel oder Worth.

Die Vielfalt der Verhaltensmuster ist auf dem Gebiet der erotischen Werbung und Betätigung wesentlich größer als im Bereich jeder anderen menschlichen Tätigkeit. Der Trieb, der auslösende Impuls – der Stoff also – bleibt praktisch immer der gleiche. Doch welch eine Modenschau haben wir Menschengeschöpfe aus der Liebe gemacht! Welch ein Kostümmuseum! Wie weit ist der Weg von der distanzierten und langduldenden Frauenverehrung der Troubadours bis zur zeitgenössischen *petting party*; von der Pariser *partouze* bis zur viktorianischen Ehe. Beim Betrachten unserer Ausstellungsstücke staunen wir über den Phantasiereichtum, der sich in Schnitt und Schmuck des altvertrauten Materials manifestiert. Und doch lassen sich in diesem scheinbaren Mode-Chaos zwei Haupttypen von erotischen Verhaltensmustern unterscheiden – der proletarische und der aristokratische.

Der proletarische Modus ist, wie nicht anders zu erwarten, strikt pragmatisch und werktagsmäßig. Die Arbeiter des 13. Jahrhunderts haben das Tuch ihres Liebesbegehrens nicht viel anders zurechtgeschnitten, als es der heutige Arbeiter auch tut. In der Liebe wie in der Kleidung sind die aristokratischen Moden luxuriös und phantasievoll. Die Armen können sich solche unmöglichen, unpraktischen und oft schauderhaft unbequemen Gewänder, wie sie die Reichen tragen, gar nicht erlauben. Während viktorianische Damen sich mit enggeschnürten Korsetts und Reifröcken abquälten, trugen die arbeitenden Frauen eine Kleidung, die schon beinahe vernünftig war. Stärke und steife Hochkrägen gehörten zur Uniform des Herren; der Arbeiter blieb unbeengt und kragenlos.

Entsprechend sind es nur die Reichen, die sich den Geschmack für langdauernde platonische Ekstasen leisten können, die subtilen Gefühlsanalysen à la Proust oder den flotten Don-Juanismus. Für die Armen ist so etwas einfach nicht drin. Die phantasievolleren Spielformen der Liebe verlangen Muße und Freiheit von wirtschaftlichem Druck. Aristokratische Liebe ist, mit einem Wort, eine Ganztagsbeschäftigung. Wer sich seinen Lebensunterhalt verdienen muß, kann da nicht mithalten. Verglichen mit ihr erscheinen die einfachen proletarischen Spielarten trivial, uninteressant, von mieser Qualität und kärglicher Quantität. Die großen Liebhaber der Geschichte verfügten alle über die nötigen Mittel. Die der Literaturgeschichte waren entweder von ihren Schöpfern finanziell ausreichend ausgestattet oder, praktischerweise, in eine Welt versetzt worden, in der monetäre Gesichtspunkte nicht zählten.

Wie ist gegenwärtig der Trend der erotischen Mode? Wenn ich die Zeichen richtig lese, geht er in Richtung auf eine zunehmende ›Proletarisierung‹ der Liebe. Die Luxusmoden – vom Troubadourspiel bis zur Kunst der Ausschweifung, von der erotischen Keuschheitsmystik bis hin zum Don-Juanismus – sind im Abklingen.

Es ist höchst bedeutsam, daß die Bolschewiken an den aufwendigeren Verhaltensmustern der Liebe völlig uninteressiert zu sein scheinen. Nach ihrer Philosophie haben Männer und Frauen Nützlicheres zu tun, als ihre Zeit mit Variationen des erotischen Grundthemas zu verschwenden. Diese Philosophie ist eine Rationalisierung der faktischen Verhältnisse. Im kommunistischen Staat haben die Leute nicht mehr die Zeit, sich wie Petrarca, Casanova oder die heilige Margaret Alacoque zu benehmen. Und dies gilt mehr und mehr nicht nur für Rußland, sondern für die ganze moderne Welt. Die müßige Klasse verschwindet; auch die Reichen arbeiten heutzutage. Mit anderen

Worten, auch die Reichen benehmen sich, bis zu einem gewissen Grad, wie die Angehörigen des Proletariats. Und das bedeutet, daß sie nicht länger in der Lage sind, die Liebe als ganztägige Beschäftigung auszuüben. Was wiederum bedeutet, daß die Luxusmoden in der Liebe zum Aussterben verurteilt sind. Die Welt, so fürchte ich, wird durch ihr Verschwinden an Reiz und Unterhaltsamkeit verlieren.

(*Chicago Herald*, 3. Oktober 1931; Ü.: Werner von Koppenfels)

Appendix

Jede Zivilisation stellt unter anderem eine Übereinkunft dar, die es ermöglicht, Leidenschaften zu domestizieren und sinnvoll zu nutzen. Dem Problem der Domestizierung der Sexualität muß man sich auf zwei verschiedenen Ebenen menschlicher Erfahrung nähern, und zwar auf der psycho-physiologischen und der sozialen Ebene. Auf der sozialen Ebene wurden die Beziehungen zwischen den Geschlechtern schon immer und überall durch Gesetze, nicht kodifizierte Sitten, Tabus und religiöse Rituale geregelt. Diese Regeln sind in Hunderten von Büchern beschrieben worden, und es genügt, wenn wir *en passant* daran erinnern. Momentan geht es um das Problem, die Sexualität an ihrem Ursprung zu domestizieren, ihre Manifestation beim einzelnen Liebenden zu zivilisieren. Diesem Thema haben wir, unserer westlichen Tradition gemäß, viel zu wenig Aufmerksamkeit geschenkt. Tatsächlich sind wir erst seit wenigen Jahren, dank dem schwindenden Einfluß der jüdisch-christlichen Ethik, zu einer sachlichen Erörterung imstande. In der Vergangenheit wurde das Problem normalerweise auf eine von drei Arten behandelt, die aber alle gleichermaßen unbefriedigend waren. Entweder sprach man überhaupt nicht darüber, mit dem Resultat, daß Heranwachsende ganz allein um ihr sexuelles Heil ringen mußten, ohne jeden Beistand und im Rahmen des jeweils herrschenden, meist barbarischen soziolegalen Systems. Oder es wurde darüber gesprochen – aber im einen Fall entweder aus obszöner Lust oder aus obszöner Mißbilligung (die Haltung des Pornographen und des puritanischen Moralisten) oder im anderen Fall aus einer vagen und allzu ›spirituellen‹ Gefühlsseligkeit heraus (der Haltung der Troubadoure, Petrarkianer und romantischen Lyriker). Heute sind wir weder zum Schweigen noch zur Obszönität oder Gefühlsseligkeit verurteilt; es steht uns endlich frei, den Fakten ins Auge zu sehen und uns zu fragen, wie man, wenn überhaupt, mit ihnen umgehen könnte. Eine der besten Möglichkeiten, dies herauszufinden, besteht darin, daß man sich einmal anschaut, wie andere damit umgegangen sind. Welche Experimente wurden in diesem Bereich angestellt, und wie erfolgreich sind sie gewesen?

Ich werde nicht bei Adam und Eva beginnen, etwa bei den Bewohnern der Trobriand-Inseln oder Tahitis, sondern lieber am Anfang jenes Zivilisationsabschnitts, in dem wir leben – das heißt in der Mitte des 19. Jahrhunderts.

Victoria saß bereits sieben Jahre auf dem Thron, als 1844 John Humphrey Noyes sein Buch *Bibelkommunismus* veröffentlichte. (Es ist erwähnenswert, daß der Kommunismus für die amerikanische Öffentlichkeit vor hundert Jahren im wesentlichen biblisch war. Er wurde von Männern und Frauen gepredigt und praktiziert, die den Urchristen nacheifern wollten. Sie beriefen sich dabei nicht etwa auf Marx' *Manifest*, das zu dem Zeitpunkt, als Noyes sein Buch schrieb, noch gar nicht erschienen war, sondern auf die Apostelgeschichte.) Im vierten Kapitel des *Bibelkommunismus* und zwanzig Jahre später ausführlicher in seinem Werk *Kontinenz des Mannes* legte Noyes seine Theorien über die Sexualität dar und beschrieb die Methoden, die er und seine Anhänger anwandten, um eine wilde, Gott verfinsternde Leidenschaft in zivilisierten Gottesdienst zu verwandeln und eine der Hauptursachen für Verbrechen und Not in eine Quelle individuellen Glücks, gesellschaftlicher Solidarität und vorbildlichen Verhaltens.

»Die Welt glaubt«, schreibt Noyes im *Bibelkommunismus*, »daß die Sexualorgane zwei verschiedene Funktionen haben – nämlich: die urinarische und die propagatorische. Wir behaupten jedoch, daß sie drei Funktionen haben – die urinarische, die propagatorische und die amative, das heißt, sie befördern erstens den Urin, zweitens den Samen und drittens die gesellschaftliche Anziehung...« Nachdem Mrs. Noyes durch mehrere Fehlgeburten in Lebensgefahr geraten war, beschlossen Noyes und seine Frau, daß ihre sexuelle Beziehung fortan statt im Zeichen der propagatorischen nur noch im Zeichen der amativen Funktion stehen sollte. Doch wie ließen sich die spezifisch humanen Aspekte der Sexualität von den rein biologischen trennen? Angesichts dieser Frage war Robert Dale Owen für den *coitus interruptus* eingetreten; Noyes jedoch hatte seine Bibel gelesen und verspürte keineswegs den Wunsch, es Onan gleichzutun. Andererseits lehnte er empfängnisverhütende Mittel ab – »diese List der französischen Lüstlinge«, wie er es nannte. Statt dessen befürwortete er die Kontinenz des Mannes und das, was Dr. Stockham später als *Karezza* bezeichnete. Mit vorbildlichster wissenschaftlicher Objektivität begann er damit, daß er »den Geschlechtsakt analysierte. Er besteht aus Anfang, Mitte und Ende. Der Anfang und die elementarste Form ist die bloße Präsenz des männlichen Sexualorgans im weiblichen.« Auf die Präsenz folgt die Bewegung, auf die Bewegung der Höhepunkt. Doch »nehmen wir einmal an, der Mann entschließt sich, nicht nur die bloße Präsenz zu genießen, sondern darüber hinaus auch noch die beiderseitige Bewegung und trotzdem kurz vor dem Höhepunkt innezuhalten ... Wenn Sie behaupten, dies sei unmöglich, so antworte ich: Ich *weiß*, daß es möglich ist – und sogar ganz leicht.« Er wußte es aus eigener Erfahrung. »Im Jahr 1844 begann ich mit dieser Idee zu experimentieren« (der Idee, daß man die amative Funktion der Sexualorgane von der Fortpflanzungsfunktion trennen könne), »und entdeckte, daß die erforderliche Selbstbeherrschung keineswegs schwerfällt; ferner, daß sich mein Genuß steigerte; ferner, daß es auch für meine Frau ein sehr befriedigendes Erlebnis bedeutete, was nie zuvor der Fall gewesen war; ferner, daß wir dem Schrecken unerwünschter Fortpflanzung und der Angst davor entronnen waren.«

Noyes war der geborene Prophet und Missionar durch und durch. Nachdem er seine große Entdeckung gemacht hatte, verspürte er den Drang, die frohe Botschaft an andere weiterzugeben – und das auch noch in Verbindung mit dem, was er für wahres Christentum hielt. Er predigte und scharte Jünger um sich, die er in einer Gemeinschaft zusammenführte, zuerst in Vermont und später in Oneida, im Norden des Bundesstaates New York. »Bei dem großen Unternehmen, das Reich Gottes auf Erden zu errichten«, verkündete er, »steht Religion an erster und sexuelle Moral an zweiter Stelle.« Die in Oneida praktizierte Religion war das Perfektionistische Christentum, und die sexuelle Moral basierte auf den psycho-physiologischen Praktiken der Kontinenz des Mannes und dem Sozialgesetz der komplexen Ehe. Wie auch alle früheren Gründer von Religionsgemeinschaften mißbilligte Noyes ausschließliche Bindungen zwischen einzelnen Gruppenmitgliedern. Jeder sollte jeden lieben, ohne Besitzanspruch, mit einer Art unpersönlicher Nächstenliebe, die in Oneida sexuelle Beziehungen einschloß. Daher, innerhalb der Gemeinschaft, die Einrichtung der komplexen Ehe. Noyes verwarf die Monogamie nicht; er glaubte nur, Gruppenliebe sei besser als ausschließliche Liebe. »Ich würde«, schrieb er, »zwischen der allgemeinen und der speziellen Liebe keinen Unterschied im Sinne von richtig oder falsch machen; nur, daß die spezielle Liebe, wenn sie von der falschen Art ist, mehr

Schaden anrichtet. Ich behaupte, daß die Grundlage für jede Liebe, ob generell oder speziell, die Sanktion und Inspiration der aufsteigenden Gemeinschaft sein muß. Jede Liebe, die sich abgeschnitten vom allgemeinen Verkehr in einem privaten Winkel vollzieht, ohne durch eine Kette von Gliedern mit Gott verbunden zu sein, ist von der falschen Art; sie spaltet und zehrt auf, statt Einheit, Frieden und Harmonie zu stiften.« In Oneida war Liebe im privaten Winkel, jede abseits des allgemeinen Verkehrs existierende, götzendienerische, Gott verfinsternde Zuneigung zweier Menschen zueinander verpönt. Jeder war mit jedem verheiratet; und wenn irgendein Paar beschloß (nachdem von den Gemeindeältesten Rat und Erlaubnis eingeholt worden war), seine latente Neigung hochzeitlich zu vollziehen, garantierte die Kontinenz des Mannes, daß die Vereinigung nur die Früchte der »gesellschaftlichen Anziehung« trug. Es war Liebe um der Liebe und um Gottes willen und nicht zur Erzeugung von Nachwuchs.

Die Oneida-Gemeinde bestand dreißig Jahre lang, und nach allem, was man hört, waren ihre Mitglieder vorbildliche Bürger, ungewöhnlich glücklich und wesentlich weniger neurotisch als das Gros ihrer viktorianischen Zeitgenossen. Den Frauen von Oneida war das erspart geblieben, was eine von Noyes' Briefpartnerinnen beschrieb als »die Erbärmlichkeiten des Ehelebens, wie es allgemein in der Welt im Schwange ist«. Die Männer sahen ihre Selbstverleugnung durch eine physische und spirituelle Erfahrung belohnt, die tiefer und kostbarer war als die der zügellosen Sexualität. Hier die Aussage eines jungen Mannes, der in der Gemeinschaft gelebt und die neue Kunst des Liebens erlernt hatte. »Diese Yankee-Nation«, schrieb er an Noyes, »behauptet, eine Nation der Erfinder zu sein, aber Ihre Entdeckung der Kontinenz des Mannes stellt Sie für mich an die Spitze aller übrigen Erfinder.«

Und hier folgen Noyes' eigene Reflexionen über die psychologische, soziale und religiöse Bedeutung seiner Entdeckung. »Die Methode, die wir vorschlagen, wird die Zivilisation und Weiterentwicklung im Eisenbahntempo vorantreiben. Die Selbstbeherrschung, das Zurückhalten des Zeugungstriebes und der Fortschritt über die bloße Sinnlichkeit hinaus, die zwangsläufig daraus resultieren, daß man die Freiheit der Liebe zu einer Prämie für die Läuterung der sinnlichen Befriedigung macht, werden der menschlichen Rasse umgehend zu neuer Lebenskraft und Schönheit verhelfen, und zwar in moralischer wie körperlicher Hinsicht. Und die veredelnde Wirkung der geschlechtlichen Liebe (die man mehr oder weniger in der Welt wahrnimmt) wird verhundertfacht, wenn der Geschlechtsverkehr zu einer ganz normalen Umgangsform wird und jeder mit jedem verheiratet ist.« Darüber hinaus wird »der amative Geschlechtsverkehr in einer Gesellschaft, die in diesen Prinzipien geschult ist, seinen Platz unter den ›schönen Künsten‹ einnehmen. Er wird sogar über der Musik, Malerei, Bildhauerei usw. rangieren; und zwar weil er alle ihre Reize und Vorteile in sich vereinigt. Dieser Bereich bietet der Verfeinerung von Geschmack und Können ebensoviel Raum wie jeder andere.« Und damit nicht genug. Geschlechtliche Liebe ist ein kognitiver Akt. Man spricht – oder sprach zumindest früher – vom ›fleischlichen Erkennen‹. Dieses Erkennen ist so geartet, daß es unbegrenzt vertieft werden kann. »Für ein aufrichtiges Herz, das Gott schätzt, ist ein und dieselbe Frau ein endloses Geheimnis. Und dies setzt notwendigerweise das Eingeständnis voraus, daß Gottes Wissen und Weisheit unendlich sind.« Die Kontinenz des Mannes macht aus dem Sexualakt einen ausgedehnten Austausch »gesellschaftlicher Anziehungskraft«; und dieser ausgedehnte Austausch ermöglicht ein sich immer mehr vertiefendes Wissen um das Geheimnis der menschlichen Natur – jenes Geheimnis, das schließlich mit dem Geheimnis des Lebens selbst verschmilzt und eins wird.

Noyes' Vorstellung vom Geschlechtsakt (wenn richtig vollzogen) als religiösem Sakrament, Form mystischer Erkenntnis und zivilisierender sozialer Schulung hat ihre genaue Entsprechung im Tantra. Im siebenundzwanzigsten Kapitel von Sir John Woodroffes *Schakti und Schakta* findet der interessierte Leser eine kurze Beschreibung des tantrischen Sexualrituals sowie eine Erörterung der dieser Methode zugrunde liegenden Philosophie. »Nichts an den natürlichen Funktionen ist für den Geist, der in ihnen Schakti und das Wirken von Schakti erkennt, niedrig oder unrein. Es ist der unwissende und im wahrsten Sinne vulgäre Geist, der alle natürlichen Funktionen als niedrig oder unanständig betrachtet. In diesem Fall wird der Akt im Licht der inneren Gemeinheit des Geistes gesehen... Ist erst einmal die Wirklichkeit der Welt, so wie sie im Absoluten gründet, erkannt, dann wird offenbar, daß der Leib kein wirkliches Hindernis auf dem Weg zur Freiheit darstellt, da er selbst eine Form ebenjenes Absoluten ist.« Im Tantra entlehnt das sexuelle Sakrament die Methode des

Yoga, »nicht, um den Genuß zu verhindern, sondern um ihn zu lenken. Umgekehrt erzeugt der Genuß Yoga, durch die Vereinigung von Körper und Geist... Hier werden Yoga, das befreit, und Bhoga, das in Ketten legt, eins. In der hinduistischen Philosophie (die keine Philosophie im modernen westlichen Sinn des Wortes ist, sondern eher Schilderung und versuchsweise Erklärung einer Praxis, die auf die Transformation des menschlichen Bewußtseins zielt) werden die Beziehungen zwischen Körper, Seele, Geist und göttlichem Urgrund als eine Art okkulter Physiologie beschrieben, deren Sprache die ungebrochene Kontinuität der Erfahrung vom ›Tiefsten‹ zum ›Höchsten‹ besser ausdrückt als jede bis jetzt im Westen erdachte Sprache. »Der Koitus ist«, im Sinn dieser okkulten Physiologie, »die Vereinigung der Schakti Kundalini, der ›inneren Frau‹ im untersten Zentrum des Körpers des Sadhakas, mit dem Höchsten Schiva im höchsten Zentrum, im Großhirn. Dies, sagt das Yogini-Tantra, ist die beste aller Vereinigungen für jene, die Yati sind, das heißt, die gelernt haben, ihre Leidenschaften zu beherrschen.« *

Im Westen waren Theorie und Praxis des Tantra nie anerkannt, außer vielleicht während der ersten Jahrhunderte des Christentums. Zu jener Zeit war es für Ekklesiasten und fromme Laien üblich, ›spirituelle Ehefrauen‹ zu haben, die man Agapetai, Syneisaktoi oder Virgines Subintroductae nannte. Über die genauen Beziehungen zwischen diesen spirituellen Ehefrauen und Ehemännern wissen wir nur sehr wenig; aber es hat den Anschein, als sei zumindest in einigen Fällen eine Art Karezza oder körperliche Vereinigung ohne Orgasmus als religiöse Übung praktiziert worden, die zu wertvollen spirituellen Erfahrungen führte.

Noyes' Vorgänger und die christlichen Entsprechungen des Tantra sind größtenteils bei den Häretikern zu suchen – bei den Gnostikern der ersten Jahrhunderte unserer Zeitrechnung, bei den Katharern im frühen Mittelalter und bei den Adamiten der Brüder und Schwestern vom Freien Geist ab dem Ende des 13. Jahrhunderts. In seiner Mono-

* Männliche Enthaltsamkeit, Sexus als Sakrament und Koitus als langanhaltender Austausch ›gesellschaftlicher Anziehung‹ erörtert in den Begriffen zeitgenössischer Medizin Dr. Rudolf von Urban in seinem Buch *Sexual Perfection and Marital Happiness*; dieses Werk ist einer der bedeutsamsten modernen Beiträge zur Lösung eines jahrhundertealten Problems.

graphie über *Das Tausendjährige Reich des Hieronymus Bosch* hat Wilhelm Franger sehr interessantes Material über die Adamiten zusammengetragen. Wir erfahren, daß sie einen *modum specialem coeundi* praktizierten, eine besondere Form des Geschlechtsverkehrs, die mit Noyes' männlicher Kontinenz oder dem von römisch-katholischen Kasuisten erlaubten *coitus reservatus* identisch war. Diese Form des Geschlechtsverkehrs, erklärten sie, sei bereits Adam vor dem Sündenfall bekannt und einer der wesentlichen Bestandteile des Paradieses gewesen. Es war ein sakramentaler Akt sowohl der Nächstenliebe als auch mystischer Erkenntnis und wurde darum von den Brüdern *acclivitas* genannt – der nach oben führende Pfad. Nach Aegidius Cantor, dem Führer der flämischen Adamiten zu Beginn des 15. Jahrhunderts, »kann der natürliche Geschlechtsakt so vollzogen werden, daß er in den Augen Gottes einem Gebet gleichkommt«. Ein spanischer Anhänger der adamitischen Häresie erklärte bei seinem Prozeß: »Nachdem ich das erste Mal mit ihr (der Prophetin, Francisca Hernández) über zwanzig Tage lang geschlechtlich verkehrt hatte, konnte ich sagen, daß mir in Valladolid mehr Weisheit zuteil wurde, als wenn ich zwanzig Jahre lang in Paris studiert hätte. Denn nicht Paris, sondern nur das Paradies konnte solche Weisheit lehren.« Wie Noyes und seine Anhänger praktizierten auch die Adamiten eine Art von sexuellem Kommunismus, und zwar nicht, wie ihre Gegner behaupteten, aus einem niedrigen Hang zu orgiastischer Promiskuität, sondern weil mit Hilfe der komplexen Ehe alle Mitglieder der Gruppe einander mit unparteiischer und fast unpersönlicher Liebe begegnen konnten; und jeder in jedem geliebten Partner die Verkörperung des ursprünglichen, nicht gefallenen Adams erkennen und sinnlich erfahren konnte – einen göttlichen Sohn oder eine göttliche Tochter Gottes.

Die eleganteste literarische Empfehlung für die Kontinenz des Mannes ist vielleicht ein kleines Gedicht von Petronius. Langjährige und zwangsläufig abstoßende Erfahrung hatten diesen *arbiter elegantiarum* gelehrt, daß es etwas Besseres als Ausschweifungen geben müsse. Und er fand es in körperlicher Zärtlichkeit und dem Seelenfrieden, der solcher Zärtlichkeit entspringt.

Foeda est in coitu et brevis voluptas,
et taedet Veneris statim peractae.

Non ergo ut pecudes libidinosae
caeci protinus irruamus illuc;
nam languescit amor peritque flamma;
sed sic sic sine fine feriati
et tecum jaceamus osculantes.
Hic nullus labor est ruborque nullus;
hoc juvit, juvat et diu juvabit;
hoc non deficit, incipitque semper.

Was Ben Jonson folgendermaßen ins Englische übertrug:

Doing, a filthy pleasure is, and short;
And done, we straight repent us of the sport;
Let us not then rush blindly on unto it,
Like lustful beasts that only know to do it;
For lust will languish, and that heat decay.
But thus, thus, keeping endless holiday,
Let us together closely lie and kiss;
There is no labor, nor no shame in this;
This hath pleased, doth please and long will please; never
Can this decay, but is beginning ever.

Im Tun ist kurze, ekle Lust der Akt,
Und, kaum getan, bereuen wir die Tat;
Nicht blind drauflos wolln wir, nicht hingerissen
Wie brünstige Tiere, die's nicht besser wissen;
Denn Lust erlahmt, und Hitze muß erkalten.
Nein, sondern *so, so*, ewigen Festtag haltend,
Laß uns, einander angeschmiegt, nur küssen,
Und nicht mit Schweiß noch Scham die Liebe büßen.
So nur gefällt's und wird's gefallen; nimmer
Vergeht uns solche Lust – denn sie erneut sich immer.

Und von einem Dichter und Romancier ganz anderer Art folgt hier eine Stelle, die andeutet, was sich durch körperliche Zärtlichkeit offenbart, wenn sie durch die Kontinenz des Mannes zu einer quasi mystischen Erfahrung ausgedehnt wird. »Zu endlicher Ruhe«, schreibt Lawrence gegen Ende von *Die gefiederte Schlange*, »war sie in den weit geöffneten Kosmos gesunken. Das Universum hatte sich ihr neu und weit geöffnet, und sie war auf das tiefe Bett reiner Ruhe gesunken... Fast verwundert beobachtete sie, wie in ihr die schaumgeborene Aphrodite starb: die siedende, wilde, ekstatische Aphrodite. In einem raschen, dunklen Impuls zog sich Cipriano vor diesem Etwas in ihr zurück. Wenn in ihrer Liebe die glühende, elektrische, weibliche Ekstase sie wieder befiel, die solch rauschhafte Zuckungen kennt, wich er ihr aus. Sie nannte das früher ihre ›Befriedigung‹. Deswegen hatte sie Joachim geliebt, weil er ihr immer, immer wieder diese orgiastische ›Befriedigung‹ gewährte, in Zuckungen, die sie aufschreien ließen.

Aber das wollte Cipriano nicht. Ein dunkler und starker Instinkt ließ ihn sich von ihr zurückziehen, sobald diese Lust in ihr erwachte, die Begierde nach der weißen Ekstase siedender Befriedigung, die Geburtswehen Aphrodites im Schaum. Sie konnte sehen, daß ihn das abstieß. Und während sie dalag, erkannte sie die Wertlosigkeit dieser Schaumlust, wie äußerlich sie letzten Endes war. Sie schien von außen, nicht von innen über sie zu kommen. Nach dem ersten Augenblick der Enttäuschung, wenn diese Art ›Befriedigung‹ ihr versagt wurde, kam ihr die Erkenntnis, daß sie sie in Wirklichkeit gar nicht wollte, daß sie ihr in Wirklichkeit ekelhaft war. In seinem dunklen, heißen Schweigen brachte er sie zurück zu der neuen, weichen, schweren, heißen Flut, und dann war sie wie eine Quelle, die geräuschlos und mit drängender Weichheit aus der vulkanischen Tiefe strömt. Und dann öffnete sie sich ihm weich und heiß, strömte dahin mit geräuschloser, stiller Kraft. Eine bewußte ›Befriedigung‹ gab es nicht. Was sich ereignete, war dunkel, unsagbar. War so ganz anders als die schnabelhiebartige Erregung der schaumgeborenen Aphrodite, als diese Ekstase, die in phosphoreszierenden Kreisen sich weitet bis zu den letzten, wilden Zuckungen, die den unwillkürlichen Schrei wie ein Todesröcheln ausstoßen, den letzten Liebesschrei.«

Männliche Enthaltsamkeit ist nicht nur ein Mittel zur Veredelung der Sexualität und zur Vertiefung ihrer psychologischen Bedeutung; sie ist auch, wie die Geschichte der Oneida-Gemeinschaft in hohem Maß beweist, eine bemerkenswert effektive Empfängnisverhütungsmethode. Sie gehört in der Tat unter dem Namen *coitus reservatus* zu den beiden von der katholischen Kirche anerkannten Empfängnisverhütungsmethoden – die andere und bekanntere Methode ist die Beschränkung des Geschlechtsverkehrs auf die sogenannten sicheren Tage. Leider haben großangelegte Studien in Indien gezeigt, daß die Methode der sicheren Perioden gerade in den Gesellschaften, die Geburtenkontrolle am nötigsten haben, nahezu nutzlos ist. Und während Noyes, der praktisch veranlagte Yankee, der Frage, wie er seinen Anhängern die Technik der männlichen Kontinenz beibringen solle, viel Zeit und Überlegung widmete, hat sich die katholische Kirche wenig oder gar nicht darum gekümmert, ihre Jugendlichen in der Kunst des *coitus reservatus* zu unterweisen. (Wie merkwürdig, daß primitive Völker, wie etwa die Bewohner der Trobriand-Inseln, darauf achten, ihre Kinder die besten Methoden zur Domestizierung der Sexualität zu lehren, wir hingegen, die Zivilisierten, so dumm sind, unsere Kinder schutzlos ihren wilden, gefährlichen Leidenschaften preiszugeben!)

Mittlerweile wächst die Bevölkerung fast auf der ganzen Erde schneller als die verfügbaren Ressourcen. Immer mehr Menschen haben immer weniger zu essen. Aber wenn der Lebensstandard sinkt, wachsen soziale Unruhen und der revolutionäre Agitator, der keine Skrupel hat, Versprechen zu geben, von denen er sehr wohl weiß, daß er sie nicht halten kann, findet einmalige Möglichkeiten vor. Angesichts der erschreckenden Gefahren, die ein Bevölkerungswachstum mit der gegenwärtigen Rate birgt, haben die meisten Regierungen den Gebrauch von Empfängnisverhütungsmitteln gestattet, und die eine oder andere hat ihre Bürger sogar dazu ermutigt. Doch dies geschah gegen den Protest der katholischen Kirche. Indem man Kontrazeptiva ächtet und statt dessen zwei Methoden befürwortet, von denen die eine nicht funktioniert und die andere, effektive Methode nie systematisch gelehrt wird, scheinen die Prälaten jener Kirche ihr möglichstes zu tun, um erstens eine massive Zunahme menschlichen Elends und zweitens – in ein oder zwei Generationen – den Triumph des Weltkommunismus zu garantieren.

(*Adonis and the Alphabet*, 1956; Ü.: Sabine Hübner)

Anmerkungen

Kürzungen durch den Hg. sind im Text durch [. . .] vermerkt. Bei Übernahme aus den *Collected Essays* (CE) sind die dort vorgenommenen Kürzungen nicht mehr eigens angezeigt. Die Quellenangabe am Ende der einzelnen Essays bezieht sich nach Möglichkeit auf die – z. T. überarbeitete – Fassung, die der Autor in eine seiner Sammlungen aufnahm. Die Anmerkungen weisen jeweils den Originaltitel, das individuelle Erscheinungsjahr sowie die laufende Nr. der Huxley-Bibliographie von C. J. Eschelbach/J. L. Shober (Berkeley 1961) nach. Querverweise innerhalb der vorliegenden Ausgabe erfolgen mit römischer Band- und arabischer Seitenzahl. Abgesehen von Shakespeare, dessen Dramen nach Schlegel/Tieck zitiert werden, stammen alle Übertragungen der Verszitate, soweit in den Anmerkungen nicht anders angegeben, vom Hg.

23 VORREDE (Preface, 1959; CE): »*Ich bin ein lebendiger Mensch*«: aus D. H. Lawrence, ›Why the Novel Matters‹, »The Phoenix«, 1936 (^{2}London 1961, I, 535). – **24** »*Wer Weib und Kind besitzt*«: Auftakt von Bacons Essay VIII, »Über Ehe und Ehelosigkeit«. – *Emerson*: aus dem zentralen Essay »Selbstvertrauen« (Self-Reliance). – *Gracián*: »Hand-Orakel«, Nr. 20. – *Valéry*: aus »Eupalinos oder der Architekt«, in Rilkes Übertragung. – **25** *der Name der Vernunft und der Rechenkunst*: Logos. – »*Was ist dies hier*«: Montaigne, Essay I, XXVIII, »Von der Freundschaft« (Ü.: Herbert Lüthy, Manesse, S. 220). – **26** *Dr. Johnson*: »Adventurer« Nr. 120 vom 29. 12. 1753. – »*J'ay veu en mon temps*«: Montaigne, Essay II, XII, »Apologie des Raimund Sebundus« (Ü.: Lüthy, S. 439). – »*Werfen wir unseren Blick*«: Montaigne, III, XII, »Von der Physiognomie« (Ü.: Lüthy, S. 822). – **27** »*Es sind nicht unsere Torheiten*«: Essay III, III, »Von dreierlei Umgang« (Ü.: Lüthy, S. 650). – »*Selon ses quelques doigts perclus*«: ›so gut es mit seinen paar lahmen Fingern geht‹.

30 DIE ZIKADEN (1928, Nr. 510): 31 *Ihr Wahn ist Leben*: vgl. das Ende des Essays »Die Wüste«, I, 83 f.

35 DAS LAND (The Country, 1925; Nr. 133): *der arme Onkel Toby*: exzentrischer Charakter aus Laurence Sternes »Tristram Shandy«; vgl. Buch V, Kap. 37. – **36** »*As souls unbodied*«: aus John Donne, »To His Mistress Going to Bed«; in J. D., »Alchimie der Liebe«, Berlin 1991, S. 90. – **37** *Harrod's und Selfridge*: britische Kaufhaus-Ketten. – *Like stones*: Shakespeare, Sonett II (über die Seltenheit der Festtage); vgl.

auch I, 173. – **38** *wie Fische und Brot*: Anspielung auf die Speisung der Fünftausend, Matth. 15: 32–39. – **39** *Home Counties*: die Grafschaften um London. – *Evelyn*: englischer Autor (1620–1706), heute v. a. durch sein 1808 veröffentlichtes Tagebuch bekannt; darin, unter dem 23. 7. 1679, seine Reaktion auf die Felsen von Clifton: er empfindet sie als phantastisch (romantic) und den poetischsten Beschreibungen von Verlassenheit und Schroffheit entsprechend – aus seiner Sicht eher negative Qualitäten – und bemängelt die Unfruchtbarkeit des Landes ringsum.

41 LÄNDLICHE EKSTASEN (Country Ecstasies, aus »Texts and Pretexts«, 1932, Nr. 58; gekürzt): *Coventry Patmore*: englischer Dichter (1823–1896), Freund Ruskins, Tennysons und der Präraffaeliten; das Gedicht ist der 2. Text von Buch I, VIII seines großen Liebes- und Ehezyklus »The Angel in the House« (1854–1862). – **43** *Marvell*: »Upon Appleton House«, V. 583 f. – *Lo! the sun*: aus Shelley, »Lines Written Among the Eugenean Hills«, V. 100–110. – **44** *Far-distant images*: aus Wordsworth, »Composed Upon an Evening of Extraordinary Splendour«, V. 25–34. – **45** *Brownsche Bewegung*: durch Molekülstöße verursachte Bewegung kleinster in Gas oder Flüssigkeit verteilter Partikel; erstmals von dem britischen Botaniker R. Brown 1827 beschrieben. – **46** *The whole of life*: aus C. Patmore, »Eros and Psyche«. – **47** *das »unsterbliche Los«*: aus Lord Byron, »Child Harold's Pilgrimage«, III; LXXIV. – *»Gemeinschaft mit dem Wesen«*: Keats, »Endymion«, I, 779: »wherein lies happiness? / In ... fellowship divine, / A fellowship with essence ...«

48 WORDSWORTH IN DEN TROPEN (Wordsworth in the Tropics, 1928, Nr. 450; CE): *Weisheit und Geist*: aus Wordsworth, »The Prelude« (1805), I, 428. – *Low breathings*: ibd. I, 330–332. – *Existenz »unbekannter Seinsweisen«*: ibd. I, 420. Alle Stellen beziehen sich auf numinose Naturerlebnisse aus Wordsworths Kindheit, die als faszinierendes Erschrecken erlebt werden. – **49** *Meredith*: zu seiner Zeit berühmter viktorianischer Dichter und Romancier (1828–1909); das Gedicht »The Woods of Westermain« beginnt mit den Worten: »Tretet ein in diesen verzauberten Wald, / Wenn ihr es wagt. / Nichts unter diesem Laub ist gefährlicher / Als die Woge, die ein Schwimmer zerteilt.« – **50** *»Gott schuf das Land«*: »God made the country, and man made the town« – berühmter Vers aus William Cowpers (1731–1800) langem Gedicht im Konversationston »The Sofa«, V. 749. – *zu ungereimt*: Das Gedicht ist im Blankvers geschrieben. – *Pangloss*: Figur des realitätsfremden Philosophen aus Voltaires »Candide«. – **51** *The sounding cataract*: »Lines Composed a Few Miles Above Tintern Abbey« (1798), V. 76–83. – **52** *the immeasurable height*: aus »The Simplon Pass«, V. 4–20. – **53** *Some-*

thing: »Tintern Abbey«, V. 96. – **56** *Pascal*: Fragment 146 der »Pensées« (ed. Brunschvigg). – **57** *Dr. Jekyll ... Mr. Hyde*: nach der gleichnamigen Erzählung von R. L. Stevenson (1886), die das Experiment einer Persönlichkeitsspaltung in eine ethisch-rationale und instinkthaft-böse Hälfte des Menschen beschreibt. – *Blake über Milton*: die vielzitierte Feststellung aus »The Marriage of Heaven and Hell« (um 1793), Milton habe in Fesseln über den Himmel und in Freiheit über die Hölle geschrieben, »because he was a true poet, and of the Devil's party without knowing it«. – **58** *Haydon*: Historienmaler und Freund der Romantiker (1786–1846); die Szene findet sich unter dem 23. 3. 1824 in seinen posthum veröffentlichten Tagebüchern. – *woodmen*: Schluß von Shelleys Gedicht »The Woodman and the Nightingale«.

61 DER ÖLBAUM (The Olive Tree, 1936, Nr. 301; CE): *Populus*: Vergil, Ekloge VII, V. 61 f. – *Herne der Jäger*: vgl. Shakespeare, »Die lustigen Weiber von Windsor«, IV, IV, 28 ff. – **62** *He blasts*: ibd., Beschreibung des Wilden Jägers; an ›Hernes Eiche‹ wird das Finale der Komödie als Koboldposse inszeniert. – *Marvells grüne Gedanken*: »The Garden«, V. 48: »a green thought in a green shade«. – *But, Lord*: aus Chaucers »Vogel-Parlament« (The Parliament of Fowls), V. 171–182; Modell ist der Vogelkatalog aus Ovid, »Metamorphosen«, X, 90–105. – **63** *Incertainties*: Shakespeare, Sonett CVII. – **64** *Esset das Gute*: Jesaja 55:2. – *Denn deine Güte*: Psalm 63:4–6. – **66** *Die britische Verfassung*: Sie besitzt keine urkundlich fixierte Form – **70** *Zacharias*: Sacharja 4:12.

74 DIE WÜSTE (The Desert, 1954, Nr. 145; CE): *Bardo Thodol*: das Tibetanische Totenbuch, seit dem 8. Jh. von buddhistischen Missionaren nach Tibet gebrachte Lehre vom Sterben als Erleuchtungsprozeß; eines der für Huxley zentralen Bücher. – **75** *Sei stille*: Psalm 46:11. – *Der Herr ist*: Habakuk 2:20. – *Schweig stille*: Psalm 37:7. – **79** *nature is never spent*: G. M. Hopkins (1844–1889), aus dem Sonett »God's Grandeur«; Gedichte, Ü.: U. Clemen/F. Kemp, Reclam, S. 26. – **82** *wears man's smudge*: G. M. Hopkins, ibd. – **83** *Zikaden*: vgl. zu diesem Kontext Huxleys Gedicht »Die Zikaden« (I, 31–33).

86 DIE ZWEIFACHE KRISE (The Double Crisis, 1948, Nr. 153; gekürzt): Diese eindringliche ökologische Warnung wurde als einziger Text nicht in die deutsche Ausgabe von »Themes and Variations« von 1952 übernommen. **94** *Pentakosiotheismus*: Glaube an fünfhundert Götter (griech. Neuprägung).

99 WARUM NICHT GLEICH ZU HAUSE BLEIBEN? (Why Not Stay at Home? 1925, Nr. 446); **104** *Christians Leben*: der hindernisreiche Heilsweg dieser zentralen Jedermann-Figur der populären Allegorie Bunyans (1678) von der Stadt des Untergangs zur Himmlischen Stadt.

106 AUS DER PERSPEKTIVE DES REISENDEN (The Traveller's-Eye View, 1925, Nr. 411): **107** *Baudelaire*: »Spleen« (J'ai plus de souvenirs), V. 17f.: ›die Langeweile, Frucht dumpfer Teilnahmslosigkeit, nimmt die Dimension von Unsterblichkeit an‹. – **110** *Marlow*: distanzierter Erzähler einiger Romane Conrads. – **112** *Peter Bell*: längeres Erzählgedicht von Wordsworth, 1798 entstanden, stellenweise von unfreiwilliger Komik und mehrfach parodiert, u. a. von Shelley; berühmt für ihre Absurdität im Kontext (Anblick einer Wasserleiche) sind die zitierten Verse, die der Dichter zu spät entfernte.

114 ANSICHTEN VON HOLLAND (Views of Holland, 1925, Nr. 426): *Descartes*: Am Ende des 3. Teils seines »Discours de la Méthode« (1637) nennt Descartes als Grund für seinen Aufenthalt in Holland, daß er inmitten einer aktiven, urbanen und geregelten Zivilisation so meditativ leben könne wie in unbehauster Einsamkeit. – *Riemann*: 1826–1866, bedeutender Mathematiker, Pionier der Zahlentheorie. – **119** *Childe Harold*: romantische Verserzählung von Lord Byron, zwischen 1812 und 1818 erschienen, die ihre große Popularität den stimmungsvoll romantischen Ortsbeschreibungen verdankte.

121 PATINIRS FLUSS (Patinir's River, 1925, Nr. 324) *Joachim Patinir* ca. 1475–1524, niederländischer Maler phantastischer ›Weltlandschaften‹.

123 MARGINALIE: PARIS–LONDON (Marginalia, 1921, Nr. 237): *Sentimental Journey*: Sternes »Empfindsame Reise« (1768) beginnt mit den Worten: »They order, said I, this thing better in France.« – *Donne*: In Wirklichkeit stammt das Zitat aus Marvells »Definition of Love«, V. 3f.

127 WANDERVÖGEL (Wander-Birds, 1925, Nr. 431): *Von Berlin bis Tarent*: Sollte nicht doch eher Trient gemeint sein? – **131** *also ist der Sinn*: Prediger 9:3. – **133** *Let Austin*: ironisches Lob des Erzählers im Prolog (V. 188) für den sehr weltlich denkenden Mönch aus der Pilgergruppe; Huxley zitiert, wie meist, aus dem Gedächtnis – hier auf Kosten des Kontexts.

134 MONTESENARIO (1925, Nr. 253): **137** *Verbrauch von Geist*: »Th'expense of spirit in a waste of shame«, Auftakt von Shakespeares Sonett cxxix (über die sexuelle Hörigkeit).

138 PORTOFERRAIO (1925, Nr. 340): *Jupiter Tonans*: Zeus der Donnerer. – *Duchess of Malfi*: berühmtes spätelisabethanisches Greuelstück, um 1614; der Kardinal, einer der Schurken des Dramas, spricht den zitierten Satz in V, v, 4. – *Black Country*: Industriegebiet von Mittelengland.

140 DER PALIO IN SIENA (The Palio at Siena, 1925, Nr. 320; CE). – **141** *das russische Ballett*: Diaghilews modernistische »Ballets russes«, die in den europäischen Hauptstädten Furore machten. – **146** *Hengist und Horsa*: legendäre Führer der angelsächsischen Eroberung Englands.

149 SABBIONETA (1925, Nr. 370; CE): *creux néant musicien*: ›hohles, klingendes Nichts‹; aus dem Sonett »Une dentelle s'abolit«. – **150** *Giulio Romano*: ... *Shakespeare*: Vgl. »Wintermärchen« V, ii, 106. – **151** *Queensberry-Regeln*: für Fair Play im Boxsport (nicht unter die Gürtellinie!). – **154** *Julias Amme*: komische, zu sinnlicher Derbheit neigende Figur aus Shakespeares »Romeo und Julia«. – *Frau von Bath*: sexuell offenherzige, herzhaft polygam veranlagte Pilgerin aus Chaucers »Canterbury Tales«. – **155** *Lemprière*: Verfasser des »Classical Dictionary« (1788).

157 EINE NACHT IN PIETRAMALA (A Night at Pietramala, 1925, Nr. 266): *De Gustibus*: Gedicht von Robert Browning, dessen zweiten Teil die zitierten Verse eröffnen (gegen die englische Idylle wird das wildere Italien ausgespielt); der Titel ist Auftakt des bekannten Sprichworts ›Über Geschmack läßt sich nicht streiten‹. – *Prospice*: ein weiteres Gedicht Brownings, diesmal über seine Entschlossenheit, den Tod nicht zu fürchten und ›der Gewalt der Nacht und dem Druck des Sturms‹ Widerstand zu leisten; der Titel bedeutet: ›Schau vorwärts!‹ – *Stadt des nächtigen Grauens*: nihilistisch-apokalyptisches Langgedicht von B.V. Thomson (1874). – **159** *Micawber und Pegotty*: eine komische und eine eher sentimentale Figur aus »David Copperfield«. – **161** *The Polar Bear*: aus H. Bellocs »The Bad Child's Book of Beasts«. – **163** H_2SO_4: Schwefelsäure. – *Sterne*: Nach dem Erfolg seines »Tristram Shandy« zog der große Humorist zur Kur seines Lungenleidens nach Südfrankreich; in Paris wurde er wegen der Paßformalitäten lange aufgehalten und als literarische Berühmtheit in den Salons gefeiert. – **165** *Clerk Maxwell*: britischer Physiker (1831–1879), Schöpfer der modernen Elektrodynamik und der elektromagnetischen Lichttheorie. – **167** *Wittgenstein*: »Tractatus logico-philosophicus« (1922), 6.44ff. – **170** *Ulysses*: das Urteil über Joyces Hauptwerk fällt an anderer Stelle positiver aus; vgl. II, 57 und II, 121f., aber auch II, 154.

173 DAS HEILIGE ANTLITZ (Holy Face, 1929, Nr. 204; CE): *Like stones of worth*: vgl. Anm. zu I, 37. – **174** *Frogmore*: Mausoleum im Park von Windsor, von Königin Viktoria für ihren Prinzgemahl Albert errichtet; sie selbst wurde dort 1901 an seiner Seite beigesetzt. – **177** *Godwin*: radikalpolitischer Denker der englischen Romantik (1756–1836), verheiratet mit der Protofeministin Mary Wollstonecraft; die Prinzipien von Godwins anarchischem Individualismus sind in seiner »Enquiry Concerning Political Justice« von 1793 niedergelegt. – **178** *Pascal*: hier deuten sich Grundgedanken des Pascal-Aufsatzes in II, 158–184, an.

180 PARADIES (Paradise, 1929, Nr. 321): **181** *colleen*: eher irische als walisische Bezeichnung für ein junges Mädchen.

184 KÖNIGE UND WASSERSPIELE (Waterworks and Kings, 1936, Nr. 435): **186** *die Erfindung sanitärer Installationen*: vgl. den Essay »Hyperion gegen Satyr«, III, 103–117.

187 AGRA (1926; Nr. 35): Dieser und die drei folgenden Texte sind dem Band »Jesting Pilate«, 1926, entnommen, der Huxleys Eindrücke von seiner ersten Weltreise nach Indien, Japan und den USA enthält.

192 BENARES (1925, Nr. 35): **194** *à la portée de tous*: ›für jedermann mühelos erreichbar‹.

197 AUF SEE (At Sea, 1926, Nr. 35): **198** *die beste aller möglichen Welten*: Formel von Leibniz, Ausdruck des aufklärerischen Optimismus.

200 LOS ANGELES. EINE RHAPSODIE (Los Angeles. A Rhapsody, 1926, Nr. 35): Hier beschreibt Huxley die erste Begegnung mit dem Teil der Neuen Welt, in dem er sich später niederlassen sollte. Trotz positiver Erfahrungen blieb sein ›Heimatgefühl‹ zwiespältig – Kalifornien war ihm Beobachtungsposten auf eine Welt im Umbruch. – *au dessus de la mêlée*: hoch über der Menge. – **203** *Flapper*: amerikanischer Slang der Zeit für junge Mädchen. – *Nunc vitiat*: Ovid, »Nux«, V. 23f. – *T. S. Eliot*: In seinem Gedicht »Whispers of Immortality« (1920) finden sich die Zeilen: ›Ihr weicher Busen, ungeschnürt, verheißt pneumatische Seligkeit.‹ In seiner US-inspirierten Zukunftswelt »Brave New World« (1932) charakterisiert Huxley mit diesem Eliotschen Begriff der Pneumatik die staatlich verordnete Mechanisierung des Sexualverhaltens. – *Bootlegger*: Alkoholschmuggler während der Prohibition. – *A boire*: die erste Lebensäußerung von Rabelais' menschenfreundlichem Riesen Gargantua (nicht Pantagruel) nach seiner Geburt; vgl. »Gargantua«, Buch I, Kap. VI. – **206** *Thélème*: ›Zum freien Willen‹, utopische Abtei des Guten Lebens, »Gargantua« I, LII–LVII. – *Taedium laudamus*: ›Wir preisen die Langeweile‹ (Parodie des Te Deum). – **208** *Tosti*: italienischer Gesangslehrer der Königin Viktoria und Komponist populärer Lieder, zu denen »Goodbye« gehört.

209 GLAUBE, GESCHMACK UND GESCHICHTE (Faith, Taste, and History, 1954, Nr. 168; CE): **211** *Crystal Palace*: für die erste Weltausstellung in London 1851 errichtet. – **216** *cantus planus*: ›ebener‹, einfacher Gesang; mittelalterliche Choralmelodien in Neumen, d. h. ohne Bezeichnung der Zeitwerte. – *cantus firmus*: ›feststehender‹ Gesang; im mehrstimmigen Gesangs- oder Instrumentalsatz die gegebene Melodie als Grundlage für die kontrapunktische Bewegung der anderen Stimmen oder Instrumente. – **220** *folly*: ein Wohnhaus von augenfälliger architektonischer Extravaganz. – *Bruder Juniper*: Vgl. Anm. zu I, 257

222 ATITLAN (1934, Nr. 9; CE): Dieser Text und die beiden folgenden sind dem Bericht einer Mittelamerikareise »Beyond the Mexique Bay« entnommen. – *Prescott und Bernal Diaz*: Ersterer ist ein moderner Historiker und Autor der »History of the Conquest of Peru« (dt. München 1979), letzterer ein Waffengefährte der Konquistadoren und Verfasser der »Wahrhaftigen Geschichte der Eroberung Neu-Spaniens«.

224 SOLOLÁ (1934, Nr. 9; CE): *aguardiente*: Branntwein.

226 COPAN (1934, Nr. 9; CE): **228** *Timor mortis*: ›Todesfurcht ängstigt mich‹, Refrain des geistlichen Liedes »I that in health was« von William Dunbar (um 1500; hier Str. 2).

230 IN EINER TUNESISCHEN OASE (In a Tunisian Oasis, 1925, Nr. 215; CE): **236** *Samuel Smiles*: Sozialreformer der Manchester-Schule (1812–1904), Autor populärer Ratgeber für das wirtschaftliche Vorwärtskommen.

241 GEWÖHNLICH ZERSTÖRT (Usually Destroyed, 1955, Nr. 417; CE): Dieser Essay spiegelt die Zweiteilung Jerusalems in einen israelischen und einen jordanischen Sektor, wie sie bis zum sog. Sechstagekrieg

(1967) bestand. – **243** *Bar Kochba*: Anführer des jüdischen Aufstandes gegen die Römer im Jahr 132, der zur Eroberung und Zerstörung Jerusalems führte. – *Lord Russell*: der Philosoph Bertrand Russell, 1872–1970.

252 ADONIS UND DAS ALPHABET (Adonis and the Alphabet, 1956, Nr. 73): »*Fondling*«: »Venus and Adonis«, V. 229–234; deutsche Version von W. Jordan; das ›elfenbeinerne Gehege‹ bilden die Arme der Venus, die Adonis umschlingen, um ihn festzuhalten, das ›Quellental‹ bezeichnet ihre intimeren Reize. – **253** *Mr. Eliot*: T. S. Eliots Gedicht »The Hollow Men«, 1925, schließt mit den Worten: ›Dies ist die Art, wie die Welt endet, nicht mit einem Knall, mit Gewinsel‹ (not with a bang, but a whimper). – *Malleus*: Hexenhammer. – *Felicia ... Laura*: Heldin eines erotischen Romans von A. de Nerciat (1775) bzw. in ihrer Unerreichbarkeit idealisierte Geliebte Petrarcas. – *Bouvard et Pécuchet ... Paradise Lost*: die Hölle des kleinbürgerlichen Spießergeistes in Flauberts letztem Roman (1881) gegen Miltons Satansrevolte. – **254** *Chaucer*: Der zynische Ablaßhändler aus dem Kreis der Pilger trägt lauter selbstgefälschte Reliquien bei sich; vgl. Prolog der »Canterbury Tales«, V. 694–700. – **257** *Chaucers Priorin*: vgl. Prolog der »Canterbury Tales«, V. 144–150. – *Bruder Juniper*: Die Anekdote stammt aus dem Leben des Bruder Juniper, das sich oft im Anhang älterer Ausgaben der »Blümlein des hl. Franziskus« findet. – *Vom 26. Vers des 1. Genesis-Kapitels*: »Menschen ... die da herrschen über die Fische im Meer und über die Vögel unter dem Himmel und über das Vieh und über die ganze Erde ...« – **261** *Cloud of Unknowing*: englischer mystischer Traktat über die Gotterkenntnis durch die via negativa der Liebe aus dem 14. Jahrhundert. – 264 *dem Schicksal Geiseln gegeben*: Auftakt zu Bacons Essay VIII; vgl. Anm. zu I, 24.

269 SCHÖNHEIT ANNO 1920 (Beauty in 1920, 1920, Nr. 99; CE): *Mrs. Asquith*: vgl. »The Autobiography of Margot Asquith«, 1920/22, Kap. 3; die Gattin des britischen Premierministers äußert im Rückblick auf ihre Jugendzeit: »Die Londoner Gesellschaft ist heute weder besser noch schlechter als um 1880; es gibt weniger Talent, weniger geistigen Ehrgeiz und viel weniger Religiosität; doch wo all die Schönheit von damals hingekommen ist, weiß ich nicht zu sagen.« – **270** *Du Maurier-Zeichnungen*: Karikaturen der zeitgenössischen Gesellschaft für den »Punch«, die den Romancier und Zeichner George Du Maurier bekannt machten. – **271** *Her feet*: aus der fröhlich-anzüglichen »Ballad Upon a Wedding« von Sir John Suckling (1609–1642).

273 MODEN IN DER LIEBE (Fashions in Love, 1924, Nr. 172; CE): **274** (Fußnote) *Sir Richard Burton* (1821–1890): Orientalist, Reisender, Abenteurer, englischer Übersetzer von »Tausendundeine Nacht«. – *omnifutuent*: (lat.) ›Allesficker‹. – **278** *I waive*: aus Robert Burns, »Epistle to a Young Friend«. – **279** *J'aime*: aus Alfred de Musset, »La Nuit d'Août«. – *blunts the fine point*: ›Stumpft des seltenen Genusses feine Spitze‹, aus Shakespeares Sonett lii. – **281** *Grundyismus, Comstockery*: ›Mrs. Grundy‹ ist die Verkörperung viktorianischer Spießertugend und Heuchelei; Anthony Comstock (1844–1915) ein sprichwörtlicher Moralapostel und Verfechter strenger Zensur; G. B. Shaw prägte in »Mrs. Warrens Gewerbe« für diese Geisteshaltung den Begriff ›Comstockery‹.

282 DIE SCHÖNHEITSINDUSTRIE (The Beauty Industry, 1931, Nr. 101): *die hübsche Vase war leer*: vgl. Huxleys Kommentar über die kalifornischen Schönheiten in I, 203.

287 KATZEN-PREDIGT (Sermons in Cats, 1930, Nr. 377; CE): **288** *Mayfair*: elegante Wohngegend Londons. – **290** *in Umkehr des von Hamlets Familie geübten Verfahrens*: »Das Gebackne vom Leichenschmaus gab kalte Hochzeitsschüsseln« (I, II, 180 f.).

294 LIEBESSTIL-PROGNOSE (Love Interest Forecast, 1931; Nr. 902): *partouze*: Sexparty à la française. – **295** *Margaret Alacoque*: französische Mystikerin der Herz-Jesu-Bewegung (1647–1690).

297 APPENDIX (1956, Nr. 80; CE): **298** *Robert Dale Owen*: britischer Unternehmer und Sozialreformer (1771–1858); experimentierte seit 1825 mit neuen Formen sozialistischen Gemeinschaftslebens in der Siedlung »New Harmony«, Indiana. – **304** *Ben Jonson*: dieses Gedicht von Shakespeares Freund und Rivalen steht in der Sammlung »The Underwood«, posthum 1640. – *Die gefiederte Schlange*: Das Zitat findet sich im vorletzten Kapitel des Romans von 1926; die lückenhafte Übersetzung von G. Goyert wurde vom Hg. ergänzt.

Personenregister

Die Essays und Gedichte in diesem Band wurden folgenden Buchausgaben und Zeitschriften entnommen:

Adonis and the Alphabet, London 1956
Along the Road, London 1925; ^{2}1985
Collected Essays, London 1959
Collected Poems, London 1971
Do What You Will, London 1929
Jesting Pilate, London 1926
The Olive Tree, London 1936
Texts and Pretexts, London 1933
Themes and Variations, London 1950
The Athenaeum